中国历史上的腐败与反腐败

精读本

卜宪群 主编

中央编译出版社
Central Compilation & Translation Press

图书在版编目（CIP）数据

中国历史上的腐败与反腐败：精读本 / 卜宪群主编. -- 北京：中央编译出版社，2023.12
ISBN 978-7-5117-4548-4

Ⅰ.①中… Ⅱ.①卜… Ⅲ.①反腐倡廉—研究—中国—古代 Ⅳ.① D691.49

中国国家版本馆 CIP 数据核字（2023）第 193546 号

中国历史上的腐败与反腐败：精读本

出版统筹	潘　鹏
责任编辑	李媛媛
责任印制	李　颖
出版发行	中央编译出版社
地　　址	北京市海淀区北四环西路 69 号（100080）
电　　话	（010）55627391（总编室）　（010）55627310（编辑室） （010）55627320（发行部）　（010）55627377（新技术部）
经　　销	全国新华书店
印　　刷	北京中科印刷有限公司
开　　本	710 毫米 × 1000 毫米　1/16
字　　数	491 千字
印　　张	32.5
版　　次	2023 年 12 月第 1 版
印　　次	2023 年 12 月第 1 次印刷
定　　价	88.00 元

新浪微博：@中央编译出版社　　微　信：中央编译出版社（ID：cctphome）
淘宝店铺：中央编译出版社直销店（http://shop108367160.taobao.com）（010）55627331

本社常年法律顾问：北京市吴栾赵阎律师事务所律师　闫军　梁勤

编者的话

腐败是一种古老而又普遍的社会现象,古往今来,无论哪个国家,哪个时代,都有腐败现象的存在。腐败与王朝兴衰有密切关系,因此,有腐败就必然有反腐败。自腐败产生之日起,就一直存在反腐败的思想与斗争。在中华五千多年的文明史上,提倡勤政为民,反对腐败,不仅是历朝历代统治者谋求长治久安的需要,也是广大人民群众对丑恶的腐败行为深恶痛绝并与其坚决斗争的必然要求。因此,研究中国反腐倡廉的历史,了解古代廉政文化,洞悉我国历史上反腐倡廉的成败得失,不仅可以给人以深刻启迪,也有利于我们今天运用历史智慧持续推进反腐倡廉建设。

由卜宪群主编的《中国历史上的腐败与反腐败》(上、下册)是了解、研究中国历史上腐败与反腐败问题的一部重要论著,出版后获得了有关方面的高度重视和广大读者的普遍好评。但该书出版已十年有余,市面上存书极少,为了适应当前反腐败斗争的需要和广大读者的阅读需求,我们在原书基础上对一些要点案例和观点阐述进行了精编精选,编成了一部精读本。这本《中国历史上的腐败与反腐败:精读本》以反腐败制度建设和廉政文化建设为两条主轴,全面揭示它们的历史发展逻辑以及演变过程，同时对原书中的一些错漏进行了完善和修订，给人以耳目一新之感。

知古鉴今，纵观中国历史上的腐败与反腐败经验，要坚决遏制和打击腐败，使国家长治久安，一是靠铁律，即制定完善配套的反腐败法律体系，按章办事，严惩不贷；二是靠自律，即自警自厉、自醒自觉。反腐败要多管齐下，持之以恒，既要讲道德基础，更要有制度建设。

"国家之败，由官邪也。官之失德，宠赂章也。"《中国历史上的腐败与反腐败：精读本》是一部真实记录中国从先秦到晚清时期腐败与反腐败斗争历史的重要论著，通过一系列重要案例和历史反思的视角，从多角度为读者提供了全面、深刻理解我国历史上腐败与反腐败正反两方面的经验教训，为我们创造新时代风清气正的廉洁社会和廉洁文化环境发挥历史借鉴作用。

2023年10月

---- 编者简介 ----

卜宪群，现任中国社会科学院古代史研究所研究员、所长，享受国务院政府特殊津贴专家。中国社会科学院大学研究生院历史系主任、教授、博士生导师，"古文字与中华文明传承发展工程"协同攻关创新平台研究员。国务院学位委员会中国史学科评议组成员，中国地方志指导小组成员，兼任中国史学会副会长、中国秦汉史研究会会长等职。出版有《秦汉官僚制度》《中国魏晋南北朝教育史》(合著)《简明中国历史读本》(主持)等作品。

目 录

总　论　中国古代廉政与廉政文化建设的历史发展道路

一、腐败与历代王朝灭亡　/　004

二、中国古代的廉政文化建设　/　020

三、中国古代的廉政制度建设　/　027

四、中国古代官吏的廉政教育及其影响　/　036

五、中国古代廉政文化遗产的批判继承问题　/　057

第一章　先秦时期的反腐败

第一节　运用法制防治腐败　/　075

第二节　反贪防腐监察制度的萌芽　/　083

第三节　官吏的选拔任用和实绩考核　/　088

第四节　预防腐败的警示教育　/　092

第二章 先秦时期的反腐倡廉思想

第一节 关于腐败危害的认识 / 103

第二节 先秦时期的廉政思想成就 / 107

第三章 秦汉时期反腐败的制度建设

第一节 察举制度与清官廉吏的拣选 / 119

第二节 任官回避制度与任官环境的净化 / 123

第三节 官吏考核与对失职渎职的预防 / 125

第四节 秦汉时期对官吏的法律监督 / 132

第五节 官吏违法的惩处制度与对腐败的警示 / 139

第六节 自言、直诉和言变事制度与舆情沟通 / 142

第七节 奏谳制度、乞鞫制度与司法腐败的防治 / 146

第四章 秦汉时期思想舆论导向与反腐败思想的发展

第一节 表彰廉吏 / 159

第二节 贾谊对浮靡世风危害的认识 / 164

第三节 刘向的德治主张 / 166

第四节 董仲舒等人的治吏倡廉思想 / 169

第五章 魏晋南北朝时期的反腐败法制

第一节 曹魏律中有关反腐败的规定 / 180

第二节 晋律的历史地位及其在反腐败方面的作用 / 182

第三节　北魏律中惩治腐败的内容　/　184

第六章　魏晋南北朝时期监察体制独立性的发展

第一节　御史台地位的突出与组织的强化　/　191

第二节　中央监察体系归于一统　/　193

第三节　具备监察职能的官员　/　196

第四节　特任监察官员　/　198

第七章　魏晋南北朝时期的反贪防腐思想

第一节　诸葛亮的德政与明法　/　207

第二节　孝文帝的班禄酬廉策　/　211

第三节　苏绰的治国六条诏书　/　215

第八章　隋唐时期反腐败的规制与实施

第一节　构筑完备的法律体系　/　221

第二节　反腐律文与赃罪六条　/　226

第三节　惩处腐败官吏的若干法理原则　/　233

第四节　惩腐法规的实施与修正　/　237

第九章　隋唐时期监察体系与有关制度

第一节　日常行政监督　/　257

第二节　专职监察机构：御史台　/　260

第三节 使者巡察之制 / 263

第四节 其他有关制度 / 265

第十章　隋唐时期的反腐败思想

第一节 隋文帝崇尚节俭 / 277

第二节 王通的"王道"观 / 279

第三节 唐太宗的为君之道 / 281

第四节 韩愈和柳宗元的反腐败思想 / 284

第十一章　宋朝法律中有关反腐败的条文规定

第一节 赃罪立法 / 293

第二节 渎职罪立法 / 301

第三节 行政处罚方式 / 310

第四节 刑事处罚方式 / 315

第十二章　宋朝监察制度的高度强化

第一节 "台谏合一"和中央监察系统的完善 / 333

第二节 御史台司法职能的强化 / 338

第三节 地方监察系统的发展 / 341

第四节 互察机制的日益繁密 / 346

第五节 宋朝监察制度的利弊得失 / 348

第十三章　两宋时期的反腐败思想

第一节　对于腐败危害性的认识 / 359

第二节　强调以法治理 / 363

第三节　注重道德教化 / 364

第十四章　辽金元朝反腐败的法律建设与制度建设

第一节　封建法律制度的建立与完善 / 375

第二节　辽金元朝防治腐败的实践与法规 / 381

第三节　辽金元朝的监察制度 / 389

第四节　官吏选拔及考核制度的改进 / 395

第十五章　元代吏制中的反腐败思想

第一节　改革用人制度，严格考选和管理 / 413

第二节　完善法制，加强监察制度 / 417

第三节　限制贵族权力，取消民族等级 / 420

第四节　重视教育教化的作用 / 422

第十六章　明清时期惩治腐败的律法准绳

第一节　明清律例对腐败的威慑 / 431

第二节　监察法规与职官考绩 / 440

第十七章　明清时期遏制腐败的监察机制

　　第一节　科道双轨与台省合一　/　453

　　第二节　地方监察机构　/　462

第十八章　明清时期的反腐败思想

　　第一节　权力层对腐败危害的认识　/　473

　　第二节　基层对腐败现象的揭露与挞伐　/　485

主要参考书目　/　503

后　记　/　507

总　论

中国古代廉政与廉政文化建设的历史发展道路

腐败是一种以权谋私的行为。所谓权,是指公共权力;所谓私,是与公相对立的个人私利。以权谋私,就是利用、窃用、滥用公共权力而满足一己之私。据文献记载,早在文明诞生前夜的传说时代,我国腐败现象就已产生。当历史进入阶级社会后,腐败遂成为附着于统治阶级身上的痼疾。这些腐败现象在每个王朝的前期、中期和后期都不同程度地存在。虽然其形式林林总总、五花八门,或为金钱,或为权位,但归结其根本,仍然不过是为了满足贪婪者的私欲。中国历史上每个王朝灭亡的具体原因很复杂,但是,究其根源无不与腐败有着千丝万缕的联系。腐败导致灭亡,严重的腐败导致速亡,这是一条亘古不变的基本规律。有腐败就必然有反腐败,腐败与反腐败是人类政治文明产生以来普遍的历史现象,中国也不例外。自腐败产生之日起,就有反腐败的正气。反腐败不仅是我国历史上统治者谋求长治久安的需要,也是最广大人民群众对丑恶的腐败现象深恶痛绝的必然要求。中华文明有着悠久的历史、灿烂的文化,在漫长的历史长河中,我们的祖先总结出许多深刻的治国安邦的历史经验。这些经验或为思想,或为制度,或为实践,或为社会舆论与大众文化,共同奠定了中国历史上廉政与廉政文化建设的基本内容。历代统治阶级中有为的政治家和有识之士,依靠这些经验,不断地构筑出各种反腐败的防线,在许多时期,尤其是腐败极为严重的时期,扭转了政权的危亡之势。从某种意义上说,中华文明之所以能够绵延不绝,创造出灿烂的历史文化,与历代廉政与廉政文化建设是不可分离的。在一部中华政治文明史中,腐败与反腐败的斗争,应占有重要的地位。在一部中华政治文化史中,廉政文化是不可或缺的内容。以下就中国古代廉政与廉政文化建设中的几个问题谈谈我们的认识。

一、腐败与历代王朝灭亡

（一）历代腐败的主要表现形式

以剥削阶级占统治地位的私有制社会，不能从根本制度上遏制腐败。腐败始终蔓延在上自君主、公卿等最高统治集团，下至一般官吏的统治阶级各阶层中，表现形式五花八门，从而影响到整个社会风气，最终导致王朝的灭亡。概括起来说，这些腐败的主要类型不外乎以下数种：

1. 权钱交易 自文明社会产生以来，商品经济发展所导致的金钱崇拜和价值观扭曲，始终是历史上统治集团的腐蚀剂。权力可以换来金钱，金钱亦可以换来权力、地位乃至生命。权钱交易随处可见。典型者莫过于战国末期的吕不韦，他用金钱为自己获得了相位，为子楚（秦庄襄王）获得了王位。这就是成语"奇货可居"[1]的来历。法律规定杀人者死，但春秋时期社会上流传着"千金之子不死于市"[2]的谚语。他们之所以能够"不死于市"，是因为金钱可以买通执法者，换取他们的生命。

金钱可以买来国家，贪财可以亡国。秦完成统一的计策之一就是用重金贿赂六国重臣。据文献记载，秦灭六国时，尉缭向秦王嬴政建议："愿大王毋爱财物，赂其豪臣，以乱其谋。不过亡三十万金，则诸侯可尽。"[3]

用金钱收买诸侯国的权臣这一手段，确实有用。齐相国后胜，因"多受秦间金"[4]，而不修战备，也不助五国攻秦，故秦得以从容灭其国。客观地说，战国时期齐国在经济上是最有实力与秦竞争的对手之一，但其武备不修，高官卖国求财，怎么能抵挡得住秦国的虎狼之师呢！赵国的郭开为赵王迁宠臣，他排挤廉颇，受秦贿赂，诬陷大将李牧、司马尚，此二人在对秦战争中，虽胜却以谋反罪被杀或免职。⁵ 曾经辉煌的赵国，就这样沦为秦国的郡县。

代表公共权力和国家荣誉的官爵可以用金钱买卖。为增加官府用度，更主要是满足统治者无厌的贪欲，东汉王朝公然卖官鬻爵。这一措施始于汉安帝。安帝永初三年（109年），三公以国用不足为由，"奏令吏人入钱谷，得为关内侯、虎贲羽林郎、五大夫、官府吏、缇骑、营士各有差"⁶，将关内侯等官爵，按其俸禄的多少而规定出不同的价钱，明码标价，像商品一样出售。汉桓帝时，财物匮乏，延熹四年（161年）又"占卖关内侯、虎贲、羽林、缇骑、营士、五大夫钱各有差"⁷。

卖官鬻爵之风到汉灵帝时进一步发展，他在皇家园林西园设了一个乌纱帽交易所，公开标价卖官。史载，光和元年（178年）"初开西邸卖官，自关内侯、虎贲、羽林，入钱各有差。私令左右卖公卿，公千万，卿五百万"⁸。唐章怀太子李贤注引《山阳公载记》曰："时卖官，二千石二千万，四百石四百万，其以德次应选者半之，或三分之一，于西园立库以贮之。"中平四年（187年），又"卖关内侯，假金印紫绶，传世，入钱五百万"⁹。灵帝强调在当时并不显赫的关内侯的待遇，目的是卖个好价钱。

东汉后期的黑暗政治下，富人只要交足了钱就可以买到官，如果钱少了还可以赊账先到官，但到官后要加倍偿还。司徒崔烈用五百万买到相当于宰相的三公位，拜官之日，灵帝遗憾地说："我手太软了，应该卖个千万的价钱呀！"崔烈到官后，问他的儿子崔钧："社会上对我任三公有何议论？"崔钧毫不含糊地回答："大家认为你这个官职有铜臭。""铜臭"一词即出于此。[10] 这样的钱权交易下的为官者如何能保证其不贪，如何能保证其有为呢！东汉时出现了这样的童谣："举秀才，不知书；察孝廉，父别居。寒素清白浊如泥，高第良将怯如鸡。"[11] 举荐的"秀才"却不读书，经朝廷考察后的"孝廉"其实并无孝心。所谓品德高尚之士其实像污泥一样浑浊，出身高门大户的将军像鸡一样胆怯没有勇气。正常选举之外，"以财入官"的"捐纳"制度自秦汉后历代不乏，其制度性腐败是我国历史上腐败形式的重要表现之一。

身居高位，以权敛财者，代不乏人。南宋秦桧身为宰辅，贪得无厌，开门受贿。吏部铨选的官必先要给他送足钱财后才能正式上任。《宋史·秦桧传》记载："（秦桧）开门受赂，富敌于国，外国珍宝，死犹及门。"又《建炎以来系年要录》载"其家富于左藏数倍"[12]，当时凡是南宋宫廷所稀缺的物品，秦桧家都应有尽有。像这样的贪婪者，可以说历代皆有。

权权交易虽不直接表现为金钱利益，但同样是腐败的表现形式，其背后的本质目的也是私利，造成的危害甚至更为严重。秦代著名丞相李斯，在秦始皇死后的关键时期，出于私利，与赵高合谋伪造诏书，不仅害了他自己和全族，也加速了秦的灭亡。《史记·李斯列传》对此有详尽的记述，虽然吕思勉等人对此记载提出疑义[13]，但目前为止仍无法否认事情本身的历史存在及其对秦王朝的危害，只不过其中的个别语言记述未必合乎当时而已。

崇祯十年（1637年），明崇祯皇帝面对官僚队伍的腐败曾下罪己诏说："如张官设吏，原为治国安民，今出仕专为身谋，居官有同贸易……嗟此小民，谁能安枕？"[14]意指今天任官的人只为自身考虑，把做官当成了做交易。既然是以金钱换来的官位，怎么会以廉洁要求自己呢？想要这些人不谋财害命，是不可能的！

2.用人不公 用人不公是最大的腐败，还会成为社会矛盾的焦点。我国历史上用人不公，一是表现为用人重亲属、重门生、重朋党、重同乡、重利益关系，出于个人爱憎、私利而非公心。汉代吏治废弛时，选举不实，被选举者多出自权势之家。地方长官选人，或选自己的亲戚，或选贿赂者，或选一些年纪轻、将来能报答自己的人为官，很多真正的贤才被遗忘在乡间。这些人与被选举者形成朋党，号称"君臣"，对抗中央。东汉崔寔在《政论》中说，今天的地方长官随意违背诏书，诏书说得再恳切，甚至骂到极点也无动于衷，照样把诏书扔在一边。但地方所下的公文像霹雳一样震动，这就是老百姓所说的"州郡记，如霹雳，得诏书，但挂壁"[15]的状况。他们敢于对抗中央，正是掌握了地方的选举用人之权；地方小吏重视长官而不重视中央文书，也是因为他们与地方长官有着所谓"门生故吏"的关系，地方长官能够左右他们的命运。二是表现为制度上的不公。我国历史上魏晋南北朝九品中正荐人制推行后期，中正荐人根本不考虑才能，只看家世门第，德才被抛在一边，造成"世胄蹑高位，英俊沉下僚"[16]，"公门有公，卿门有卿"[17]的典型的用人不公。中正府被称为"奸府"。我国历史上自秦汉以后就逐步形成了较为完善的制度化的选官用人方法，对选拔人才起到过重要的作用。但在各个时期，特别是朝纲不振的王朝后期，不学无术、崇尚空谈、跑官要官、巧言令色、欺上瞒下等用人恶习也无不弥漫朝野，因用人而导致国家与社会甚至统治阶级内部矛盾激化，危及政权稳固，以致政权灭亡的情况也不罕见。上述两个时期因为用人不公都产生过很大的政治问题。人们说东汉亡于议论就是例证，而议论的内容正是用人。魏晋南北朝因门阀士族垄断要职而又不务世事，导致治国之才匮乏，清谈误国、失国之例更是比比皆是。

3. 贪婪奢靡 贪婪，表现为对权力的占有欲，对财物的渴望，本质上是私欲；奢靡，是追求物质享受，做官就是为了满足耳目声色口腹之欲。西晋重臣何曾，在魏晋易代之际以敢于奏劾"凭宠作威，奸利盈积，朝野畏惮"的抚军校尉尹模而著称，然入晋之后，奢靡聚敛更甚尹模。他性格奢豪，生活"务在华侈。帷帐车服，穷极绮丽，厨膳滋味，过于王者"，皇帝宴会上的菜他都看不上眼，宴会时皇帝只好让他家送饭来吃，且"食日万钱，犹曰无下箸处"。他的儿子何劭"骄奢简贵，亦有父风"，且更胜一筹，一顿饭一万钱还觉得没什么吃的，"衣裘服玩，新故巨积。食必尽四方珍异，一日之供以钱二万为限。时论以为太官御膳，无以加之"。[18]贪官历代都有，并不稀奇，但西晋官场的贪官比比皆是，不胜枚举，而且公然不讳，是历代少见的现象。在这方面，大族石崇与王恺斗富争豪，正是有名的例证。《晋书·石苞传》附子《石崇传》载："（石崇）财产丰积，室宇宏丽。后房百数，皆曳纨绣，珥金翠。丝竹尽当时之选，庖膳穷水陆之珍。与贵戚王恺、羊琇之徒以奢靡相尚。恺以饴澳釜，崇以蜡代薪。恺作紫丝布步障四十里，崇作锦步障五十里以敌之。崇涂屋以椒，恺用赤石脂。崇、恺争豪如此。"石崇与王恺公开无厌地斗富，西晋朝廷不但不查纠其财产的来源，皇帝竟然还予以纵容。上引史料又记载："武帝每助恺，尝以珊瑚树赐之，高二尺许，枝柯扶疏，世所罕比。恺以示崇，崇便以铁如意击之，应手而碎。恺既惋惜，又以为嫉己之宝，声色方厉。崇曰：'不足多恨，今还卿。'乃命左右悉取珊瑚树，有高三四尺者六七株，条干绝俗，光彩曜日，如恺比者甚众。恺悦然自失矣。"王恺虽然得到了其外甥晋武帝的资助，却还是斗不过石崇。他们留下千古骂名事小，西晋王朝则在整个统治集团的奢侈中灭亡了。

　　隋炀帝是一个很有功绩的统治者，但他即位后并不满足帝王已有的物质享受，不注重养息南北朝以来战乱所造成的民众苦难，反而到处营建宫殿苑囿。为了炫耀自己的显赫地位，他往往不惜一切代价，大肆挥霍，浪费难以计数的人力和财力。大业二年（606年），突厥启民可汗来到隋朝，隋炀帝"欲以富乐夸之"，"于是四方散乐，大集东京"，"伎人皆衣锦绣缯彩，舞者鸣环佩，缀花毦；课京兆、河南制其衣，两京锦彩为之空竭"。[19]大业六年（610年）正月，"诸蕃酋长毕集洛阳"，隋炀帝命"于端门街盛陈百戏，戏场周围五千步，执丝竹者万八千人，声闻数十里，自昏至旦，灯火光烛天地；终月而罢，所费巨万"。[20]他们派人到洛阳丰都市（东市）交易，隋炀帝就"命整饰店肆，檐宇如一，盛设帷帐，珍货充积，人物华盛，卖菜者亦藉以龙须席。胡客或过酒食店，悉令邀延就坐，醉饱而散，不取其直，绐之曰：'中国丰饶，酒食例不取直。'胡客皆惊叹。其黠者颇觉之，见以缯帛缠树，曰：'中国亦有贫者，衣不盖形，何如以此物与之，缠树何为？'市人惭不能答"。[21]隋炀帝就是用这样的奢靡夸饰之风，将民脂民膏大肆挥霍，致使人民负担急剧加重，阶级矛盾很快激化。

　　清王朝取得中原后，原本声名赫赫的八旗子弟，养尊处优、骄横偷安、聚赌挥霍、嫖妓放浪，到后期成了"不仕、不农、不工、不商、不兵、不民"的"六不"寄生虫。早在乾隆元年（1736年），一道上谕中就说："八旗从前风俗，最为近古。迨承平日久，生齿日繁，渐及侈靡。如服官外省，奉差收税，即恣意花销……而兵丁闲散惟知鲜衣美食，荡费成风，旗人贫乏，率由于此。"[22]嘉庆七年（1802年）的一道上谕亦说："我满洲淳朴旧风，衣服率多布素。近则狃于习俗，兵丁等竟尚鲜华，多用绸缎，以穿着不如他人为耻。"[23]他们不但毫无作战能力，贪生怕死，而且贪图享受。由于长期享受养尊处优的生活，旗人好逸恶劳的恶习根深蒂固，奢靡毫无节制，甚至终日居家饮酒唱戏，游荡赌博，每月饷银到手后首先沽买酒肉以供醉饱，资用告匮，只好靠预借饷银、典卖旗地直至靠借贷度日，因而生计异常艰难，导致风气堕落，旗人中违法乱纪的事件不断发生，就连宗室子弟亦多混迹其中。嘉庆御制《宗室训》中就抱怨说："近年以来，我宗室中有亲王以至闲散宗室奉公守法乐道安常者固多，然不肖子弟越礼踰闲，干犯宪章者亦尽见迭出，所为之事，竟同市井无赖。"[24]往日的八旗雄风已荡然无存。

4. 正气不张 权钱交易、用人不公、贪婪奢靡的结果就是整个社会道德沦丧，正气不张。钱能使鬼的名著《钱神论》就形成于奢靡盛行的西晋时期，此文虽多愤世嫉俗之语，却是西晋后期"纲纪大坏"的写照，也是政权即将倾覆的征兆。《晋书·惠帝纪》曰："纲纪大坏，货赂公行，势位之家以贵陵物，忠贤路绝，谗邪得志，更相荐举，天下谓之互市焉。高平王沉作《释时论》，南阳鲁褒作《钱神论》，庐江杜嵩作《任子春秋》，皆疾时之作也。"《晋书·鲁褒传》亦曰："元康之后，纲纪大坏，褒伤时之贪鄙，乃隐姓名，而著《钱神论》以刺之。"传中还对此文进行了载录，将金钱与世风的颓废描写得淋漓尽致，典型地反映了当时正气不张的社会风气。

正气不张与正确价值观的缺失不可分离。秦二世认为"夫人生居世间也，譬犹骋六骥过决隙也。吾既已临天下矣，欲悉耳目之所好，穷心志之所乐"[25]，这种人生观支配下的腐败秦政就可以想象了。鱼弘在南朝梁历任太守，经常对人说："我做官所到之地要'四尽'：水中鱼鳖尽，山中獐鹿尽，田中米谷尽，村里民庶尽。"并且言道："丈夫生世，如轻尘栖弱草，白驹之过隙。人生欢乐富贵几何时！"[26]大丈夫在世上如同一粒灰尘落在弱草上，就像白马穿过细小缝隙，太快了，不追求富贵欢乐还等到何时呢！这种追求享乐的人生观和价值观不仅存在于南朝高官们身上，也存在于南朝许多皇帝身上。唐朝著名诗人李山甫对此用诗歌的形式进行了总结："南朝天子爱风流，尽守江山不到头。总是战争收拾得，却因歌舞破除休。尧行道德终无敌，秦把金汤可自由。试问繁华何处在，雨苔烟草石城秋。"[27]有这样的天子和臣子，南朝各代的江山怎么能守到头呢？

还有许多官吏以勤政为俗务，以空谈、交际为高尚。东汉后期士人不以"学问为本"，专门以"交游为业"[28]，交际的对象是富人贵者，交际时"急于目前，见赴有益则先至，顾无用则后背"[29]，即一切以实用为标准，对自己有用的人就先去交际，对自己无益的人就甩在脑后。一些踏实做事的人反而受到歧视，如东晋卞壸因"勤于吏事"[30]，名士多不与他交往；南朝梁何敬容为宰相时"独勤庶务"[31]，被名士们鄙视。这种风尚下，官吏们不仅不按律法政令行事，甚至丧失了做人做事的基本原则，忠信不守、弄虚作假、寡廉鲜耻、纵欲无度、昏聩自傲、迎来送往、唯利是图。失去基本的为政价值观、人生观，整个社会就会正气不张，萎靡不振。

（二）腐败与历代王朝灭亡

我国历史上每个王朝灭亡的具体原因很复杂，有的被人民起义推翻，有的被外族灭亡，有的被统治阶级中的不同阶层所替代，但究其根源，其灭亡无不与腐败有着千丝万缕的联系。上述历代腐败的主要表现形式，概括起来是三个方面的问题：一是生活腐败，主要指统治阶级成员以权力为基础，贪婪无度地攫取财物，追求极度的物质享受，是个人私欲超越了社会常态和法制而产生的腐败行为；二是权力腐败，主要指侵犯、滥用、践踏公共权力，如独断专横、用人不公、权钱交易、权权交易、越权专权等，本质上是个人私欲凌驾于公共权力之上的腐败行为，严重时导致国家机器无法有效运转，失去控制，公共权力演化成谋求私利的工具；三是在生活腐败与权力腐败的基础上形成了社会风气的腐败，表现为某些重要社会群体的集体性腐败，甚至呈现出向基层民众转化的趋向，导致整个社会价值观严重扭曲。这三方面问题都会对王朝的灭亡产生不同程度的影响。

1. 生活腐败与王朝衰亡

剥削制度下的统治阶级中，虽有贤明的君主和洁身自好的廉洁之士，但从总体上看，上自君主下至小吏，追求生活的腐化是一种常态。夏禹一生勤劳节俭，到了第二代启，变王位禅让为世袭制后，便好声色。第三代康，"娱以自纵"，发生了一系列内乱。到了孔甲时，"好方鬼神，事淫乱。夏后氏德衰，诸侯畔之"[32]，夏政权开始衰落。夏桀,"乃大淫昏"[33]"不务德而武伤百姓,百姓弗堪"[34],夏朝也就走向了它的终点。商汤鉴于夏亡的教训,实行仁政,也意识到腐化风气的严重性和危害性。然而,商汤之后,太甲即"颠覆汤之典刑",遂有"三风十愆"等淫乱之政。到后期盘庚迁殷,其原因之一是旧都"奢侈逾礼"[35]。商末,纣王是继夏桀之后第二个昏淫残暴的君王。史载他"作新淫声,北里之舞,靡靡之乐。厚赋税以实鹿台之钱,而盈钜桥之粟。益收狗马奇物,充仞宫室。益广沙丘苑台"[36]。商纣王所重用的奸佞费仲、恶来,都是好利、善谗之徒。周文王被囚,周人设法求到奇珍异宝、美女、良马,通过费仲进献,纣王大悦,便释放了文王。这是一次重大的政治贿赂,而贪贿者竟利令智昏,放虎归山,终于自取灭亡。史书记载夏商时期最高统治者的"自纵""不务德""逾礼",实际主要指的是他们追求极度的生活享受。最高统治者的严重生活腐化,是夏商灭亡很直接的原因。

西周建政之初,周公等人勤于政事,以殷亡为鉴,初步拥有了"敬德保民"的思想,对统治阶层的奢靡生活有了一定的警惕,从而使政局保持了相当长时间的稳定。但贪图享乐的生活腐败之风不可能就此被遏制。周厉王为贪图享受而实行山林川泽的"专利"政策,国人敢怒不敢言,召公警告他"防民之口,甚于防川"[37],但他仍一意孤行,最终导致国人暴动而推翻了他的统治。这是三代史上著名的事件。《诗经·桑柔》言"大风有隧,贪人败类",据说就是讽刺厉王的。宣王一度中兴,但继承者周幽王又是一个昏淫之君,他贪图享乐,喜好声色,最后身死国灭,西周王朝灭亡。"烽火戏诸侯"的成语典故,说的就是周幽王的腐败行为。[38]

关于夏、商、周王朝灭亡与君主腐败的内在关系,诸多政治家、思想家对此均有评论。《尚书》中《多士》《无逸》《君奭》《多方》等篇记载周公多次详细总结夏、商、周政权变革的历史,认为统治者如果对天帝失敬、行为放纵、贪图安逸、弃德任刑、残害无辜,都会被上天遗弃并降下惩罚,转移天命。上天密切地关注着人世,特别是监督人间统治者的统治行为。在这种历史经验的总结和对天命敬畏的过程中,关于君王之德,尤其是对统治者生活放纵、贪图安逸、弃德任刑、残害无辜等失德行为可能带来的严重后果的认识尤其深刻。《国语·周语上》记载周惠王问内史过"神降于莘"之事，内史过借机发表了一段议论。内史过说："国之将兴，其君齐明衷正，精洁惠和，其德足以昭其馨香，其惠足以同其民人。神飨而民听，民神无怨，故明神降之，观其政德，而均布福焉。国之将亡，其君贪冒辟邪，淫佚荒怠，粗秽暴虐，其政腥臊，馨香不登，其刑矫诬，百姓携贰。明神不蠲，而民有远志，民神怨痛，无所依怀，故神亦往焉，观其苛慝，而降之祸。"[39] 内史过的议论是在借天神之口规劝周惠王要广施惠政，不可贪冒淫辟。内史过将国君贪冒辟邪、淫佚荒怠、粗秽暴虐、其刑矫诬等腐化行为与亡国联系在一起，这是对腐败危害十分深刻的认识。墨子也看到统治者荒淫享乐对国家的危害，警告说："俭节则昌，淫佚则亡。"[40]

对夏、商、周三代灭亡因素的探讨，学术界虽有不同认识，但大都无法否认这三代最高统治者的荒淫无度之生活腐化对王朝的危害性，甚至视其为王朝灭亡的直接原因。[41] 最高统治者的生活腐化是以权力为基础的，其生活腐化并不仅仅是个人的道德问题，往往会加重剥削和压迫民众，引起社会矛盾激化。当这种矛盾与一定的社会矛盾或政治矛盾相碰撞时，就极易成为王朝或统治灭亡的导火索。历史地看，任何王朝灭亡，似乎都可追溯到统治者的生活腐化，或与其有直接关系，或与其有间接关系，总之难以脱离内在的关联。尤其在具有制度性腐败和缺少权力制约的三代，君主生活腐化对王朝灭亡的影响更为突出。最高统治者的骄奢淫逸，是三代王朝灭亡的最大诱因。

历代不乏对统治阶级生活腐化提出批评的史著，且往往与国家之衰亡相联系。《左传》是一部解释《春秋》的历史著作，但作者对春秋时期各国统治阶级的生活腐败也进行了全面而又深刻的揭露，并将这种行为归咎于"失德"，展现了那个时期的反腐败思想。《左传》桓公二年记载，鲁桓公收受宋国贿赂的"郜"之"大鼎"，并"纳之大庙"。对于这种"非礼"的行为，鲁大夫臧哀伯谏曰："今灭德立违，而置其赂器于大庙，以明示百官。百官象之，其又何诛焉？国家之败，由官邪也；官之失德，宠赂章也。郜鼎在庙，章孰甚焉？"将受贿而来的"赂器"放在太庙陈列，还有什么比这种行为更能昭示百官呢？如果百官效法，君主又如何处置呢?《左传》的作者列举了许多因生活腐化而亡国、衰国的教训。卫懿公淫乐奢侈,喜鹤,并授其禄位。狄人来伐,国人说,让鹤去抵抗吧,它有禄位,结果卫懿公身死国灭。[42]"楚人城州来",即在州来之地筑城,修建"宫室无量",人民"劳罢死转",楚大夫沈尹戌说"楚人必败"。[43] 晋灵公"厚敛以雕墙",不听劝谏,国力大伤,致使晋国无法与楚国相争。[44] 我国历史上魏晋南北朝隋唐宋元明清各个时期,统治者因生活腐败而导致政权衰亡的事例不胜枚举。唐代大诗人李商隐《咏史》诗云"历览前贤国与家,成由勤俭破由奢"[45],这一名句概括了历代王朝统治者的奢华腐化生活对国家衰亡的深刻影响。

为官者的生活奢侈是缺乏官德的一种表现,而"官德"是一种与权力相连的特殊职业道德,故包括君主在内的为官者必须有德,且要视道德情操比生命更重要。德的根本首先是俭。"俭,德之共也;侈,恶之大也"[46]。西汉思想家刘向在《说苑·贵德》中反复说明国家兴亡与君德的关系:"夫人臣犹贵仁,况于人主乎?故桀、纣以不仁失天下,汤、武以积德有海土。是以圣王贵德而务行之。"又说:"王者盛其德而远人归,故无忧。"刘向十分反对奢侈,讲究实用,《说苑·反质》专讲崇俭戒奢,其中如"以俭为礼""君子以德华国""以俭得之,以奢失之"等语明确地表达了这一观点。[47]《新序》卷六有专篇《刺奢》,文中列举了夏桀、商纣王等历史上奢侈纵欲的人和事,并借当时谏臣之口,对这些奢侈纵欲的行为进行批评,得出了奢侈纵欲必然导致亡国的结论。虽然这些评论可能存在一定的借事宣道之痕迹,有些抬高君德对政权存亡的影响力,但基本上是对以往历史的一种总结,其中的真知灼见值得后人重视与警醒。

2.权力腐败与王朝灭亡

权力腐败是权力主体滥用公共权力以获取私利,从而给政治肌体造成严重损害甚至促其灭亡的一种腐败行为。相比生活腐败,权力腐败是更深层次的腐败。如果说三代的权力腐败还主要表现在最高君主及各级诸侯国君身上,并带有制度性特征的话,那么进入大一统的专制主义中央集权官僚制的封建社会后,由皇权控制的各级官僚管理着整个社会,政治权力已无孔不入。由于传统政治权力在社会资源分配上的绝对性，以权谋私成为普遍现象，也是最为严重的腐败现象。权力腐败的表现形式虽然并不一定都与生活腐败相连或相似，但运用公共权力为个人、家族及各种社会关系谋取私利的本质特征，使其危害比生活腐败更甚。当然，权力腐败并不是独立于生活腐败之外的，而是与生活腐败相互交织、相互影响。对当权者来说，生活腐败往往是权力腐败的先导，而权力腐败的背后，往往伴随着生活的腐败。

权力腐败与王朝衰亡自古就是人们关注的话题，这种腐败主要有四种表现形式。

一是皇权自身所引起的权力腐败。秦始皇一生为政很勤奋，作出了很大的历史贡献，但他是一个高度专权又刚愎自用的人，对权力的极度渴望和极端占有欲，导致他不仅生活奢靡，而且独断专横、贪戾暴虐，打击一切威胁与危害其政治权力的异己力量。时人言："始皇为人，天性刚戾自用，起诸侯，并天下，意得欲从，以为自古莫及己。专任狱吏，狱吏得亲幸。博士虽七十人，特备员弗用。丞相诸大臣皆受成事，倚辨于上。上乐以刑杀为威，天下畏罪持禄，莫敢尽忠。上不闻过而日骄，下慑伏谩欺以取容……天下之事无小大皆决于上……贪于权势至如此……"[48]统一的巨大成功使秦始皇的权力欲望急剧膨胀，已没有什么可以约束他的绝对专权了。这种刚愎自用的专权，已不可能保障其决策的正确性与合理性，这对刚刚形成的地域辽阔、人口众多的秦王朝的统治来说无疑是致命的。权力腐败背后的生活腐败如影随形，修建阿房宫和骊山陵，完全是为了生活的享受，耗费了巨大的民力财力，把秦王朝推向了灭亡的边缘。秦虽亡于二世，但其渊源实始于秦始皇，正如汉初政论家贾山所说："秦王贪狼暴虐，残贼天下，穷困万民，以适其欲也……劳罢者不得休息，饥寒者不得衣食，亡罪而死刑者无所告诉，人与之为怨，家与之为仇，故天下坏也。秦皇帝身在之时，天下已坏矣，而弗自知也。"[49]就秦的灭亡来说，权力腐败，特别是最高统治集团的权力腐败起着决定性的作用。这样的情况在中国历史上并不罕见。

二是由皇权独尊而引发的假借皇权所产生的权力腐败。从制度层面来说，皇帝的权力是至高无上的。但在封建专制体制下，皇权虽属于其个人，但又具有延伸性，皇帝亲戚及周边的人，都可以假借皇权而产生权力腐败。当皇帝有为并能识人纳谏时，他尚能控制住自己的权力而不被滥用，而当皇帝年幼或昏庸时，就可能会从皇权延伸出诸如外戚、宦官、权臣等专权的政治现象，这些人的权力实际是假借皇权而不是他们自身所拥有的权力。他们的专权虽不能说都与权力腐败画等号，但从我国历史来看，由此产生的权力腐败是相当普遍的，与王朝衰亡同样有着更深、更广、更直接的关系。

假借皇权而产生的权力腐败在我国第一个封建王朝秦王朝时期就已出现。秦始皇独揽大权，但到二世手中皇权已然旁落。李斯、赵高的擅权腐败，是典型的宦官与权臣相互勾结假借皇权而产生的权力腐败，是秦王朝速亡的直接导火线。东汉中后期，外戚与宦官交替把持朝政，权力腐败成为一种常态。如汉和帝时外戚窦宪"威权震朝廷""睚眦之怨莫不报复""刺史、守令多出其门"，[50]汉顺帝时外戚梁冀"在位二十余年，穷极满盛，威行内外，百僚侧目，莫敢违命，天子恭己而不得有所亲豫"[51]，还有汉安帝时的外戚邓氏集团、阎氏集团等，他们"分威共权，属托州郡，倾动大臣。宰司辟召，承望旨意"[52]"竞为苛暴，侵愁小民，以求虚名，委任下吏，假势行邪"[53]。这些专权的外戚，权倾一时，培植党羽，任人唯亲，搜刮民财，贪污受贿，严重败坏法纪，造成极大的社会黑暗，影响面远较生活腐败广泛。

随着年龄的增长，当帝王意识到皇权遭到侵犯而要维护皇帝的尊严及权力而与外戚对抗时，身边较亲近的只有宦官了。东汉中后期的皇帝"内外臣僚，莫由亲接，所与居者，唯阉宦而已"，于是皇帝只能利用和联合宦官这支特殊力量来对抗外戚集团，争夺属于自己的政治权力。宦官集团利用这一机会假借皇权，势力压倒外戚。他们得势后"手握王爵，口含天宪"，权力极度膨胀，甚至达到了"举动回山海，呼吸变霜露。阿旨曲求，则光宠三族；直情忤意，则参夷五宗"的境地。东汉"五侯宗族宾客虐遍天下，民不堪命，起为寇贼"。他们党羽遍布天下，迫害忠良之臣，追捕党人，"构害明贤，专树党类"，掀起了党锢之祸，形成了皇权、外戚、宦官、党人之间错综复杂的矛盾斗争，破坏了政治统治的正常运转，不仅使封建统治的内部结构遭到严重破坏，也形成了统治阶级与社会大众之间的尖锐矛盾对立，"汉之纲纪大乱矣"⁵⁴，东汉灭亡余下的只是时间问题了。

假借皇权而产生的权力腐败在历史上屡见不鲜，明朝又是一个典型。明朝宦官专权较汉代有过之而无不及，"无论就宦官组织之严密、队伍之庞大，以及权势之重、危害之烈、作恶时间之长来说，都可以称得上历代王朝之'最'"⁵⁵。清人就曾指出："盖明世宦官出使、专征、监军、分镇、刺臣民隐事诸大权，皆自永乐间始……数传之后，势成积重，始于王振，卒于魏忠贤。考其祸败，其去汉、唐何远哉。虽间有贤者，如怀恩、李芳、陈矩辈，然利一而害百也。"⁵⁶一般来说，宦官并无治国安邦之素质和才能，一旦得势专权，就会利用权力广树党羽，残害忠良、贤臣，搜刮民财，大行贿赂之风，控制各政权重要部门，严重影响国家政权和社会正常运转，推动所在王朝走向灭亡，甚至直接导致国亡政息。如明熹宗时宦官魏忠贤专权，"自内阁、六部至四方总督、巡抚，遍置死党"⁵⁷，先后两次残害忠良，大肆诛杀东林党人，贪图国库财富，对明朝灭亡负有不可推卸的责任，史载"南京内库颇藏金银珍宝，魏忠贤矫旨取进，盗窃一空。内外匮竭，遂至于亡"⁵⁸。依附者更是助长吏治腐败。御史崔呈秀跟随魏忠贤，在巡行江南时发现当地官员贪赃枉法，他却不如实禀报，收受贿赂，一味包庇贪官，这些贪官反而因"廉政"得到崔御史的推荐，史称"其行事多类此"⁵⁹。明英宗时的王振、明武宗时的刘瑾等皆有过之而无不及。明王朝灭亡的直接原因是农民起义和清兵入关，但与长期以来宦官擅权严重干扰和破坏了明王朝的统治秩序，把吏治腐败引向深入有密切关系。

外戚、宦官专权是皇权因专制而延伸出的一种特殊权力腐败形态，而重臣擅权同样是因皇权延伸而导致的权力腐败，历史上并不罕见，对王朝同样危害至深。君主专制体制下的一切权力来自君主，高级官吏尤其如此。他们不得不察言观色，取悦君主，以保持权力的稳定。明主和贤臣是一种理想状态，但大多数情况下包括丞相在内的高级官吏也不过是君主的奴仆，他们是否能够发挥出政治才能完全要看君主对他们的信任度如何。在这种政治生态环境下，位高权重的权臣们如果拥有良好的道德修养，尚能以身殉道或明哲保身，一旦利欲熏心，他们同样会利用身近皇权的便利安置党羽、打击异己、贪赃枉法，毫无顾忌地滥用权力谋取私利。秦始皇死后的李斯、明代的严嵩、清代的和珅都是典型。他们的权力腐败对王朝的灭亡或阶段性衰落负有不可推卸的历史责任。

三是吏治不严所产生的权力腐败。与最高统治者专权以及外戚、宦官、佞臣辅政弄权腐败相随的，就是遍及朝廷和地方大大小小官员的所谓官场腐败，它与一个王朝的衰亡亦息息相关。官员利用手中的权力而腐败是封建政治体制下的通病，并不分职位的高低和亲疏远近，这在战国时期人们就已有认识。如《商君书·修权》中就指出："夫废法度而好私议，则奸臣鬻权以约禄，秩官之吏隐下而渔民。谚曰：'蠹众而木折，隙大而墙坏。'故大臣争于私而不顾其民，则下离上。下离上者，国之隙也。秩官之吏隐下以渔百姓，此民之蠹也。故有隙蠹而不亡者，天下鲜矣。"所谓"秩官之吏"，包括那些刚刚有官秩的小吏。他们共同构成众蠹，利用权力刻剥百姓。"蠹盛则木空，吏贪则民弊"[60]，有这样的蠹虫而不亡天下者是很罕见的。历史上的这些蠹虫既包括"老虎"，也包括"苍蝇"。

"吏治之清浊，关系民生之休戚。"[61]但实际上吏治腐败的情况从来也没有被遏制过。我国历史上吏治腐败表现形式多样，如结党营私、搜刮民财、卖官鬻爵、徇私舞弊与贪赃枉法等等，不一而足。"宁可少活十年，休得一日无权"[62]，这是中国传统官僚政治体系里的一则隐言。英国思想家罗素在他的名著《权力论》中说过："爱好权力，犹如好色，是一种强烈的动机，对于大多数人的行为所产生的影响往往超过他们自己的想象。"[63]为了攫取更多、更高的权力，任官者会巧妙地运用手中的权力去经营，而结党是他们所探寻到的一条捷径。结党的最终目的是营私，朋党之争是传统官僚政治中的普遍现象。唐代后期的牛李党争"更相倾轧，垂四十年"[64]。对于朋党之争所产生的危害，清世宗曾有这样的认识："人臣朋党之弊，最足以害人心、乱国政"[65]，不仅影响社会安定，而且破坏政治秩序，扰乱国家政治。官吏通过私自多征徭役或税收而盘剥、勒索百姓以中饱私囊，且名目繁多，数不胜数，被征者稍不依从，即招来杀身之祸。西汉初年国家按功劳爵位分配田宅，但是建功立业的高爵获得者"久立吏前，曾不为决"，而那些没有从军立功获爵的小吏，却自己捞得足足的，根本顾不上这些为建国立下汗马功劳的人。刘邦虽严厉斥责他们"背公立私",却不起作用。[66]这些小吏对高爵者尚且如此,"以货赂为市,渔夺百姓,侵牟万民""不事官职耗乱者"[67]更是比比皆是。人才乃兴国之本,然而吏治腐败中的卖官鬻爵颠覆了这一治国真理,所用非所人、贤才遗乡间是常见现象。这样的吏治下,不仅没有做官的标准,连做人的标准也被弃之一边。"千里来做官,只为吃和穿""三年清知府,十万雪花银"[68]是晚清吏治腐败的形象写照。朝廷上上下下由这样一批贪得无厌、腐败无能的官吏主政,其结果只能是祸国殃民。"政以贿成"是中国古代吏治腐败的集中表述,从中央到地方,从大臣到胥吏,贪污受贿、行贿徇私等贪赃枉法的政治行为和所体现出来的官场腐败现象,不胜枚举。

吏治腐败还有一个重要表现形式,就是监察制度下所产生的权力腐败。自秦汉以来,历代皇朝都进行监察体制的构建与完善,试图预防和惩治各种腐败问题,保持监察的独立性。然而,缘于封建地主阶级下的专制主义中央集权这一国家政体的存在,政治权力干预监察权力的状态始终没有停止过。一旦帝王及其他各级行政官员出现权力腐败,那么监察体制往往会丧失其真正的功能与意义。而有的监察官员为了明哲保身,并不去行使自己的监察权,有的甚至亦随波逐流,利用监察权力贪赃枉法。清代学者赵翼就对明朝中后期监察制下的权力腐败与王朝灭亡的内在关系进行了揭示,他说:"嘉、隆以后,吏部考察之法徒为具文,而人皆不自顾惜,抚按之权太重,举劾惟贿是视,而人皆贪墨以奉上司,于是吏治日偷,民生日蹙,而国亦遂以亡矣。"[69]

任贤国兴,不任贤国亡,这是中国古人从历史中总结出来的宝贵经验,也是他们审视吏治腐败与王朝兴亡内在关系所透悟出来的带有真理性的认识。汉代大儒董仲舒曾言:"以所任贤,谓之主尊国安。所任非其人,谓之主卑国危。万世必然,无所疑也。"[70]权力腐败与任人和吏治有着不可分割的联系。这样的评论,历史上还有很多。

3.腐败世风与王朝灭亡

上梁不正下梁歪,有了上述种种腐败,必然会影响到整个社会风气。金钱至上、权力至上、跑官要官、贪图享乐、奢华无度也就不限于官吏，而是波及社会，致使社会价值观严重扭曲。腐败现象与社会风气交织在一起，势必加剧社会矛盾，无论这些社会矛盾聚焦在哪个问题上，都会引发社会动荡，导致王朝的灭亡。

秦二世时，权力腐败与生活奢靡已成为一种严重的社会不正之风，汉初思想家陆贾已经看到了这一点："秦始皇骄奢靡丽，好作高台榭，广宫室，则天下豪富制屋宅者，莫不仿之，设房闼，备厩库，缮雕琢刻画之好，博玄黄琦玮之色，以乱制度。"[71] 正所谓"上有所好，下必甚焉"[72]。

西汉初年，秦王朝的社会不正之风依然存在。思想家贾谊对此有清醒认识，他说："今世以侈靡相竞，而上亡制度，弃礼谊，捐廉耻，日甚，可谓月异而岁不同矣。逐利不耳，虑非顾行也，今其甚者杀父兄矣……至于俗流失，世坏败，因恬而不知怪，虑不动于耳目，以为是适然耳。"[73] 他进而认为这种奢侈世风如果得不到及时遏制和彻底扭转，就会导致政治危局乃至王朝覆亡悲剧的发生："今背本而趋末，食者甚众，是天下之大残也；从生之害者甚盛，是天下之大贼也；汰流、淫佚、侈靡之俗日以长，是天下之大崇也。"[74]

综观整个西汉时期，这种腐败风气并未得到很大改观，甚至到了中后期更呈愈演愈烈的趋势。武帝时期严安曾上疏称："今天下人民用财侈靡，车马衣裘宫室皆竞修饰，调五声使有节族，杂五色使有文章，重五味方丈于前，以观欲天下。彼民之情，见美则愿之，是教民以侈也。侈而无节，则不可赡，民离本而徼末矣。末不可徒得，故搢绅者不惮为诈，带剑者夸杀人以矫夺，而世不知愧，故奸轨浸长。夫佳丽珍怪固顺于耳目，故养失而泰，乐失而淫，礼失而采，教失而伪。伪、采、淫、泰，非所以范民之道也。是以天下人民逐利无已，犯法者众。"[75] 奢靡之风到汉成帝时更是愈演愈炽，以致"吏民慕效，浸以成俗，而欲望百姓俭节，家给人足，岂不难哉"[76]。汉元帝时的匡衡也曾上疏说："今天下俗贪财贱义，好声色，上侈靡，廉耻之节薄，淫辟之意纵，纲纪失序，疏者逾内，亲戚之恩薄，婚姻之党隆，苟合徼幸，以身设利。"[77] 这种风气下高尚的节操得不到张扬，奢侈堕落受到吹捧。说到底还是受到统治阶层腐化影响的结果。

西汉衰亡有多种因素，但腐败世风的形成与其不无关联，甚至起了一种推波助澜的作用。这也是思想家、史学家对此给予极大关注和认真思考的原因所在。

明代中后期，腐败世风突出，除了帝王、内阁大员、军官将领、宦官、地方官员等这些拥有行政决策权的官员腐败外，就连负责具体办事的胥吏也盛行权力腐败。随着腐败常态化以及商品经济的刺激，社会上出现了金钱至上的价值观，对人际关系、婚姻观念、教育观念等都产生了重大影响。时人薛论道以十二首《题钱》诗讥讽这一不良世风："人为你生烦惹恼，人为你梦扰魂劳，人为你易大节，人为你伤名教。细思量多少英豪，铜臭明知是祸由，一个个因它丧了。"[78]

这与西晋鲁褒的《钱神论》所描绘的社会风气如出一辙。为了金钱，人们丧失了忠信、礼仪、仁德、孝廉这些社会正常运转所需的最基本的行为准则。这样下去，明朝灭亡是必然的了。

生活腐化是权力腐败的基础和根源，权力腐败是生活腐化的深层次表现，这些腐败一旦形成一种难以遏制的世风，那么王朝必然走向灭亡。

二、中国古代的廉政文化建设

中华文明有着悠久的历史、灿烂的文化。在漫长的历史长河中，我们的祖先面对种种腐败也总结出深刻的治国安邦的历史经验。珍贵的廉政文化遗产，就是其中很重要的一项内容。

广义上说，中国古代的廉政文化是中国历代政治家、思想家和社会大众在长期历史发展过程中创造、实践并形成的关于反腐倡廉的思想、制度、实践及其所积累经验的总和。狭义上说，它是指廉政建设的指导思想，廉政行为的道德规范意识、社会评价，廉政事迹与廉政人物颂扬与传播的艺术方式等方面的总和。考察中国古代廉政文化，我们应当注意四个方面的内容：第一，廉政制度及其形成的深层次结构。廉政制度是与一定的社会形态相结合的，是历史的、发展的。社会形态是决定廉政制度建设的深层次结构。中国古代廉政制度主要是在封建制社会形态下形成的。第二，廉政思想文化学说。中国古代廉政文化的思想基础主要是儒家、法家和道家，产生于先秦，发展于整个封建社会。这些思想植根于中国历史传统，全面反映了中国古代建立在以自然经济基础为主体之上的专制主义中央集权国家与社会对廉政的诉求。这些思想文化也是中国古代廉政教育和廉政社会文化的基本内容。第三，廉政行为的表现形态。在廉政制度和廉政思想的制约和影响下，中国历史上廉洁为政的具体表现形式多样。历代有为的皇帝、廉吏、良吏、能吏的正身律己、公私分明、以民为本、除暴扶弱都是廉政行为的重要表现。第四，廉政社会文化的形成与传播途径。政治与社会不可分离，社会风气深刻影响着廉政，廉政也深刻影响着社会风气。在廉政制度、廉政思想和廉政行为的共同作用下，中国历史上形成了广泛深入的廉政社会文化，它们弘扬正气，鞭挞丑恶，并通过史著、官箴、家训、戏剧、小说、诗歌、民歌民谣、社会舆论等多种形式广为流传。

（一）中国古代廉政文化的产生途径

廉政文化是政治文化的一个分支，它是以人类进入阶级社会并构建了一定的政治结构为前提的。没有相应的政治和政治制度产生，廉政文化也就无从谈起。由于廉政文化与特定的政治文化紧密相连，因此，不同民族、不同国家的廉政文化的产生道路是不完全相同的，即使研究同一国家在不同历史时期的廉政文化也要注意它的特定含义，不能作简单的解释和比附。这种差异和区别意味着，廉政文化既有共性，又有个性。

中国古代廉政文化的产生时间很早。文明诞生之初的氏族首领已经注意到了在公共事务管理过程中对自身素质的要求。《尚书·尧典》记载帝尧为政"钦明文思安安，允恭克让，光被四表，格于上下。克明俊德，以亲九族"，以及要"敬授民时"，这里面就包括了为政者要勤政、节用、爱民、尚贤等多层含义。《尚书·皋陶谟》中提出的所谓"九德"，也主要是针对为官者的素质要求。值得注意的是，《皋陶谟》中表达的"天聪明，自我民聪明。天明畏，自我民明威，达于上下，敬哉有土"是传统"民本"思想的渊源所在，也构成了中国古代廉政制度、行为、思想的深层次价值观，是古代廉政制度形成的重要文化基石之一。在这个时期，"贪"和"廉"两种对立的价值观也已出现。史云黄帝时"缙云（一种官名）氏有不才子，贪于饮食，冒于货贿，侵欲崇侈，不可盈厌，聚敛积实，不知纪极"[79]，这与轩辕黄帝"劳勤心力耳目，节用水火材物"[80]的为政态度形成了鲜明的对比，也与《皋陶谟》中提出的"简而廉"的"廉约"观念截然不同。对贪贿的指责与对廉、勤的赞叹是早期廉政文化最淳朴的形态。当然，这些都是后世文献的追忆，还不能说完全是当时历史的实录，不过把它们看成我们祖先在进入文明时代的前夜就已经拥有的廉政文化智慧大体是不错的。我们的祖先正是带着这样的思考进入了阶级社会。

随着国家的产生及其形态的完善，廉政文化的内容也日渐丰富。三代就是中国古代廉政文化发展的一个重要时期。三代王朝的更迭使统治阶级认识到"天命"无常，要保持统治的长久就必须把剥削和压迫控制在一定的范围之内，必须对被统治者"民"的重要性有深刻的认识。大家所熟悉的"国将兴，听于民；将亡，听于神""夫民，神之主也"等等言论[81]，就是"民本"思想触动统治阶级政治神经后的感慨，也是三代廉政制度、行为、思想产生的深层文化意识之一。三代的刑律对贪贿已有严格的规定。《左传》昭公十四年引《夏书》曰："昏、墨、贼、杀，皋陶之刑也""贪以败官为墨"。杜预注曰："墨，不洁之称。"据此，不晚于夏代，对贪的惩罚似乎已有了正式的刑律。商代针对贵族官僚管理的条规刑律则更多。如《尚书·盘庚中》记载盘庚对"具乃贝玉"，即聚敛钱财的大臣予以严厉的谴责，并要以严厉的刑罚处置他们。相传作于西周穆王时的《吕刑》中有所谓"五过之疵"，即"惟官，惟反，惟内，惟货，惟来"，大意是指官吏办事不公、贪赃受贿，执法者要秉公处理。三代对贪贿的惩处是否都出自"民本"思想的价值观，还值得我们深入探讨，但以条规刑律对贪加以惩戒，这是在以往基础上的一种发展。

实际上，三代国家所直接控制的地区只限于"王畿"，官僚的选拔任用主要依据的是血缘而非才能，分封式的地方行政制度使中央对地方并没有直接的管辖权,这样的社会结构及其所决定的政体形式,使廉政制度的建设只能停留在较低的层次上,也决定了当时廉政文化的整体发展水平不可能超越那个时代的限制。

春秋战国是中国古代国家形态发展的一个重要转折时期。各国王权在摆脱了周天子的控制后日益加强,中央直接控制地方的郡县乡里制开始产生,世卿世禄的贵族制逐步让位于君主任命的官僚制。在激烈的竞争面前,出于强国的需要,也为了管理多层次并且逐渐庞大的官僚队伍的需要,廉政建设的迫切性摆在了各国统治者的面前。这一时期廉政文化发展的一个突出特点是政治家、思想家们关于"廉政"问题的思考多姿多彩。齐相晏婴云:"廉者,政之本也。"[82]晏婴还与齐景公专门讨论过"廉政"问题。一次,景公问晏婴:"廉政而长久,其行何也?"晏婴对曰:"其行水也。美哉水乎清清,其浊无不雩途,其清无不洒除,是以长久也。"[83]晏子的话含义很深刻,意思是廉政能否持久,关键在于各级官吏能否做到坚守美德,出污泥而不染,做廉洁的表率。先秦诸子百家的思想也几乎无不涉及廉政文化这个大问题,并留下了许多脍炙人口的名言。例如孔子说:"其身正,不令而行;其身不正,虽令不从。"[84]孟子说:"可以取,可以无取,取伤廉。"[85]这个时期廉政文化中最令人瞩目的成就还数法家的廉政文化学说。法家从人具有贪欲的天性出发,既主张从制度上设官分职,加强监督,防止腐败的产生,也主张从道德的层面对包括君主在内的各级官僚进行教育。如法家的集大成者韩非说:"所谓廉者,必生死之命也,轻恬资财也。所谓直者,义必公正,公心不偏党也。"[86]法家的另一代表人物管子认为"国有四维",即礼、义、廉、耻。[87]他还说:"欲民之有廉,则小廉不可不修也。小廉不修于国,而求百姓之行大廉,不可得也。"[88]法家的廉政文化思想较之以前具有更强的可操作性,不仅春秋战国之际列国的廉政制度、廉政教育乃至官吏的廉政行为的深层次价值观念在法家思想中大都可以寻到踪迹,而且整个封建时代的廉政文化也都无法回避法家所奠定的基础。

谈到廉政文化的建设不能不说到《周礼》这部书。大约成于战国时代的《周礼》一书并不是一部关于周代官制的专著,而是主要反映战国时代的制度并掺杂了作者本人的思想。此书在中国古代廉政文化建设上的重要意义,在于它对源远流长的古代廉政思想和当时风起云涌的廉政措施作了深入的内涵分析和典型概括。在《周礼·天官·小宰》中，作者说："（小宰）以听官府之六计，弊群吏之治。一曰廉善，二曰廉能，三曰廉敬，四曰廉正，五曰廉法，六曰廉辨。"意指要用这"六廉"的方法来考核官吏。值得注意的是，在这六种考核手段之前，作者都加上了"廉"字，显然是将"廉"从狭义的范畴抽象出来，赋予其更广泛而深刻的意义。后来的经学家总结出这"六廉"是"以廉为本"。"以廉为本"的"六廉"观是一个卓识，全面反映了我国历史上思想家对官僚队伍廉政素质的要求。如果说廉政文化是廉政制度、廉政行为和廉政思想的深层次结构之一，那么以上的"六廉"观就大体奠定了中国古代廉政文化的内核。中国封建时代的廉政文化就是在这个基础上发展与完善的。

廉政文化的产生和发展与特定时期的政治结构和政治文化密切相关，反之，政治结构与政治文化的演进也促进着廉政文化的繁荣与革新，但是决定廉政文化形态的根本因素则是社会结构与经济结构。一般来说，只要有公共权力的设立，贪与廉、勤与惰的对立观念，腐败与反腐败的斗争就必然产生。这在任何国家大概都不例外，但问题是各个国家、各种不同社会形态下的廉政建设道路往往存在很大差异。造成这种差异的重要原因之一就是廉政文化的社会基础不同。学者们大多认为，中国古代社会是在氏族血缘关系还没有彻底解体的情况下进入国家状态的，经济结构、社会结构中农村公社和家族公社的顽强存在，使得在相当长的历史时期内，国家对社会的控制是以"族"的形式完成的。松散的邦国联合体和"授民授疆土"的分封制是三代国家结构的主体，官僚的选拔采取的是世卿世禄的贵族制。这样的社会形态下，国家与社会的分离程度很低，国家的官僚往往就是"族"的首领。因此，廉政建设的社会基础还很薄弱，廉政文化的表现形态还只是停留在对执政者的道德诉求和对腐败贪贿者的指责以及简单的刑律处罚上。井田制瓦解后的春秋战国之际，基层社会由血缘式的族聚结构化解为个体小农，对整个社会直接控制的郡县制和官僚制的建立使廉政建设成为上自君主下至庶民都十分关注的对象，中国古代的廉政文化由此才变得丰富多彩。

（二）中国古代廉政文化建设的基本内容及特点

就具体内容来说，中国古代廉政文化建设大体包括廉政制度文化建设、廉政思想文化建设和廉政社会文化建设三个方面。

制度文化是制度形成的深层次背景之一，也是制度发展过程中所形成、积累的经验与理念的升华。战国秦汉以降，廉政建设由原先的道德导向向制度层面转化，国家围绕如何在政权体制中反腐倡廉作出了许多精密的设计，并在法律法规、监察监督、行政管理上得以体现。由此，廉政设计和建设也成为古代政治家的政治理念之一，这种理念既是廉政制度文化推动廉政制度建设的反映，反过来也丰富并发展了廉政制度文化的内容。例如，在秦汉的政治制度设计中，监察制度是多层次、多方位的，不仅各级行政长官有监察的职责，还有专职的御史和刺史系统负责监察。这种专职监察制度的形成并不是一种简单的官职设置，如对监察官选任的特殊要求，将监察官的隶属系统与行政官区别开来的做法，监察官以卑临尊的监察方式，等等，都体现了制度设计者深刻的思考。行政中的廉政意识不仅体现在监察制度上，也体现在官吏的使用规则上，如荐举中的连带责任制，任职中的回避制，以及道德与能力并重的考核制，等等。这些廉政措施所形成的政治理念上升为廉政文化，在整个中国古代廉政制度建设上始终发挥着潜移默化的作用。当然，廉政制度的建设不是一成不变的，它终究是随着社会事务、政治事务的不断分化而调整。同样，廉政制度文化也不是静态的、孤立的，它不仅随着时代的发展而丰富，而且不断向廉政制度浸润，有力地推动着廉政制度的建设与完善。制度与制度文化呈现出相互交融、相辅相成的格局，构成了中国古代廉政文化的一个重要特色。

中国古代廉政文化的另一个重要特点是廉政思想文化的丰富多彩。中国古代思想家大都对现实问题高度关注，也在廉政问题上作出了许多理论思考与总结。这其中既有通过设官分职来加强权力制约、监督的具体设想，也有通过理想教育来提升个人的道德情操以实现其为政清廉目的的教化实践，还有通过对现实政治腐败的批判并揭示腐败对政权的危害以警醒统治者的举动。举例来说，通过理想与道德的教育来追求政治的清廉始终是思想家们的目标之一。孔子主张人要有正确的价值观，认为"饭疏食饮水，曲肱而枕之，乐亦在其中矣。不义而富且贵，于我如浮云"[89]，并把俭朴的生活与远大的理想相统一，如他称赞颜回"一箪食，一瓢饮，在陋巷。人不堪其忧，回也不改其乐"[90]。《论语》还强调人要有反省自我的意识："吾日三省吾身。"[91]孟子倡导清心寡欲，他指出："养心莫善于寡欲。其为人也寡欲，虽有不存焉者，寡矣；其为人也多欲，虽有存焉者，寡矣。"[92]荀子要求人们志节高尚，不贪货利，他说："卑湿、重迟、贪利，则抗之以高志。"[93]墨子还认为："君子之道也，贫则见廉，富则见义，生则见爱，死则见哀。"[94]其中"贫则见廉"被视为"君子"的标准之一。汉代大思想家董仲舒竭力反对武帝的纯任刑罚举措，他说："今废先王德教之官，而独任执法之吏治民，毋乃任刑之意与！"他认为"教化废而奸邪并出""教化行而习俗美也"。[95]

除了德教思想外，历代思想家们的忧患意识也是廉政思想文化的一个重要组成部分。"生于忧患而死于安乐"[96]是古代许多杰出思想家的共识，其中最为著名的当是范仲淹的"先天下之忧而忧，后天下之乐而乐"[97]的经典表述。历史上吏治清明、社会相对稳定的时期，也都是统治者忧患意识较为强烈的时期。如文景之治、贞观之治、洪武之治都证明了这个问题。历代思想家的廉政思想并不仅仅停留在思想层面，还通过以儒家思想为核心的多层次学校教育、社会教育之后向现实转化。历代诸多有为的帝王、政治家政治行为的背后，往往都鲜明地体现着思想家的智慧。廉政思想与廉政制度的紧密结合构成了我国古代廉政文化的一大特色。

廉政社会文化建设是我国古代廉政文化建设的另一个侧面。所谓廉政社会文化建设应当包括三个层次：第一，统治阶级通过政治宣扬在全社会倡导廉洁为政的社会风气。如被统治阶级确立为正统思想的儒家思想，就对社会廉洁风气的形成有着重要意义。《汉书·儒林传》记载元帝时的少府欧阳地余诫其子曰："我死，官属即送汝财物，慎毋受。汝九卿儒者子孙，以廉洁著，可以自成。""儒者子孙"与"廉洁"的内在联系正是儒家文化中的廉政意识广泛宣扬的社会结果。儒家经典中修身、齐家、治国、平天下的家国同构思想,由孝推及忠、廉的家庭伦理与政治伦理相结合的思想,使廉政文化中的若干因素普及到社会中的个人和家庭。统治阶级对廉吏的旌表,对贪官的惩罚,使社会形成了廉洁光荣、腐败可耻的社会氛围。第二,社会大众形成的舆论监督。在中国古代廉政社会文化的发展过程中,社会舆论构成了廉政文化的独特内容之一。这种舆论表现为社会大众自发的对贪官污吏的鞭挞和对廉洁为政者的歌颂。如汉代的太学生奔走呼号,无情揭露东汉末年的腐败政治,振聋发聩。历代的官箴家训中也有许多为社会大众认可的廉政文化。第三,各种旨在惩恶扬善的艺术表现形式。中国古代的民歌、民谣、诗赋、小说、绘画、雕塑、戏剧等多种艺术形式中,都有丰富的廉政文化内容,它们在社会中的传播,有力推动着整个社会廉政氛围的形成。

廉政制度文化、廉政思想文化和廉政社会文化并不是相互孤立的,它们彼此相互推动,相互影响,构成了中国古代廉政文化的丰富内涵。

三、中国古代的廉政制度建设

我国历史上自战国以后就建立了职业化的官僚队伍。为保障这支队伍的高效运行,廉政制度建设不可或缺。廉政制度的本质目的是维护剥削阶级统治的长治久安,但对于保障官僚队伍的有效运行,遏制腐败的发生和处置腐败行为,维护政权统治秩序的稳定,避免社会矛盾的激化,也起了相当大的作用。我国历史上汉、唐、宋、明、清等朝代延续时间较长,与这些行之有效的廉政制度建设的不断完善有着很紧密的联系。从我国历史上看,腐败是一种常态现象,即使在某些延续历史比较长的朝代前期或所谓盛世,严重的腐败都不罕见。但问题在于统治阶级重不重视,如果统治阶级高度重视,特别是在制度建设上卓有成效,腐败就可以在一定程度上得到控制,王朝就可以调整航向而运行得比较长久。如果任其泛滥,不反腐败或无力反腐败,甚至与腐败者同流合污,形成广泛的腐败社会风气，这样的王朝灭亡也就指日可待了。我国历史上的廉政制度建设是一个长期发展的过程，内涵十分丰富，我们试从以下几个方面简要概括。

（一）官吏选用与管理制度中的廉政保障制度

我国历史上的官吏选拔自战国后大致经历了荐举功劳制、察举制、九品中正制、科举制等方式，官吏选用也包括在任官吏向更高一级升迁的考课性选拔，选拔出来还需要管理。从反腐倡廉的角度看，这些方面都积累了很多历史经验。

1. 重视基层经验 "明主之吏，宰相必起于州部，猛将必发于卒伍"[98]，这是重视从有实践经验的基层选拔高级官吏。秦代著名的丞相李斯出身乡小吏，大将白起、王翦都是从战争中提拔出来的。汉代察举制度完善后，被察举的孝廉需要年满四十岁，并必须有为吏的经历，就是希望他们有基层经验。重视从有实践经验的基层官吏中逐步选拔高级官吏，能够在较长时段从德才两个方面考察他们的廉政行为。

2. 重视功劳 功劳制度在我国历史上有两种概念：一是狭义的功劳，武有战功，文有事功，可以获得选拔。秦汉的军功爵是武功，而出了好的计策、为国家作出了各方面的贡献，是文功，也可以授予官职。如秦代的客卿制从功劳原则出发，选拔了许多优秀人才。依靠功劳而非血缘获取官爵，本身具有积极的廉政意义。二是广义的功劳，指没有贡献，也没有过错，仅依靠年资而获得提升。这在我国历史上曾经长期存在，北魏的《停年格》和唐代的《循资格》制度就是典型。这主要针对已进入官僚队伍的人的提升。不问才能，只问年资，弊端很多，但也是稳定官僚队伍的方法之一，让官僚队伍中的相当一部分人能够保持稳定的心态，对于预防腐败的发生也有一定的意义。基层经历和功劳制度与廉政虽然没有直接关系，但这种基层经历有益于廉政的培养。制度化的年资制度，也可以为官吏设立预期目标，减少为政中的腐败行为。

3. 考试与"试守" 我国历史上选官用人中的考试方式在科举之前就有很长的历史。秦代就有通过考试从学生中录用官吏的方式。汉代察举、特举等科目中，也有考试、对策等方法，并逐渐形成根据选举对象不同而采取不同的考试内容的取人方法。考试以后还有复试,以防作弊。隋唐以后,不分门第高下,不问士族寒门,都可以按条件报名投考,"朝为田舍郎,暮登天子堂"[99]确实也不是梦想。创造一个公平的考试制度,是选官廉洁性的重要保障,也是社会公平的最大需求之一。自秦代开始,无论官还是吏,担任新的职务或初次任命,都有一年的试用期,试用合格后方可担任正式官职;不合格,退回原职。

4. 选举不实承担法律责任　历代选官都有具体科目,根据国家的不同需要制定被选举者的素质、年龄、身份等规定,监察部门要介入选举过程,对选举者和被选举者实施监督。如果选举不实,选官要承担法律责任,而选举得人则予以奖励。如秦统一前的法律就规定:"任人而所任不善者,各以其罪罪之。"[100]

汉代针对选举不实、举非其人的处罚规定更为细密。科举制推行后,对选举不实的防范主要体现在对考试过程的严密管理和对吏部铨选过程中营私舞弊的处理。如《唐律疏议·职制律》当中就有针对此的连带法律责任。[101]用人不公是最大的腐败,影响甚为广泛,对选举不实的连带性惩处也是历代法律所关注的重点之一。

5. 避籍、避亲、避近原则　官吏任用的回避制度始于汉代,之后逐渐丰富完善。回避是在古代自然历史与社会条件下,国家防止腐败的一项重要发明。首先是籍贯回避。不晚于西汉中期开始,籍贯回避制度就已产生。如刺史不用本州人,郡国守相不用本郡人,县令长丞尉不但不用本县人而且不用本郡人。负责监察的官员也不得在本籍监察。新发现的西汉东海郡官方档案证明,这个原则贯彻得很彻底。[102]其次避亲。避亲在历代严格程度不同。如汉制规定,结为婚姻的双方任官需相互回避对方的原籍,皇亲国戚不得"在公卿位"[103]或在某些重要地区任职,后宫之家"不得封侯与政"[104]。清代避亲制细致,科举中的师生关系也要实行任职回避。再次避近。对君主身边的人、高级官吏,其子弟任官也有一定职位回避限制。回避制度增添了选官的复杂程度,但在历史上对官吏利用权力为己谋私,以及亲属、同乡干扰政务,利用关系谋求私利等事件有一定限制作用。

6. 考课制度　我国历史上针对官吏实施考课,以防止滥用权力、失职渎职、碌碌无为等腐败行为的措施起源于战国时代。考课不是直接针对腐败,但它是发现腐败、激励廉政勤政的最有效措施之一。历代考课大体分道德考课和能力考课两种，考课机构分部门考课、中央对地方考课等多种，监察机构对所监察对象也有考课权。考课有具体内容，也有等级。如汉代以"质朴、敦厚、逊让、有行"所谓"四行"来考察官吏的品行[105]；以户口垦田增减、钱谷出入、治安状况考核地方官，考核后排出名次。唐代吏部有考功司，以"德义""清慎""公平""恪勤"所谓"四善"来考核为官道德，以"二十七最"，即以二十七个方面的具体工作实绩，考核为官者的能力，排出九个等级。[106] 品德考核在唐代考课中地位最重要。考课的具体化是历代考课制度的显著特点，汉、唐、宋、明、清都是如此。考核的结果与官吏的表彰、升迁、惩罚等奖惩机制有直接关系。我国历史上有时治理腐败的重要方式就是加强考课，如明神宗时张居正改革的措施之一就是创立考成法，逐条考核官吏完成情况。考课的具体化、部门化与考核结果的绩效化是我国历史上考核制度的优点。

（二）监察与权力制衡制度

监察是官吏廉政管理的重要内容，是对行政权力的制约、制衡，以防止权力滥用或失职的一种措施。监察制度与我国统一的中央集权国家的形成相伴随。秦汉初期最高行政长官之一的御史大夫为副丞相，有牵制丞相、监察百官的职责。他的属官御史中丞、侍御史为直接监察官。丞相府中的丞相史也有监察职能。地方行政机构中有与行政官并列的监察官。但直到汉武帝前，监察尚未从行政中分离出来，监察多头，造成相互间职责上的混乱。大致自汉武帝开始，朝廷设立司隶校尉监察中央机构，设御史中丞统领刺史，分十三个部监察郡，郡设督邮监察县，县设廷掾监察乡，形成了立体监察机制。此后，监察从管理国家的行政事务中分离出来。从权力制衡角度来说，中央的御史大夫是副丞相，承担中央最高行政管理的部分职能，但又是监察官，有监督丞相及百官的功能；刺史是专门的、具有巡视性质的监察官，不受郡太守的领导，不像秦代那样监察官与郡守共同组成政府；刺史与行政官分署甚至分地办公；刺史以"六条问事"，非"六条"不察，[107] 除第一条外，其他五条针对二千石高官守相的腐败行为，指向明确；刺史仅六百石，却能监察二千石的守相；刺史直属中央御史大夫的属官御史中丞，由皇帝直接任命，可以向皇帝直接奏事。刺史虽行政级别较低，但政治待遇优厚，升迁迅捷，地位尊崇。如刺史"居部九岁举为守相"[108]，实际事例中很多人两三年就升迁至二千石。汉代朝廷的朝位排序本依秩次级别，但监察官则往往优先，以示尊崇。汉代对包括御史大夫、刺史在内的监察官选用都很慎重，认为御史大夫"非庸材所能堪"，刺史"任重职大"，[109]喻之为"古之方伯"[110]。

就具体职责而言，刺史定期巡视所监察的郡国，广泛接触人民，考察守相的治理效果，并向中央报告。如何武为扬州刺史时，守相有罪，"应时举奏"，并把所揭露的罪行公开，让其信服后再免官。他巡视时必先到学校，听取学生们的意见，再到住所，调查一年来的土地变动、收成、治安等情况，把情况了解清楚后再与郡太守等官见面。[111]由于刺史懂得地方情况，中央制订有些政策时，会先征求刺史们的意见。如西汉京房制订考功课吏法，汉元帝在召见刺史时，就让京房说给刺史听，结果刺史们"以为不可行"[112]。刺史们大多严格遵守规定的监察内容，保证监察内容的指向性与效果。汉代许多刺史也注重自身的廉洁，成为廉洁为政的表率。如东汉杨震"性公廉，不受私谒。子孙常蔬食步行"，任荆州刺史时有人夜怀"十金"送他，并称"暮夜无知者"，杨震断然拒绝说："天知，神知，我知，子知。何谓无知！"[113]青州刺史赵琰在办公厅前放了一口大水缸，权势之人的请托书信他都扔进水缸。[114]

刺史制度是我国自汉代设置的一项重要监察制度，当然在后来有很多变化，出现很多问题，但许多不是刺史制度本身引起的。刺史对肃清吏治、防止腐败、树立社会正气和保障汉政权稳固起了很大作用，其所积累的经验也延续后世。

自汉代独立监察制度形成后，历代都在延续发展。魏晋南北朝时期，御史台是唯一的国家监察机构。曹魏时期出现了我国历史上第一部监察法规《六条察吏》，西晋出现了《五条律察郡》和《察长吏八条》，北朝出现了《诏制九条》等专门的监察法规。这一时期的监察特点是既纠违法，又兼举荐人才；既察为政政绩，又察官吏品行道德，奖惩并重。隋唐监察制度严密，以御史台（宪台、肃政台）为最高监察机构，下设三院，正朝廷纲纪。御史台与刑部、大理寺联合组成"三司",共同审理案件。御史台设有监狱,被称为"台狱",并兼有起诉、审讯的职能。《司律六条》《风俗廉察四十八条》《六察法》是这一时期的监察法规,较以前各历史时期更细致。弹劾是唐代监察官依法纠举的重要手段,事例尤多。唐肃宗时有一位大将上朝时"言笑自若",背对朝堂,被御史弹劾后"拘于有司"。[115]宋代大体延续唐代设御史台,但允许御史兼言职,即拥有谏议的权力,形成了监察与行政的台谏合一。其积极意义是加强了对行政的监督,其消极意义是由于御史批评之声不断,又造成了政令难行。宋代地方主要以分割职权的办法加强监察。地方设路,路掌行政又掌监察,但重在监察。路下设四司,各掌军政刑财,也有监察之权,互不统属,职能交叉,各自对中央负责。由于宋代监察过于强调权力制衡,又造成相互职责上的混乱。在官僚队伍中,管官的官比例越来越大,形成头重脚轻的局面。以《刑统》为主的宋代立法,是惩处官吏腐败的主要依据,其中,对贪赃罪的惩处尤重。元代中央设有与中书、枢密并列的御史台实施监察。忽必烈说,中书是我的左手,枢密是我的右手,御史台是医治这两只手的,可见地位较高。在地方,元代设有行御史台和各道肃政廉访司,监察体系比较严密。以《元典章》和《大元通制》为代表的元律,对官吏贪赃枉法、行为不端、沽名钓誉等,有具体的立法规定。明清两代以都察院和六科为中央监察机构,统称"科道"。"六科"按照中央的各部设,每部人员不等。地方上以省为道派出监察御史,官品只有七品,但权力很大,"大事奏裁,小事立断"[116]。

我国历史上统治者大都重视监察制度的完善,对官吏廉政的监督也比较多。但由于历史的局限性,破坏这种监督的因素也非常多。值得一提的是,我国历史上有许多监察官刚直高节,志在奉公,其出行"动摇山岳,震慑州县"[117],事迹在民间广泛传颂。

(三)乡论及舆论监督制度

群众的"谤言","足以补官之不善政"[118],这是一种智慧的认识。我国历史上注重以民众的舆论来监督官吏的行为,此举逐渐受到统治者的重视,并将其吸收到廉政制度建设中来。早在西周时期,就有"防民之口,甚于防川"的比喻。

周天子派重臣寻访各地,名为"采诗",实际是将道听途说记下来,以考察官员的政治得失。自汉代开始,个人家庭孝悌等伦理行为,勇敢、节俭、廉洁、济贫、正直、文化修养等所形成的地方声誉,是国家选拔官吏时的重要参考,当时称为"乡举里选"[119],这些舆论又称为"乡论"[120]。魏晋南北朝时期制度更严格,由中央高官担任其籍贯所在地的各级中正官,考察所在地人士的品状,即道德行为,写出评语,定下等级,供尚书省选拔官吏备用。汉魏时期,某些道德上名声不好的人,做官的难度就很大。汉代著名大将陈汤,年轻时在乡里乞讨借贷无度,声誉不好,只能离开家乡去求职。[121]三国的吴质,只喜欢与有权势的人交往,不注重搞好乡里关系,乡里人就不给他好评价。他用恶言谩骂乡里,但一点用也没有。[122]这都迫使士人注重自己的日常行为,树立自己的形象和声誉,对他们未来从政有一定的积极影响。

由于老百姓经常以歌谣等形式鞭挞丑恶、歌颂廉洁,历史上经常以风俗使、监察官明察暗访地方,通过舆论来了解官吏的为政行为。汉代以后,经常由皇帝委派风俗使出行,面授机宜,专事专办,或明行或暗访,听取民情,观吏治得失。汉宣帝时的盖宽饶为风俗使,根据民情贬黜了多名官员,得到皇帝赞赏,很快得到升迁。[123]郑宽中为风俗使,举奏王尊治理地方有政绩,王尊很快得到提升。[124]东汉后期规定,州县官治理不善,老百姓给他们编"谣言"者,一律免官。我国历史上有风闻奏事、举报,自汉至清普遍存在,是廉政管理的一个有效办法。

(四)奖励与养廉制度

奖廉制度既有行政制度也有法律制度,是保障官吏廉洁从政的方法之一。历代都有对廉吏的褒奖制度,考核优秀者将获得升迁、超迁、增秩、赐爵、赏金、画像、立祠、下诏书表扬、死后谥号评定、追赠荣誉官职以及上朝特殊待遇等表彰。

俸禄与廉政的关系是历史上官吏管理的一个经常性的话题。汉代就有很多人抱怨俸禄不足,特别是低级官吏。汉宣帝自己也说,这些小吏很勤劳,但俸禄太薄,让他们不侵吞老百姓,难呀!东汉开国后就着意提高了俸禄。北魏初期,官吏基本没有俸禄,贪污成风。一个人单身去做官,回来时满载而归。孝文帝太和八年(484年)正式制定了班禄制度,给各级官吏发放固定的俸禄,同时,制定了十分严厉的法令防治贪污,一定程度上遏制了腐败。这里,我们选清代的养廉银作一个个案分析。

清代继承了明代官吏低俸的制度,一品官一百八十两,二品官一百五十两,九品三十三两;流外官三十一两;京官有一定的禄米,外官无。二品官包括总督和巡抚(正、从二品),这个俸禄除了养家糊口还要支付办公幕僚费用,根本不够他们支出。于是直接管理民政的官吏采取加征"火耗",即正税之外再向老百姓征收将散银熔铸成银锭时的损耗费用,正税交纳后,余下的所谓"耗羡"便成为各级地方官府自己掌握的经费。就是这个火耗,成为清初近百年间官吏的强力腐蚀剂。雍正认为,与其让地方用火耗来供养上级形成腐败,不如把这个钱收上来,让上级下拨火耗来养州县。雍正二年(1724年)推行"耗羡归公"和"养廉银"制度,[125]即根据各地征收火耗的实际情况明确规定各地上交的数额,再把这一款项按照各地贫富、政务繁简、官员级别大小的不同,下拨下去,将火耗由非法变为合法。这就是养廉银制度,且养廉银要远远高于俸禄。如总督为正二品,巡抚为从二品,俸禄一年不到两千两,但养廉银却达一万至二万两不等。这对解决地方官的低俸问题、防止滥征、肃清吏治有一定效果。但养廉银京官没有,后虽有补贴,仍大大少于外官,京官向外官的索取半公开化了。后来养廉银的发放也因国家财政亏空等因素遭到各种克扣,贪贿之风仍在盛行,与北魏的历史如出一辙。不过,如果"只知有私不知有公""豪奢逾度",[126]再多的薪水也不能振作吏治。

(五)惩戒制度

历代对腐败惩罚严厉,同时对违法的行为也有细密规定。第一,历代对选举不实、欺上瞒下、泄露机密、失职渎职、结党营私等都有细密的惩处规定,尤其是对贪污、行贿受贿罪惩罚严厉。这有利于廉政的制度建设。秦汉时期将贪污受贿列入《盗律》，规定贪污"十金"即十万钱以上者为重罪，处以死刑。唐代上承秦汉魏晋治国安邦的历史经验，下开宋元明清反腐败法律之先河，是我国历史上反腐败法制建设极重要的时期。在隋《开皇律》、唐初《武德律》《贞观律》的基础上形成的《唐律疏议》是一部非常严密完整的法律，其中的《职制律》是对官吏腐败定性及惩处的重要法律依据，《厩库律》是保护国有资产不受侵犯的重要法律依据。从晋律特别是唐律开始，官吏犯罪有了"公罪"和"私罪"之别，对私罪的处理更重。公罪主要包括擅权越职、署置吏员过限、非法兴造、非法赋敛、怠渎职责等，私罪主要包括贪污受贿、行贿受贿、勒索财物、弄虚作假等主观故意腐败行为。公罪与私罪的划分是预防与惩处官吏腐败的一项重要措施，特别是对私罪的界定，具有重要的意义。明代的《大明律》和《大诰》对官吏贪赃、监守自盗、私用民力、搜刮民财等，有明确的法律条文。而《大诰》较《大明律》判处更重。第二，我国历史上有赦免制度，但对贪吏不仅不赦免，而且牵连其后人。如汉代吏"坐臧（赃），终身捐弃"[127]，即永远不得任用，甚至其子孙也不得为官。唐代贪官"必无赦免"[128]。宋代"以忠厚仁恕为基"[129]，经常赦免，但"官吏受赃者不原"[130]，即不赦免。明代犯赃罪者不仅不许举荐，而且连借贷都不允许。如果知道贪污行为而不举报，或者贪污数额巨大而行政监察官茫然不知，要追究他们的失职罪。第三，历代对官吏的日常行政与日常行为管理严格。我国历史上对官吏的日常行政甚至日常行为，特别是对财物的管理有细致的规定，并在出行车马仪仗、饮食待遇上都有细致条文，避免他们在行政或政治中腐败。汉律有《传食律》，对官吏出行中消费的细目都有记录。唐代《职制律》中有关于根据等级使用车马船的规定，不按规定线路而绕道，甚至将驴换为马，皆违法。元代法令规定官吏出行接受宴请馈赠，官吏频繁出入"茶酒市肆及倡优之家者"[131]，均要论罪。我国历史上许多王朝法律明令禁止为官经商、禁止结党营私、禁止吏员超编，特别是对监守自盗者处罚尤为严厉。

良好的政风是法制管理出来的。荀子在秦国看到秦吏"出于其门，入于公门，出于公门，归于其家，无有私事也；不比周，不朋党"[132]，这是秦之所以强大并统一六国的重要原因。统治者用"身死而家灭"的高压使官吏"不敢为非""念为廉吏",[133]同时也通过法律来告诉人们不应该做什么。其法律的细密性值得重视。

四、中国古代官吏的廉政教育及其影响

制度建设是廉政文化建设的一个核心问题,但并非建立完善的制度之后就可以高枕无忧。制度尚需要官吏的执行。因此,除了制度建设,历代王朝还采取各种措施,从多角度对各级官吏进行广泛的思想素质教育,培养他们为政中的廉政意识,这在廉政建设上有着不可忽视的作用。

我国历史上廉政思想的教育和灌输形式多样:第一,用公文教育。出土发现的秦代地方官吏所发公文中,有所谓"为吏之道",对官吏从政提出了清廉、善行、恭敬多让、安静慎罚等要求,做到这些"必有大赏"[134]。汉代许多诏书开始的一段话,都教育官吏以民为本、为政以德、廉洁从政。汉代诏书下至乡里,民众也都要来听或看,这对廉洁思想的普及很有意义。有些帝王还利用各种场合不厌其烦地教育官吏要廉洁从政。如唐太宗多次与官吏谈权力、金钱与生命的关系,教育他们廉洁从政。他说:"人有明珠,莫不贵重,若以弹雀,岂非可惜?况人之性命甚于明珠,见金钱财帛不惧刑网,径即受纳,乃是不惜性命。明珠是身外之物,尚不可弹雀,何况性命之重,乃以博财物耶?"他告诫臣下,贪心的人其实不懂爱财的道理,不懂得贪财的危害:"若受人财贿,不过数万,一朝彰露,禄秩削夺,此岂是解爱财物?规小得而大失者也。昔公仪休性嗜鱼,而不受人鱼,其鱼长存。且为主贪,必丧其国;为臣贪,必亡其身。"他还谈到贪赃对自身、家人的危害性:"古人云'贤者多财损其志,愚者多财生其过。'此言可以为深诫。若徇私贪浊,非止坏公法、损百姓,纵事未发闻,中心岂不常惧?恐惧既多,亦有因而致死。大丈夫岂得苟贪财物,以害身命,使子孙每怀愧耻耶?"[135]第二,历代有许多官箴,即官吏为官的常用书,其中有很多廉政

的经验总结教育。宋代吕本中的《官箴》说："当官之法，惟有三事：曰清、曰慎、曰勤。"[136] 元代张养浩在《庙堂忠告》中说："廉以律身，忠以事上，正以处事，恭慎以率百僚，如是则令名随焉，舆论归焉，鬼神福焉，虽欲辞其荣，不可得也。"[137] 修身洁己，努力做好本职工作，荣誉也就随之而来，人民也会称颂你。明代流行的官箴说"吏不畏吾严，而畏吾廉"[138] "公生明，廉生威"[139]。这些都从各个角度影响着官吏的日常行为。第三，家庭灌输。诸葛亮告诫子女说："静以修身，俭以养德。非淡泊无以明志，非宁静无以致远。"[140] 唐代颜真卿告诫子女："政可守，不可不守。"[141] 北宋包拯从家中抓起，他去世前留下遗训："后世子孙仕宦，有犯赃者，不得放归本家，死不得葬大茔中。"[142] 南宋胡安国在家书中教导儿子胡铨说："汝在郡，当一日勤如一日。"[143] 第四，学校教育与策试、考试。学校培养官吏的后备人才，儒家经典为必读书。正身修己、清白做人等基本价值观也通过学校教育灌输到他们心中。历代帝王也经常用策试、考试的方式灌输廉政观，促使欲为官或已为官者先要学习廉洁为政。如汉文帝策试晁错的题目是"吏之不平，政之不宣，民之不宁"[144]，康熙多次以吏治为题考问贡士。第五，大众传播渠道。我国历代诗歌、小说、戏剧、绘画等大众传播渠道，弘扬廉洁、讽刺丑恶的内容十分丰富，这也成为官吏廉政学习教育的一条重要途径。归纳起来，我国历史上廉政教育的主要内容有如下几个方面：

（一）"民为贵"——"民本"思想的教育及其作用

"民本"思想是中国古代传统政治思想中的珍贵遗产，历代统治者通过"民本"思想的灌输，教育官吏要以民为本，廉洁从政。

"民本"思想起源很早。《尚书·皋陶谟》说，上天善于从民间听取意见，上天根据民众的意见来表彰好人，惩罚坏人；上天和下民之间是相通的，只有这样恭敬地处理政务才能保住国土。《尚书·高宗肜日》说"王司敬民"，也是指统治者要恭敬地对待人民，不要过分盘剥。[145]《尚书·泰誓》更明确地说："天视自我民视，天听自我民听。"把"天"的意志与民的意志结合起来，是当时统治者对"民"的地位有充分认识的体现。伪古文《尚书·五子之歌》还提出"民惟邦本,本固邦宁"的思想。上述材料虽然在时代上还有争议,学者们对"民"的身份理解还有不同意见,但商周是中国传统"民本"思想的开创时代则是大家共同的认识。

春秋战国时期,"民本"思想继续得到发展深化,其重要表现之一,是把神与民、神与君的关系演变为君与民、政与民的关系,明确指出统治者要"顺民""爱民",只有这样国家才能兴旺,统治才能稳定。《左传》庄公三十二年记载史嚚对虢国国君迷恋于神的行为进行了一番评论:"虢其亡乎!吾闻之,国将兴,听于民;将亡,听于神。"同书桓公六年随国贤臣季梁说:"所谓道,忠于民而信于神也。"又云:"夫民,神之主也。是以圣王先成民而后致力于神。"史嚚和季梁都是春秋时期贵族政治下的一般官吏,他们对"民""神"关系的深刻理解应当是"民本"思想在统治阶级中巩固和发展的表现。从春秋到战国,"民本"思想在许多政治家和思想家的言论中都有表述。《管子·牧民》说:"政之所兴,在顺民心;政之所废,在逆民心。"《晏子春秋·内篇谏下》说:"诚于爱民,果于行善,天下怀其德而归其义。"《孟子·尽心下》说:"民为贵,社稷次之,君为轻。"《荀子·哀公》更有形象的比喻:"君者舟也,庶人者水也。水则载舟,水则覆舟;君以此思危,则危将焉而不至矣!""民贵""君轻"思想和"舟""水"之喻对历代封建统治者都有深刻的影响。这种思考显然比春秋以前的"民本"思想与现实政治结合得更加紧密,忧患意识、危机意识跃然纸上。

秦汉大一统的专制主义中央集权国家建立后,特别是儒家思想被尊为正统意识形态后,历代许多封建统治者及思想家、政论家也都继承了先秦以来的"民本"思想。如汉初政论家贾谊在《新书·大政上》中说:"闻之于政也,民无不为本也。国以为本,君以为本,吏以为本。故国以民为安危,君以民为威侮,吏以民为贵贱。此之谓民无不为本也……故国以民为存亡。"东汉政论家王符在《潜夫论·边议》中说:"国以民为基。"唐太宗说:"为君之道必须先存百姓,若损百姓以奉其身,犹割胫以啖腹,腹饱而身毙。"[146]又说:"天子者,有道则人推而为主,无道则人弃而不用,诚可畏也。"[147]宋代包拯说:"民者,国之本也,财用所出,安危所系。"[148]明丞相刘基在《郁离子·灵丘丈人》中提出养民如养蜂，警告统治者要关心、爱护百姓。清初唐甄在《潜书·明鉴》中说："封疆，民固之；府库，民充之；朝廷，民尊之；官职，民养之。奈何见政不见民也？"[149] 他们没有抛弃"民本"思想的根本原因诚如有的学者所指出的那样，既是为了维护其统治的历史合法性，也是历代民众的反抗所造成的王朝变革给予统治者的深刻教训使然。[150]

历代统治者注重和加强"民本"思想的教育固然是为了维护阶级长久统治的需要，但是我们对此也不能作机械的理解。"民本"思想实际也是统治者正确处理国家与社会关系的表现之一。在这个思想的教育和指导下，史书记载了历代许多官吏的卓异事迹，体现了"民本"思想在他们心目中的影响，是"民本"思想贯穿到具体行政中的表现。这在客观上也推动了官吏廉政行为的产生，归纳起来主要体现在如下几个方面：

1. 发展生产，造福百姓 农业是古代社会最重要的生产部门。农业生产的好坏不仅关系农民每家每户的生活，也直接影响到社会的稳定。历代以"民本"为己任的官吏都对发展农业生产、稳定小农经济表现出高度的重视。湘西里耶秦简记载："急事不可留，乃兴徭"，"兴黔首可省少弗省少而多兴者，辄劾移县"，[151] 反映即便在秦统一战争的过程中，秦郡守也不忘要求属县重视农业生产，尽量无夺农时。西汉渤海太守龚遂"劝民务农桑，令口种一树榆、百本薤、五十本葱、一畦韭，家二母彘、五鸡"[152]。东汉桂阳太守茨充"教民种殖柘桑麻纻之属，劝令养蚕织屦，民得利益焉"[153]。历代正史循吏传、良吏传中还有大量此类人物的记载。发展生产离不开农业技术的推广，如汉代很多地方官吏就对此十分重视。《汉书·食货志》载赵过的代田法发明后，"二千石遣令长、三老、力田及里父老善田者受田器，学耕种养苗状。民或苦少牛，亡以趋泽，故平都令光教过以人挽犁。过奏光以为丞，教民相与庸挽犁……以故田多垦辟"。农业的发展与水利的兴修密切相关，古代很多地方官员都很重视水利工程的建设。秦蜀郡守李冰"穿二江成都之中……百姓飨其利"。汉代大司农穿漕渠，"大便利。其后漕稍多，而渠下之民颇得以溉田矣"。[154] 东汉汝南太守邓晨"兴鸿郄陂数千顷田，汝土以殷，鱼稻之饶，流衍它郡"[155]。史云汉代"用事者争言水利"[156]，就是国家重视水利兴修的反映。唐代沧州刺史薛大鼎为了改变沧州经济落后的面貌，修建无棣渠，使沧州展现出新姿。人民高兴地唱道："新河得通舟楫利，直达沧海鱼盐至。昔日徒行今骋驷，美哉薛公德滂被。"[157] 汉武帝末年，为纠正其好大喜功、劳民伤财的政策，下罪己诏，封丞相为"富民侯"[158]，意指丞相要以富民为己任，说明"民本"思想对于皇权也有深刻影响。

2. 赈灾济贫，为民解难　传统的小农经济在封建国家和豪强地主的双重压迫下，最经不住天灾人祸的打击。如汉代鲍宣指出小农经济破产的原因之一就是"阴阳不和，水旱为灾"[159]。因此，历代有为的皇帝、官吏都很重视赈灾济贫，解民危困。汉文帝后元年（前163年）诏云："间者数年比不登，又有水旱疾疫之灾，朕甚忧之。"[160]《汉书·宣帝纪》载本始三年（前71年）"大旱，郡国伤旱甚者，民毋出租赋"。本始四年诏曰："盖闻农者兴德之本也，今岁不登，已遣使者振贷困乏。"《宋书·孝武帝纪》载大明二年（458年）诏曰："去岁东土多经水灾。春务已及，宜加优课。粮种所须，以时贷给。"《魏书·良吏传》云，北魏太守阎庆胤"在政五年，清勤厉俗。频年饥馑，庆胤岁常以家粟千石赈恤贫穷，民赖以济。其部民杨宝龙等一千余人，申讼美政"。同传又云，清河内史杜纂"性俭约，尤爱贫老，至能问民疾苦，对之泣涕"。《宋书·沈演之传》云，沈演之在灾害降临时受文帝之命"乃开仓廪以赈饥民，民有生子者，口赐米一斗"。这些措施对于局部缓解受自然灾害而引起的贫困有一定的积极意义。

3. 蠲除苛政，为民请命　"苛政猛于虎"。所谓"苛政"是指封建统治阶级对人民残暴剥削和压迫的政策，也指某个时期统治阶级中的个别人物、个别政策对人民造成的特殊危害。面对这些苛政，许多官员能够挺身而出，为民请命。唐朝初年，国家初建，人口稀少，社会需要安定。但唐太宗李世民接受封德彝的建议，准备扩大兵源。此举遭到魏征的强烈反对。他连续将李世民的诏书顶回去三次，引起了李世民的震怒。魏征则曰："臣闻竭泽而渔，非不得鱼，明年无鱼。焚林而畋，非不获兽，明年无兽。"[161] 以此比喻开导李世民，让他千万不要失信于民。在魏征的耐心劝说下，百姓终于免除了一次兵役之苦。宋代端州产砚，包拯在任端州知府时发现，过去的知府除了交纳朝廷规定的端砚外，还中饱私囊，大肆索取，弄得当地百姓苦不堪言。包拯到任后，下令一律按实际数字征收，不得多取，为端州百姓免除了一项苛政。明代于谦深刻认识到，造成民不聊生的原因往往不是天灾，而是人祸，是贪官污吏。在一首题为《犬》的七言绝句中，他这样写道："于今多少闲狼虎，无益于民尽食羊。"[162]表现了他对贪官苛政的深深忧虑。明代海瑞不仅敢于把"嘉靖者，言家家皆净而无财用也"[163]写在奏折《治安疏》中让皇帝亲览，而且将当时的各种苛政详细列举，体现了奋不顾身、为民请命的勇敢精神。

4.兴办学校，传播文化 中国传统"民本"思想认为社会的治理离不开对百姓的教化，而教化的重要方式之一就是兴办学校，传播文化。中国古代的学校教育自汉代以来就比较兴盛，这与许多地方官员重视学校的教育作用是分不开的。汉初蜀郡守文翁"仁爱好教化。见蜀地僻陋有蛮夷风……又修起学官于成都市中，招下县子弟以为学官弟子，为除更徭，高者以补郡县吏，次为孝弟力田。常选学官僮子，使在便坐受事。每出行县，益从学官诸生明经饬行者与俱，使传教令，出入闺阁。县邑吏民见而荣之，数年，争欲为学官弟子，富人至出钱以求之。繇是大化，蜀地学于京师者比齐鲁焉。至武帝时，乃令天下郡国皆立学校官，自文翁为之始云"[164]。颍川太守韩延寿"令文学校官诸生皮弁执俎豆，为吏民行丧嫁娶礼……修治学官，春秋乡射"[165]，后继者黄霸继续韩延寿的政策，颍川因此"教化大行，狱或八年亡重罪囚"[166]。东汉南阳太守刘宽"每行县止息亭传，辄引学官祭酒及处士诸生执经对讲。见父老慰以农里之言，少年勉以孝悌之训。人感德兴行，日有所化"[167]。山阳太守秦彭"以礼训人，不任刑罚。崇好儒雅，敦明庠序。每春秋飨射，辄修升降揖让之仪。乃为人设四诫，以定六亲长幼之礼。有遵奉教化者，擢为乡三老，常以八月致酒肉以劝勉之"[168]。东晋东阳太守范汪"在郡大兴学校，甚有惠政"[169]。余杭县令范宁兴学校，养生徒，风化大行。史称"自中兴已来，崇学敦教，未有如宁者也"[170]。范仲淹一生历任多处地方官，每到一处他都致力兴学，在他的呼吁下，宋仁宗还颁令全国州县建立学校。[171]中国古代的学校教育时兴时废，将兴办学校视为自己为政一方的政绩，将行政与教育相结合，重视以教育来推动行政，是古代廉吏、良吏为政的基本特征之一，也有益于社会文明的进步与发展。

5. 抑强扶弱，保民平安　中国传统社会的"民"，主要指为国家承担赋税、徭役的小农。他们拥有小块土地，男耕女织，自给自足。他们的稳定与否关系国家的兴衰安危，但是传统的小农经济又是十分脆弱的。除了天灾人祸的打击，各种豪强势力对他们的侵害也十分严重。如西汉中期以后，商人、官僚和豪强地主大量兼并土地，造成了严重的社会问题。《史记·魏其武安侯列传》记载汉代豪强灌夫"陂池田园，宗族宾客为权利，横于颍川。颍川儿乃歌之曰：'颍川清，灌氏宁；颍川浊，灌氏族。'"。昔日丞相公孙贺"倚旧故乘高势而为邪，兴美田以利子弟宾客，不顾元元，无益边谷，货赂上流"[172]。针对这种情况，不少地方官为了锄强扶弱、保民平安而奋击豪强。如郅都"勇有气，公廉，不发私书，问遗无所受，请寄无所听"。他任济南守时，"济南瞷氏宗人三百余家，豪猾，二千石莫能制"，"至则诛瞷氏首恶，余皆股栗"。义纵"直法行治，不避贵戚"，任河内都尉时"至则族灭其豪穰氏之属，河内道不拾遗"[173]。汉京兆尹王尊镇压豪强，"二旬之间，大党震坏，渠率效首。贼乱蠲除，民反农业，拊循贫弱，锄耘豪强"[174]。酷吏严延年"其治务在摧折豪强，扶助贫弱。贫弱虽陷法，曲文以出之；其豪桀侵小民者，以文内之"[175]。东汉人赵憙为怀令时有大姓李子春为害一方，憙至后"即穷诘其奸，收考子春，二孙自杀"[176]。又如梁代何远"疾强富如仇雠，视贫细如子弟"[177]。宋代赵抃知益州时，"蜀地远民弱，吏肆为不法，州郡公相馈饷。抃以身帅之，蜀风为变"[178]。地方豪强构成独立于国家秩序之外的社会势力并横行乡里是传统社会的一大特点，而正是由于上述类型的官吏能够忠于职守，不畏豪强，秉公执法，才使一方社会得以安宁。中国古代的"民本"思想内涵十分丰富，尽管这个思想最终没有能够实现维护小农经济的目的，但它对中国历史的发展产生了一定的积极作用。这个积极作用的重要表现之一就是通过对官吏的"民本"教育而推动官吏廉政行为的产生。他们亲民、爱民的作风也被历代统治阶级树为楷模，得到人民的拥护。

（二）家国同构——伦理教育与官吏的廉政意识培养

廉政意识与国家意识分不开，不能设想一个对国家和民族没有真挚情感的人能够廉洁为政。中国古代社会的一个重要特点是宗法血缘关系残留严重，并且血缘与政治的关系很强，如商周的国家结构与家族结构就是密不可分的。专制主义中央集权国家建立后，也没有能够彻底打破这种关系。而历代统治者正是充分利用了这个特点大力宣扬"孝亲""忠君"的"家国同构"观念，从这个角度培养、教育官吏的爱国意识，而这种意识对于官吏的政治行为又有深刻的影响。

首先，家国同构意味着个人、家庭与国家紧密相连，家是国的缩小，国是家的放大。《孟子·离娄上》说："人有恒言，皆曰天下国家。天下之本在国，国之本在家，家之本在身。"孟子指出了身、家、国三位一体的关系，并特别突出"家"在社会中的重要地位。这个思想同样体现在含有儒家思想的诸多著作中。如《礼记·大学》说："一家仁，一国兴仁；一家让，一国兴让。"

其次，家国同构使政治权力制约和血缘关系的道德制约实现双向互动，加强国家的向心力和凝聚力，维持社会稳定。《孝经·开宗明义章》说："夫孝，始于事亲，中于事君，终于立身。"《荀子·致士》说："君者，国之隆也；父者，家之隆也。"既强调父权又强调君权，使"事君"与"事亲"完美结合。再次，家国同构意味着把家庭伦理推广到整个社会。《论语·子罕》说："出则事公卿，入则事父兄。"齐景公问政于孔子，孔子对曰："君君，臣臣，父父，子子。"[179]孟子也说："人人亲其亲，长其长，而天下平。"[180]又荀子："臣之于君也，下之于上也，若子之事父，弟之事兄，若手臂之扞头目而覆胸腹也。"[181]《汉书·苏武传》说："臣事君，犹子事父也。"《盐铁论·备胡》说："天子者，天下之父母也。"《后汉书·傅燮传》载其上疏说："臣闻忠臣之事君，犹孝子之事父也。子之事父，焉得不尽其情？"《白虎通义·丧服》也说："臣之于君，犹子之于父。"汉儒马融曾说："夫忠，兴于身，著于家，成于国，其行一焉。是故一于其身，忠之始也；一于其家，忠之中也；一于其国，忠之终也。身一则百禄至，家一则六亲和，国一则万人理。"[182]

按照这种政治伦理，"事亲"与"事君"一致，"事家"与"事国"一致。家国同构的政治伦理贯彻于官僚政治中，使中国古代国家特别注重从"孝""德"两个角度来选拔官吏。《吕氏春秋·孝行览》说"人臣孝则事君忠，处官廉"，把"孝""忠"和"廉"联系起来。汉代以"孝"治天下。孝或孝廉是汉代选拔官吏的最重要科目。汉武帝元光元年（前134年），"初令郡国举孝廉各一人"，颜师古注解说："孝谓善事父母者。廉谓清洁有廉隅者。"[183]尚未入仕固然还谈不上政治意义上的廉，但从孝即可推断出廉，这是政治伦理与家庭伦理相结合的典型表现。东汉韦彪还进一步引孔子曰："是以求忠臣必于孝子之门。"[184]《汉官仪》记载汉以"四科取士"，但无论哪一科都必须"皆有孝悌、廉公之行"[185]。这些都是把孝于亲、忠于君、廉于政相结合起来考察官吏的。有学者指出："在这一制度刺激下，读书人竞相讲求孝行、廉洁，社会上逐步形成一种注重名节的风气。东汉以降，统治者尤其全力尊崇节义，敦厉名实，遂使此风大盛。在一定的历史时期内，这对于振励末俗，自然有某种积极意义。"[186]汉以后，孝在封建国家官吏选拔制度中始终占有一席之地。

《孝经·开宗明义章》说："孝，德之本。"历代统治者所提倡的"德"也是从家庭伦理中推衍出来的。历代国家十分重视对官吏"德"的要求。传统儒家思想主张以德治国。《周礼·地官·大司徒》归纳有"六德"，即"知、仁、圣、义、忠、和"。汉初陆贾说："治以道德为上，行以仁义为本。"[187]宋代司马光更是提出"德为才帅"的思想，他说："才者，德之资也；德者，才之帅也。"[188]康熙皇帝亦言："朕观人必先心术，次才学。心术不善，纵有才学何用？"[189]这种重德的思想被实际贯彻到选官制度中。据《睡虎地秦墓竹简·为吏之道》记载，秦代"凡为吏之道，必精洁正直，慎谨坚固，审悉无私，微密纤察，安静毋苛，审当赏罚"。把"正直"放在首位，体现了秦代选拔官吏的道德要求。唐代吏部铨选有四个标准："一曰身，体貌丰伟；二曰言，言词辨正；三曰书，楷法遒美；四曰判，文理优长。四事皆可取，则先德行。"[190]意指"德"是在其他条件之上的。明太祖朱元璋要求有司选拔官吏时一定要"以德行为本，而文艺次之"[191]。

我们并不能对历代封建国家以"孝"、以"德"取人有过高的评价。如汉有

"举秀才,不知书;察孝廉,父别居。寒素清白浊如泥,高第良将怯如鸡"的民谣。西晋贾充初"以孝闻",其为官却"无公方之操,不能正身率下,专以谄媚取容"。[192]但在家国同构政治伦理氛围中成长起来的官吏,其中也有不少人很自然地把修身、齐家、治国、平天下视为己任,将自身的行为与家庭、宗族、国家的前途相联系,把孝和忠、廉完满地结合起来。而国家也通过旌表个人、家庭、宗族的方式来激励为政者养成高尚气节,廉洁从政。汉代很多官吏都是由举孝廉出身的,其行为表现卓异。如西汉路温舒学《春秋》、通大义而被举孝廉。他上《尚德缓刑书》,力劝汉宣帝要"改前世之失",后又愿出使匈奴,"暴骨方外,以尽臣节"。[193]琅邪人王吉少时治家严谨,后被举孝廉,为官后以匡正风俗为己任,史称"世名清廉……不蓄积余财。去位家居,亦布衣蔬食"。[194]东汉刘恺"素行孝友,谦逊洁清"[195]。第五访"少孤贫,常佣耕以养兄嫂",后举孝廉,迁张掖太守,时张掖饥荒,"访乃开仓赈给以救其敝。吏惧谴,争欲上言。访曰:'若上须报,是弃民也。太守乐以一身救百姓!'遂出谷赋人"[196]。"乐以一身救百姓",是不惜牺牲自己的政治前途而报效国家。

举孝廉,其实重之在孝,统治阶级认为孝之于家者必忠之于国。汉以后,历代也都较重视以孝者为官。王祥卧冰求鲤,史称"笃孝",徐州刺史请其为别驾,委以州事,州中清静,政化大行。时人歌之曰:"海沂之康,实赖王祥。邦国不空,别驾之功。"[197]羊祜少时"孝思过礼",其为官"贞悫无私,疾恶邪佞"。[198]北魏阎元明"少而至孝,行著乡闾。太和五年,除北随郡太守"[199]。明代林鹗,事母极孝,不忤其意,仕宦二十六年,自奉俭朴,家无百两银子积蓄,以致死后无钱安葬,被誉为"笃行孝廉君子"。[200]

孝是家庭伦理,忠和廉是政治伦理,中国古代政治文化将二者有机地结合起来教育官吏,对于古代廉政建设也有着十分积极的意义。从正面说,孝和德的教育使官吏自身具有了较高的免疫力,能够以自身的品德抵制不正之风;从反的方面来说,如果不廉洁为政,也必保不住其本人、家庭、家族在社会上的声望名誉,而这对其后代的仕途、声望也会产生极为恶劣的影响。

(三)"以廉为本"——多层次的官吏素质教育

清廉是为官者最重要也是最基本的素质。春秋时期的晏子所阐释的廉为政本思想,就是很经典的表述。何曾上疏魏明帝曰:"臣闻为国者以清静为基,而百姓以良吏为本。"[201]"良吏"即廉吏。《周礼》的"六廉"观,大体概括了中国古代廉吏的基本标准。"廉善"是指善于行事,能获得公众的好评;"廉能"是指能行政令,较好地贯彻各项法令;"廉敬"是指不懈于位,尽责守职;"廉正"是指不倾邪,品行方正;"廉法"是指守法不失,执法不移;"廉辨"是指临事分明,头脑清楚,不疑惑。它说明中国古代廉吏的标准并不仅仅是指个人品德上的清廉,而是包括了多方面的执政能力。为了达到这个目的,历代王朝都非常注重加强对官吏的多方面素质教育,以期达到"六廉"而不仅仅是某一个方面的廉洁。具体来说包括如下几个方面:

1. 教育官吏立足本职工作　中国古代官僚制度的管理是以一定的法治、制度化为原则基础的。《周礼》开篇即说:"惟王建国,辨方正位,体国经野。设官分职,以为民极。"而各级官吏的基本任务就是守职、尽职,做好本职工作。《汉书·百官公卿表》说周官六卿"各有徒属职分,用于百事"。传统思想家也要求"忠不得过职,而职不得过官"[202],"分职著明,法度相持"[203],就是指官吏必须立足本职行使职权,不得"越职"。司马迁在《史记·循吏列传》中也说"奉职循理,亦可以为治",意指做好本职工作也可达到国家治理的目的。刘向《说苑·谈丛》言:"凡吏胜其职则事治,事治则利生;不胜其职则事乱,事乱则害成也。"相反,如果"心不在民,虽田园荒芜,庐舍倾倒,而不一顾也;虽父兄冻饿,子弟死亡,而莫之恤也"[204],其结果都没有好下场。

战国以降,各级官吏的职守、职责被明确规定,具有了制度化的特征。如《史记·陈丞相世家》载陈平说:"宰相者,上佐天子理阴阳,顺四时,下育万物之宜,外镇抚四夷诸侯,内亲附百姓,使卿大夫各得任其职焉。"汉宣帝说:"夫宣明教化,通达幽隐,使狱无冤刑,邑无盗贼,君(指丞相黄霸)之职也。"[205]《汉书·王商传》说:"盖丞相以德辅翼国家,典领百僚,协和万国,为职任莫重焉。"《汉书·百官公卿表》《后汉书·百官志》对丞相、三公及以下各级官吏的职责都有清楚的规定。

在制度规定与思想教育的双重影响下，历代许多官吏以恪尽职守为己任，在本职工作上兢兢业业，克己奉公。如楚相孙叔敖"施教导民，上下和合，世俗盛美，政缓禁止，吏无奸邪，盗贼不起。秋冬则劝民山采，春夏以水，各得其所便，民皆乐其生"，鲁相公仪休"奉法循理，无所变更，百官自正。使食禄者不得与下民争利，受大者不得取小"，出色地履行了相的职责。[206]恪尽职守还意味着对于不正确的做法不管来自何方都敢于坚决抵制。如西汉中期权臣霍光的奴客扰乱市场，没人敢管。而尹翁归"为市吏，莫敢犯者。公廉不受馈，百贾畏之"[207]。东汉建武初年贵族阴氏宾客在广汉多犯禁，但太守蔡茂到后"辄纠案，无所回避"[208]。魏文帝规定举孝廉"不复试经"，而华歆则坚决反对这一取消考试的做法。他说："今听孝廉不以经试，恐学业遂从此而废。"[209]在他的坚持下，文帝只得收回成命。为官尽职是第一要务，也是历代廉吏为政的基本特征。

2.重视为官节俭教育 中国古代十分重视官吏的节俭教育。所谓节俭不仅是指官吏自身不贪财、不苟取，而且在为政上要节省民力。《左传》庄公二十四年说："俭，德之共也；侈，恶之大也。"养成节俭的良好美德是廉洁从政的基础。刘向说："廉士不妄取。以财为草，以身为宝。"[210]《宋史·范纯仁传》载曰："惟俭可以助廉。"曾国藩在《劝诫浅语十六条》中说："欲求廉介，必先崇俭朴。"[211]只有具备廉、俭美德才能"临大利而不易其义"[212]，即在任何情况下都不会见利忘义。历代有为的帝王同样重视对官吏的节俭教育。《汉书·文帝纪》赞曰："孝文皇帝即位二十三年，宫室苑囿车骑服御无所增益。有不便，辄弛以利民。尝欲作露台，召匠计之，直百金。上曰：'百金，中人十家之产也。吾奉先帝宫室，常恐羞之，何以台为！'身衣弋绨，所幸慎夫人衣不曳地，帷帐无文绣，以示敦朴，为天下先。"文帝以实际行动教育官吏要节俭爱民，以致采取非常手段。如官吏张武受贿，文帝不仅不予处罚，反而"更加赏赐"，使其心生惭愧。唐太宗更是经常诫勉自己，教育官吏节俭。他说："夫安人宁国，惟在于君。君无为则人乐，君多欲则人苦，朕所以抑情损欲，克己自励耳。"[213]

注重为官节俭教育是中国古代政治文化中的一笔宝贵遗产。在这个观念的熏陶下，历代廉吏大都把节俭视为美德，客观上推动了廉政行为的深化。《左传》襄公十五年记载了这样一件事：有人送给宋国执政子罕一块玉，子罕拒受。献玉者说："我已经给懂玉的人看过，说是一块宝玉。"子罕却说："我以不贪为宝，尔以玉为宝，若以与我，皆丧宝也。不若人有其宝。"把"不贪"视为自己的"宝"，正是古代许多廉吏的共同品质。三国时的华歆"素清贫，禄赐以振施亲戚故人，家无担石之储"[214]，"淡于财欲"[215]。东晋广州刺史吴隐之"清操逾厉，常食不过菜及干鱼而已，帷帐器服皆付外库"[216]，一改长期以来岭南为官者贪黩的形象。东晋吏部尚书邓攸"蔬食弊衣，周急振乏"[217]。北朝广平太守羊敦"雅性清俭，属岁饥馑，家馈未至，使人外寻陂泽，采藕根而食之"[218]。北朝张恂任太守，"性清俭，不营产业，身死之日，家无余财"[219]。鲁郡太守张应"履行贞素，声绩著闻。妻子樵采以自供"[220]。明代于谦认为"钱多自古坏名节"[221]，他"日夜分国忧，不问家产"，"所居仅蔽风雨"[222]，常被"错认野人家"[223]。明代海瑞，历任高官，但节俭有加，"室中所御衾裯皆白布，萧然不啻如寒生"[224]。清代于成龙历任封疆大吏，"几案间惟蛛罗鼠迹，一竹笥贮朝服，二釜备炊爨，文卷书册数十束，此外都无一物"[225]。

3. 加强法律的学习和教育 历代统治阶级都十分重视官吏的法律学习、教育，使官吏通过知法、守法而达到廉洁从政、从政有为的目的。中国古代的行政和司法往往结合在一起，如《商君书·定分》说："故圣人必为法令置官也，置吏也，为天下师，所以定名分也。"吏"为天下师"，首先自己要懂得法律。反映秦代政治思想的云梦秦简《语书》中，明确将官吏区分为"良吏"和"恶吏"两类："凡良吏明法律令，事无不能也。又廉洁敦悫而好佐上；以一曹事不足独治也，故有公心……恶吏不明法律令，不知事、不廉洁。"[226]将是否懂法律令与廉洁与否结合起来考察，无疑是一个卓识。汉代朱博说："如太守汉吏，奉三尺律令以从事耳。"[227]意指奉法行事是官吏的天职。就秦汉时代而论，明习法律是对官吏的一项基本要求，其中包括这样一些主要内容：

第一，要依法行事。如汉初赐予拥有高爵者田宅的政策没有得到贯彻实施，为此刘邦下诏说:"今小吏未尝从军者多满,而有功者顾不得,背公立私,守尉长吏教训甚不善。其令诸吏善遇高爵,称吾意。且廉问,有不如吾诏者,以重论之。"[228]有人惊了汉文帝的御马,付之廷尉张释之,廷尉判其罚金,文帝很不满,认为判轻了。张释之说:"法者天子所与天下公共也。今法如是,更重之,是法不信于民也。"[229]文帝只得听从。

第二,反对曲解法律、严刑峻法。汉景帝中五年(前145年)诏曰:"法令度量,所以禁暴止邪也。狱,人之大命,死者不可复生。吏或不奉法令,以货赂为市,朋党比周,以苛为察,以刻为明,令亡罪者失职,朕甚怜之。"[230]汉宣帝地节四年(前66年)诏书说:"令甲,死者不可生,刑者不可息。此先帝之所重,而吏未称。今系者或以掠辜若饥寒瘐死狱中,何用心逆人道也!朕甚痛之。"[231]

第三,重视从制度上将明法律的人吸收到官僚队伍中来。在湖北云梦出土的睡虎地十一号秦墓中,墓主人喜的陪葬品就是大量的法律文书,足见他是因通法律令而为吏的。《汉书·路温舒传》云温舒"因学律令,转为狱史,县中疑事皆问焉"。《汉书·郑崇传》说:"(崇)父宾,明法律,为御史。"东汉陈宠的曾祖父陈咸,西汉成哀年间"以律令为尚书"[232]。《后汉书·陈忠传》说:"(陈)忠明习法律,宜备机密,于是擢拜尚书,使居三公曹。"从选官制度上重视任用法律人才,客观上推动了官吏学习法律的自觉性,也令官吏学法、懂法、守法,奠定了廉洁从政的基础。

4. 勤政教育不放松 中国古代廉政文化源远流长,色彩斑斓,内涵丰富。其中将勤政与廉政相结合就是一个特色。清代名臣曾国藩对官员的勤政作了简要的概括,他说:"勤则寿,逸则夭;勤则有材而见用,逸则无能而见弃;勤则博济斯民,而神祇钦仰。"又说:"勤、廉二字看似平浅,实则获上在此,信友在此,服民亦在此。舍此二字,上司即偶然青盼,亦不能久;欲求寅僚之敬佩,百姓之爱戴,即袭取于偶然,亦不可得矣!"[233]历代统治阶级从各个方面大力加强对官吏的勤政教育,主要包含以下几点。

其一,勤于位。"不在其位,不谋其政"[234],但既在位就要勤其政。如周公教育他的儿子伯禽说:我是文王的儿子,武王的弟弟,成王的叔叔,和天下任何人比也不算贱。然而我为什么还要"一沐三捉发，一饭三吐哺"呢？[235] 其原因在于我怕失去为国家结识天下贤人的机会。《周礼》中反复要求官员"虔恭尔位""靖恭尔位""夙夜敬止"，都是指官吏在其位要勤其政。西汉太守何并"性清廉，妻子不至官舍"[236]。东汉王良"在位恭俭，妻子不入官舍"[237]。妻子不入官舍固然有矫枉过正之嫌，但亦反映出勤政教育影响之深刻。

其二，勤于事。中国古代廉政文化中的勤政教育上自皇帝下至小吏。如自古以来为帝王设师和傅，其主要目的之一就是从小教育他们勤政爱民。唐太宗每以勤政自勉，如他评论隋文帝："勤劳思政，每一坐朝，或至日昃。五品已上，引之论事。宿卫之人，传餐而食。"[238] 清康、雍、乾三帝也是勤政的典型，特别是雍正帝，事必躬亲。现藏雍正朝的许多奏折都是他亲自批注的，不仅批文仔细，而且有的竟比原奏文多数倍。

其三，勤于能。仅有勤政精神是不够的，还需要有勤政的能力。如秦汉对基层小吏有"文无害"[239] 的要求，意即对各种律令、政事、条品、文牍、故事皆通晓无滞，这实际就是一种从政的能力。出土的汉代简牍中常见"能书会计治官民颇知律令"[240] 的字句，也是汉吏必须具备一定文化水准能力的标志。唐开元宰相姚崇在蝗虫灾害发生时，不仅严斥蝗虫是神虫不可灭杀的谣言，而且提出了灭蝗的具体办法，避免了一场大灾。[241] 柳宗元在柳州为刺史，废除"以男女质钱，约不时赎，子本相侔，则没为奴婢"[242] 的残酷风俗，禁止江湖巫医骗钱害人；兴办学堂、推广医学、开垦荒地、植树造林，事必躬亲，深得柳州人民爱戴，死后当地人民为他立了庙宇，岁时祭祀，奉若神明。元人编纂的《吏学指南》一书中，将"尚能"与"尚勤"并重[243]，作为历代吏治的经验，无疑是一种卓识。

从多方面加强官吏的教育而不仅仅是强调个人的廉洁，是中国古代廉政教育的特色之一。这不仅使官吏具备了廉政的素质，也具备了廉政的能力。

（四）"廉吏，民之表也"——弘扬正气、揭露腐败

孟子说："闻伯夷之风者，贪夫廉，懦夫有立志。"[244] 汉文帝说："廉吏，民之表也。"[245] 这都意指榜样的作用十分重要。中国古代廉政教育的重要特点之一

是注重树立正、反两个方面的典型,既注重发挥楷模、榜样的力量,也注重揭示阴暗面,将贪官污吏公之于众、书之于史,以警示后人。我们试从如下几个方面略予论述:

1. 帝王以身作则　在总结历史经验的基础上,孟子说:"君仁,莫不仁;君义,莫不义;君正,莫不正。"[246]《盐铁论·疾贪》载:"夫上之化下,若风之靡草,无不从教。"这都是说君主、"上"的表率作用是十分重要的。纵观中国古代历史,大凡君主注重节俭、勤政重民,社会就能相对安定,出现经济繁荣、天下大治的局面;如果君主挥霍无度、骄奢淫逸、贪利残暴,就会导致天下大乱。历史上很多有为的君主深刻认识到这一点,因而对自己的言行时刻注意,以身作则,收到了良好的社会效果。汉初文、景二帝,厉行节约,轻徭薄赋,使中国统一的封建国家历史上第一次出现了繁荣昌盛的景象,史称"文景之治"。[247]东汉光武帝刘秀"长于民间,颇达情伪,见稼穑艰难,百姓病害,至天下已定,务用安静,解王莽之繁密,还汉世之轻法。身衣大练,色无重彩,耳不听郑卫之音,手不持珠玉之玩,宫房无私爱,左右无偏恩"[248],这对东汉初年廉洁风气的形成有极大的作用。三国曹操"雅性节俭,不好华丽,后宫衣不锦绣,侍御履不二采,帷帐屏风,坏则补纳,茵蓐取温,无有缘饰"[249]。他去世前遗嘱:"敛以时服,无藏金玉珍宝。"[250]由于曹操"尚节俭",并且自己作出表率,"至令士大夫故污辱其衣,藏其舆服;朝府大吏,或自挈壶餐以入官寺"。[251]这种做法虽有"矫情"之嫌,但对于纠正汉末官场奢侈浮华之风是有益处的。东晋元帝"性简俭冲素",他不仅不许在宫殿里"广室施绛帐",而且拜贵人时"有司请市雀钗,帝以烦费不许。所幸郑夫人衣无文采。从母弟王廙为母立屋过制,流涕止之"。[252]元帝以身作则的节俭行为在社会动荡的东晋初期显得尤为珍贵。隋文帝杨坚"务存节俭,令行禁止,上下化之。开皇、仁寿之间,丈夫不衣绫绮,而无金玉之饰,常服率多布帛,装带不过以铜铁骨角而已"[253]。宋太祖赵匡胤生性简朴,"躬履俭约,常衣浣濯之衣,乘舆服用皆尚质素,寝殿设青布缘苇帘,宫闱帘幕无文采之饰"[254]。朱元璋在总结前代覆亡的教训时对臣下说:"既富,岂可骄乎?既贵,岂可侈乎?人有骄侈之心,虽富贵岂能保乎?处富贵者,正当抑奢侈，弘俭约，戒嗜欲，以压众心，犹恐不足以慰民望，况穷天下之技巧，以为一己之奉乎？其致亡也宜矣。然此亦足以示戒，覆车之鉴，不可蹈也。"[255] 封建帝王的"节俭"当然是有限的，但是能够认识到这个问题，并能够以身作则，对于当时政坛上廉洁风气的形成无疑是有益的。

2. 弘扬正气，表彰廉吏 历代政治家、思想家都深刻认识到，官吏自身的廉正是社会得以治理的关键。治民必先治官，治小官必先治高官。孔子曾说："政者，正也。子帅以正，孰敢不正？"[256] 董仲舒说："正朝廷以正百官，正百官以正万民。"[257] 唐太宗也认识到："若安天下，必须先正其身，未有身正而影曲，上治而下乱者。"[258] 朱元璋更是经常劝诫属下治人必先自治，正己以率下。[259]《盐铁论·疾贪》说："今大川江河饮巨海，巨海受之，而欲溪谷之让流潦，百官之廉，不可得也。夫欲影正者端其表，欲下廉者先之身。故贪鄙在率不在下，教训在政不在民也。""百姓不治，有司之罪也。"《盐铁论·刺权》说："一人失职，一官不治，皆公卿之累也。"王夫之在《读通鉴论·五代上》中说："严下吏之贪，而不问上官，法益峻，贪益甚，政益乱。"[260] 这些政治家、思想家都明确提出了廉政的形成在官吏而不在百姓，在高官而不在小官。

基于这种认识，历代封建统治者非常注意褒扬"廉吏""循吏"，树立他们的形象，以期达到表率的作用。西汉九江人召信臣历任南阳太守、河南太守，所在"好为民兴利"，"务出于俭约"，"吏民亲爱信臣，号之曰召父"。[261] 蜀郡守文翁在郡兴办学校，开风气之先。汉平帝元始四年（4年），"诏书祀百辟卿士有益于民者，蜀郡以文翁，九江以召父应诏书。岁时郡二千石率官属行礼，奉祠信臣冢，而南阳亦为立祠"[262]。"应诏书"是指蜀、九江二郡认为文翁、召信臣二人的政绩符合中央的精神，上报中央政府，希望得到表彰。而汉代统治阶级以国家形式褒扬"有益于民"的官吏，其目的是扶正祛邪，树立官吏勤政为民的形象。西魏苏绰"性俭素，不事产业，家无余财。以海内未平，常以天下为己任"。他为西魏文帝宇文泰制定了中国历史上著名的"六条诏书"，由于积劳成疾，四十九岁即病逝于任上。下葬时，文帝"又遣使祭以太牢……自为其文"。[263] 当然，对廉吏、循吏除了采取国家祭祀的方法外，更多的则是采取增秩、升迁以及赐予死后哀荣等方式予以表彰。《汉书·京房传》载:"(焦延寿)察举补小黄令,以候司先知奸邪,盗贼不得发。爱养吏民,化行县中。举最当迁,三老官属上书愿留赣,有诏许增秩留。"《汉书·霍光传》载:"光召尚符玺郎,郎不肯授光……光甚谊之。明日,诏增此郎秩二等。"《汉书·循吏传》序曰:"故二千石有治理效,辄以玺书勉励,增秩赐金,或爵至关内侯,公卿缺则选诸所表以次用之。"汉代循吏朱邑"廉平不苛,以爱利为行",从一个乡小吏升迁至九卿之一的大司农。他死后"家无余财",皇帝不仅下诏表彰他一生"廉洁守节",而且"赐邑子黄金百斤,以奉其祭祀"。[264] 蜀汉丞相诸葛亮一生鞠躬尽瘁,死后追赠"武乡侯印绶",谥为"忠武侯"。[265] 康熙说,凡地方官者,能持己为正,不为非法之事,即称良吏,"国家得此等人,实为祥瑞。宜加优异,以厉清操"[266]。

的确,中国古代对廉吏的理解范畴十分广泛,只要他们勤勤恳恳地为官一方,无论官职大小,有为的君主都会竭力奖励,昭示世人。其根本宗旨虽是为剥削阶级服务,但对于特定时期廉洁从政风气的形成也有很大推动作用。我们注意到,无论被统治阶级尊为"正史"的二十四史还是其他杂史、野史等,凡涉及人物,都特别注意他的节操,即便细微,往往也载之于史册。自司马迁在《史记》中首开《循吏列传》后,中国传统的所谓"正史",即二十四史中大都有《循吏传》《良吏传》等。宋代费枢还撰有《廉吏传》,专门收集廉吏事迹。而早在《周礼》中,就对"廉吏"的概念有着较为清楚的描述。统治阶级之所以如此重视对"廉吏"的分析与宣扬,其目的显然在于要为各级官吏树立学习的楷模。这对于廉洁为政光荣、贪污腐败可耻的风尚形成十分重要。正是中华文化这种悠久的传统道德教育以及历代统治者的大力宣扬,使为政者受到多方面的熏陶,为他们廉洁从政奠定了必要的思想道德基础。

3. 揭示丑恶,警示后人 早在春秋时期,人们对贪污腐败、行政不作为的危害性就有较深刻的认识,如《诗经》中就把贪官污吏视为"硕鼠"。晏子则把他们比喻为"社鼠""猛狗"。《晏子春秋·内篇问上》云:"夫国亦有社鼠,人主左右是也……夫国亦有猛狗,用事者是也……左右为社鼠,用事者为猛狗,主安得无壅,国安得无患乎?"王夫之在《读通鉴论·五代上》中说:"贪益甚,政益乱，民益死，国乃以亡。"清圣祖康熙也说："治天下以惩贪奖廉为要。"[267]将贪赃枉法视为国之大害，是古代政治家、思想家的共识。因此，中国传统廉政文化中还有另一个重要方面，即充分揭示贪官污吏的丑恶嘴脸，予以严惩，以警示后人。如《后汉书·梁统传》记载了贪官梁冀的种种不法行为，他死后，有司"收冀财货，县官斥卖，合三十余万万，以充王府，用减天下租税之半。散其苑囿，以业穷民"。史称明太祖亲定《大诰》，严惩腐败，《大明律》中更将《吏律》放在首位。洪武三十年律规定：有禄人枉法，"八十贯，绞"，不枉法，"一百二十贯，罪止杖一百，流三千里"；无禄人枉法，"一百二十贯，绞"，不枉法，"一百二十贯之上，罪止杖一百，流三千里"。[268]更有甚者，"凡守令贪酷者，许民赴京陈诉。赃至六十两以上者，枭首示众，仍剥皮实草。府、州、县卫之左特立一庙，以祀土地，为剥皮之场，名曰皮场庙。官府公座旁，各悬一剥皮实草之袋，使之触目警心"[269]。明太祖用刑残酷，对官吏贪赃施以重刑。除一般刑罚外，还有捶楚、刖足、挑筋、凌迟、族诛、抽肠、剥皮等酷刑。这样做的目的是杀一儆百，以儆效尤。

中国历史上经常有所谓大赦制度和赎罪制度，但是往往不赦、不赎贪官及其后人，其目的显然是让人们记住前车之鉴，要让贪者为自己的行为付出沉重的代价。《汉书·贡禹传》说孝文帝时"贵廉洁，贱贪污，贾人、赘婿及吏坐赃者皆禁锢不得为吏，赏善罚恶，不阿亲戚，罪白者伏其诛，疑者以与民，亡赎罪之法，故令行禁止，海内大化"。东汉本初元年（146年）下诏说："赃吏子孙，不得察举。"[270]唐朝是历史上大赦较为频繁的朝代之一，但诏中大都强调不赦贪官污吏。元成宗曾下诏："今后因事受财，依例断罪外，犯枉法赃者，即不叙用。"[271]为贪一时，殃及数世，这对于现任官吏无疑有着巨大的警示意义。

（五）"观风俗，知得失"——民歌民谣的监督与教育作用

在中国古代的廉政教育中，民歌民谣也占有很重要的地位。民歌民谣推动着廉政教育，也推动着廉政行为的发生与发展，特别是对特定地区、特定人物的廉政能够起到很大的鼓励和督察作用。古代民歌民谣属于民间舆论的一部分。中国

古代最早的诗歌总集《诗经》中的许多诗篇就在一定程度上反映了民声、民意、民心，具有匡正时俗的功能。《汉书·艺文志》说："故古有采诗之官，王者所以观风俗，知得失，自考正也。"《汉书·礼乐志》说："周道始缺，怨刺之诗起。"《隋书·经籍志》说："古者……孟春，循木铎以求歌谣，巡省观人诗，以知风俗。过则正之，失则改之，道听途说，靡不毕记。"这些都是指"诗"有督察的作用。民谣，也是一种舆论形式。民谣以口头相传的形式出现，但在貌似谐谑调侃、讽刺嘲弄的流传形式中，表达出深刻的社会政治内容，"虽小道，必有可观者焉"[272]。《文心雕龙·谐隐》指出，民谣"意在微讽"，非但"有足观者"，并且有"抑止昏暴"的作用。

民歌、民谣所形成的舆论监督作用大体表现在两个方面：

一是歌颂为人民作出贡献、政绩卓著的清官廉吏。人民用脍炙人口的歌谣来颂扬他们，敬仰之情溢于言表。如春秋郑国子产"从政一年，舆人诵之曰：'取我衣冠而褚之，取我田畴而伍之。孰杀子产，吾其与之！'及三年，又诵之曰：'我有子弟，子产诲之；我有田畴，子产殖之。子产而死，谁其嗣之？'"[273]这个歌谣反映了郑国人民对子产为政从不了解到全面认识的过程，十分生动地反映了他在人民心目中形象的演变。战国魏国邺县县令史起引漳水溉邺，河内富之，百姓歌之曰："邺有贤令兮为史公，决漳水兮灌邺旁，终古舄卤兮生稻粱。"汉赵中大夫白公建白渠，民得其饶，歌之曰："田于何所？池阳、谷口。郑国在前，白渠在后。举锸为云，决渠为雨。泾水一石，其泥数斗。且溉且粪，长我禾黍。衣食京师，亿万之口。"[274]汉初国家针对战国、秦以来的社会动荡局面采取清静无为、与民休息的政策，深得老百姓的欢迎，民作"画一"之歌。歌中唱道："萧何为法，讲若画一；曹参代之，守而勿失。"[275]汉代京兆尹赵广汉为政"廉明，威制豪强，小民得职"，后犯法被诛，但"百姓追思，歌之至今"。[276]为官者即便做了一件小事，人民也会记住他。如北齐济北太守崔伯谦把惩罚犯人的鞭子由生皮改为熟皮，以免对受刑者身体造成太大的伤害，当地百姓因诵民歌曰："崔府君，能治政。易鞭鞭，布威德，民无争。"[277]又《宋史·包拯传》载："拯立朝刚毅，贵戚宦官为之敛手，闻者皆惮之。人以包拯笑比黄河清，童稚妇女，亦知其名,呼曰'包待制'。京师为之语曰:'关节不到,有阎罗包老。'"意思是说包拯为政清廉,要想贿赂包公,打通关节,是万万不可能的。这些民谣,用词简单,明白易懂,宜于传播,反映了民众的心声。

二是揭露、批判、嘲讽官场上的黑暗与腐败,揭露剥削阶级的残暴统治。人民群众是历史的创造者,他们虽处于社会底层,但常常以歌谣来表达心声。这些歌谣对统治阶级的横征暴敛、挥霍无度,进行了揭露和抨击。如周宣王任用奸臣,滥杀无辜,不得人心,有童谣唱道:"檿弧箕服,实亡周国。"[278]流传于秦朝末年的"楚虽三户,亡秦必楚"[279]的民谣,预示秦王朝的残暴统治必亡于楚人之手的命运。《后汉书·五行志》载,东汉桓帝初,兵役连年,生产荒废。天下童谣说:"小麦青青大麦枯,谁当获者妇与姑。丈人何在西击胡,吏买马,君具车,请为诸君鼓咙胡。"顺帝末年官场腐败至极,京都童谣说:"直如弦,死道边。曲如钩,反封侯。"[280]举孝廉是汉代最主要的选官制度,但此制逐步走向轻滥,《抱朴子·审举》载民谣说:"举秀才,不知书;察孝廉,父别居。寒素清白浊如泥,高第良将怯如鸡。"无情地讽刺了当时的政治腐败。在门阀制度森严的南朝,世族垄断了高官,官吏的选拔几乎完全由血缘关系而定。梁时民谣讥讽说:"上车不落则著作,体中何如则秘书。"[281]唐开元时期,长安少年贾昌因善于斗鸡而被玄宗封为"五百小儿长",其父死后,葬品丧车,乘传洛阳道。民谣唱道:"生儿不用识文字,斗鸡走马胜读书。贾家小儿年十三,富贵荣华代不如。能令金距期胜负,白罗绣衫随软舆。父死长安千里外,差夫持道挽丧车。"[282]

古代民谣还对卖官鬻爵、官僚机构臃肿的现象进行讽刺、揭露和批判。北宋"六贼"中的蔡京、王黼等公开出卖官爵,时有民谣揭露道:"三千索,直秘阁;五百贯,擢通判。"[283]唐代武则天称帝后,官史任用泛滥,民谣讽刺道:"补阙连车载,拾遗平斗量。杷推侍御史,碗脱校书郎。"[284]南明政权滥任官吏,民谣云:"满朝升保傅,一部两尚书。侍郎都御史,多似柳穿鱼。"[285]又南明时马士英当政,官僚机构膨胀,有民谣讥刺道:"职方贱如狗,都督满街走。"[286]

民谣或以隐语的形式揭露政坛的腐败。东汉末年,董卓秉权,政治腐败,社会黑暗。民谣唱道:"千里草,何青青,十日卜,不得生。"[287]意指残害人民的董卓政权很快就要灭亡。东汉桓帝之初,京都童谣说:"城上乌,尾毕逋。公为吏,子为徒。一徒死,百乘车。车班班,入河间。河间姹女工数钱,以钱为室金为堂。石上慊慊舂黄粱。梁下有悬鼓,我欲击之丞卿怒。"[288]这首童谣生动地展现了东汉末年桓灵之世社会动荡的局势。北宋奸臣蔡京、童贯狼狈为奸,专权误国,时人唱道:"打破筒(童),泼了菜(蔡),便是人间好世界。"[289]真是脍炙人口,形象生动,极具流传性。

以民歌、民谣形式构成的社会舆论对廉政之风的形成有一定的促进作用。如汉灵帝时下诏敕三府"举奏州县政理无效,民为作谣言者免罢之"[290]。清代江西巡抚陈淮和南昌县令徐午贪赃枉法,狼狈为奸,当地人民为之作歌谣:"江西地方苦,遇见陈老虎,大县要三千,小县一千五。过付是何人,首县名徐午。"时任御史的初彭龄"并其谣劾之,陈(淮)为之罢官"。[291]这种无形的权威对于推动古代廉政教育和廉政风气的形成也有一定的积极意义。

五、中国古代廉政文化遗产的批判继承问题

中国古代廉政文化作为中国古代政治文化遗产的一个组成部分,有其丰富的内涵。我们今天建设具有中国特色的社会主义廉政文化仍然可以从中吸取和借鉴有益的成分。例如从制度层面来看,古代廉政文化中重视加强廉政制度建设的思想和多层次监察的廉政意识,官吏选拔中对德才并重、以德为先原则的强调,以及官僚制度中运用设官分职、加强考核的方法来防止腐败、激励勤政的措施及其所形成的经验积累,不仅在长期的历史发展过程中产生过积极作用,对我们今天也还有启发与借鉴意义。从廉政思想文化层面来看,历代思想家、政治家关于加强自身道德修养的许多经典表述,已经构成了中华民族优秀传统道德文化的一个组成部分,至今仍是激励人们树立高尚情操的思想基础。他们对廉政、勤政方式方法的理论探索与思考,对腐败所造成的国破家亡危害性的深刻剖析,仍对我们

今天有着借鉴和警示的意义。从廉政社会文化看，人民群众对清官、勤政者的颂扬和对贪官、碌碌无为者的鄙视，至今也还是我们社会大众所认可的评价廉政与否的基本文化价值观之一。人民群众创造的生动活泼、形式多样的反腐倡廉的艺术表达形式，也值得我们学习。应当说这些是中国古代廉政文化中的精华，需要我们认真总结。

我们之所以要继承中国古代廉政文化这笔丰富遗产，是因为它们中的许多内容体现了中国古代政治家、思想家结合中国实际对廉政问题所作的缜密思考，体现了中国古代政治文明的卓越智慧。历史的发展不仅要站在前人创造的物质文化基础之上，也要站在前人创造的精神文化基础之上。中华文明绵延不绝，历史的延续性使我们今天在建设具有中国特色的社会主义廉政文化的同时，有必要充分尊重与借鉴我们祖先创造的廉政文化成果。只有这样，我们今天的廉政文化才能够更加符合中国的国情，体现中国的特色，同中华优秀传统文化相结合，也才能拥有更为广阔的社会基础，为人民所理解和接受。需要看到的是，中国历史上的廉政文化并不仅仅是剥削阶级创造的，广大的人民群众也是廉政文化的创造者。"其兴也勃焉，其亡也忽焉"的王朝更迭给剥削阶级留下的深刻教训，是促使统治阶级中的有识之士对廉政问题作出种种思考和努力的社会背景；历史上的人民大众对腐败制度的激烈反抗及其给统治阶级形成的巨大压力，是推动廉政文化建设发展与进步的强大动力。人民群众对廉政、勤政人物的朴素情感，对廉政风尚的积极歌颂，对贪官污吏的无情讽刺所形成的社会文化传统，本身也是廉政文化的组成部分。

如同对待一切历史文化遗产一样，我们既不能采取历史虚无主义，也不能不加分析地全盘接收，而是要勇于继承、善于继承、批判地继承。我们对中国古代廉政文化历史价值的态度也应该如此。首先，中国古代廉政文化尽管有丰富的内容，也体现了历代有识之士对廉政问题的高度重视，反映了广大人民群众的殷切希望，但是古代国家国体、政体的本质特点，决定了占统治地位的剥削阶级不可能建立起有效的反腐倡廉的科学机制。因此，中国古代廉政文化的现代化意义也只能从相对的角度进行考察。其次，对中国古代廉政文化的具体内容要作辩证的分析。例如，作为中国古代廉政制度建设重要理论基础之一的"民本"思想，其实并不是统治阶级制度设计的根本出发点，它所起的作用只不过是在特定时期，在一定程度上缓和阶级压迫而不可能改变制度本身。中国历史上王朝兴衰的激烈变动、农民起义的风起云涌就充分说明了"民本"思想与统治阶级统治政策之间的矛盾。中国古代廉政文化中有许多从设官分职的角度加强廉政建设的思想，却很少有对专制君主进行权力限制、监督的思想，即便有，也难以从制度层面得以实现。中国古代加强对官僚监察监督的思想内容很丰富，但这种监察监督往往是在维护专制主义权力运行机制下的思考，是自上而下的、单向的。剥削阶级的本质决定了他们不可能把这种权力交给社会，交给人民。又如中国古代廉政社会文化也是一定历史条件下的产物，在自给自足的自然经济占统治地位的古代社会，相对封闭的社会结构和落后的生产力决定了人们对"清官""青天大老爷"的无限向往，形成了独具特色的"清官"崇拜文化现象，这种廉政社会文化尽管有其积极意义，但其作用实际是有限的。中国古代廉政文化除了其历史局限外有无糟粕性的内容？我们认为也是有的。如廉政文化的核心思想之一是以"忠君"、以维护专制主义中央集权为前提的，这与我们建设民主的、先进的、现代的社会主义廉政文化是格格不入的。某些官箴中虽不乏为政清廉的思想，但也有许多明哲保身的内容。总之，继承中国古代廉政文化的优秀传统要把古代廉政制度文化建设与古代政治制度的本质特点区别开来，要把古代廉政思想家的优秀廉政思想与思想家的局限性区别开来，要把古代廉政社会文化建设中的优秀成分与其中的糟粕区别开来。

近年来，在大力加强廉政制度建设的同时，廉政文化建设也日益引起了人们的关注。尽管人们对廉政文化的内涵认识还不尽相同，但是以廉政文化来推动廉政建设并以此来拓宽廉政问题的研究无疑已经成为大家的共识。廉政文化建设是当前社会主义先进文化建设的重要组成部分，学者在论及如何建设新时代社会主义廉政文化的同时，也大多注意到了中国古代廉政文化传统的历史意义及其现代启示作用。的确，中国古代廉政文化源远流长，它作为中国古代政治文化中的一个部分，是我们的祖先留给后世的一笔珍贵历史遗产。但是，中国古代廉政文化的发展道路及其表现形态如何，如何正确认识中国古代廉政文化的历史价值，等等，仍然需要在一些基本理论问题上进行深入探讨，这对于我们批判地继承中国古代廉政文化具有重要意义。中国的廉政建设离不开中国的国情，离不开中国本土文化的影响。我们希望通过这些简略的探讨，加深我们对中国古代廉政文化的认识，并对当代的廉政建设有所裨益。

/注释/

1. 《史记》卷八十五《吕不韦列传》。（书中《史记》以下二十四史及《清史稿》，均用中华书局点校本。）
2. 《史记》卷四十一《越王勾践世家》。
3. 《史记》卷六《秦始皇本纪》。
4. 《史记》卷四十六《田敬仲完世家》。
5. 参见《史记》卷八十一《廉颇蔺相如列传》。
6. 《后汉书》卷五《安帝纪》。
7. 《后汉书》卷七《桓帝纪》。
8. 《后汉书》卷八《灵帝纪》。
9. 《后汉书》卷八《灵帝纪》。
10. 参见《后汉书》卷五十二《崔骃传》附《崔烈传》。
11. 《抱朴子外篇》卷十五《审举》。（诸子著作均用中华书局"新编诸子集成"及"新编诸子集成续编"本，并参用其他权威版本。）
12. [宋]李心传：《建炎以来系年要录》卷一百六十九，绍兴二十五年冬十月丙申，上海古籍出版社影印本，1992年版。
13. 参见吕思勉：《秦汉史》，上海古籍出版社1983年版，第23、24页。
14. [清]计六奇：《明季北略》卷十三，中华书局点校本，1984年版。
15. [宋]李昉等：《太平御览》卷四百九十六《谚下》引，中华书局影印本，1985年版。

16. [唐]欧阳询《艺文类聚》卷五十五《杂文部一》引（西晋）左思《咏史》诗，中华书局1965年版。

17.《晋书》卷九十二《王沉传》。

18. 以上均见《晋书》卷三十三《何曾传》。

19. [宋]司马光：《资治通鉴》卷一百八十《隋纪四》炀帝大业二年，中华书局点校本，1976年版。

20.《资治通鉴》卷一百八十一《隋纪五》炀帝大业六年。

21.《资治通鉴》卷一百八十一《隋纪五》炀帝大业六年。

22. [清]王庆云：《石渠余纪》卷四《纪旗人生计》，台北新文丰出版公司影印本，1989年版。

23.《案例汇编》卷上，嘉庆七年八月二十七日。

24. 故宫博物院编：《清仁宗御制文二集》卷二《宗室训》，海南出版社影印本，2000年版。

25.《史记》卷八十七《李斯列传》。

26.《梁书》卷二十八《鱼弘传》。

27. [唐]韦縠：《才调集》卷三引李山甫《上元怀古》，上海古籍出版社"续修四库全书"本。

28.《三国志》卷十四《魏书·董昭传》。

29.《潜夫论·交际》。

30.《晋书》卷七十《卞壶传》。

31.《梁书》卷三十七《何敬容传》。

32.《史记》卷二《夏本纪》。

33.《尚书·多方》。（《尚书》以及《诗经》《礼记》《左传》《论语》《孟子》等儒家经典，均用中华书局《十三经注疏》影印本，并参考其他权威点校本。）

34.《史记》卷二《夏本纪》。

35.《尚书·盘庚上》郑注。

36.《史记》卷三《殷本纪》。

37.《吕氏春秋·恃君览》。

38. 参见王春瑜主编:《中国反贪史》上卷第一章,四川人民出版社2000年版。

39. 徐元诰撰,王树民、沈长云点校:《国语集解》,中华书局2002年版。

40.《墨子·辞过》。

41. 参见张海涛:《试论夏朝灭亡的原因》,《内蒙古农业大学学报》2010年第2期。

42.《左传》闵公二年。

43.《左传》昭公十九年。

44.《左传》宣公二年,《史记》卷三十九《晋世家》。

45. 黄世中选注:《李商隐诗选》,中华书局2005年版,第61页。

46.《左传》庄公二十四年。

47. [汉] 刘向撰,向宗鲁校证:《说苑校证》,中华书局1987年版。

48.《史记》卷六《秦始皇本纪》。

49.《汉书》卷五十一《贾山传》。

50.《后汉书》卷二十三《窦融传》附《窦宪传》。

51.《后汉书》卷三十四《梁冀传》。

52.《后汉书》卷五十四《杨震传》。

53.《后汉书》卷四《和帝纪》。

54. 以上均见《后汉书》卷七十八《宦者列传》。

55. 卫建林:《明代宦官政治》(增订本),花山文艺出版社1998年版,第14页。

56.《明史》卷三百四《宦官列传》序。

57.《明史》卷三百五《魏忠贤传》。

58.《明史》卷七十九《食货志三》。

59.《明史》卷三百六《崔呈秀传》。

60. [宋] 李焘:《续资治通鉴长编》卷三十二,淳化二年,中华书局1993年版。

61. [清] 贺长龄编:《皇朝经世文编》卷二十《吏政六》载赵申乔《严饬官方以肃功令示》,台北文海出版社影印本,1972年版。

62. [元] 严忠济:《越调·天净沙》,见隋树森选编《全元散曲简编》,上海古籍出版社

1995年版，第33页。

63. [英]伯特兰·罗素著，吴友三译：《权力论》，商务印书馆1991年版，第189页。

64. 《资治通鉴》卷二百四十一《唐纪五十七》穆宗长庆元年。

65. 《清世宗实录》卷六十四，雍正五年十二月癸卯条。本书所引《清实录》均据中华书局1985年影印本。

66. 《汉书》卷一《高帝纪》。

67. 《汉书》卷五《景帝纪》。

68. [清]李孟符：《春冰室野乘》，山西古籍出版社点校本，1995年版。

69. [清]赵翼：《廿二史札记》（王树民校证：《廿二史札记校证》，中华书局1984年版）卷三十三《明初吏治》。

70. 《春秋繁露·精华》。

71. 《新语·无为》。

72. 《资治通鉴》卷二百二《唐纪十八》上元元年。

73. 《汉书》卷四十八《贾谊传》。

74. 《新书·无蓄》。

75. 《汉书》卷六十四下《严安传》。

76. 《汉书》卷十《成帝纪》。

77. 《汉书》卷八十一《匡衡传》。

78. [明]薛论道：《林石逸兴》卷五《沉醉东风·题钱》，上海古籍出版社"续修四库全书"本。

79. 《左传》文公十八年。

80. 《史记》卷一《五帝本纪》。

81. 参见《左传》庄公三十二年、桓公六年。

82. 《晏子春秋·内篇杂下》第十四。

83. 《晏子春秋·内篇问下》第四。

84. 《论语·子路》。

85. 《孟子·离娄下》。

86.《韩非子·解老》。

87.《管子·牧民》。

88.《管子·权修》。

89.《论语·述而》。

90.《论语·雍也》。

91.《论语·学而》。

92.《孟子·尽心下》。

93.《荀子·修身》。

94.《墨子·修身》。

95.《汉书》卷五十六《董仲舒传》。

96.《孟子·告子下》。

97. [宋]范仲淹:《范文正公文集》卷七《岳阳楼记》,台北商务印书馆"四部丛刊正编"本。

98.《韩非子·显学》。

99. [明]郑文康:《平桥藁》卷九《送郭廷辉训导龙游序》引,台北商务印书馆"景印文渊阁四库全书"本。

100.《史记》卷七十九《范雎列传》。

101. 参见余华青、杨希义、刘文瑞:《中国古代廉政制度史》,西北大学出版社1991年版。

102. 参见连云港市博物馆等编:《尹湾汉墓简牍》,中华书局1997年版。

103.《后汉书》卷四十二《光武十王列传》。

104.《后汉书》卷二《明帝纪》。

105.《汉书》卷九《元帝纪》。

106. 参见《旧唐书》卷四十三《职官志二》。

107. [唐]杜佑:《通典》卷三十二《职官十四》,中华书局1984年版。

108.《汉书》卷八十三《朱博传》。

109.《汉书》卷八十三《朱博传》。

110.《汉书》卷八十六《何武传》。

111.《汉书》卷八十六《何武传》。

112.《汉书》卷七十五《京房传》。

113.《后汉书》卷五十四《杨震传》。

114. 参见《艺文类聚》卷五十《职官部六·刺史》引《华阳国志》。

115.《旧唐书》卷一百三十一《李勉传》。

116.《明史》卷七十三《职官志二》。以上部分参考余华青、杨希义、刘文瑞《中国古代廉政制度史》中的相关朝代部分内容。

117.《旧唐书》卷八十八《韦思谦传》。

118.《国语·齐语》。

119.《后汉书》卷三《章帝纪》。

120.《后汉书》卷六十二《陈寔传》。

121.《汉书》卷七十《陈汤传》。

122.《三国志》卷二十一《魏书·吴质传》注引《魏略》。

123.《汉书》卷七十七《盖宽饶传》。

124.《汉书》卷七十六《王尊传》。

125. 参见 [清] 刘锦藻：《清朝文献通考》卷四《田赋考四》，台北新兴书局1965年版。

126. [清] 刘锦藻：《清朝续文献通考》卷一百四十二《职官考·禄秩》，台北新兴书局1965年版。

127.《后汉书》卷二十七《郑均传》。

128. [唐] 吴兢撰，谢保成集校：《贞观政要集校》，中华书局2003年版。

129.《宋史》卷一百七十三《食货志上一》。

130.《宋史》卷二《太祖纪二》。

131.《元史》卷一百二《刑法志一》。

132.《荀子·强国》。

133.《史记》卷一百二十六《滑稽列传》。

134. 参见睡虎地秦墓竹简整理小组编：《睡虎地秦墓竹简》，文物出版社1978年版。

135. 以上均见《贞观政要·贪鄙》。

136. [宋] 吕本中：《官箴》，见《官箴书集成》，黄山书社1997年版。

137. [元] 张养浩撰，杨讷点校：《为政忠告·庙堂忠告·修身》，见《吏学指南（外三种）》，浙江古籍出版社1988年版。

138. [明] 曹端：《曹月川集》附《年谱·四十九岁》，台北商务印书馆"景印文渊阁四库全书"本。

139. [明] 郭之奇：《宛在堂文集》卷三十《邑侯曾公应瑞传》，北京出版社"四库未收书辑刊"本。

140. 《诸葛亮集》卷一《诫子书》，中华书局1960年版。

141. [唐] 颜真卿：《颜鲁公集》卷十六《守政帖》，上海古籍出版社1992年版。

142. 《宋史》卷三百一十六《包拯传》。

143. [宋] 刘清之：《戒子通录》卷六《家戒·胡文定》，台北商务印书馆"景印文渊阁四库全书"本。

144. 《汉书》卷四十九《晁错传》。

145. 参见王世舜：《尚书译注》，四川人民出版社1982年版。

146. 《贞观政要·君道》。

147. 《贞观政要·政体》。

148. 杨国宜校注：《包拯集校注》卷四《请罢天下科率》，黄山书社1999年版。

149. [清] 唐甄著，黄敦兵校释：《潜书校释》，岳麓书社2011年版。

150. 参见林甘泉：《中国古代的"民本"思想及其历史价值》，载《中国古代政治文化论稿》，安徽教育出版社2004年版。

151. 《文物》2003年第1期。

152. 《汉书》卷八十九《龚遂传》。

153. 《后汉书》卷七十六《循吏列传》。

154. 《史记》卷二十九《河渠书》。

155. 《后汉书》卷十五《邓晨传》。

156. 《史记》卷二十九《河渠书》。

157. 《旧唐书》卷一百八十五上《薛大鼎传》。

158.《汉书》卷二十四《食货志》。

159.《汉书》卷七十二《鲍宣传》。

160.《汉书》卷四《文帝纪》。

161.《贞观政要·纳谏·直言谏争附》。

162. 林寒选注:《于谦诗选》,浙江人民出版社1982年版。

163. 陈义钟编校:《海瑞集》,中华书局1962年版。

164.《汉书》卷八十九《循吏传》。

165.《汉书》卷七十六《韩延寿传》。

166.《汉书》卷二十八下《地理志下》。

167.《后汉书》卷二十五《刘宽传》。

168.《后汉书》卷七十六《循吏列传》。

169.《晋书》卷七十五《范汪传》。

170.《晋书》卷七十五《范汪传》附《范宁传》。

171. 参见《范文正公文集》卷三《邠州建学记》。

172.《汉书》卷六十六《刘屈氂传》。

173. 以上均见《汉书》卷九十《酷吏传》。

174.《汉书》卷七十六《王尊传》。

175.《汉书》卷九十《酷吏传》。

176.《后汉书》卷二十六《赵憙传》。

177.《梁书》卷五十三《何远传》。

178.《宋史》卷三百一十六《赵抃传》。

179.《论语·颜渊》。

180.《孟子·离娄上》。

181.《荀子·议兵》。

182. [汉]马融:《忠经·天地神明》,商务印书馆"丛书集成初编"本。

183.《汉书》卷六《武帝纪》。

184.《后汉书》卷二十六《韦彪传》。

185. [宋]徐天麟:《东汉会要》卷二十七《选举下·公府选举》,中华书局1955年版。

186. 黄留珠:《秦汉仕进制度》,西北大学出版社1985年版,第151页。

187. 《新语·本行》。

188. 《资治通鉴》卷一《周纪一》威烈王二十三年。

189. 《清圣祖实录》卷四十一。

190. [元]马端临:《文献通考》卷三十七《选举考十·举官》,中华书局影印本,1986年版。

191. 《明史》卷七十一《选举志三》。

192. 《晋书》卷四十《贾充传》。

193. 《汉书》卷五十一《路温舒传》。

194. 《汉书》卷七十二《王吉传》。

195. 《后汉书》卷三十九《刘般传》附子《刘恺传》。

196. 《后汉书》卷七十六《循吏列传》。

197. 《晋书》卷三十三《王祥传》。

198. 《晋书》三十四《羊祜传》。

199. 《魏书》卷八十六《阎元明传》。

200. 参见周怀宇主编:《廉吏传》,河南人民出版社1989年版。

201. 《晋书》卷三十三《何曾传》。

202. 《慎子·知忠》。

203. 《后汉书·百官志》引《周官》。

204. 《潜书·扼政》。

205. 《汉书》卷八十九《循吏传》。

206. 《史记》卷一百一十九《循吏列传》。

207. 《汉书》卷七十六《尹翁归传》。

208. 《后汉书》卷二十六《蔡茂传》。

209. 《三国志》卷十三《魏书·华歆传》。

210. 《说苑·谈丛》。

211.《曾国藩全集·诗文》，岳麓书社1986年版。

212.《吕氏春秋·忠廉》。

213.《贞观政要·务农》。

214.《三国志》卷十三《魏书·华歆传》。

215.《三国志》卷十三《魏书·华歆传》注引华峤《谱叙》。

216.《晋书》卷九十《吴隐之传》。

217.《晋书》卷九十《邓攸传》。

218.《魏书》卷八十八《羊敦传》。

219.《魏书》卷八十八《张恂传》。

220.《魏书》卷八十八《张应传》。

221. [明] 于谦：《忠肃集》卷十一《醉时歌》，上海古籍出版社影印本，1991年版。

222.《明史》卷一百七十《于谦传》。

223.《忠肃集》卷十一《漫题屋壁》。

224. [明] 顾起元：《客座赘语》卷七，上海古籍出版社"续修四库全书"本。

225. [清] 于成龙：《于清端公政书》外集《于清端公传》，台北文海出版社"近代中国史料丛刊续编"本。

226.《睡虎地秦墓竹简》，第19页。

227.《汉书》卷八十三《朱博传》。

228.《汉书》卷一下《高帝纪下》。

229.《汉书》卷五十《张释之传》。

230.《汉书》卷五《景帝纪》。

231.《汉书》卷八《宣帝纪》。

232.《后汉书》卷四十六《陈宠传》。

233. [清] 曾国藩：《曾文正公全集·家训》，中国华侨出版社2011年版。

234.《论语·泰伯》。

235.《史记》卷三十三《鲁周公世家》。

236.《汉书》卷七十七《何并传》。

237.《后汉书》卷二十七《王良传》。

238.《旧唐书》卷三《太宗纪下》。

239.《史记》卷五十三《萧相国世家》。

240. 参见朱红林:《张家山汉简〈二年律令〉集释》,社会科学文献出版社2005年版。

241. 参见《新唐书》卷一百二十四《姚崇传》。

242. [唐] 韩愈著,[宋] 王谠注、[宋] 王俦补注:《新刊经进详注昌黎先生文集》卷三十二《柳子厚墓志铭》,上海古籍出版社"续修四库全书"本。

243. 参见 [元] 徐元瑞撰,杨讷点校:《吏学指南》,见《吏学指南(外三种)》。

244.《汉书》卷七十二《王贡两龚鲍传》序。

245.《汉书》卷四《文帝纪》。

246.《孟子·离娄上》。

247. 参见卜宪群:《创业与守成——论西汉"文景之治"》,《光明日报》2000年7月21日。

248.《后汉书》卷七十六《循吏列传》序。

249.《三国志》卷一《魏书·武帝纪》注引《魏书》。

250.《三国志》卷一《魏书·武帝纪》。

251.《三国志》卷二十三《魏书·和洽传》。

252.《晋书》卷六《元帝纪》。

253.《隋书》卷二《高祖纪》。

254.《续资治通鉴长编》卷四,乾德四年。

255.《明实录》附录《明太祖宝训》卷四《戒奢侈》,上海古籍书店影印本,1983年版。

256.《论语·颜渊》。

257.《汉书》卷五十六《董仲舒传》。

258.《贞观政要·君道》。

259. 参见《明太祖实录》,上海古籍书店影印本,1983年版。

260. [清] 王夫之:《读通鉴论》,中华书局点校本,1975年版。

261.《汉书》卷八十九《循吏列传》。

262. 《汉书》卷八十九《循吏列传》。

263. 《北史》卷六十三《苏绰传》。

264. 《汉书》卷八十九《循吏列传》。

265. 《三国志》卷三十五《蜀书·诸葛亮传》。

266. 《清史稿》卷二百七十七《陈璸传》。

267. 《清圣祖实录》卷一百八十三。

268. 怀效锋点校：《大明律》，法律出版社1999年版。

269. 《廿二史札记》卷三十三《重惩贪吏》引《草木子》。

270. 《后汉书》卷七《桓帝纪》。

271. 《元典章·刑部》卷八《犯赃再犯通论》，山西古籍出版社点校本，2004年版。

272. 《汉书》卷三十《艺文志》。

273. 《左传》襄公三十年。

274. 《汉书》卷二十九《沟洫志》。

275. 《汉书》卷三十九《萧何曹参传》。

276. 《汉书》卷七十六《赵广汉传》。

277. 《北齐书》卷四十六《崔伯谦传》。

278. 《国语·郑语》。

279. 《史记》卷七《项羽本纪》。

280. 《后汉书》志第十三《五行一》。

281. 《隋书》卷三十三《经籍志二》。

282. [宋] 李昉等：《太平广记》卷四百八十五《东城老父传》，中华书局点校本1961年版。

283. [宋] 朱弁：《曲洧旧闻》卷十，商务印书馆"丛书集成初编"本。

284. [唐] 张鷟：《朝野佥载》卷四，上海古籍出版社2012年版。

285. [明] 陆容：《菽园杂记》卷三，中华书局点校本，1985年版。

286. 《明史》卷三百八《马士英传》。

287. 《后汉书》志第十三《五行一》。

288.《后汉书》志第十三《五行一》。

289.［宋］吴曾：《能改斋漫录》卷十二《记事》，上海古籍出版社1979年版。

290.《三国志》卷一《魏书·武帝纪》注引《魏书》。

291.［清］昭梿：《啸亭杂录》卷十，中华书局点校本，1980年版。

第一章

先秦时期的反腐败

先秦有广义和狭义之分，广义的先秦是指原始社会到秦统一前的历史时期，狭义的先秦则指夏代到秦统一之前，即公元前21世纪到公元前221年，经历了夏、商、西周、春秋、战国几个历史时期。我们这里探讨的主要是狭义上的先秦。先秦是中华文明形成与发展的最初阶段，也是中国历史上腐败与反腐败问题的萌发时期。

腐败是先秦一个严重的政治问题，也是一个严重的社会问题，一直没有得到有效遏止，但在先秦时期，统治者也已经注意到运用法制和教育手段等来预防和惩治腐败，使其在中国反腐败发展史上具有重要历史地位。

第一节 运用法制防治腐败

一、官吏职务犯罪的主要类型和惩处贪贿的"墨"刑

在对腐败进行防治的种种手段中，法制是最重要的手段。先秦统治阶级也认识到这一手段的重要性，并贯彻在政治实践中。

《周礼·秋官·士师》对官吏犯罪作出了较明确的规定：

> （司寇）掌士之八成：一曰邦汋，二曰邦贼，三曰邦谍，四曰犯邦令，五曰挢邦令，六曰为邦盗，七曰为邦朋，八曰为邦诬。

清代方苞《周官集注》解释说："士之八成，狱官断事之成式，有此八品也。邦贼为逆乱者。邦谍，异国人来反间者，如卫礼至仕，邢、晋杀秦谍之类。拆邦令，诈称以有为者。为邦朋，朋党以乱政者。为邦诬，诬上以行私者。"[1]概而言之，先秦时期官吏主要的不法行为有：其一，犯君令。《国语·周语》云："犯王命必诛，故出令不可不顺也。令之不行，政之不立。"[2]其二，贪污受贿。[3]其三，仗势欺人，敲诈勒索。[4]其四，变乱制度。[5]其五，擅变礼乐。[6]其六，不守政令。[7]

先秦时期官吏犯罪有不同的时代特点。夏朝因资料所限，情况不明。商代官吏犯罪主要有"三风十衍"，即巫风、淫风和乱风。[8]西周官吏则有"五疵"，即惟官、惟反、惟内、惟货、惟来。

春秋战国时期官吏职务犯罪，比较系统的记载不多，但银雀山汉墓竹简[9]中的《李法》和《田法》[10]残简中有处罚官吏的内容。《李法》和《田法》里的"公人""吏啬夫"应属于齐国的官吏。虽然简文残缺严重，但无疑是与处罚官吏贪黩有关。

中国早期称贪污为"墨罪""贪罪"，也概称"赃罪"。《左传》昭公十四年杜预注云："墨，不洁之称。"因墨即黑色，喻作污黑、不净。东汉许慎《说文解字》云："贪，欲物也。"西晋张斐注晋《泰始律》时解说"赃"就是"货财之利"。《辞源》中，"贪"字解作"爱财"，将贪污不廉的官吏列为"墨吏"；把贪污、受贿、盗窃、诈骗以及通过其他手段侵犯公私财物而获赃、分赃的行为，都统释为"赃"。贪墨罪或赃罪中的贪污犯罪，其犯罪主体一般是指那些掌握着公共权力的中央和地方各级大小官吏。

《尚书·舜典》记载说"鞭作官刑"。孙星衍疏案：在官禄者，过则加之鞭笞。这说明早在尧舜时代，官员就要遵守一定的为官规范，否则要受到鞭笞的惩处。《左传》也记载春秋时期鲁国史官太史克讲述尧处罚贪官的历史故事。[11]从人们恶称为"饕餮"来看，这"四凶"都是些私欲膨胀、贪冒货贿之徒。尧处罚四个贪人的故事虽出自《左传》，但引述的是春秋时期鲁国史官之言，应该是可信的。舜继承部落首领后，也相继处分了一些贪人。乐正后夔的儿子叫封伯，他"实有豕心，贪惏无餍，忿颣无期，谓之封豕。有穷后羿灭之。夔是以不祀"¹²。封伯因为贪暴被后羿所灭，夔因此断了后代。

夏、商、周时期，贪赃现象已引起了统治者的高度重视，开始从制度层面对贪赃进行干预和控制。虽然这个时期法制尚不完善，运用法制防治贪赃腐败还很不系统，但统治者已经从思想上意识到贪赃腐败对于政治和社会危害的严重性，并表现出深深的忧虑。

史传禹时的狱官长皋陶制定的刑法就有关于昏、墨、贼、杀的条文，这在早已散佚的《夏书》中有记载。¹³根据春秋时期晋国大夫叔向的解释，"己恶而掠美为昏，贪以败官为墨，杀人不忌为贼"¹⁴。把贪的行为定为"墨"罪，一方面说明当时贪已经是很严重的政治和社会问题，不加惩处就不能维持社会的正常秩序，另一方面也说明当时人们已经认识到从法制角度对"贪"进行惩处和防治的重要性和必要性。

春秋时期，随着腐败的蔓延和反腐败力度的加强，出现了第一个以"墨"定罪的羊舌鲋，从已有文献记载看，这是目前我国历史上最早记载的较为完整的反贪第一案。

羊舌鲋（前580—前531），一名叔鲋，字叔鱼。羊舌鲋担任代理晋国司寇后，渎货无厌。《左传》昭公十三年载：

> 七月丙寅，治兵于邾南，甲车四千乘，羊舌鲋摄司马，遂合诸侯于平丘……次于卫地，叔鲋求货于卫，淫刍荛者。卫人使屠伯馈叔向羹与一箧锦，曰："诸侯事晋，未敢携贰，况卫在君之宇下，而敢有异志？刍荛者异于他日，敢请之。"叔向受羹反锦，曰："晋有羊舌鲋者，渎货无厌，亦将及矣。为此役也，子若以君命赐之，其已。"客从之，未退，而禁之。

羊舌鲋求货于卫，卫国没有理睬，羊舌鲋就以厉兵秣马为名，乱砍柴草，大肆骚扰。卫国没有办法，只好派屠伯代表卫国国君带上许多美味的羹汤和一箧精美的锦缎去谒见羊舌鲋的哥哥羊舌肸，想请羊舌肸阻止其弟羊舌鲋的行为。羊舌肸知道自己的弟弟贪财求货，不知满足，而且骄横不听劝告，自己也无法劝止，只好出了个主意，指使屠伯把锦缎转送给羊舌鲋，羊舌鲋收到财物后，立即停止了骚扰。羊舌鲋利用自己的强势地位向卫国强行索要财物，是一种很典型的贪贿行为。

羊舌鲋腐败行为的第二方面是接受性贿赂[15]并枉法办事。《左传》昭公十四年记载：

> 晋邢侯与雍子争鄐田，久而无成。士景伯如楚，叔鱼摄理，韩宣子命断旧狱，罪在雍子。雍子纳其女于叔鱼，叔鱼蔽罪邢侯。邢侯怒，杀叔鱼与雍子于朝。宣子问其罪于叔向。叔向曰："三人同罪，施生戮死可也。雍子自知其罪而赂以买直，鲋也鬻狱，邢侯专杀，其罪一也。己恶而掠美为昏，贪以败官为墨，杀人不忌为贼。《夏书》曰：'昏、墨、贼，杀。'皋陶之刑也。请从之。"乃施邢侯而尸雍子与叔鱼于市。

这里说的是羊舌鲋在处理一桩诉讼多年未决的土地纠纷案时的不法行为。当事者是晋国两个地位显赫的人物——邢侯和雍子。邢侯封地和雍子封地毗邻，封地的界限没有严格划分。雍子扩大边界侵占了邢侯封地，导致相互之间冲突不断。案子诉讼到晋国当政的韩宣子面前，韩宣子知道这起纠纷是因为雍子贪婪而起，但是他们皆有功于晋国，谁也不好得罪，因此难以决断，便把案子交给羊舌鲋。羊舌鲋接手办理这桩公案的时候，雍子获知消息，抢先对羊舌鲋进行性贿赂，将女儿送给羊舌鲋为妾。羊舌鲋得到雍子的女儿，便不问是非曲直，宣判雍子无罪、邢侯有罪，并强行把雍子的封地扩大。羊舌鲋利用手中掌握的刑狱大权，作出了是非颠倒的判决，并坚持错判。邢侯贵为诸侯，受不了这冤枉气，一怒之下杀了羊舌鲋和雍子。由于羊舌鲋徇私枉法，后被晋国贵族统治者论律定为"墨"罪，成为我国历史上第一个被钉在耻辱柱上的贪墨之官。

给羊舌鲋定罪的是他的哥哥叔向，因此，孔子对叔向给予了高度评价，他说:"叔向,古之遗直也。治国制刑,不隐于亲,三数叔鱼之恶,不为末减。曰义也夫,可谓直矣!平丘之会,数其贿也,以宽卫国,晋不为暴。归鲁季孙,称其诈也,以宽鲁国,晋不为虐。邢侯之狱,言其贪也,以正刑书,晋不为颇。三言而除三恶,加三利,杀亲益荣,犹义也夫!"[16]孔子一方面是赞扬叔向大义灭亲,另一方面也是在批评羊舌鲋贪、贿、诈的腐败行为。

为何墨罪要处以死刑呢?因为贪墨既攫取了本属公众所有的财产,又败坏了官府在公共大众中的声誉,威胁或破坏了统治秩序,故必置之死地而后已。此后历朝统治者都把贪赃枉法的贪污贿赂犯罪规定为不赦之大罪。

二、《吕刑》[17]及其在反贪史上的意义

周公是一个有着深刻历史意识的政治家。周这样一个西陲小国在短时间内推翻了强大的商朝统治给周初统治者以极大震动。商为什么亡?周为什么兴?这是周初统治者日夕思虑的问题。商亡于政治的腐败,这一点周公看得很清楚。所以,周初统治者反复强调"我不可不监(鉴)于有夏,亦不可不监(鉴)于有殷"[18]。在对商朝亡国的历史经验和教训总结中,周初统治者以更大的力度对腐败进行防与治,更加注意反复用教育的形式来规范和约束各级官吏的行为。《尚书·费誓》记载了伯禽在出师讨伐来犯的淮夷时对臣下的训诫:

> 今惟淫舍牿牛马,杜乃擭,敜乃阱,无敢伤牿。牿之伤,汝则有常刑。马牛其风,臣妾逋逃,勿敢越逐。祗复之,我商赉汝。乃越逐,不复,汝则有常刑。无敢寇攘,逾垣墙,窃马牛,诱臣妾,汝则有常刑。甲戌,我惟征徐戎。峙乃糗粮,无敢不逮,汝则有大刑。鲁人三郊三遂,峙乃桢干;甲戌,我惟筑,无敢不供,汝则有无余刑,非杀?鲁人三郊三遂,峙乃刍茭,无敢不多,汝则有大刑。

伯禽列举了一系列失职渎职的行为及其处罚办法,以示警诫。教育和训诫是通过受教育者内心活动起作用,没有强制性。周初统治者认识到防治腐败仅仅依靠教

化和训诫是不够的,必须辅之以刑罚来对官吏的行为进行外在约束和规范,因而周穆王时,任司寇的吕国诸侯甫受命编修了刑书——《吕刑》。[19]

据记载,《吕刑》正文有三千条,但流传下来、对后世有影响的只是《尚书·吕刑》一篇,其实这只是《吕刑》的序文。关于《吕刑》及其在中国法律史上的意义,学者们做了很多研究,我们在这里更加关注的是其惩治贪赃腐败的意义。

《左传》记载"夏有乱政,而作禹刑",春秋时期有《刑书》《刑鼎》,今都不存,现存的只有西周的这部《吕刑》,它是我国现存最早的一部法律文献。《吕刑》编辑于《尚书》中,《史记·周本纪》有所记载,称之为《甫刑》。《尚书·吕刑》对西周刑罚的基本原则、刑罚制度作了概括阐述,提出了"明德慎罚"和"罪行法定"的主张,阐明了"疑案有赦""疑罪惟轻"的刑罚原则,规定了法官的责任制和法律类推及判例的适用。值得注意的是,《吕刑》将对贪赃腐败的惩治明确写在刑法中。从反腐败角度来讲,《吕刑》又是我国现存的第一部反腐败法。《尚书·吕刑》载:

> 在今尔安百姓,何择非人?何敬非刑?何度非及?两造具备,师听五辞,五辞简孚,正于五刑。五刑不简,正于五罚。五罚不服,正于五过。五过之疵:惟官、惟反、惟内、惟货、惟来。其罪惟均,其审克之。五刑之疑有赦,五罚之疑有赦,其审克之。简孚有众,惟貌有稽,无简不听,具严天威。墨辟疑赦,其罚百锾,阅实其罪。劓辟疑赦,其罚惟倍,阅实其罪。剕辟疑赦,其罚倍差,阅实其罪。宫辟疑赦,其罚六百锾,阅实其罪。大辟疑赦,其罚千锾,阅实其罪。墨罚之属千,劓罚之属千,剕罚之属五百,宫罚之属三百,大辟之罚,其属二百,五刑之属三千。

《史记·周本纪》也有大致相同的记载。"官"指依仗官势胡作非为;"反"指以怨报德;"内",即女谒,指通过宫中受宠女子来干预政事;"货"指行贿和受贿;"来"[20],指接受他人财物并为他人谋取不正当利益。很明显,五过中的"官""货""来",都是与腐败有关的罪名,对这些犯罪都要"阅实其罪",即查清他们的犯罪事实,给予惩处。而对这些腐败犯罪究竟如何惩处,因文献散佚已难得其详。但从《吕刑》记载的刑名来看,处罚还是相当重的,因为《吕刑》讲述的刑名有墨、劓、刖、宫、大辟,前四者是肉刑,大辟是死刑。

如一些学者所说,贪污腐败是阶级社会的产物,是社会的丑恶现象。腐败的主体是握有一定权力或负有某些职责的官吏,它不仅损害政府形象,而且危害社会肌体,进而危害统治阶级的统治和国家的稳定。因此,历代都无一例外地重视对贪污等腐败行为的防治,并力图用制定和完善立法来加以保证。[21]扬雄《解嘲》云,"《甫刑》靡敝,秦法酷烈"[22]。"靡敝",指败坏;"酷烈",指残暴。其意思是:礼法兼用的《吕刑》被败坏了,秦法独行却只有残暴的一面。《吕刑》规定了官吏贪赃枉法必受惩处,并指明如果不予严惩,天下就不会有廉明的政治。《吕刑》也用刑法的方式规定了官吏在审判案件和运用法律时要公允、依法办事,如果贪赃枉法,受人求情请托,那么其罪责与罪人同等,必须受到相应的惩罚,进一步强调了用刑罚惩治腐败的必要性和严肃性。由此可见,早在公元前9世纪我国就把反对贪赃腐败明确写入刑法,开了运用法律反腐败的先河,这在中外反腐败史上都是值得认真研究的。

三、子产"铸刑书"和李悝的《法经》与"六禁"

公元前536年,郑国子产铸刑书,产生了中国历史上第一部正式公布的成文法。"刑书"是指刑法条文,"铸刑书"是子产将刑书铸造在铁鼎上,予以公布。"刑书"的具体内容已难详考,但其中含有限制贵族特权的内容,这无疑对贵族的腐败行为起到了一定的限制作用。正因为刑书有限制贵族特权的条款,而且公布成文法的方式本身不利于贵族的独行擅断和任意刑杀,不利于奴隶主的专横暴虐,限制了奴隶主贵族"临事制刑,不预设法"的特权,因此子产的行为招致了一些贵族的强烈反对,认为铸刑书违背了"先王议事以制,不为刑辟""民知有辟,则不忌于上"的原则,破坏了周代的统一法度。[23]子产铸刑书及其引来的争论,在中国乃至世界法律思想史上都有着重要意义。首先,它开创了古代公布成文法的先例;其次,它冲破了秘密刑思想的束缚,第一次肯定了公布成文刑法的"合礼合法";最后,它打破了"刑不上大夫"的传统,明确肯定了法律对于限制贵族特权的重要作用,为后来法家"一断于法"的理论创造了前提。

春秋战国之交,各国都在变法,变法的重要内容之一是加大法治力度。在赵鞅铸刑鼎之后,魏国李悝集各诸侯国立法之大成,编制《法经》。《晋书·刑法志》载:

> 是时承用秦汉旧律,其文起自魏文侯师李悝。悝撰次诸国法,著《法经》。以为王者之政,莫急于盗贼,故其律始于《盗贼》。盗贼须劾捕,故著《网》《捕》二篇。其轻狡、越城、博戏、假借不廉、淫侈、逾制以为《杂律》一篇,又以《具律》具其加减。是故所著六篇而已,然皆罪名之制也。商君受之以相秦。

《法经》原本已佚,但据《唐律疏义》可知,《法经》共有六篇:《盗法》《贼法》《囚法》《捕法》《杂法》《具法》,其中《盗法》《贼法》是关于惩罚危害国家安全、危害他人及侵犯他人财产的法律规定。李悝认为"王者之政,莫急于盗贼",所以将此两篇列为法典之首。《法经》所确定的以罪统刑、以总则统分则的体系,对中国古代刑法学的形成和发展起到了重要作用。[24] 李悝在《法经》中创设的刑法原则,如"王者之政,莫急于盗贼","不别亲疏,不殊贵贱,一断于法"等,成为中国封建社会刑事立法乃至刑法学的基本原则。《法经》中有"六禁"的规定,其中"嬉禁"是关于禁赌的规定,"博戏罚金三布";"太子博戏则笞;不止,则特笞;不止,则更立"。"金禁"是关于受贿的规定,《法经》规定"丞相受金,左右伏诛;犀首以下受金则诛"。《法经》对官吏"假借不廉"的行为也作了具体的惩罚规定。另外还有"淫侈逾制"的规定,主要针对官吏生活腐化的问题,如果消费超过了与自己身份相当的水平,就要受到制裁。

第二节　反贪防腐监察制度的萌芽

除以法制形式反腐败外，先秦时期还出现了多层次、多角度的反腐败监察制度萌芽。监察形式多样，颇有成效，其中包括纳言与大监，史官监察，行政官、执法官兼领监察，行县制度，御史监察，言谏监督，举报制度等。

《尚书·舜典》记载："帝曰：'龙，朕堲（通"疾"）谗说殄行，震惊朕师。命汝作纳言，夙夜出纳朕命，惟允。'"这里所说的"纳言"，就是采纳民众讽说的机构。纳言官是辅助首领施政的一种立法监督形式，有助于首领纠正自己言论错谬或排除他人谗言。黄帝时，"置左右大监，监于万国"。[25]左右大监，就是黄帝派出的监察官，对属国行使监察权，这一制度成为后世设立监察御史的渊源所在。先秦时期，完整的监察制度尚未形成，只出现为数甚少的监察职官，而且他们都是一身二任，并非专事监察。兼职监察官分为两类，其中一部分是史官兼领监察，另一部分是行政官、执法官兼领监察。所谓史官就是记事、记言之官，传说黄帝时就有史官，舜置"纳言"。这一做法为后世承袭并进一步发展。夏代，史官分左右，左史记事，右史记言。[26]商代史官已包括巫、史、作册等数职。至周代，史官员额显著增多，按周代制度，有大史、小史、左史、右史等职位，构成了完整的史官体系。[27]

夏商周时期，人们十分信奉天（上帝）。殷人认为天至高无上，无论是自然界的日月星辰、春夏秋冬、草木荣枯还是人世间的君尊臣卑、生死夭寿、吉凶祸福、征战攻伐，无一不是由这个拥有绝对权威的至上神主宰，因而"殷人尊神，率民以事神"[28]。到了西周，虽然出现了"惟命不于常"的观念，但对天的意志还是绝对服从的，因而西周统治者为了谨遵天命，袭用殷人凡事用卜，还注意体察民情以观天命，认为从民情可以窥见上帝对君主的厌弃和诚心。[29]在这种特定的历史背景下,当时的政治家们设计出一套监督君王行政的制度,其中之一就是由史官把君王的言行,不分善恶地随时记载,并在朝廷上公开,接受大臣们的裁制,最后还要把这些随笔记录的材料作为历史档案加以保存以昭示后人。[30] 通过史官直书,对君、臣的言行实施监督,这种体制的基本内容是:史官通过直书"书法",要做到君举必书,善恶必书,对君臣实行纵向监督,使其不敢为非。

关于这种直书制度,先秦两汉文献里有不少记载。《汉书·艺文志》云:

> 古之王者世有史官,君举必书,所以慎言行,昭法式也。左史记言,右史记事,事为《春秋》,言为《尚书》,帝王靡不同之。

《礼记·玉藻》云:"(天子)玄端而居。动则左史书之,言则右史书之。"《左传》襄公十四年记师旷论政,他认为:为了防止君王"一人肆于民上,以从(纵)其淫,而弃天地之性",就必须有"补察其政"的措施,其中重要的一条就是"史献书"。《大戴礼记·保傅》说得更为具体:"三代之礼,天子……失度,则史书之,工诵之,三公进而读之,宰夫减其膳,是天子不得为非也。"史官不仅通过直书监督君王,同时也对王室成员进行监督。例如《诗经·静女》毛传说"古者后夫人必有女史彤管之法,史不记过,其罪杀之",[31]《大戴礼记·保傅》说"及太子既冠,成人,免于保傅之严,则有司过之史……太子有过,史必书之"。《韩诗外传》卷五上说史官要"据法守职,不敢为非"。这种制度发展到西周时期,不仅在周王室,而且在各诸侯国都开始普遍实行。甚至有的卿大夫私家如晋大夫赵鞅也有直书司过之史。[32] 战国时期齐国公子田文也有司过的史官。[33]《韩诗外传》卷七云:"赵简子有臣曰周舍,立于门下三日三夜。简子使问之,曰:'子欲见寡人何事?'周舍对曰:'愿为谔谔之臣,墨笔操牍,从君之过,而日有记也,月有成也,岁有效也。'"卫国也做到了"史不失书,矇不失诵,以训御之"[34]。

春秋时期,直书除了记功书过之外,还被赋予了更多的礼法意义,演变为一种"书法",即一种道义和道德评判。西周末年,王室衰微,政出私家。春秋时期,礼乐崩坏。作为双向监督的直书制度和秉笔直书的史官"书法",也同周礼一样，受到动摇和挑战。

《国语·楚语上》记载，楚国左史倚相求见申公子亹，但同样作为楚国史官的子亹以年老为名拒而不见，于是左史倚相援引卫武公年届九十五时依旧要求"史不失书"的故事，说明作为史官不要自视老耄，应尽史官之责，当谏则谏，为国事分忧。子亹幡然惊悟，惧曰"老之过也"，接受倚相的批评。又如：公元前659年八月鲁闵公死，因庆父之乱，直到九月僖公才返回鲁国即位。对此，《春秋》只书"元年春，王正月"。《左传》僖公元年解释之所以不书鲁僖公即位，"讳之也。讳国恶，礼也"。由此可见，过去那种善恶必书约束王权的直书制度，在鲁国也被抛弃了。

据学者们研究，行政官、执法官兼领监察的制度大约开始于周代。[35]周代开始设置"小宰""监"等职官。据记载，"小宰"掌握宫廷内执法纠禁的权力，集司法、监察于一身，或说是以司法官代行监察权。这一职务大概就是后来御史中丞的前身。至于"监"这一职务则属于地方性的行政、监察、军事长官，周武王灭商后非常担心其余部造反，便把自己兄弟管叔、蔡叔和霍叔分别派到靠近原商旧都的东、西、北三块领地上，以监视武庚，史称"三监"。后来周公摄政时也曾派其兄弟监督殷地。"监"这一职务可能就是后来监郡御史的雏形。但监在周代并不是专职监察官，而是以地方行政官和军事镇守的身份代行地方监察权。一般情况下，天子采取三种方式对大臣实施监督。[36]第一，派遣使臣。商代甲骨文中有"东吏来""乃令西吏"等记载。据陈梦家先生考证，东吏、西吏当指派至于东或西的使者。[37]第二，以亲信诸侯国监察相邻的非亲信诸侯国。《史记·殷本纪》记载："纣怒，杀之，而醢九侯。鄂侯争之强，辨之疾，并脯鄂侯。西伯昌闻之，窃叹。崇侯虎知之，以告纣，纣囚西伯羑里。"《周本纪》亦载："崇侯虎谮西伯于殷纣曰：'西伯积善累德，诸侯皆向之，将不利于帝。'帝纣乃囚西伯于羑里。"第三，天子巡行。三代君王常常带着随从人员省视诸侯国了解情况，其主要目的是进行监察。

战国时期各国在对地方官吏实行年终考绩的同时，还有一套自上而下的视察和监察地方行政的制度。国王、相国、郡守都必须经常到所属的县巡视和考察，叫作"行县"。如赵武灵王"行县",经过番吾(今河北磁县北),闻得周绍为"父之孝子、君之忠臣",于是"问之以璧"、赠送酒食而要求会见,周绍托病辞谢。后来赵武灵王"胡服骑射",赐给他胡服而任命为教导王子的"傅"。[38]又如范雎由王稽藏在车中带进秦国,到湖县(今河南灵宝西北),遇见秦相魏冉"东行县邑"。[39]再如吴起为楚国宛(即南阳,今河南南阳)的郡守,"行县"到息(今河南息县),请教著名学者屈宜臼。隔了一年,吴起升任令尹,又行县到息,访问屈宜臼。[40]国王、相国和郡守到所属的县巡视和考察,访问著名人物,具有考核地方行政和了解民情的作用。

学者们注意到,除在制度设计上加强对官吏的监察之外,春秋战国时期监察方式的变化还表现为监察独立性的增强。这一时期监察与行政有了进一步分化的趋向,开始出现带有专职监察职能的监察官吏,这些有专职监察职能的官吏有御史和谏官两种,其中御史监察朝政和百官,谏官则专司谏诤。御史原为史官,负责保管一国的文书档案及重要文件资料,后由于其掌记事、纠察之职,逐渐成为君主的耳目。春秋战国时期,御史的监察职能随着政治发展的需要逐渐凸显并独立出来,[41]虽然行政与监察尚未完全分离,但这一趋向值得我们注意。

御史可追溯至西周,称小宰、宰夫或御史,分属天官冢宰和春官宗伯之下。据《周礼·春官》记载,"御史掌邦国、都鄙及万民之治令,以赞冢宰。凡治者受法令焉。掌赞书。凡数从政者"。《周礼·天官》也载:"小宰之职,掌建邦之宫刑,以治王宫之政令,凡宫之纠禁","宰夫之职,掌治朝之法,以正王及三公、六卿、大夫、群吏之位,掌其禁令。叙群吏之治"。御史作为官名在商代甲骨文中就有记载[42],有御史、朕御史、我御史、美御史和北御史等[43]。

春秋战国之际,各国都有御史,但实际职能只是相当于国君的机要秘书,"盖掌赞书而授法令"[44]。魏、韩等国在县令之下设有由国王派遣委任的御史。例如韩国安邑的御史去世,有人请求继任,向国王请示,国王说:应该按制度递补。[45]吕祖谦《大事记》据此认为这是国君派遣御史监掌郡县,可以看作是秦汉设"监御史"掌监郡的起源。[46]

战国以后,御史开始司职监察。《史记·滑稽列传》载:"(齐)威王大说,置酒后宫，召髡赐之酒。问曰：'先生能饮几何而醉？'对曰：'臣饮一斗亦醉，一石亦醉。'威王曰：'先生饮一斗而醉，恶能饮一石哉！其说可得闻乎？'髡曰：'赐酒大王之前，执法在傍，御史在后，髡恐惧俯伏而饮，不过一斗径醉矣。'"淳于髡之所以恐惧，是因为监察官在后，怕酒后失礼而被纠。

中国古代监察制度的另一个重要组成部分是谏官制度。谏官制度也可称为给谏制度。根据史料记载，谏官制度起源也很早，《周礼·地官·保氏》记载："保氏掌谏王恶。"保氏就是西周时期的谏官，这证明先秦时期，我国已有了谏官。

西周设置采诗官到民间采诗。采诗官"振木铎循于路，以采诗献之，太师比其音律，以闻于天子"，天子则"命太师陈诗以观民风"。[47]所谓观民风，就是了解国情、民情以调控施政得失。西周社会，以诗来造舆论十分盛行，诗歌成了最重要的舆论媒介。西周时大量的讽谏诗作，实际上是规劝统治者不要奢侈腐化的舆论监督。

西周还设有调查民意的询问官——小司寇、乡大夫等。凡是重大决策，都要由询问官征求国人意见，然后向天子报告。采诗官和询问官的设置，实际上是民众舆论监督的一种重要形式。《吕氏春秋·勿躬》载管仲对齐桓公说："犯君颜色，进谏必忠，不辟死亡，不重贵富，臣不若东郭牙，请置以为大谏臣。"这里所说的大谏臣就是春秋时期谏君的谏官。到了秦汉时期谏官制度已初步形成、初具规模，但一直到唐代才更加成熟和完备。

商鞅变法在对百官和人民的监察上，实行举报制度，并以立法的形式规定"不告奸者腰斩，告奸者与斩敌首同赏，匿奸者与降敌同罚"[48]。这样，举报监察的职能便在立法上得到了部分的确立与保护。从行政管理角度而言，行政监察制度的确立促进了行政与监察相互制衡局面的形成，发挥了它制约行政行为、维护政令畅通、纠正过失和不法的作用。秦统一后，基本上承袭了商鞅变法所确立的制度，因此，秦朝政治体制中包含着行政、军事、监察三权分立的因素。正因为秦代的监察制度存在着许多合理性，故此后一直为历代所沿袭。

第三节　官吏的选拔任用和实绩考核

先秦统治者认识到，政兴在得人，政弊在失人，官吏道德修养的高低、个人素质的好坏是政治是否清明、吏治是否清廉的关键，所以对官吏的选拔、考核和任用十分重视。目的是选拔有"德行"的人担任国家各级官吏，以保证吏治廉洁高效和国家机器的正常运转，也由此形成了一系列以德才选人的任官制度和管理制度，先后采用三宅三俊选官法，六德、六行、六艺选官法，以及君主自选自举、臣下推荐、招贤、因功等选官法，选拔德才兼备的人才为官。

夏商时期，实行三宅三俊法选任官吏。周公执政期间，特别强调夏、商两代任人以贤的历史经验。他说：

> 宅乃事，宅乃牧，宅乃准，兹惟后矣。谋面用丕训德，则乃宅人，兹乃三宅无义民……亦越成汤陟，丕厘上帝之耿命。乃用三有宅，克即宅，曰三有俊，克即俊。严惟丕式，克用三宅三俊。[49]

此段的大致意思是说：官员们各司其职，负责管理政务的要认真考虑臣民是否安居乐业，负责司法的要认真考虑执法是否公平合理。如果官吏能够忠于职守，名副其实地做好本职工作，就会因此得到国君的信任。如果不忠于职守，而是以貌取人，不根据德行而是根据个人的喜好用人，就可能得不到贤能的人。及至成汤登上王位，秉承上天的明命，从政务、理民、执法三方面考核官吏的成绩，结果证明官吏们都能忠于职守。成汤又从政务、理民、执法三方面选拔人才，结果证明那些获得信用的贤人，的确有德才而不徒具虚名。[50]由此可知，夏、商时期把政务好坏、治国理民方式和执法是否公允作为选用官吏的重要标准。

周代在夏、商三宅三俊法的基础上，推行六德、六行、六艺选官法。《仪礼·乡饮酒礼第四》"乡饮酒之礼，主人就先生而谋宾介"条郑玄注云："大司徒之职，以乡三物教万民而宾兴之，一曰六德：智、仁、圣、义、中、和；二曰六行：孝、友、睦、姻、任、恤；三曰六艺：礼、乐、射、御、书、数。""兴"即推举或推荐，"宾"即以乡饮酒之礼招待被选官员。凡登六德、六行、六艺者，在三年大比时推选出来，作为贤者能者荐之于王，授官分职，"此谓使民兴贤，出使长之；使民兴能，入使治之"。[51]

周代按六德、六行、六艺选人任官是按照特定程序逐级进行的。《通志》卷五十八《选举略》载：

> 乡老论士之秀者，升诸司徒曰选士；司徒论选士之秀者，而升诸学曰俊士；既升而不征者，曰造士；大乐正论造士之秀者，升诸司马曰进士；司马论进士之贤者，及乡老群吏献贤能之书于王，王再拜受之，登于天府，藏于祖庙，内史书其贰而行焉。在其职也，则乡大夫、乡老举贤能而宾其礼，司徒教三物而兴诸学。司马辨官材以定其论，太宰诏废置而持其柄，内史赞与夺而贰于中，司士掌其版而知其数论定，然后官之，任官然后爵之，位定然后禄之，盖择材取士如此之详也。

据此可知，周代选人任官要经过选士、俊士、造士、进士四个阶段逐级选拔，最后经过司马论定后才可为官。司马考察的重点是被选对象的德行、学识和语言，三者均优者才能入官。这四个阶段一般需经过三年才能完成，也就是《周礼·地官·乡大夫》中所说"三年则大比，考其德行、道艺，而兴贤者、能者"。周代的这种选人任官的选举制度才德并重，选拔程序有条不紊，并且注重被选者的学识，这为后代选官制度确立了基本路径和标准。秦律规定保任连坐制度，要求担任官吏者必须有保举人，保举人还必须对被保举人的犯罪行为负连带责任，即"秦之法，任人而所任不善者，各以其罪罪之"[52]。这种保任连坐制度有效地防止了选官举人过程中徇私舞弊行为的发生。

值得注意的是,殷商时期鉴于贪赃的危害,统治者明确表示不任用贪官。商朝初建,继承古代"鞭作官刑",制订《官刑》。《尚书·伊训》载:

> 制官刑,儆于有位。曰:"敢有恒舞于宫、酣歌于室,时谓巫风。敢有殉于货色、恒于游畋,时谓淫风。敢有侮圣言、逆忠直、远耆德、比顽童,时谓乱风,惟兹三风十愆,卿士有一于身,家必丧……"

制作《官刑》的目的是让百官忠于职守,如果胆敢"殉于货色、恒于游畋",轻则丢官,重则危害家庭。盘庚在位期间,非常重视对贪腐行为的防治,《尚书·盘庚中》载有盘庚一段训话:"兹予有乱政同位,具乃贝玉,乃祖乃父丕乃告我高后曰:'作丕刑于朕孙!'"《盘庚下》又告诫说:"呜呼!邦伯、师长、百执事之人,尚皆隐哉,予其懋简相尔,念敬我众。朕不肩好货,敢恭生生,鞠人谋人之保居,叙钦。今我既羞告尔于朕志若否,罔有弗钦。无总于货宝,生生自庸,式敷民德,永肩一心。"盘庚的训话明确表示他不任用贪财之人。任用官员不用贪官,这是对贪污腐败最基本的制约,因为一旦涉及贪污腐败就意味着断绝了为官入仕之路,要付出巨大的代价。商王盘庚"不肩好货",即不任用贪求财宝的人,也就是任人以廉,力图从官吏的任用上遏制贪腐。

云梦睡虎地出土的秦简《为吏之道》则是先秦时期在更高的层次上对官吏提出的职业要求。它提出了各级官吏所必须具备的道德规范和必须遵守的行为准则,如"凡为吏之道,必精洁正直,慎谨坚固,审悉无私,微密纤察,安静毋苛,审当赏罚。严刚毋暴,廉而毋刖,毋复期胜,毋以忿怒决。宽容忠信,和平毋怨,悔过勿重。慈下勿陵,敬上勿犯,听谏勿塞。"《为吏之道》对各级官僚的从政作风提出了要求,也规定了官吏应该具备的品格,构成了秦选拔、任命以及考察官吏的理论根据和具体标准尺度。秦简《为吏之道》以"五善"作为担任官吏的五项要求,"清廉毋谤"就是其中的重要标准之一。它首先提出了"五善"和"五失"。"五善"是良吏的五条标准:"一曰忠信敬上,二曰清廉毋谤,三曰举事审当,四曰喜为善行,五曰恭敬多让。""五失"则是恶吏的五种过失:"一曰夸以迣，二曰贵以泰，三曰擅裚割，四曰犯上弗知害，五曰贱士而贵货贝。"对犯有"五失"的官员要予以重罚。《为吏之道》还特别强调官吏奉法守法，如断案不当或故意失轻失重，都要按律惩处。[53]

荀子说："论列百官之长，要百事之听，以饰朝廷臣下百吏之分，度其功劳，论其庆赏，岁终奉其成功以效于君。当则可，不当则废。"[54]荀子所言就是指先秦时期考核（也称考绩、考课）官吏的制度。通过对官吏的德行和政绩进行考核，奖勤罚懒、褒廉惩贪，能者上，庸者下，引导官吏廉洁奉公，勤政廉政。韩非认为："明主之所导制其臣者，二柄而已矣。二柄者，刑、德也。……杀戮之谓刑，庆赏之谓德。为人臣者畏诛罚而利庆赏，故人主自用其刑德，则群臣畏其威而归其利矣。"[55]

我国官吏考绩制度起源颇早，对此文献多有记载。如：

《尚书·舜典》："询事考言，乃言厎可绩。""三载考绩，三考，黜陟幽明。"

《礼记·王制》："诸侯世子世国。大夫不世爵，使以德，爵以功。"

《白虎通·考黜》："诸侯所以考黜何？王者所以勉贤抑恶，重民之至也。""所以三岁一考绩何？三年有成，故于是赏有功，黜不肖。"

战国时期又建立了比较明确的年终考核制，史称"上计"制度，这是定期（每年）通过检查官吏的政绩以作为升贬依据的一项措施。"计"，就是"计书"，指统计的簿册。上计的范围比较广泛，包括仓库存粮数字，垦田和赋税数目，户口统计，以及治安情况等。《商君书·禁使》篇说："十二月而计书以定事，以一岁别计。"《商君书·去强》篇说："强国知十三数：竟内仓口之数，壮男壮女之数，老弱之数，官士之数，以言说取食者之数，利民之数，马、牛、刍、稾之数。欲强国，不知国十三数，地虽利，民虽众，国愈弱至削。"这个十三"数"，就是"上计"所要统计的类别。每年地方官长，都必须把一年各种预算数字写在木"券"上，送到国君那里去，国君把"券"剖分为两个部分，由国君执右券，臣下执左券，这样国君便可操右券来责成臣下。到了年终，臣下必须到国君那里去报核。上计时由国君亲自考核，或由丞相协助考核。如果考核的结果不佳，便可当场免职。高级官吏对下级官吏的考核，也采取同样的办法。[56]

上计的时候，臣下还可以向国君推荐人才。例如赵襄子时任登为中牟县令，上计时推荐中牟之士胆、胥己，赵襄子接见胆、胥己，赏为中大夫。[57] 由此可知，秦汉的上计考核及上计贡士制度，实则战国时已可见端倪。对官吏的定期考核，有三种较明显的作用：一是对官吏有一种心理威慑，使其不敢为非；二是对官吏行使权力有一定的约束；三是对官吏施政有较明确的目标要求，促使他们勤政廉政。

第四节　预防腐败的警示教育

先秦统治者还运用教化的力量来防治腐败，具体表现为统治者对臣下的谆谆告诫和警示，出现了许多形式不同的"官箴"。箴，指的是劝诫、规劝之言，"箴言"一词在殷商时代已经有了明确记载。《尚书·盘庚上》曰："相时民，犹胥顾于箴言。"据文意，箴言即"规诫之语"，可知殷商时期，箴是统治者对臣民的训诫。大约到了西周时期，"官箴"的概念业已形成。成汤时代天下大旱，灾民遍野。汤多次向天祈祷，引咎自责。《荀子》记述了汤的祷词：

政不节与？使民疾与？何以不雨至斯极也！宫室荣与？妇谒盛与？何以不雨至斯之极也！苞苴行与？谗夫兴与？何以不雨至斯极也！[58]

刘向《说苑·君道》云：

汤之时，大旱七年，雒坼川竭，煎沙烂石，于是使人持三足鼎祝山川，教之祝曰："政不节邪？使人疾邪？苞苴行邪？谗夫昌邪？宫室营邪？女谒盛邪？何不雨之极也！"

汤认为天降灾祸，是政事不修造成的，当即检讨六项弊政：政府举措失当，滥用民力，宫室过于华丽，裙带之风乱政，贿赂公行，谗言昌炽。他的祈祷也就是向上天保证，一定要革除这些弊政。商汤借旱灾从六个方面检讨政治得失，其中宫室、女谒、苞苴、谗夫都与政治是否腐败有关，这说明商汤已深刻认识到政治腐败对于政权和社会的危害，虽然这种认识披着神的外衣。正是基于对腐败的这种认识，商初的几位统治者十分重视对腐败的防治，制《官刑》，对官员可能发生的腐败进行约束。

《尚书》是我国先秦时期最重要的文献之一，其中的训、诰、谟、誓、命都是通过语重心长的告诫方式对人们进行思想道德教育，促进人们的内心自律。这种语重心长的告诫也是当时一种很重要的防治腐败的手段。

《尚书》的一个中心政治思想就是德治。据统计，25700字的《尚书》中"德"字就出现233次，"民"字出现274次。从《尚书》内容来看，所尚之德一是爱民。如《大禹谟》云："德惟善政，政在养民。"《微子之命》云："抚民以宽，除其邪虐。功加于时，德垂后裔。"二是统治者要修己。如《皋陶谟》说"九德"："宽而栗，柔而立，愿而恭，乱而敬，扰而毅，直而温，简而廉，刚而塞，强而义。"三是任人以贤。如《立政》云："用憸人，不训于德，是罔显在厥世。继自今立政，其勿以憸人，其惟吉士，用劢相我国家。"又如《冏命》载周穆王任命伯冏为太仆，并告诫他说："今予命汝作大正，正于群仆侍御之臣。懋乃后德，交修不逮。慎简乃僚，无以巧言令色，便辟侧媚，其惟吉士。"并指出："仆臣正，厥后克正；仆臣谀，厥后自圣。后德惟臣，不德惟臣。"周穆王任命伯冏为太仆长，即领导身边的侍御人员。周穆王任命伯冏时，对伯冏谆谆教诲，告诫伯冏：要依靠忠良，要慎选贤良，增进自己的德行，尤其要慎重选择部属，不要任用巧言令色、阿谀奉承的人，不要亲近小人。如果不以贤人为善，只以货财最善，就会败坏官声，危害国家。周穆王特别强调为官者身正对于政风清廉的重要性和必要性，这种语重心长的警示教育对官吏心理状态的影响是很大的。

《尚书》中《伊训》《太甲》诸篇相传是伊尹对太甲的训诫。其中《伊训》篇云：

  俾辅于尔后嗣，制官刑，儆于有位。曰："敢有恒舞于宫、酣歌于室，时谓巫风。敢有殉于货色、恒于游畋，时谓淫风。敢有侮圣言、逆忠直、远耆德、比顽童，时谓乱风，惟兹三风十愆，卿士有一于身，家必丧；邦君有一于身，国必亡。臣下不匡，其刑墨。具训于蒙士。"

伊尹对国家政治生活中的各种腐败现象看得很真切，并认识到如果巫、淫、乱"三风"和舞、歌、货、色、游、畋、侮圣言、逆忠直、远耆德、比顽童等"十愆"得不到有效遏制，必然会导致丧家亡国的严重后果，因此，制定了《官刑》对各级官吏的腐败行为处以墨刑以示警诫。虽然这部《官刑》的具体内容已难得其详，但它无疑是我国历史上一部重要的行政管理制度规章，对于依靠法制反腐倡廉有着重要的开创意义。这些告诫义正词严，具有极大的警示作用。如《酒诰》是周公对康叔的诰词，也是周初的禁酒令，明令官吏不能喝醉酒，要珍惜粮食，凡是聚众饮酒"予其杀"，屡教不改也要诛杀，以儆效尤。

  《尚书》还通过褒奖廉勤的方法，从正面引导人们戒奢肃贪。如《君陈》篇云"惟日孜孜，无敢逸豫"；《周官》篇云"戒尔卿士，功崇惟志，业广惟勤。惟克果断，乃罔后艰。位不期骄，禄不期侈。恭俭惟德，无载尔伪"，"议事以制，政乃不迷"。这些训诫表达的都是周初统治者对官员勤政廉政的要求。

/注释/

1. [清]方苞：《周官集注》卷九，台北商务印书馆"景印文渊阁四库全书"本。
2. 《史记》卷三十三《鲁周公世家》载："宣王爱戏，欲立戏为鲁太子。周之樊仲山父谏宣王曰：'废长立少，不顺。不顺必犯王命，犯王命必诛之。故出令不可不顺也。令之不行，政之不立。'"
3. 《礼记》卷十四《月令》记载有官吏侵夺民财、山林等现象。
4. 《礼记》卷十四《月令》记载有官吏恃权弄法、敲诈勒索等现象。

5. 《礼记·王制》云:"革制度衣服者为畔,畔者君讨。"

6. 《礼记·王制》云:"变礼易乐者,为不从,不从者君流。"

7. 《礼记·王制》云:"析言破律,乱名改作,执左道以乱政,杀。"

8. 《尚书·伊训》载:"制官刑,儆于有位。曰:'敢有恒舞于宫,酣歌于室,时谓巫风。敢有殉于货色,恒于游畋,时谓淫风。敢有侮圣言,逆忠直,远耆德,比顽童,时谓乱风。惟兹三风十愆,卿士有一于身,家必丧。'"

9. 吴九龙:《银雀山汉简释文》,文物出版社1985年版。

10. 银雀山汉墓竹简《守法守令十三篇》,学术界认为这是齐国的法律。参见吴九龙:《银雀山汉简齐国法律考析》,《史学集刊》1984年第3期;刘海年:《战国齐国史料的重要发现——读银雀山汉简〈守法守令等十三篇〉》,《法学研究》1987年第2期。《汉书·胡建传》引《黄帝李法》云:"壁垒已定,穿窬不繇路,是谓奸人,奸人者杀。"苏林注:"狱官名也。《天文志》'左角李,右角将'。"孟康注:"兵书之法也。"颜师古注:"李者,法官之号也,总主征伐刑戮之事也,故称其书曰《李法》。"

11. 《左传》文公十八年载,太史克说:"缙云氏有不才子,贪于饮食,冒于货贿,侵欲崇侈,不可盈厌,聚敛积实,不知纪极,不分孤寡,不恤穷匮,天下之民以比三凶,谓之'饕餮'。舜臣尧,宾于四门,流四凶族浑敦、穷奇、梼杌、饕餮,投诸四裔,以御魑魅。"

12. 《左传》昭公二十八年。

13. 《左传》昭公十四年载:"《夏书》曰:'昏、墨、贼,杀。'皋陶之刑也。"

14. 《左传》昭公十四年。

15. 性贿赂在中国古代早已存在。《史记·周本纪》载:帝纣乃囚西伯(后来的周文王)于羑里。闳夭之徒患之,乃求有莘氏美女,骊戎之文马,有熊九驷,他奇怪物,因殷嬖臣费仲而献之纣。纣大悦,曰:"此一物足以释西伯,况其多乎!"乃赦西伯,赐之弓矢斧钺,使西伯得征伐。这是中国历史上性贿赂的最早记录。

16. 《左传》昭公十四年。

17. 关于《吕刑》,学术界还存在许多疑问。如关于《吕刑》的性质问题,传统观点认为《吕刑》是西周的法律形式,是一部成文的法典,也是一部阐述中国古代法学理论的著作（参见张晋藩主编：《中国法制史》，群众出版社1982年版；张晋藩主编《中国法制史纲》，中国政法大学出版社1986年版，第27页）。但有学者认为《吕刑》不是一部法典，而是一份关于适用刑罚的指示性文件（参见曾宪义主编：《新编中国法制史》，山东人民出版社1987年版，第28页）。也有人认为《吕刑》不是一部刑法典或刑诉法典，而是中国古老的具有刑诉法性质的文献（参见薛梅卿主编：《中国法制史教程》，中国政法大学出版社1988年版）。另外关于《吕刑》制定年代问题已成历史公案，有学者认为解决这个问题的关键是厘清吕侯所作《吕刑》与《尚书·吕刑》间的关系。从《史记·周本纪》及今文《尚书·吕刑》篇来看，前者是吕侯受命所作的法典，后者是依据西周官方档案整理遗存下来的。弄清两部《吕刑》的性质，是确定其制定年代的关键（参见李力：《夏商周法律研究评析》，《中国法学》1994年第6期）。

18. 《尚书·召诰》。

19. 《吕刑》究竟作于何时，学术界目前还没有统一的意见。郭沫若考之于金文，断论《吕刑》作于周穆王；而张西堂则认为《吕刑》是东周时的作品。对此，蒋善国在其《尚书综述》中考证了两人的观点，并认为传统上把《吕刑》作为周穆王时的作品是正确的。晁福林考察后认为：郭店楚简《缁衣》篇称引《吕刑》三处，这表明《吕刑》初始文本出现肯定在郭店楚简的时代之前，或当在春秋至战国初期。简文的"購"是《吕刑》的初始用字，而今本《吕刑》所用的"赖"，是后起字，表明今本《吕刑》的写定不当在郭店之前，很可能是战国后期才最终完成的。简文《缁衣》篇的引文表明，无论是《尚书·吕刑》，抑或是《礼记·缁衣》都有一个从原始文本到定本的较长变化发展过程（参阅晁福林：《郭店楚简〈缁衣〉与〈尚书·吕刑〉》，《史学史研究》2002年第2期）。

20. 关于"来"，历代解释有细微差异。南宋蔡仲默《书集传》注"来"为"干请也"；《尚书》马融本作"赇"，许慎《说文解字》释"赇"为以财物枉法相谢；《尚书正读》把"来"以"求"解，《尚书易解》据《释文》也释"来"为"求"，指受人求情请托。

21. 参见黄启昌：《试论中国古代的反贪立法》，《中国史研究》1999年第1期。

22. 《汉书》卷八十七下《扬雄传》。

23. 《左传》昭公六年载：三月，郑人铸刑书。叔向使诒子产书，曰：昔先王议事以制，不为刑辟，惧民之有争心也。民知有辟，则不忌于上，并有争心，以征于书，而徼幸以成之，弗可为矣。夏有乱政而作《禹刑》，商有乱政而作《汤刑》，周有乱政而作《九刑》，三辟之兴，皆叔世也。今吾子相郑国，作封洫，立谤政，制参辟，铸刑书，将以靖民，不亦难乎？国将亡，必多制。其此之谓乎！

24. 参见武树臣：《从"以刑统例"到"以罪统刑"——春秋战国时期的法律变革》，《文史知识》1991年第2期。

25. 《史记》卷一《五帝本纪》。

26. 周代史官有左史、右史之分。左史记事，右史记言（见《礼记·玉藻》）。一曰左史记言，右史记事（见《汉书·艺文志》）。参阅贾俊侠、赵静：《左史、右史之名考辨》，《唐都学刊》2006年第3期。

27. 参见《周礼·春官》。

28. 《礼记·表记》。

29. 参见《尚书·康诰》。

30. 李纯蛟先生认为这种做法在西周还可能与实行给谥制度有关。因为给谥要根据死者生前的行事。秦始皇即位后，明令废除给谥制度，其理由是"朕闻太古有号毋谥，中古有号，死而以行为谥。如此，则子议父，臣议君也，甚无谓，朕弗取焉"。参阅李纯蛟：《直书的嬗变》，载中国历史文献研究会编：《历史文献研究》第7辑，北京师范大学出版社1996年版。

31. 亦见于《后汉书》卷十《皇后纪》序。

32. [汉] 刘向：《新序·杂事一》，商务印书馆"丛书集成初编"本。

33. [唐] 刘知几：《史通·史官建置》，商务印书馆"学生国学丛书"本。

34. 《国语·楚语上》。

35. 参见郝永富：《先秦时期我国行政监察制度略论》，《安徽史学》1999年第4期。

36. 参见李小树：《秦汉魏晋南北朝监察史纲》第一章，社会科学文献出版社2000年版。

37. 陈梦家：《殷墟卜辞综述》，中华书局1988年版，第520页。

38.《战国策·赵策》，上海古籍出版社1985年版。

39.《史记》卷七十九《范雎列传》。

40.《说苑·指武》。

41. 参见史永丽、吕文龙:《中国古代行政监察制度起源刍议》,《广西社会科学》2003年第10期。

42. 罗振玉《殷墟书契续编》5·18·8号甲骨文上有"朕御史"。董作宾《殷墟文字乙编》6360号甲骨上刻有"方祸象取乎御史"。

43. 关于御史职能，陈梦家有不同看法，他认为商代御史与史、卿史等皆主祭祀之事，不掌监察。

44.《通典》卷二十四《职官典》。

45.《战国策·韩策》。

46. 参见杨宽:《战国秦汉的监察和视察地方制度》,《社会科学战线》1982年第2期。

47. [清] 阎若璩:《古文尚书疏证》卷五下，台北商务印书馆"景印文渊阁四库全书"本。《汉书·食货志》也记载西周时期，孟春之月，群居者将散，行人振木铎徇于路以采诗，献之大师比其音律，以闻于天子。

48.《史记》卷六十八《商君列传》。秦主张实名举报，反对匿名举报。《睡虎地秦墓竹简·法律答问》有"投书条"云:"有投书，勿发，见辄燔之。"

49.《尚书·立政》。

50. 译文参见王世舜:《尚书译注》。

51.《周礼·地官·乡大夫》。

52.《史记》卷七十九《范雎列传》。

53. 详见《睡虎地秦墓竹简》。

54.《荀子·王霸》。

55.《韩非子·二柄》。

56. 文献记载先秦上计制度甚明，《周礼·大宰》说:"岁终，则令百官府各正其治，受其会，听其致事，而诏王废置。三岁，则大计群吏之治而诛赏之。"《小宰》也说:"岁终，则令群吏致事。"《司书》又说:"三岁，则大计群吏之治。"这些该是战国时代的制度,和《荀子·王霸》所说"岁终奉其成功"相合。《韩非子·难二》载:"李兑治中山,苦陉令上计而入多。"《淮南子·人间》说魏文侯时"解扁为东封,上计而入三倍"。《新序·杂事二》又说魏文侯时"东阳上计,钱布十倍"。《韩非子·外储说右下》载:"田婴相齐,人有说王者曰:'终岁之计,王不一以数日之间自听之,则无以知吏之奸邪得失也。'王曰:'善。'田婴闻之,即遽请于王而听其计……田婴令官具押券斗石参升之计……田婴复谓曰:'群臣所终岁日夜不敢偷怠之事也,王以一夕听之,则群臣有为劝勉矣。'王曰:'诺。'俄而王已睡矣,吏尽揄刀削其押券升石(当作'斗石')之计。"依此,我们可以看到当时上计的情况。不仅上计用合券的办法,其他有关法令的执行也用合券的办法。《商君书·定分》说:"诸官吏及民有问法令之所谓也于主法令之吏,皆各以其故所欲问之法令明告之,各为尺六寸之符,明书年月日时,所问法令之名,以告吏民。主法令之吏不告及之罪,而法令之所谓也,皆以吏民之所问法令之罪,各罪主法令之吏。即以左券予吏之问法令者,主法令之吏谨藏其右券木押,以室藏之,封以法令之长印。即后有物故,以券书从事。"

57.《吕氏春秋·知度》云:"赵襄子之时,以任登为中牟令,上计言于襄子,曰:'中牟有士曰胆、胥己,请见之。'襄子见而以为中大夫。相国曰:'意者君耳而未之目邪?为中大夫若此其易也,非晋国之故。'襄子曰:'吾举登也,已耳而目之矣。登所举,吾又耳而目之,是耳目人终无已也。'遂不复问,而以为中大夫。"

58.《荀子·大略》。

第二章

先秦时期的反腐倡廉思想

针对种种腐败现象,先秦时期的政治家、思想家、史学家们以及普通民众都从不同方面对各种腐败现象予以揭露、谴责和批判,同时,又以浓郁的忧患意识和深刻思考,对如何有效地反腐倡廉表达自己的看法,大力倡导廉洁政风、世风,形成各具特色的反腐倡廉思想。总体而言,我国历史上关于反腐倡廉的许多重要思想大多可以追溯到先秦时期。

第一节 关于腐败危害的认识

要把反腐倡廉落到实处,前提是人们对腐败的危害性有足够的认识。《左传》是一部解释《春秋》的历史著作,但作者对春秋时期各国贪污腐败也进行了较全面而又深刻的揭露,揭示出那个时期腐败的现象。《左传》桓公二年记载,鲁桓公收受宋国贿赂的"郜"之"大鼎",并"纳之大庙"。对于这种"非礼"的行为,鲁大夫臧哀伯谏曰:

> 今灭德立违,而置其赂器于大庙,以明示百官。百官象之,其又何诛焉?国家之败,由官邪也,官之失德,宠赂章也。郜鼎在庙,章孰甚焉?

国家的衰败,是因为官吏的邪恶;官吏若没有德行,专宠和贿赂就会公开盛行。

因为"官德"是一种与权力相连的特殊的职业道德，故为"官"者必须有德，且视道德情操比生命更重要。鲁大夫臧哀伯对腐败的认识是很深刻的。"国家之败，由官邪也，官之失德，宠赂章也"，这句话是先秦时期人们对腐败危害深刻认识的经典表述。

《诗经·大雅·桑柔》是一首讽喻诗，该诗前八章讽刺周厉王失德败政，好利而暴虐，以致民不聊生，激起民愤。后八章既是对官吏贪墨的斥责，也是对周厉王用人不当的谴责。诗中说"大风有隧，贪人败类。听言则对，诵言如醉。匪用其良，覆俾我悖"，对那些居官行贪，或凭借政治地位和权势攫取各种非法利益的贪人用"贪人败类"予以呵斥，表明了诗作者对居官行贪的厌恶和憎恨，也在警告那些贪人，等待他们的是"败类"的后果。

周本是臣属于殷商的一个偏远小邦，后来逐步强大并最终取代殷商的统治地位，这在当时是一个巨大的社会变化。殷商末年，商朝的一些政治人物已经预感危机的来临，向商纣王提出警告，而商纣王认为他受命于天，不以为意。周灭商之后，周既面临殷商遗民的反抗，又面临重蹈殷商灭亡覆辙的危险，这种危机与忧患引发了周初统治者的思考。殷商为何败亡？周政权如何巩固？如何才能避免重蹈殷商灭亡的覆辙？在新形势的激发下，周初形成了明晰的"宜鉴于殷，骏命不易"[1]观念，周人从历史思考中重新认识了天命的意义。这种思考在周初得到反复强调和深化。《诗经·大雅·荡》说："殷鉴不远，在夏后之世。"这里所说的"殷鉴"，是指殷商应该以夏的灭亡为鉴戒，这自然就引导出周应该以夏、殷为鉴的历史认识。《尚书·召诰》所说"我不可不监于有夏，亦不可不监于有殷"，即将夏、商兴亡的历史引为借鉴。"殷鉴"是周初统治者提出的概念，表达了周初政治家们对历史的思索与总结，也就是要以前朝历史的经验和教训作为行政的借鉴。

《尚书》中《多士》《无逸》《君奭》《多方》等篇记载周公多次详细总结夏、商、周政权更迭的历史，认为统治者如果对天帝失敬、行为放纵、贪图安逸、弃德任刑、残害无辜，就会被上天遗弃并降下惩罚，更移天命；上天密切地关注着人世，特别是监督人间统治者的行为。

在这种历史经验总结和对天命敬畏的过程中，关于君王之德，尤其是对统治者行为放纵、贪图安逸、弃德任刑、残害无辜等种种失德行为可能带来的严重后果的认识更加深刻，这些认识中就包含了对政治腐败及其危害的认识。

《尚书·无逸》是周公归政于成王之前对成王的告诫，规劝成王要勤于国事，不能贪图享乐。所谓无逸，就是指不要纵酒、淫乐、田猎、嬉游。从当时社会来说，纵酒、淫乐、田猎、嬉游是典型的腐败行为。《无逸》篇还讲到统治者要体察民间疾苦，施惠于民，关爱鳏寡孤独，慎罚于民，只有这样才能防止民怨，这又是从另外一个方面反对苛政败政，倡导亲民的廉政思想。民怨反映人心向背，周初统治者对此格外重视，认为"怨不在大，亦不在小"[2]，要求臣民怨恨的事不能做，国家事务必须认真对待，听到民怨，应更加"敬德"，这样才能使不顺从的小民变得顺从。这些诰语虽然着眼点在于如何巩固周的政治统治，但也看到了腐败造成的危害，并在这个意义上强调德治，反对纵酒淫乐，这表明周初统治者已经有了反腐败的自觉意识。

《国语·周语上》记载周惠王问内史过"神降于莘"之事，内史过借机发表了一段议论，他说：

> 国之将兴，其君齐明衷正，精洁惠和，其德足以昭其馨香，其惠足以同其民人。神飨而民听，民神无怨，故明神降之，观其政德，而均布福焉。国之将亡，其君贪冒辟邪，淫佚荒怠，粗秽暴虐，其政腥臊，馨香不登，其刑矫诬，百姓携贰。明神不蠲，而民有远志，民神怨痛，无所依怀，故神亦往焉，观其苛慝，而降之祸。是以或见神以兴，亦或以亡。昔夏之兴也，融降于崇山；其亡也，回禄信于聆隧。商之兴也，梼杌次于丕山；其亡也，夷羊在牧。周之兴也，鸑鷟鸣于岐山；其亡也，杜伯射王于鄗。是皆明神之志者也。

内史过的议论借所谓天神的意志规劝周惠王要广施惠政，不可贪冒淫辟。内史过将国君贪冒辟邪、淫佚荒怠、粗秽暴虐、其刑诬矫等腐败政治与亡国联系在一起,也就是说,腐败的结果必然是人亡政息,这是对腐败危害十分深刻的认识。

把腐败与国家衰亡联系在一起不仅仅是内史过等人特有的看法,也是先秦时期许多人的共识。春秋时期小国翟柤的灭亡就很富有戏剧性。据《国语·晋语一》记载,晋献公有一次在田猎中望见邻近的小国翟柤国内有一种不祥之兆,"归寝不寐"。晋大夫郤叔虎上朝,献公告诉他夜里睡不着觉,郤叔虎出宫后遇到晋大夫士蒍,并对士蒍说:"今夕君寝不寐,必为翟柤也。夫翟柤之君,好专利而不忌,其臣竞谄以求媚,其进者壅塞,其退者拒违。其上贪以忍,其下偷以幸,有纵君而无谏臣,有冒上而无忠下。君臣上下,各飨其私,以纵其回,民各有心,无所据依,以是处国,不亦难乎!君若伐之,可克也。吾不言,子必言之。"士蒍把这些告诉了献公,献公很高兴,于是起兵灭了翟柤国。从表面看来,这里虽然有神秘主义的成分,但不难看出,郤叔虎是在借这些神秘成分引出翟柤国政治腐败的话题并为灭亡翟柤寻找借口。

随着社会的发展,人们对腐败的认识不断深化。荀子更清楚地看到了腐败与亡国的关系,他指出君主贪利必然导致亡身亡国:"人君者,隆礼尊贤而王,重法爱民而霸,好利多诈而危,权谋、倾覆、幽险而亡。"[3]韩非从个人和国家两个方面认识到腐败的后果。从个人方面来说,如果"不以清廉方正奉法,乃以贪污之心枉法以取私利,是犹上高陵之巅,堕峻谿之下而求生,必不几矣"[4]。也就是说如果想用贪污纳贿来满足个人私欲,那最后只会落个身败名裂的可耻下场。从国家方面来说,韩非"观往者得失之变",更加深刻地认识到政治是否清明直接影响到国家的兴衰和政治清浊。他说:"明主之国,官不敢枉法,吏不敢为私,货赂不行,是境内之事尽如衡石也。"[5]也就是说一个国家如果君明臣贤,政治清明廉洁,那么这个国家就会安如磐石,兴旺发达。反之,如果昏暴之主在位,奸邪之臣当道,"不课贤不肖,不论有功劳,用诸侯之重,听左右之谒。父兄大臣上请爵禄于上,而下卖之以收财利,及以树私党。故财利多者买官以为贵,有左右之交者请谒以成重。功劳之臣不论,官职之迁失谬。是以吏偷官而外交,弃事而财亲。是以贤者懈怠而不劝,有功者隳而简其业,此亡国之风也"[6]。因此,韩非对政治腐败的危害极为重视,他在《亡征》篇中曾经列举四十七种可能导致亡国的征兆，其中绝大部分属于政治腐化和经济腐败。[7]

同样，墨子也看到统治者荒淫享乐对国家的危害。他说，统治者的职责应该是治国理政，即"王公大人蚤朝晏退，听狱治政，此其分事也。士君子竭股肱之力，亶其思虑之智，内治官府，外收敛关市、山林、泽梁之利，以实仓廪府库，此其分事也"[8]。但是，有些统治者不治官府，不理政事，作乐不停，由此出现了国家乱、社稷危、国库空虚的困难局面。墨子警告说："俭节则昌，淫佚则亡。"[9]值得注意的是，墨子反对作乐，并不是反对统治者欣赏音乐，更不是要求取消音乐，而是反对统治者奢侈无度的享乐及由此造成的思想堕落。

官吏的廉洁与否，是关系到政权存亡、国家兴衰的根本问题。历代有远见的政治家都十分重视官吏的廉洁问题，把廉洁问题看作关系到政权巩固、国家兴衰的根本问题。廉洁的对立面便是贪污腐败。贪污腐败的官吏向来被人们视为十恶不赦之徒。官吏如果染上贪污腐败，即使有其他的本领，也不能自赎。对官吏来说，廉洁与否，是大节问题。管子说："国有四维。一维绝则倾，二维绝则危，三维绝则覆，四维绝则灭。倾可正也，危可安也，覆可起也，灭不可复错也。何谓四维？一曰礼，二曰义，三曰廉，四曰耻。"[10]把"廉"看作关系到国家兴亡的四根柱子之一，这就不是一般的见识了。

第二节　先秦时期的廉政思想成就

中国古代"廉"字的本意是"堂隅"，比喻有棱角、锋利，后引申出方正、洁白、俭约、不苟、明察以及迅捷等意思。据有关学者考察，"廉"字最早出现于《仪礼·乡饮酒礼》："设席于堂廉东上。"郑玄注曰："侧边曰廉。"许慎《说文解字》云："廉，仄也。从广，兼声。"段玉裁注："此与广为对文，谓偪仄也。廉之言敛也。堂之边曰廉。天子之堂九尺，诸侯七尺，大夫五尺，士三尺，堂边皆如其高。贾子曰：'廉远地则堂高，廉近地则堂卑'是也。堂边有隅有棱，故曰廉。廉，隅也。又曰：廉，棱也，引申之为清也，俭也，严利也。"[11]

早期倡廉思想的史料主要见于《尚书》，其中《舜典》《大禹谟》《伊训》《盘庚》等篇就记载有舜、盘庚告诫臣下要清要廉的劝诫。从西周到春秋战国，"廉"的观念被逐步运用到政治领域。《晏子春秋·内篇杂下》载齐相晏婴说："晏闻之，廉者，政之本也。"约成书于战国时期的《周礼》归纳了西周到春秋战国时期执政以廉的观念，提出"六廉"思想。《周礼·天官·小宰》说："以听官府之六计，弊群吏之治。一曰廉善，二曰廉能，三曰廉敬，四曰廉正，五曰廉法，六曰廉辨。"郑玄注："既断以六事，又以廉为本。善，善其事，有辞誉也。能，政令行也。敬，不懈于位也。正，行无倾邪也。法，守法不失也。辨，辨然不疑惑也。"意指考察官吏政绩优劣要以"六廉"为标准。"廉善"指善于行事，获得好评；"廉能"指能较好地贯彻法令；"廉敬"指为官尽职尽责，履行岗位职责；"廉正"是指品行方正，公明正直；"廉法"指遵纪守法，执法不阿；"廉辨"是指分清是非，明辨大义，厉行正道。"六廉"是第一次把"廉"运用于政治领域而形成的一个较为全面的评价官吏的标准。在此后两千多年的历史发展过程中，历代封建王朝都以六廉为基本指导思想，制定大量详细的官吏廉政准则，建立相应的督促保障机制，从而形成中国古代历史悠久、完备连续的廉政机制。

先秦是中国历史上廉政思想产生和初步发展时期，当时众多思想家、政治家在反腐倡廉问题上的理论建树、名言警句，给后世留下了丰富多彩、值得继承和借鉴的廉政思想文化遗产。

作为治国理民的官吏，是否能够自觉自愿地做到廉洁奉公，首先在于其是否有重民爱民之心。周克商之后，周公在总结历史经验的基础上认识到"天命靡常"，天命与民情是联系在一起的，他严肃告诫说"天畏棐忱，民情大可见，小人难保"。周公认为，国家统治者应该"若保赤子"，即像保育自己的孩子那样保育百姓；要"恫瘝乃身"，即像关心自身疾病那样关心民生疾苦。[12]为此，周公提出了明德慎罚的治国主张。

廉政思想是孔子所创儒家学说的重要组成部分。孔子强调："政者，正也"[13]，治国施政说到底就是执政者能否以良好的道德取向秉公办事，"其身正，不令而行；其身不正，虽令不从"[14]。"君子"要"戒色""戒斗""戒得"，[15]也就是不要迷恋女色，不要争强好斗，不要贪得无厌，而应当"修己以安人""修己以安百姓"，[16]执政者不能贪图享乐，要"节用而爱人，使民以时"[17]"因民之所利而利之"[18]，绝对不能与民争利，故而，孔子一直反对"猛于虎"的苛政暴政[19]。

孟子提出了民贵君轻的思想，劝告统治者要重视和爱护人民。《孟子·梁惠王下》记载：

> 邹与鲁哄，穆公问曰："吾有司死者三十三人，而民莫之死也。诛之则不可胜诛，不诛则疾视其长上之死而不救，如之何则可也？"孟子对曰："凶年饥岁，君之民，老弱转乎沟壑，壮者散而之四方者，几千人矣。而君之仓廪实、府库充，有司莫以告，是上慢而残下也。曾子曰：'戒之戒之！出乎尔者，反乎尔者也。'夫民今而后得反之也。君无尤焉，君行仁政，斯民亲其上、死其长矣。"

这里说的是一件让邹穆公十分纠结的事。有一年，邹国与鲁国交战，邹穆公对孟子说："我的官吏死了三十三个，百姓却没有一个为官府而牺牲的。杀了这些百姓吧，杀不胜杀；不杀吧，又实在愤恨这些百姓眼睁睁地看着长官被杀而不去营救，到底怎么办才好呢？"孟子回答说："灾荒年岁，您的老百姓，年老体弱的弃尸于山沟，年轻力壮的四处逃荒，差不多有上千人吧。而您的粮仓里堆满粮食，府库里装满财宝，官吏们却从来不向您报告老百姓的情况，这是他们不关心老百姓并且还残害老百姓的表现。曾子曾经说过，你怎样对待别人，别人也会怎样对待你。现在就是老百姓报复的时候了。不要归罪于老百姓。只要施行仁政，老百姓自然就会亲近上司，肯为官府而牺牲。"孟子的回答的确让人深思。

晏子更是主张爱民。他强调"意莫高于爱民，行莫厚于乐民"[20]，统治者要"饱而知人之饥，温而知人之寒，逸而知人之劳"[21]，不能"夺其财而饥之，劳其力而疲之，常致其苦而严听其狱、痛诛其罪"[22]。有一年，齐国连续十七天大雨不止，洪灾严重。但齐景公不闻不问，依然饮酒作乐日夜相继，还派人到全国各地去寻找"能歌者"。晏子多次奏请救灾，都被齐景公拒绝了。晏子只好把自家的粮食分给灾民，把车马、器物放置在路边供人使用。然后他徒步去见齐景公，气愤地说，"百姓老弱，冻寒不得短褐，饥饿不得糟糠，敝撤无走，四顾无告。而君不恤"。晏子以只顾自己享乐而视民如草芥的行为会危害国家社稷警告齐景公，逼迫齐景公开仓赈济灾民。[23]

管子也注意到民心向背与国家治乱的关系。他说："政之所兴，在顺民心；政之所废，在逆民心。民恶忧劳，我佚乐之；民恶贫贱，我富贵之；民恶危坠，我安存之；民恶灭绝，我生育之。"要求统治者顺民心，达民意，体民情，遂民愿。管子还提出："国有四维。一维绝则倾，二维绝则危，三维绝则覆，四维绝则灭。倾可正也，危可安也，覆可起也，灭不可复措也。"[24]管子所说的"四维"分别是礼、义、廉、耻，明确把"廉"列为治国之纲，这在中国廉政思想史上有着重要意义。

廉政问题归根到底是吏治问题。廉政先廉吏，善政先善吏。早在夏朝，统治者就有所谓"夙夜惟寅，直哉惟清"[25]的廉政思想。西周在选拔官吏时，吸取夏、商亡国的教训，特别注重道德品行，以"六德"（即知、仁、圣、义、中、和）与"六行"（即孝、友、睦、姻、任、恤）作为选拔官吏的标准。从"六德"和"六行"的内容看，西周对官吏的道德价值取向要求十分明确，只有官吏道德水平高、自律性强，才能抵御各种诱惑，真正做到清廉自守。由于司法官吏是社会公正的最后一道防线，所以西周在选拔司法官时更加强调必须遵循"有德惟刑"的标准，即司法官吏既要道德高尚，又要知刑懂法。[26]

春秋战国时期，随着贵族世袭政体的崩溃，封建官僚政治逐步形成，任用官吏时更加重视能力与德行。管子把礼、义、廉、耻视为维系国家的四大支柱，并强调"清洁于货"是设置官吏的重要条件，即用官时必须考虑"清廉"之节，官吏需做到自觉抵制物质诱惑。《墨子·明鬼》曰："吏治官府之不洁廉，男女之为无别者，鬼神见之。"墨子把吏治不廉看作是神鬼灾祸出现的原因，虽然有借鬼神之力的迷信成分，但无可否认，这些"鬼神"对官吏有很大的警诫作用。管子认为，立国有"三本"，"三本"的中心即是吏治，官吏治不好，"属数虽众，非以尊君也，百官虽具，非以任国也"[27]。韩非则有"明主治吏不治民"[28]的精辟见解。

商鞅看到"法之不行，自于贵戚"[29]，破坏法制秩序的往往是贵族官吏，所以治理好官吏是商鞅法治建设中的重要一环。他说："官无邪则民不敖，民不敖则业不败。"[30]要"官无邪"，则必须做到对各级官吏从严要求，从严治理，对违法乱纪者，绝不姑息。为了预防官吏犯罪，商鞅变法后的秦国设计了一系列措施，首先从制度上设立专门监察官吏的官员。《商君书·禁使》说："今恃多官众吏，官立丞监。夫置丞立监者，且以禁人之为利也。"在官吏中设立监察官，是为了禁止人们追求私利，但是如果这些官吏自己也想追求私利，又怎能相互监视呢？因此《禁使》提出了"别其势，难其道"的主张，意思是精通治国方法的国君应严格划分官吏的职权，使他们难以利用职权去营私利。官吏众多，职务相同、地位一样的人不能有效地相互监视，于是，《禁使》又说："且夫利异而害不同者，先王所以为保也。故至治，夫妻交友不能相为弃恶盖非，而不害于亲，民人不能相为隐。上与吏也，事合而利异者也。"《禁使》作者认为，人们的利害关系不同，这是古代帝王使臣民互相作保的根据。夫妻之间、朋友之间都不能相互包庇罪恶和掩盖错误，他们不能因为彼此的亲密关系而损害法制，人们都不能互相隐瞒过错。为了更有效地禁奸止过，充分发挥刑罚预防犯罪的作用，商鞅奖励告奸，对告发他人犯罪者，国家颁给厚赏。动员一些人充当国家的耳目，以便及时捕获罪犯和惩罚犯罪。奖赏能促使一些人去告奸，但只靠奖赏却不能保证所有发现他人犯罪的人都去告奸，必须采取一种督促的方法。商鞅所采取的方法之一就是连坐，迫使发现他人犯罪的人，为了自己不受牵累，及时报官。

早在西周时代，周王就把廉洁奉公、勤奋实干与否作为考察奖惩官吏的重要内容。《孟子》记载：周王"入其疆，土地辟，田野治，养老尊贤，俊杰在位，则有庆"。相反，如果"入其疆，土地荒芜，遗老失贤，掊克在位，则有让"。[31]

廉洁作为官吏的一种德行，是基于自我修养和良好教育而逐渐养成的。如果有了良好的道德修养和精神境界，就会产生较强的自律意识，从而对各种腐败现象形成较坚固的防线，最终做到居官廉洁。所谓"人臣孝则事君忠，处官廉，临难死"[32]，经过道德修养和教育而达到的廉洁，是自觉的、自为的廉行，比慑于法制的威严而不敢腐败具有更高境界。

《管子》说："有道之君……下有五横以揆其官，则有司不敢离法而使矣。"[33] 管子强调的是作为国君一定要对官吏权力有所监督和约束，使其权力运行被纳入法制的框架里。商鞅则从官吏们往往串通一气狼狈为奸入手，分析了设置独立监察机构的必要性。

齐宣王向孟子请教识人和用人的问题，孟子回答说："国君进贤，如不得已，将使卑逾尊，疏逾戚，可不慎与！左右皆曰贤，未可也；诸大夫皆曰贤，未可也；国人皆曰贤，然后察之；见贤焉，然后用之。左右皆曰不可，勿听；诸大夫皆曰不可，勿听；国人皆曰不可，然后察之；见不可焉，然后去之。"[34] 孟子讲的虽然是识人和用人的问题，实际上涉及国君如何正确利用社会舆论进行行政监督，即在识人用人的问题上，既要听取民意，更要实地考察，把二者有机结合起来。

韩非认为："设谏以纲独为，举错以观奸动，明说以诱避过，卑适以观直谄，宣闻以通未见，作斗以散朋党，深一以警众心，泄异以易其虑。似类则合其参，陈过则明其固，知辟罪以止威，阴使时循以省衰，渐更以离通比。"[35] 韩非所言虽然是立足于君主如何运用权谋驾驭臣下，但他清楚地认识到国君应该"设谏以纲独为"，即通过设置谏官来防止大臣独断专行。把大臣的权力置于谏官监督之下，防止大臣滥用手中的权力，这恰恰是从君主对臣下直接监察力度不足的角度要求设立独立的监察机构和监察官职。

《吕氏春秋》有《用众》篇，篇中云："物固莫不有长，莫不有短，人亦然。故善学者，假人之长以补其短。"其用意是提醒国君，要兼听兼信，要善于纳谏。能否纳谏，是区别明君与昏君的重要标志。纳谏为圣，拒谏为昏。能否谏诤又是区别忠臣佞臣的重要标志，"有过则谏，此为人臣之道也"[36]。纳谏与进谏，成为中国古代谏诤制度的重要内容，也是廉政制度建设的一个重要思想。

先秦时期的政治家、思想家对廉政的重要性和不廉的危害性有了初步认识，并把这些认识落实到具体行动中，因而在实践中出现了一批廉吏，为后世树立了榜样。后来的史家把这些廉吏昭诸史册，使其流芳千古。

除晏子外，先秦时期的廉吏当首推志行修洁的季文子。《左传》襄公五年载："季文子卒。大夫入敛，公在位。宰庀家器为葬备。无衣帛之妾，无食粟之马，无藏金玉，无重器备。君子是以知季文子之忠于公室也。相三君矣，而无私积，可不谓忠乎？"季文子就是春秋时期鲁国的季孙行父，他执政时，举贤任能，分财济贫，受到国人爱戴，谥号文子。

先秦时期的廉吏还有忠于职守、克己奉公、以不贪为宝的宋国执政子罕。《左传》襄公十五年载："宋人或得玉，献诸子罕。子罕弗受。献玉者曰：'以示玉人，玉人以为宝也，故敢献之。'子罕曰：'我以不贪为宝，尔以玉为宝，若以与我，皆丧宝也。不若人有其宝。'稽首而告曰：'小人怀璧，不可以越乡。纳此以请死也。'子罕置诸其里，使玉人为之攻之，富而后使复其所。"应该说，钱财作为一种体现物品价值的等价物，本身并无好坏之分。但做钱财的"主人"，还是当钱财的"奴隶"，却反映着两种完全不同的人生观和价值观。春秋宋国子罕"以不贪为宝"的故事给了我们很好的启示。

/注释/

1. 《诗经·大雅·文王》。
2. 《尚书·康诰》："怨不在大，亦不在小。"孔颖达解释说："人之怨不在事大，或由小事而起；虽由小事而起，亦不恒在事小，因小至大。"唐朝初年，在一片文治武功的欢呼声中，唐太宗渐渐骄奢，渐渐忘本，开始对百姓作威作福。尽管"百姓颇有怨嗟之言"，可是这声音早被朝野上下歌功颂德的欢呼声淹没了。正直的魏征对此深感担忧，贞观十一年（637年）三月到七月，五个月内他一连给唐太宗上了四疏，劝太宗"鉴彼之所亡，念我之所以保"，励精政道，巩固统治。《谏太宗十思疏》便是四疏中的一篇，阐明了要"居安思危，戒奢以俭"的道理。据说太宗看到奏疏后非常感动，于是写了《答魏征手诏》，称赞他"诚极忠款，言穷切至"，表示从谏改过。在这篇《十思疏》中，只引用了"怨不在大"，省去了"亦不在小"，改为"怨不在大，可畏惟人"。

3. 《荀子·强国》。

4. 《韩非子·奸劫弑臣》。

5. 《韩非子·八说》。

6. 《韩非子·八奸》。

7. 参见王萍、刘杰：《先秦诸子的廉政思想》，《山东大学学报》（哲学社会科学版）2003年第1期。

8. 《墨子·非乐上》。

9. 《墨子·辞过》。

10. 《管子·牧民》。

11. 参见王萍、刘杰：《先秦诸子的廉政思想》。

12. 以上见《尚书·康诰》。

13. 《论语·颜渊》。

14. 《论语·子路》。

15. 见《论语·季氏》。

16. 《论语·宪问》。

17. 《论语·学而》。

18. 《论语·尧曰》。

19. 《礼记·檀弓下》载："孔子过泰山侧，有妇人哭于墓者而哀。夫子式而听之，使子路问之曰：'子之哭也，壹似重有忧者。'而曰：'然。昔者吾舅死于虎，吾夫又死焉，今吾子又死焉。'夫子曰：'何为不去也？'曰：'无苛政。'夫子曰：'小子识之，苛政猛于虎也。'"

20. 《晏子春秋·内篇问下》第二十二。

21. 《晏子春秋·内篇谏上》第二十。

22. 《晏子春秋·内篇谏下》第一。

23. 《晏子春秋·内篇谏上》第五。

24.《管子·牧民》。

25.《尚书·舜典》。

26. 参见何宁生:《中国古代对官吏道德素质的要求》,《光明日报》2004年4月6日。

27.《管子·明法》。

28.《韩非子·外储说右下》。

29.《史记》卷五《秦本纪》。

30.《商君书·垦令》。

31.《孟子·告子下》。

32.《吕氏春秋·孝行览》。

33.《管子·君臣上》,其注曰:"横,谓纠察之官得入人罪者也。五官各有其横,曰五横。"

34.《孟子·梁惠王下》。

35.《韩非子·八经》。

36.《墨子·非儒下》。

第三章

秦汉时期反腐败的制度建设

反对腐败不外乎预防和打击两条路径。预防腐败，一是通过教育、引导使各级官吏在思想意识上形成自我约束，产生防腐拒变的内心自律；二是通过制度建设，把权力关进制度的笼子里，形成对官吏腐败的外在预防和约束机制，使官吏不能腐败。打击就是通过行政和法律的手段，使腐败者受到应有的惩处，为腐败行为付出相应代价，不敢腐败。秦汉时期的腐败问题也很突出，反腐败的力度也很大，尤其是在反腐败制度建设方面给后世留下了许多值得认真总结的历史经验。

第一节　察举制度与清官廉吏的拣选

腐败的主体是各级政府的官吏，要把反对腐败落到实处，产生实效，就必须把住官吏的进口，这是反腐败的第一道闸门。夏、商、周三代乡选里举，虽然形成了一些选拔官吏的制度，但主体还是以世袭为特征的世卿世禄制。秦汉时期在继承先秦选官制度的基础上，在专制主义中央集权政治体制框架下，初步形成了一套较为系统的官吏选任制度，力图从源头上堵塞贪官污吏进入官僚队伍的途径。

秦自商鞅变法以后，以法家思想为指导，形成了任贤举能的用人路线，在官吏任用上重战功、重客卿、重法吏，把军功和能力作为选择官吏的重要标准，有效抑制了世袭制度下寄生者、腐朽者进入官吏队伍的弊端。

秦以军功和农耕入仕，突出以军功大小选官任官。史载："商君之法曰：'斩一首者爵一级，欲为官者为五十石之官；斩二首者爵二级，欲为官者为百石之官。'官爵之迁与斩首之功相称也。"[1]《史记·鲁仲连列传》司马贞"索引"也说："秦法，斩首多为上功。谓斩一人首赐爵一级"。

秦也以客卿任官，宋代苏轼《论养士》总结宋以前历代仕进不同时指出："三代以上，出于学。战国至秦，出于客。汉以后，出于郡县吏。魏、晋以来，出于九品中正。隋、唐至今，出于科举。"[2]这里所说的"出于客"，即以客卿出仕之意。按照苏轼的看法，客卿是战国至秦最主要的仕进途径。

秦以法治国，法吏也是官吏的重要来源。王充《论衡·程材》引张释之言："秦任刀笔小吏，陵迟至于二世，天下土崩。"宋代卫湜《礼记集说》引永嘉徐氏论曰："至秦任文法而责吏，始有为小吏而入任，计功次而进官者矣。"[3]这些论述表明，吏道也是秦的重要仕途之一。

秦选官重军功、重法吏、重客卿在一定意义上弱化了世官制的负面影响，堵塞了一些无德无才的贵族依靠身份进入行政管理队伍的路径，选拔了一批贤能之士。这些贤能之士成为秦日益强大的人才基础，也保证了秦代官吏的整体素质，从而大体上能做到清廉自守。[4]

从《睡虎地秦墓竹简》中有关秦律的内容看，秦在坚持以农耕和军功选人的同时，对于有劣迹和犯罪前科的人进入官吏队伍进行了一些限制：一是因种种原因被撤职的官吏不能再任用。《除吏律》规定任法（废）官者为吏，要罚二甲，即被罢官者不得重新任用。二是一些重要职位不允许任用有犯罪前科的人。如"史"是世袭的特殊职位，但犯过罪而后被赦免了罪行者，只能改任其他官职，不能再担任"史"。三是正在服刑的罪犯不得为官。[5]秦在官吏任用方面附加了是否有过污点的限制条件，凡是按当时的法律和规范认定为品行不洁者，或被清除出官僚队伍，或是不能任核心职位，这对于净化官僚队伍，提高官吏的整体素质，警示在职官吏廉洁奉法都起到了一定的保证作用。

西汉建立后，汉高祖十一年（前196年）下诏求贤，《汉书·高帝纪》载：

> 盖闻王者莫高于周文，伯者莫高于齐桓，皆待贤人而成名。今天下贤者智能，岂特古之人乎？患在人主不交故也，士奚由进！今吾以天之灵，贤士大夫定有天下，以为一家，欲其长久，世世奉宗庙亡绝也。贤人已与我共平之矣，而不与吾共安利之，可乎？贤士大夫有肯从我游者，吾能尊显之。布告天下，使明知朕意。御史大夫昌下相国，相国酂侯下诸侯王，御史中执法下郡守，其有意称明德者，必身劝，为之驾，遣诣相国府，署行、义、年。有而弗言，觉，免。年老癃病，勿遣。

刘邦求的是天下贤才，并希望通过由下而上的推选，以品行、仪表、年龄等为标准把天下贤才察举出来，为官府所用，在一定意义上说，开启了汉代察举任官的先河。

经过惠帝、吕后和文帝的进一步发展，汉武帝时期，察举成为汉代重要的选官任官制度，这种制度以儒家思想为指导，以儒学伦理为基本标准[6]。汉代察举任官制度有常科和特科等多种形式，察举科目有孝廉、茂才、贤良方正、文学、明经、明法、尤异、兵法、阴阳灾异等。在这些察举科目中，对于预防腐败、倡行廉政最有意义的察举科目是孝廉和茂才。

孝廉[7]，即孝子廉吏，举荐时二者分科察举。如元光元年（前134年）十一月，汉武帝接受董仲舒的建议，"令郡国举孝廉各一人"[8]，即举孝科一人，举廉科一人。孝科的察举标准是善事父母，着眼于修身齐家；廉科察举的标准是清正廉洁，着眼于经邦济国。[9]孝廉是举孝和察廉两个察举科目的合称。孝廉科的设立，说明汉武帝选拔官吏时已开始重视道德心性。在察举制推行的初始阶段，孝廉不是常科，也没有引起人们的格外重视。直到元朔元年（前128年），汉武帝鉴于郡县举荐人才不力，下诏规定举孝廉是二千石的重要职责之一，如果不举孝则以不敬罪论处，不举廉则以不胜任论定免职。[10]自此，孝科和廉科逐渐被人们重视，并规定为岁举常科。为了把国内清正廉洁之人选拔出来，汉代在以孝廉选官方面作出了一些制度化的规定。如每年把察举孝廉名额按郡分配。东汉和帝永元年间（89—105年），改为按人口数量分配名额，人口大约二十万的每年举孝廉一人，不满二十万的每两年举一人，不满十万的每三年举一人，少数民族地区和边远地区每十万人每年举一人。察举孝廉对于汉代政治产生了极大影响，从汉武帝以后的官吏出身看，一些名臣和清官廉吏很多都是通过察举孝廉被选拔出来的。

对于汉代反腐倡廉有着重要意义的另一个选官制度是举茂才。茂才又作茂材，西汉时原称作秀才，东汉时因避光武帝刘秀的讳而改为茂才。茂才是汉代的另一种察举常科，孝廉侧重于考察人的道德心性，而举茂才则是用以选拔具有特殊才能的人。

《汉书·武帝纪》载，元封五年（前106年），汉武帝感觉文臣武将优秀人才缺乏，乃下诏"令州郡察吏民有茂才异等，可为将相及使绝国者"。随后的汉宣帝、汉元帝都不定期诏令各州郡察举茂才异伦之士，选拔国家急需的特殊人才。汉代察举茂才，突出的是人才的特殊性，即在某一方面能力超群，可担大任，属于特科，不定期察举。东汉光武帝刘秀在建武十二年（36年），令"三公举茂才各一人""光禄岁举茂才四行各一人""监察御史、司隶、州牧岁举茂才各一人"，[11] 察举茂才与举孝廉一起变成岁举的常科，成为仅次于孝廉的一种察举科目。汉代察举茂才，名额较少，举荐者具有多重性，有州举，也有郡举，还有列侯、丞相、光禄、御史、中二千石、刺史等高级臣僚专举。被举的茂才既有官员、州郡属吏、孝廉，也有太学生和平民，已仕官吏和孝廉是茂才的主要来源。茂才察举严格，地位高，一般都委以重用，俸禄优厚，在汉代逐渐成为身份和地位的象征。由于茂才多从孝廉和现任官吏中选拔，人才基础好，而且茂才作为许多官吏追求的目标，对现任官吏任职期间的为官表现也形成一种无形约束，因为如果为官不廉，可能就难以被举为茂才，这对于官吏忠于职守是一种积极引导。

值得注意的是，汉代察举选官制度中察廉吏和光禄四行这两种选人任官制度对于廉政建设也具有积极意义。从文献记载看，察廉吏是汉代察举岁科之一，即察举廉吏的意思，可能与举孝廉不是同一个概念。通过察廉吏被察举为廉吏者，多为现任低级官员，而不是像举孝廉那样由郡国以孝以廉的名义选拔出来并向中央贡举的普通百姓。现任官吏被举为廉吏，一般根据本职直接升补，不一定限于郎中。察廉吏科，在汉武帝时可能就存在，大约在东汉时期逐渐明确规范，成为一种岁举常科。《后汉书·百官志一》引《汉官目录》说：建武十二年八月乙未诏书，三公举廉吏各二人；光禄岁察廉吏三人；中二千石岁察廉吏各一人，廷尉、大司农各二人；将兵将军岁察廉吏各二人。被举荐的廉吏，最初都是小官，因为他们忠于职守，为官清廉，勤勉于政，才被举主作为察举的对象推荐给朝廷。这种制度实际上起到了一种强烈的引导作用：只要为官清廉，就有前途和出路。

汉元帝永光元年（前43年）春二月，"诏丞相、御史举质朴敦厚逊让有行者，光禄岁以此科第郎、从官"[12]。汉元帝为了解决那些勤恳实干、埋头做事、忠厚质朴的官吏的出路，设立光禄四行科，每年由丞相、御史根据质朴、敦厚、逊让、有行四个标准把光禄勋的属官举荐出来，予以升迁。以光禄四行举人，也给了那些踏踏实实做人、老老实实做官的官吏一条升迁之路，这对于改变官场跑官要官等不良风气起到一定的作用。

除此以外，通过举贤良方正、明法、明经、勇知兵法、治剧等科目选人任官，也选拔出了一些德行高尚、能力突出的官吏充实到官僚队伍中，对官僚队伍素质的提高起到了重要作用，汉代许多名臣廉吏都是经过这类察举方式选入官僚队伍的。

汉代官吏选任除按科察举外，还通过征聘或自辟部属方式把一些德才兼备的人才征辟到官僚队伍中来。吕后掌政期间，征聘商山四皓，开汉代征辟人才先河。汉武帝为了加大笼络人才的力度，对那些隐于乡野而又德高望重的儒家学者用安车蒲轮征辟入朝[13]，以示恩荣。对那些声名著于乡里的智者贤者，也以安车征召。除国家征召外，各级官府也可通过自辟僚属的方式将贤才揽为己用。

第二节　任官回避制度与任官环境的净化

察举征辟把一些道德素质好、才能突出的人才选拔出来充实到官僚队伍中。

如何为这些官吏创造良好的任官环境，防止因任官环境的因素，或血缘、亲情关系而导致官吏腐败，无疑是有效预防腐败需要认真对待的问题。秦汉时期建立了一套较为系统规范的官吏任用制度，以防止官吏在履职过程中因血缘、乡情、亲情而以权谋私。其中任官回避制度的创设，对于预防腐败具有重要意义。有些研究者认为任官回避制度创立于东汉时期，其实在西汉时期回避制度就在职官选任的实践中被应用。也有学者认为自武帝始，朝廷在任命地方官吏时，逐步形成了官员任用时避籍、避亲、避近的制度。近年来出土的尹湾汉墓简牍证明了汉代任官要回避本籍，即刺史不用本州人，郡国守相不用本郡人，县令、长、丞、尉不用本县人[14]的制度得到切实执行。

在继承和总结西汉任官回避相关做法[15]的基础上，东汉桓帝时颁布了"三互法"，这是中国古代规定行政官员任职回避的第一个成文法规，标志着任官回避制度的正式确立。[16]《后汉书·蔡邕传》载，"三互法"产生经历了三个步骤，首先需要经过对"州郡相党"现实情况的朝议，然后形成一个决议，规定"婚姻之家及两州人士不得对相监临"[17]，在这个决议基础上，进一步完善为"三互法"。"三互法"推行后，选官必须回避三互，以致出现了官吏选用艰难，幽、冀二州久缺不补的困局。

关于"三互法"的具体内容和条款，文献记载并不明确。如果从名称上看，"三互法"既名"三互"，其任官应该回避的情况大致如下：一是避籍，即本籍人士不得到本籍任官。二是避亲，即"婚姻之家及两州人士不得对相监临"。两州人士有婚姻关系者，其本人和家人不能到对方州县任官，同时两州士人不得交互为官。据此规定，一种情况是甲州有人在乙州任官，那么乙州人就不能赴甲州任职。另一种情况是甲州人士在乙州任职，乙州人士在丙州任职，那么丙州人士则不得在甲、乙两州任官。[18]此外，汉代地方长官任职时既要避籍、避亲，还要避近，一些重要地区和关键职位不得由亲近的人担任，如"宗室不得典三河"[19]，外戚"不宜备九卿"[20]，不得"封侯与政"[21]。值得注意的是，汉代的州、郡、县的属吏须用本地人[22]，以解决地方官吏避籍而导致对任职地环境不熟悉的弊端。

从文献记载看,"三互法"在汉代得到了一定程度的实施。《后汉书·蔡邕传》唐李贤注引谢承《后汉书》载:汉桓帝时,史弼迁为山阳太守,其妻巨野薛氏女,以"三互法"自上,转拜平原相。因为巨野属山阳郡,史弼自请回避其妻家之籍,这说明"三互法"当时在官吏任用中得到实施。"三互法"虽然在一定程度上防止了官吏任用中的任人唯亲,但实际操作中有时也成为打击结党营私的工具。东汉梁冀被诛,其党羽太尉胡广、司徒韩縯、司空孙朗等皆坐阿附免废[23],梁冀所连及的"公卿列校刺史二千石死者数十人,故吏宾客免黜者三百余人"[24]。

汉代创立的任官回避制度奠定了中国封建社会任官回避制度的基础,并被历代所继承和不断完善。任官回避制度立意虽然在于防止官吏之间相互勾结,但客观上这种制度对预防腐败有积极意义。[25]一是任官避籍、避亲和避近规定,在一定程度上使地方官吏摆脱血缘、亲情关系的影响,能够秉公行政。二是从西汉中后期开始,察举征辟制已蜕变为贵族官僚引用亲故、招纳朋党的合法工具,任子、纳赀也恶性发展,使官吏选任制度遭到严重破坏。尤其在东汉外戚和宦官擅权时期,察举、征辟、任子、纳赀制度成了这些人政出私门的工具。[26]如何才能遏止贵族官僚任人唯亲的腐败局面,这是当时统治者不得不面对而且必须解决的问题。"三互法"规定任官回避,不能不说是在原来的任官制度遭到破坏后,对政出私门腐败局面的一种制度上的补救。

第三节 官吏考核与对失职渎职的预防

在专制主义中央集权的官僚体制下,要有效地预防腐败,既要通过选官制度把好入口关,选好人,又要通过任官制度把好任用关,用好人,更要在官吏履行职务过程中实施有效的跟踪考核,确保各级官吏用好手中权力,做到勤政廉政。秦汉时期在先秦官吏考核制度的基础上,探索出一套行之有效的官吏考核办法,即跟踪和检查官吏履行职务的情况,奖优罚劣,引导各级官吏廉洁奉公,预防官吏失职渎职。

一、设立专门考核机构，使官吏考核常态化

先秦时期主要由冢宰和小宰负责官吏的考核。《周礼·天官》记载冢宰"岁终，则令百官府各正其治，受其会，听其致事，而诏王废置。三岁则大计群吏之治而诛赏之"。这是岁考和三年一大考的制度。小宰的职责是"月终，凡以官府之叙，受群吏之要。赞冢宰受岁会。岁终，则令群吏致事"，这表明小宰负责月考和岁考。据此可以大概了解上古时期官吏的考核由冢宰主持，小宰协助冢宰，负责月考、岁考和记录。地方官吏的考核则由诸侯、州伯或地方官主持。《春秋繁露·考功名》记载：

> 考试之法，大者缓，小者急，贵者舒而贱者促。诸侯月试其国，州伯时试其部，四试而一考，天子岁试天下，三试而一考，前后三考而绌陟，命之曰计。

上古时期考绩制度虽然还不完备，没有形成专门的考核机构和独立行使职能的考核官员，但是这种月考、岁考和三年一大考的考核方式为秦汉官吏考核提供了借鉴。

秦汉时期开始创设专门的官吏考核机构。秦代御史和监御史负责官吏的考核和监督。汉朝建立后，对官吏的考核与监督分离，以御史府司职监察，以司徒、司空主持京官的考核，由郡守和上计吏负责地方官吏考核，形成了一套简易的考核机构和考核制度。[27]

东汉时期，产生了计掾和上计吏两种官员[28]，计掾属于郡掾吏之一，主持上计。上计吏则是临时挑选，不拘职务，往往入朝完成上计任务后留在朝中为郎，并由此产生了计吏拜官制度。《通志》卷五十三《职官略第三》载："后汉尚书五曹六人，其三公曹尚书二人（注云：'掌天下岁尽集课州郡'），吏曹（注云：'掌选举斋祠，《后汉志》谓之常侍曹，亦谓之选部'）……"这里所说的三公曹尚

书和吏曹尚书是负责上计和考课的主要官员。这些官员的出现,表明东汉时期已形成了较为完备的考核机构,并明确了考核官员的行政职责。

二、订立考核法规,规范考核内容

因资料所限,先秦时期对官吏考核的程序、内容等人们虽然有所了解,但知之不详。而秦汉时期有关官吏的考核较多见诸文献,尤其是出土的简册,表明秦汉时期官吏考核主要由上计和考课两部分构成,较先秦而言更规范,更细致,对官吏履行职务的约束力更强,防止官吏失职渎职的效果也更显著。

据现有资料记载,最迟在春秋战国时期就出现了考核官吏的上计制度。秦朝由于存在的时间短,上计制度缺乏详细的史料记载。但根据睡虎地秦简的《仓律》《金布律》和《内史杂》等出土文献,并结合《韩非子·禁使》篇的记载,我们可以初步认识到秦最迟在秦孝公时已经有了较为具体和经常性的上计活动。秦统一后,在承继春秋战国时期的上计制度的基础上又有所发展,上计的内容更加明确具体,确立了州郡上计和主管监察的御史大夫负责上计及审核考课的体制,在一定意义上说,秦确立了后代审计机构和审计体制的基本格局。

首先,秦汉时期以法规的形式对官吏的考核进行规范。睡虎地秦简中的《厩苑律》是秦以法律形式对官吏进行政绩考核的相关规定,而且其中还发现了直接以考课命名的法律《牛羊课律》。除《厩苑律》外,《仓律》《金布律》《为吏之道》等也属于考核法规。

据《周礼·春官·典路》注可知,汉代有《上计律》,虽然具体律文已佚,但从名称上看,应该是汉代关于上计的专门法律。在现存文献中没有直接看到汉代有关考课的法律名称,只在《史记·儒林列传序》引司马贞"索隐"有涉及官吏考核的《功令》,但《功令》的内容不详。居延汉简中发现了一些关于《功令》的记述[29],据此可以大致推断《功令》就是汉代考课法律法规中的一种。秦汉时期用法律法规的形式确定官吏考核程序、考核内容,以及考核结果的认定和处理,这是秦汉时期对官吏考核制度化、规范化的重要表现,同时也保证了考核的强制性。

其次，对官吏考核的内容更具体，官吏职责更加清楚明确。秦汉时期对官吏的考核主要由上计和考课两部分构成：上计就是下级对上级、地方向中央进行工作汇报，考课就是上级对下级、中央对地方工作汇报的审查、评定和赏罚。

秦汉时期对官吏的考核程序清晰。秦要求县令、长每年年终将所在县的人口、垦田以及赋税等情况上报郡，地方各郡将资料审查汇总后在每年年末把所在郡的人口、垦田以及赋税等情况上报中央。汉承秦制，每年年末，郡国上计吏将计簿送到京师上计，以备查询，这是常课。每三年根据计簿进行地方官吏治理状况审查，这是大课。汉代对官吏考核有横向和纵向两套系统：一是中央考核郡、郡考核县的纵向考核，一是朝廷各职能部门对于本部门属吏的横向考核。一般情况下，郡国上计和考课由丞相、御史府负责[30]，即所谓"考绩功课，简在两府"[31]。丞相府负责根据上计材料评定考核等级，上奏皇帝，奖优罚劣。而御史府负责审查核实郡国上计材料的真实性和准确性。东汉由于三公分掌丞相之权，对官吏的考核也由三公分掌。据《后汉书·百官志一》记载，太尉管军队系统考课，司徒掌四方民事功课，司空掌四方水土功课。作为一种特例，汉代皇帝也曾亲自主持对郡国的考课[32]。

秦汉时期对官吏考核的内容详尽，这些考核内容实际上也就是官吏的职责范围。睡虎地秦简《厩苑律》规定：在每年四月、七月、十月、正月评比耕牛。满一年，在正月举行大考核，成绩优秀的，赏赐田啬夫酒一壶、牛肉十条，免除饲牛者一次更役，赏赐牛长赀劳三十天。成绩低劣的，申斥啬夫，罚饲牛者赀劳两个月。如果用牛耕田，牛的腰围有所减瘦，每减瘦一寸，要笞打主事者十下。在乡里考核中成绩优秀者，赏赐里典赀劳十天；成绩劣等者，笞打三十下。

睡虎地秦简《为吏之道》中还规定，官吏要按"五善""五失"的标准进行考核。前已有相关介绍，此不再赘述。严明赏罚是秦国吏治中的传统作风，商鞅就说，"凡赏者，文也；刑者，武也；文武者，法之约也"[33]；韩非认为，"公孙鞅之治秦也，设告相坐而责其实，连什伍而同其罪，厚赏而信，刑重而必"[34]。《为吏之道》继承了这一传统。

关于汉代官吏的考核，《后汉书·百官志五》引胡广曰：

> 秋冬岁尽，各计县户口垦田，钱谷出入，盗贼多少，上其集簿。丞尉以下，岁诣郡，课校其功。功多尤为最者，于廷尉劳勉之，以劝其后。负多尤为殿者，于后曹别责，以纠怠慢也。诸对辞穷尤困，收主者，掾史关白太守，使取法，丞尉缚责，以明下转相督敕，为民除害也。明帝诏书不得僇辱黄绶，以别小人吏也。

汉代实行上计考课的集簿（即上计簿）究竟是什么样的格式和内容，因资料所限，认识一直较为模糊。1993年发现的尹湾汉简中有一方题为《集簿》的木牍，上面记载了西汉东海郡的社会、经济概况，学者认为可能是东海郡上计所用的底稿或副本，此外，还有《东海郡吏员簿》《东海郡吏员考绩簿》等，也是与上计有关的资料。据相关文献简牍，可以了解汉代对官吏考核的内容主要有：

其一，户籍财政，这是考核官吏政绩的基础。《太平御览》卷二百六十六《职官部》六十四"令长"条记载："汉制曰：列侯所食县曰国，皇太后公主所食曰邑，有蛮夷曰道。凡县万户以上为令，减万户为长。《汉书》胡广注曰：秋冬岁尽，各计县户口垦田，钱谷出入，盗贼多少，上其集簿。丞尉以下岁诣郡课校其功，功多尤为最者，于廷慰劳勉之，以劝其后，负多尤为殿者，于后曹对责，以纠怠慢也。"

其二，捕盗治狱。捕盗治狱是明辨官吏治国理政是否清明的重要依据，每年州郡要将本地断狱的详细情况上报。汉昭帝元康年间，丞相魏相向汉昭帝上疏陈事，他说："案今年计，子弟杀父兄、妻杀夫者，凡二百二十二人，臣愚以为此非小变也。"[35]魏相对当年发生案件数量、性质作了十分准确的表述，他依据的可能就是"今年计"，即当年的上计报表。

其三，郡国边界变化、行政区域变更、农桑劝课等情况也是官吏考核的重要内容。《后汉书·礼仪志》中说："郡国上计吏以次前，当神轩占其国谷价，民所疾苦，欲神知其动静。"《汉书·匡衡传》载："建始元年，郡乃定国界，上计簿，更定图，言丞相府。"天水太守陈立"劝民农桑为天下最，赐金四十斤"[36]。其政绩之所以能被朝廷知晓，可能就是通过上计呈报上去的。荀悦在《申鉴》中提出"崇五政"，所谓"五政"就是：兴农桑以养其生，审好恶以正其俗，宣文教以章其化，立武备以秉其威，明赏罚以统其法。[37]

其四，宗室名籍、边戍状况也是考核官吏的一项要求。《后汉书·百官志三》记载汉代宗正的一个重要职责就是簿录宗室名籍，失职者要受到处罚。而在边戍上计中，应该准确上报屯戍的情况，否则要免职。居延汉简中记载："阳朔三年九月癸亥朔壬午，甲渠鄣守候塞尉顺敢言之。府书移赋钱出入簿与计偕。谨移应书一编，敢言之。尉史昌。"[38] 此简所说的"应书"，即根据郡府命令随计书一并呈上的赋钱出入簿账。

据出土的汉代东海郡《集簿》所载，汉代上计主要内容有以下几项：其一，地区面积和行政机构；其二，农业经济，土地面积及种麦、桑亩数；其三，财政内容包括钱谷两项；其四，民政内容有户口数、赈济贫困、矜老幼、尊高年等；其五，置三老孝悌力田以导民。[39] 不仅内地郡县如此，边郡亭燧也不例外。由此可见，无论是内郡还是边境，上计和考课已经形成一种固定的制度。

三、赏廉奖勤，罚懒惩贪，把考核结果作为奖惩的依据

根据考核结果对官吏实施奖惩升降是秦汉时期官吏考核的重要内容，也是保证考核制度得以实施的重要推动力。秦汉时期官吏考核结果的处理一是赏，二是罚。赏主要有升官、礼遇和给予财物等多种方式。凡是经考核认定有功于国，或有特殊才能者，给予破格升迁。如薛宣因为才能卓著，治理有方，不断得到升迁。[40] 在考核中得到"最"或"高第"评价的，给予增秩或升迁。《汉书》记载：汉宣帝时，"二千石有治理效，辄以玺书勉励，增秩赐金，或爵至关内侯，公卿缺则选诸所表以次用之。是故汉世良吏，于是为盛，称中兴焉"[41]。萧望之子萧咸"所居有迹，数增秩赐金"[42]。召信臣"迁河南太守，治行常为第一，复数增秩赐金"[43]。黄霸不仅得到升官、增秩，还得到特殊的礼遇。汉宣帝为了褒奖黄霸的治绩，特下诏书："制诏御史：其以贤良高第扬州刺史霸为颍川太守，秩比二千石，居官赐车盖，特高一丈，别驾主簿车，缇油屏泥于轼前，以章有

德。"[44]

罚则有训诫、降官贬爵、贬秩、治罪等不同形式。凡是考核成绩平平或不合格者，要受到责问或训诫。被责问训诫的如萧望之之子萧育。当时萧育为茂陵令，"会课，育第六。而漆令郭舜殿，见责问，育为之请，扶风怒曰：'君课第六，裁自脱，何暇欲为左右言？'"[45]被免官的如公孙弘。公孙弘出使匈奴回来，因武帝对其出使成果不满意，被免官归家。[46]

失职渎职者要免官夺爵，如有贪污腐败行为，处罚往往是夺爵、免官、罚金并用。《汉书·刑法志》规定："吏坐受赇枉法，守县官财物而即盗之，已论命复有笞罪者，皆弃市。"汉代将贪污受贿作为重罪论处。汉景帝前元元年（前156年）"秋七月，诏曰：'吏受所监临，以饮食免，重；受财物，贱买贵卖，论轻。廷尉与丞相更议著令。'廷尉信谨与丞相议曰：'吏及诸有秩受其官属所监、所治、所行、所将，其与饮食计偿费，勿论。它物，若买故贱，卖故贵，皆坐臧为盗，没入臧县官。吏迁徙免罢，受其故官属所将监治送财物，夺爵为士伍，免之。无爵，罚金二斤，令没入所受。有能捕告，畀其所受臧。'"[47]

贪赃枉法、罪行深重者要实行禁锢或弃市。对贪官污吏本人既要从肉体上予以惩处，还要累及其子孙。汉初以来就实行赃官禁锢的制度，贡禹曾向汉元帝上疏说：汉文帝时，"贵廉洁，贱贪污，贾人、赘婿及吏坐赃者皆禁锢不得为吏"[48]。汉安帝时，"清河相叔孙光坐臧抵罪，遂增锢二世，衅及其子"[49]叔孙光只禁锢了父子两代，还有被处以父、子、孙三代禁锢的。陈忠鉴于法律太严，上疏陈文共二十三条，"为《决事比》，以省请谳之敝。又上除蚕室刑；解臧吏三世禁锢；狂易杀人，得减重论；母子兄弟相代死，听，赦所代者"[50]。以此来看，在此之前，有"臧吏三世禁锢"的规定。

秦汉时期对官吏的考核形成了较为规范的规章制度，它有利于通过考核识别和任用清官廉吏，并通过奖励与惩罚两种手段，鼓励各级官吏励精图治，有效震慑了贪官污吏的不法行为，这对促进国家吏治清明，加强廉政勤政有着重要意义。

第四节 秦汉时期对官吏的法律监督

不受约束的权力容易导致腐败,因此,把权力置于有效监督之下无疑是预防腐败发生的重要举措。秦汉时期,立足于对专制主义中央集权制度的强化,封建国家已经建立起一套从中央到地方的监察机构和对各级官吏的监督机制。这套监督机制不断强化的一个重要表现就是从监察权与行政权的混一到监察权与行政权逐步分离,对官吏的监察也逐步趋向独立监察。从专制主义中央集权政治体制的要求方面说,监察权逐渐独立,但独立的监察权又被行政手段加以制约,实现了监察权与行政权的相互制衡,达到巩固皇权、强化中央对地方控制的目的。从反对腐败的需要方面说,监察权走向独立,意味着对官吏权力的约束得到强化。

一、官吏监察多维网络的构建

秦朝初步构建了一套针对各级官吏的监察制度,中央和地方两级监察机构把上自丞相下到郡守县令的各级官吏都置于这套监察体系中,对防止吏治腐败起到了一定作用。御史始于战国,秦设置御史大夫一职,其重要职掌之一就是率众御史按章"举劾"百官,监督政令和法律的实施。正因为御史是"纠察之官",履行监察职能,所以御史在古代又被称为"宪官"或"法吏",有"以法理官"的职能。

秦朝在朝中设御史大夫,监督和牵制丞相,也负责监督朝中文武百官。秦朝也重视对地方官的监督,设立了监郡御史。《史记·秦始皇本纪》载:"分天下以为三十六郡,郡置守、尉、监。"裴骃《集解》引《汉书·百官公卿表》说:"秦郡守掌治其郡,有丞;尉掌佐守典武职甲卒;监御史掌监郡。"显然,秦朝地方官职是仿照中央三公制设置的,由郡监御史负责对地方官吏的监督,尤其是对郡守的监察和牵制。云梦睡虎地秦简中就有御史部属出使各地伙食供给标准的明确规定[51]，可见当时御史经常要派属下到各地调查情况，而且他们在巡查和检查工作时有规定的伙食标准，不准大吃大喝。御史制度的确立在全国范围内建立起了一张从上至下的纵向监察网，这对防止吏治腐败起到了重要作用。但秦及汉初对官吏的监察尚未从行政职能中分离出来，朝中虽有御史大夫负责监察，但作为百官之首的丞相主要职责是"掌丞天子，助理万机"[52]，有时也承担监察百官的职能。另外，地方上郡守、尉、监合署办公，也说明秦代监察并没有独立。

汉代进一步完善了监察体制，构建了以中央监察、区域监察和部门监察为节点的多维监察网络，以汉武帝设立刺史为标志，对官吏的监察从行政体系中独立出来，进而强化对官吏的权力制约。

西汉建立后，即仿秦朝在中央设立御史府[53]，长官为御史大夫，与丞相、太尉并列三公，负责监察百官，掌管机要。[54]东汉时期，以御史中丞为御史府长官[55]，对外监察郡国，对内监察百官。光武帝为了加强监察官吏的权威，给予御史中丞崇高地位。史载："光武特诏御史中丞与司隶校尉、尚书令会同并专席而坐，故京师号曰'三独坐'。"[56]朝见皇帝时，其他官僚都站着，只有御史中丞与司隶校尉、尚书令坐着，故曰：三独坐。这是尊宠监察官僚的特殊礼遇。此后，"三独坐"或"三独"成为御史中丞、司隶校尉这类监察官僚的代名词。

汉代设立部刺史[57]和司隶校尉以加强中央对地方的监察，构建起区域性的监察网络。汉武帝"元封五年，初置部刺史，掌奉诏条察州。秩六百石，员十三人"[58]。部刺史直属于御史中丞，按汉武帝颁布的六条诏令监察州郡[59]，非六条不察，开创了中央对地方独立监察的先例，也标志着监察权与行政权分离，走向独立。

巫蛊之祸中，汉武帝为了加强对京畿地区的监督与控制，于征和四年（前89年）仿周官设立司隶校尉，负责"督大奸猾"[60]"掌察举百官以下，及京师近郡犯法者"，并可直接弹劾三公。[61]

秦汉时期皇帝掌握最高监察大权，并亲自负责对三公九卿的监察，而三公九卿又负责督察郡县，从而形成了自上而下的垂直监察体系。与此同时，朝中三公九卿，地方郡守县令，中央和地方政府中虽然各人职务职责不同，但又互相监察。如在中央，丞相及其属吏受御史大夫或御史中丞等监察官的纠举督察，御史大夫及其属官如有不法或渎职行为，丞相也有检举奏免的权力，形成了同级各部门之间的横向监察体系。汉代因袭秦制设立给事中[62]，对政府各部门进行监察。给事中即在内廷服务之意。《通典·职官三》"给事中"条载："日上朝谒，平尚书奏事，分为左右曹，以有事殿中，故曰给事中。"关于给事中一职的起源，从目前可见的文献来看，应是起源于秦朝。无论是《唐六典》还是后来的《通典》《文献通考》皆云："给事中，加官也，秦置，汉因之。"这说明在秦汉时期给事中只是一种头衔，并无实际职务，有了给事中的头衔，便可出入禁中，接近皇帝，类似于侍中。在汉朝，由给事中加官的人，本官大多是大夫、博士、议郎，此外还有一些是皇帝姻亲国戚。《汉书·萧望之传》载：元帝制诏"赐望之爵关内侯，食邑六百户，给事中"。同卷又载"望之选白宗室明经达学散骑谏大夫刘更生给事中"。这些加上给事中头衔的人，专门负责给皇帝出谋划策，担任顾问。给事中虽然不是监察官，名曰备问左右，实际上就是皇帝的耳目，承担隐性监察的职能。

由于州刺史无权监察两千石以下的官吏，因此西汉中期，在郡置督邮，负责对县级官员的监察，即对属县长吏中的贪赃枉法者，督邮要负责查其罪状，然后上报郡太守处置。当然，督邮的监察权力同部刺史一样，是有严格规定的。他们举劾官吏必须"应法"，并且只有监察权而无处置权。对属县中违法官吏的惩处和对优秀官吏的提拔，督邮只能上报郡守决定，即只有"分明善恶"之责，而无奖善惩恶之权。督邮也有自己常设的官舍，处理日常监察事务，他们也定期巡察属内诸县，定期向郡太守汇报。虽然没有赏罚权，但他们是郡内唯一的专职监察官，他们依据监察结果所提出的意见常被太守采纳。因而，督邮对于属县长吏的升迁与黜陟及吏治的好坏有着至关重要的作用。《汉官仪》说："督邮，郡之极位。"这对于加强对县一级官吏的监察是十分有利的。而县则置廷掾监察乡里。

由上可见，到西汉中期，汉朝形成了从上至下、从左至右的多维监察网。御史府（司隶校尉）监察中央官吏，州刺史监察州郡两千石官吏，督邮监察县级官吏，廷掾监察乡里官吏。而行政官吏与监察官吏左右牵制。这种多维监察网显然使皇帝对百官、中央对地方各级官吏的监察更加完备。

二、制定较完备的监察法规

秦朝建立后，设置了监督朝中百官的御史大夫和监督郡的监御史，与专制主义中央集权制度相配套的监察体制初步形成。与此同时，秦朝颁布了一些具有监察功能的法规，使对官吏的监察成为专制政体的重要组成部分。

其一，《语书》与《为吏之道》。《语书》作为云梦睡虎地十一号秦墓出土简册中的一种，是南郡守腾在秦始皇二十年（前227年）对县、道（少数民族聚居之地称道）官员发布的告示。《语书》说："今且令人案行之，举劾不从令者，致以律，论及令、丞。又且课县官，独多犯令而令、丞弗得者，以令、丞闻。"[63]这种"案行"的规定，显然带有监察性质。

《语书》规定了四条辨察良吏的标准和六条辨察恶吏的标准。这些标准也带有监察律令的性质，体现了监察机构纠察不法，实行以法治吏的原则。

秦朝政治基本上是以法为立国之本，《睡虎地秦墓竹简》有一半以上是关于法律的内容。秦始皇巡游各地，刻石记功，刻石的内容除了颂扬他统一天下的丰功伟绩之外，就是宣扬法律的威严。如《泰山刻石》说"治道运行，诸产得宜，皆有法式"，《琅琊刻石》说"除疑定法，咸知所辟"。[64]秦始皇吸取了韩非"明主治吏不治民"的主张，对官吏腐败行为的处罚规定更加详备而严酷。作为一名管理公共事务的官吏，首先应该明确自己的权利和义务，遵守相应的行为准则和要求。秦朝对官吏管理的重要特色之一就是规范管理，制定了官吏的职业道德规范——《为吏之道》[65]。

《为吏之道》也是云梦睡虎地十一号秦墓出土简册中的一种，共五十一支竹简。《睡虎地秦墓竹简》的内容属于秦帝国建立前夕和初建时期的法律文书，反映了秦长期以来发达而又成熟的吏治传统，尤其是对秦在战国争霸实践中所积累起来的吏治经验和所达到的吏治管理水准进行了明确的表述和细致的说明。如有的学者所说，从历史连续性和长时段的角度看，《睡虎地秦墓竹简》所概括和阐发的"为吏之道"无疑就是秦帝国"吏治天下"的普遍通则。[66] 秦统一中国后,实行统一的君主专制中央集权制度,从中央到地方,建立了相当完备的官僚行政体系。而各级政府机构所需要的官吏,需具备一定的才能。因此,要成为官吏,不论是通过宦学或私学,首先必须具备做官吏的业务能力与资格。这种吏学制度,当时称为"宦学"或"学宦"。当时宦学的内容一般包括:学书,即学写字、书姓名、知名物;学习办理官事民事庶务的本领;明习法令;职业道德训练等。《为吏之道》可能就是这些吏学的教材。[67]

《为吏之道》是在更高的层次上对官吏提出的要求。它提出了各级官吏所必须具备的道德规范和必须遵守的行为准则。这些内容和要求,同时也构成了秦王朝选拔、任命以及考察官吏的理论根据和具体标准尺度。《为吏之道》对官吏提出了从政的基本要求,如:

> 凡为吏之道,必精洁正直,慎谨坚固,审悉无私,微密纤察,安静毋苛,审当赏罚。严刚毋暴,廉而毋刖,毋复期胜,毋以忿怒决。宽容忠信,和平毋怨,悔过勿重。慈下勿陵,敬上勿犯,听谏勿塞。审知民能,善度民力,劳以率之,正以矫之。

《为吏之道》还要求官吏加强自身的修养,提醒官吏"中不方,名不章,外不圆",要求各级官吏"审耳目口,十耳当一目","毋穷穷,毋岑岑,毋衰衰","临财见利,不取苟富;临难见死,不取苟免。欲富太甚,贫不可得;欲贵太甚,贱不可得。毋喜富,毋恶贫,正行修身,祸去福存"。

《为吏之道》告诫官吏要注意工作方法,提高廉洁情操,善于控制自己,做到"怒能喜,乐能哀,智能愚,壮能衰,勇能屈,刚能柔,仁能忍",还要求官吏"毋喜富,毋恶贫,正行修身",对其所属部下"施而喜之,敬而起之,惠以聚之,宽以治之"。《为吏之道》特别提到官吏要"审知民能(准确把握百姓的能量、能力),善度民力,劳以率之",提倡务实的政风。

其二,《御史九条》与《刺史六条》。汉代在秦制的基础上,加强对各级官吏的监察,使封建监察体制进一步向制度化、法律化方向发展。

汉初,刘邦省监郡御史,令"郡国诸侯各务自拊循其民"[68]。高后、文景之际有御史、丞相史出刺制度。"惠帝三年,相国奏遣御史监三辅郡,察辞诏凡九条。监者二岁更,常以中月奏事也"[69],意思是说,汉惠帝恢复御史对三辅地区的监察,特规定了九条作为行使权力的依据。

《玉海》卷六十五《诏令、律令上》"汉九条"引《唐六典》记载:"惠帝三年(《旧仪》作六年),相国奏御史监三辅不法事。词讼、盗贼、铸伪钱、狱不直、徭赋不平、吏不廉、苛刻踰侈及弩力十石以上作非所当服,凡九条。"此即所谓的御史监察九条,九条监察法规中涉及对论狱不直的司法腐败和吏不廉洁的监察,这标志着在惠帝、高后时已重开秦代的御史监郡制,运用监察法规惩治不法,整顿吏治。但这一时期行政与监察仍未分离,丞相仍然承担监察职能就说明了这一点。

汉武帝建立了独立的地方监察制度——刺史制度。刺史制度的渊源可追溯到秦代的御史监郡制。自惠帝以来的御史监郡制已经出现了监御史不奉法、多失职,不利于加强中央集权的情况,文帝不得不使丞相史出刺并督察监御史的行为。但是,丞相史出刺又带来了监察权力不集中,监御史、丞相史职事重叠交叉、互相推诿的问题。汉武帝"元封元年,御史止不复监"[70]"元封五年,初置部刺史,掌奉诏条察州。秩六百石,员十三人"[71]。关于刺史之职掌,《汉书·百官公卿表》"监御史"条下颜师古注引《汉官·典职仪》云:

刺史班宣,周行郡国,省察治状,黜陟能否,断治冤狱,以六条问事,非条所问,即不省。一条,强宗豪右田宅逾制,以强凌弱,以众暴寡。二条,二千石不奉诏书遵承典制,倍公向私,旁诏守利,侵渔百姓,聚敛为奸。三条,二千石不恤疑狱,风厉杀人,怒则任刑,喜则淫赏,烦扰刻暴,剥截黎元,为百姓所疾,山崩石裂,祅祥讹言。四条,二千石选署不平,苟阿所爱,蔽贤宠顽。五条,二千石子弟恃怙荣势,请托所监。六条,二千石违公下比,阿附豪强,通行货赂,割损正令也。

从内容看,刺史的监察对象第一条涉及地方豪强,其余五条皆与二千石有关。这里的二千石是指郡国守相,因而刺史的监察对象主要是郡国守相和地方豪强。这表明武帝初置十三部州刺史主要是为了加强对地方郡国守相的监察,这样,可以防止守相专权坐大。这一制度一直为后人所赞誉,顾炎武称"刺史六条乃百代不易之良法"[72]。隋朝的巡察六条制度,唐朝的十道巡按制度就是对西汉刺史制度的进一步发展和完善。不过根据《汉书》记载,刺史职责还包括对诸侯王的监察[73]。

三、监察权的相对独立与制衡

汉武帝设立刺史,实现了监察权和行政权相分离,标志着汉代官吏监察权的独立,也基本上理顺了中央和地方的关系。但是,随着监察权与行政权的分离,掌握监察大权的监察官权力越来越大。监察制度设立的目的是监督百官,尤其是监察地方郡守的贪腐和其他不法行为。如何保证监察官吏自身廉洁,真正做到依法监察又是一个新的问题。秦汉时期在监察制度设计上,既让监察权与行政权逐渐分离,扩大监察权的独立性和自主性,强化对行政官吏的权力制约,又运用行政手段,制约监察权力的膨胀,以保证监察权力被制约在一定范围以及监察官吏的清正廉洁,形成了一种双向制衡机制。

汉代在御史这一主要监察系统之外,又让最高行政长官丞相担一定监察职责,使两府之间相互监督和制约。虽然朝中文武百官和地方郡守县令都处于不同监察官吏的严密监督之下,但反过来,秦汉时期所有官吏也有权对监察机构和监察官吏进行举奏弹劾。御史大夫张汤位高权重,其本身就是汉武帝的心腹和耳目,负责监察百官。但张汤本人也被丞相庄青翟和长史朱买臣等弹劾,被迫自杀。[74]汉元帝时,掌管监察大权的御史中丞陈咸因与罪人朱云交往,被丞相举奏。《汉书·朱云传》载:"(朱)云亡入长安,复与咸计议。丞相具发其事,奏'咸宿卫执法之臣,幸得进见,漏泄所闻,以私语云,为定奏草,欲令自下治,后知云亡命罪人,而与交通,云以故不得'。上于是下咸、云狱,减死为城旦。咸、云遂废锢,终元帝世。"对于两府的相互监督制约,《汉旧仪》说:"武帝时御史中丞督司隶，司隶督司直，司直督刺史二千石以下至黑绶。"以丞相为首的丞相府与以御史为首的御史府交错监督，行政权力与监察权力相互制衡。

刺史以"六条"问事，监察地方郡守，权力很大。汉武帝为了防止刺史滥用职权干扰地方政务，规定刺史只能以"六条"监察。如果依法行事，则会受到褒奖。如朔方刺史翟方进"居官不烦苛，所察应条辄举，甚有威名，再三奏事，迁为丞相司直"[75]。如果刺史追求"六条"以外的监察权力，则不予许可，并要受罚。如豫州刺史鲍宣"举措烦苛，代二千石署吏听讼，所察过诏条"[76]，被丞相司直弹劾免职。鲍宣免职的根本原因就在于越权。汉武帝给刺史的秩位是六百石，只相当于低级县令，秩位很卑微。刺史"其权重而秩则卑"[77]的特点，正说明刺史的权力受到行政手段的约束。

监察官职责虽为督察百官，但必须听命于皇帝，实际上也与其他行政官吏一样处于皇帝的监督之下。在监察系统内部，秦汉时期要求监察官吏之间相互监督，尤其是御史中丞负有对本系统属吏督察之责。如严延年是侍御史，"（严）延年后复劾大司农田延年持兵干属车，大司农自讼不干属车。事下御史中丞，谴责延年何以不移书宫殿门禁止大司农，而令得出入宫。于是覆劾延年阑内罪人，法至死"[78]。仅仅因为没有阻止受到弹劾的大司农入宫，作为侍御史的严延年就受到御史中丞的斥责。秦汉时期监察制度设计上的这种相互制约机制，既是保证行政官僚廉洁奉公、勤政廉政的需要，又有效防止了监察权力失控，避免了监察权力滥用。

第五节　官吏违法的惩处制度与对腐败的警示

秦为了巩固统治，使官吏守职守法，执行国家的各项法令，对失职、渎职的官吏给予严惩。汉朝防止官吏职务犯罪的措施从形式到内容都有所发展，在考选、考绩和考察的基础上加强了对官吏违法的惩处力度，这对防止官吏的违法腐败起到了积极作用。

睡虎地秦简和江陵张家山汉简中有许多法律文书，这些法律文书记载了有关官吏失职、渎职及其惩处的内容，较完备地呈现出此期对官吏违法惩处的律令规定。

秦汉时期对官吏违法犯罪惩处的律令体系较为完整，内容涉及官吏的任免、使用、考核、考绩、物资保管、执行公务和判罪不公等方面。

据睡虎地秦简和张家山汉简以及《史记》《汉书》《后汉书》等文献可知，秦汉时期关于官吏的任用有《置吏律》《除吏律》《除弟子律》《尚方律》等，关于官吏的调任、考察有《效律》《金布律》等，关于官吏的职责有《内史杂律》，关于公文传递管理有《行书律》，关于官吏外出饮食规定有《传食律》等，关于民族事务有《属邦律》，关于官吏考核有《为吏之道》《中劳律》《上计律》《牛羊课律》等。

秦汉时期的相关律令，明确规定官吏的权力和责任以及职务犯罪的处罚。

其一，行政处罚。秦汉时期对官吏的一般职务犯罪进行行政处罚。

对一般的职务过失进行训诫。睡虎地秦简《效律》中就有六处提到"谇官啬夫"，有一处说"谇如官啬夫"，一处是说"谇如数者然"。"谇"就是斥责、训诫。

对保管官府财物不当而造成公共财产损失的则要"赀"，即罚款或罚物。据睡虎地秦简可知，罚款一般有四级，即一盾、二盾、一甲、二甲。《法律答问》"发伪书"条对拆开、伪造文书而未能觉察作了"赀二甲"规定。《秦律杂抄》"匿敖童"条规定，隐匿儿童及申报废疾不确实，里典、伍老应赎耐。百姓应免老，或已应免老而不加申报、弄虚作假者，罚二甲。里典、伍老不加告发，各罚一甲。同伍人家每家罚一盾，并加以流放。《法律答问》"将上不仁邑里者而纵之"条规定：押送在乡里作恶的人并将其放走，应判他如所放走罪犯那样的拘禁劳作，直到罪犯被捕获为止。如果是有爵位的人，可在官府服役。判处赎罪不公正，小吏罚一盾。

对严重失职渎职者要"免""废"，即革除官职。《秦律杂抄》中说："县毋敢包卒为弟子，尉赀二甲，免。"《除吏律》说："任废官者为吏，赀二甲。"

其二，刑事处罚。秦汉时期颁布相关律令对官吏贪污贿赂、失职渎职等较严重的违法行为实行严厉的制裁。

对贪污、受贿、行贿者严厉惩处。对利用职务之便侵吞公共财物的，《法律答问》也作了具体规定。诸如：官吏私自借用县库金钱的，与盗窃同罪。对行贿者，秦律规定"通一钱黥城旦"。

对官吏的渎职行为要处以流刑。《秦律杂抄》规定："故大夫斩首者，迁。"意思是大夫作为战场指挥者，职责在于指挥军队，因此大夫亲自杀敌虽然有功，但违反了自己的职责，是一种渎职行为，要处以流放。《行书律》规定："行命书及书署急者，辄行之；不急者，日毕，勿敢留。留者以律论之。"这条规定是说负责文书传送者，凡遇署有加急字样的文书，要立即转送；不是急件，当天必须处理完毕。留滞公文的渎职行为要按规定处罚。

弄虚作假、骗取公共利益者要处以"耐"刑，即剃去胡须、鬓毛予以羞辱。《捕盗律》规定："捕人相移以受爵者，耐。"

举人用人实行保举连坐。为了防止任官中的徇私舞弊行为，秦律规定了"保任连坐制度"，要求担任官吏者必须有保举人，保举人还必须对被保举人的犯罪行为负连带责任。《为吏之道》说："审民能，以任吏，非以官禄夬助治。不任其人，及官之敗岂可悔？"《效律》规定："尉计及尉官吏即有劾，其令、丞坐之，如它官然。司马令史掾苑计，计有劾，司马令史坐之，如令史坐官计劾然。"这种连坐制对任人唯亲的吏治弊端起到了良好的防治作用，也加强了官吏举荐人才的责任意识。[79]

汉代对举荐不实、任人唯亲的渎职行为加大了处罚力度。董仲舒曾向汉武帝建议："使诸列侯、郡守、二千石各择其吏民之贤者，岁贡各二人以给宿卫，且以观大臣之能；所贡贤者有赏，所贡不肖者有罚。夫如是，诸侯、吏二千石皆尽心于求贤，天下之士可得而官使也。"[80]汉代一些官吏因为举荐不实而遭处罚。如《汉书》卷七十《陈汤传》载："初元二年，元帝诏列侯举茂材，勃举汤，汤待迁，父死不奔丧，司隶奏汤无循行，勃选举故不以实，坐削户二百。"

徇私枉法，判罪不公等渎职行为要罚戍边。《法律答问》将罪行本来很重却判处很轻、罪行本来很轻却判处很重称为判罪不公；将应该论罪而不论，或者轻判而让其达不到判罪的标准从而放走罪犯，称为"纵囚"。判罪不公的官吏令其筑长城及南越地。[81]

贪赃等腐败行为最高可处以死刑。睡虎地秦简中对贪赃受贿官吏的处罚作了许多规定，汉代在秦制基础上加重了对此类违法官吏的处罚。汉文帝接受张苍、冯敬等人的建议，下诏规定："吏坐受赇枉法，守县官财物而即盗之，已论命复有笞罪者，皆弃市。"[82] 对收受贿赂或监守自盗的处罚，汉代有"十金法"，即赃值十金或监守自盗十金，即是重罪。[83]《汉书·冯野王传》载：冯野王"部督邮掾祋祤赵都案验，得其主守盗十金罪，收捕。并不首吏，都格杀"。匡衡也因"盗所主守直十金以上"[84]而被司隶校尉参劾罢官。东汉时期，对官吏贪赃受贿的行为仍然是严惩不贷。安帝永初四年（110年），中郎将任尚坐赃千万，槛车征，弃市。[85]桓帝延熹九年（166年），"尚书郎孟珰坐受金漏言，皆弃市"[86]。

汉代除了对贪赃者严惩外，还加强了对贪赃枉法官吏的检举揭发。桓帝建和元年（147年）四月诏："州郡不得迫胁驱逐长吏。长吏臧满三十万而不纠举者，刺史、二千石以纵避为罪。"[87]

秦汉时期以法律规范的形式严厉惩处失职渎职、贪赃枉法的官吏，规定具体，标准量化，最大限度地避免了执法过程中的人为因素，这些活生生的案例对各级现职官吏起到了强烈的警示作用。

第六节　自言、直诉和言变事制度与舆情沟通

以今天的认识看，把权力置于阳光下是预防腐败最有效的手段之一，在中国古代专制主义中央集权的政治体制下不可能做到这一点，但疏通言论渠道，下情得以上达，中央对地方、上级对下级有较好的舆情监督和把握，这对于预防腐败

无疑会起到一定的作用。秦汉时期的自言制度客观上起到了监督舆情、揭露和预防腐败的作用。

"自言"在文献和简牍中或作"言""自证""自诣""自陈""自讼""自告"等，起源很早，在春秋战国时期就已出现，如《韩非子·六反》篇中说："夫欲得力士而听其自言，虽庸人与乌获不可别也；授之以鼎俎，则罢健效矣。"春秋战国时期吏民自言，多指向他人进行自我推荐，以求获赏识或任用。秦汉时期自言范围进一步扩大，已发展成为吏民表达自己思想、意愿甚至揭露不良现象的方式，并较多地出现在国家行政文书和司法文书中，得到国家法律的认可。如张家山汉简《津关令》中说："其不得□及马老病不可用，自言郎中，郎中案视，为致告关中县道官，卖更买。"[88]

因资料所限，秦代自言制度难得其详，汉代的自言制度较多见诸文献简册。虽然汉代建立自言制度的初衷并不是专门为了防治腐败，但这种自言制度在运用过程中，对防治腐败起到了一定作用。

首先，自言制度在民和官、社会和政府之间搭建了联系的渠道[89]，民情在一定程度上可以上达。《史记·田叔列传》载："鲁相初到，民自言相，讼王取其财物百余人。"《汉书·王尊传》也载："尊出行县，男子郭赐自言尊：'许仲家十余人共杀赐兄赏，公归舍。'"正是这条联系沟通渠道，为吏民检举官吏腐败和其他不法行为提供了条件。

其次，揭露官吏腐败是自言的主要内容之一。秦汉时期的自言是吏民对自己情况、思想和诉求的一种表达，但也有社会各阶层通过自言方式向相关官吏和政府揭露官吏腐败行为，起到使一些腐败的人和事暴露出来的作用。如《汉书·张敞传》载：贼捕掾絮舜因不听张敞使唤，张敞便寻机处死了絮舜。其后，"会立春，行冤狱使者出，舜家载尸，并编敞教，自言使者。使者奏敞贼杀不辜"[90]。絮舜的家人认为张敞暴杀无辜，故在行冤狱使到来时，陈尸于路，自言喊冤。鲍宣因为没有礼让而得罪丞相孔光被捕下狱，引起人们的不满，"诸生会者千余人。朝日，遮丞相孔光自言，丞相车不得行，又守阙上书"[91]。诸如张敞、孔光等人的挟私怨以行不法的行为就是通过自言的方式被揭露出来，昭之天下。

最后，自言制度使吏民的利益诉求得以表达，防止官吏随意侵害吏民的合法利益。里耶秦简载："屯卒公卒胸忍固阳失自言，室遗廿八年衣，未得。"这说的是屯卒向官府报告家里所寄的衣服没有收到的情况。《汉书·魏相传》载："后人有告相贼杀不辜，事下有司。河南卒戍中都官者二三千人，遮大将军，自言愿复留作一年以赎太守罪。"魏相遭人诬陷下狱，在中央服役的河南籍戍卒拦住大将军霍光，自愿多服一年役以赎魏相之罪。这些河南籍戍卒的自言，使魏相的冤情得以申雪。秦汉时期上至贵族官僚，下至普通黎民百姓，都可以通过自言的方式把自己想说的话向有关官吏和政府诉说，这样就打通了民情上达的途径，加强了政府和社会之间的联系。吏民自言客观上也把官吏是否廉洁、执法是否公允的情况呈现在政府和社会的监督之下。

汉代司法制度中有直诉制度，即某些案情重大和有冤情者，允许超出一般诉讼管辖和诉讼程序范围，直接向上级，甚至向皇帝申诉。

学界一般都认为直诉制度源于周朝的路鼓和肺石制度。所谓路鼓，即"建路鼓于大寝之门外，而掌其政，以待达穷者与遽令，闻鼓声，则速逆御仆与御庶子"[92]。路鼓一般设四面大鼓，置于宫门之外，吏民有冤情都可击打。听到有人击鼓，御仆立即出来荐引接待。周代除路鼓之外，还设有肺石。所谓肺石，即赤色的石头。《周礼·秋官》说"以肺石达穷民"，不论地方远近，凡是没有兄弟、子孙及老幼者，有冤即可上诉于王和六卿，而其长官不向上报告的，蒙冤者可以在肺石上面站立三天，然后由士听取其辞，以报告王和六卿，同时对不上达冤情的长官加以治罪。[93]

汉代直诉制度规定吏民均可超出一般诉讼管辖和诉讼程序范围，直接向上级，甚至向皇帝申诉，这从司法层面打通了下情上达的途径，许多贪污腐败案件就是依靠民众直诉上书而被揭露出来的。如《汉书·田广明传》载：田广明之"兄云中为淮阳守，亦敢诛杀，吏民守阙告之，竟坐弃市"。丞相公孙贺之子公孙敬声因为贪污军费一千九百万钱而下狱，后来京师大侠朱安世在狱中上书，揭露公孙敬声与阳石公主私通，以及使人"巫祭祠诅上"一事，导致公孙贺和公孙敬声父子双双死于狱中。关于这个案件，《汉书·公孙贺传》记载：

> 贺子敬声，代贺为太仆，父子并居公卿位。敬声以皇后姊子，骄奢不奉法，征和中擅用北军钱千九百万，发觉，下狱。是时，诏捕阳陵朱安世不能得，上求之急，贺自请逐捕安世以赎敬声罪。上许之。后果得安世。安世者，京师大侠也，闻贺欲以赎子，笑曰："丞相祸及宗矣。南山之竹不足受我辞，斜谷之木不足为我械。"安世遂从狱中上书，告敬声与阳石公主私通，及使人巫祭祠诅上，且上甘泉当驰道埋偶人，祝诅有恶言。下有司案验贺，穷治所犯，遂父子死狱中，家族。

同时，汉武帝为直接掌握吏治的真实情况，时常派遣身边的耳目近臣作为使者不定期巡察各地，这对及时发现贪污问题有较好的效果。

汉代还有"言变事"制度。汉代的"言变事"制度虽然是为了应对非常之事，包括谋反、动乱以及重大事变，但在"上言变事"过程中，一些地方官吏的腐败不法行为也由此反映出来，密切了吏民与官府的关系。

《晋书·刑法志》引魏《新律序》云：

> 秦世旧有厩置、乘传、副车、食厨，汉初承秦不改，后以费广稍省，故后汉但设骑置而无车马，而律犹著其文，则为虚设，故除《厩律》，取其可用合科者，以为《邮驿令》。其告反逮验，别入《告劾律》。上言变事，以为《变事令》，以惊事告急，与《兴律》烽燧及科令（"令"疑"合"之误）者，以为《惊事律》。

汉代《变事律》久佚，详细内容已不可考，但《汉书》中关于"言变事"的记述较多[94]。值得注意的是，居延汉简和流沙坠简中除有一些汉代"言变事"的记述外[95]，还有关于阻挠"言变事"的处罚。如"辄以闻，非所谓留难变事当以留奉□□律令吏用□疑，或不以闻，留变事满半月"[96]。汉代法律把这种阻挠别人上报紧急情况的行为定为"留难变事"罪。"留难变事"就是有关公职人员故意阻止滞留"上言变事"报告的上传。这类犯罪行为，因其性质严重，所受到的刑事处罚也相当严厉。汉简中有"……吏用□疑，或不以闻为留变事，满半月弃市"，即，"留难变事"时间达到半月的，甚至要处以死刑。[97]

第七节　奏谳制度、乞鞫制度与司法腐败的防治

汉代的司法制度基本上继承秦代制度，中央司法机关仍为廷尉，地方由郡县长官兼任司法官吏，具有一定的司法职权，东汉末年刺史也掌握一定的地方司法权。审判的程序，仍然是自诉和公诉相结合；审判主要依靠口供，也常常使用刑讯；一审不服，允许上诉，称为乞鞫，判决后宣读审判书，称为读鞫。但是，汉代还有一种有特色的司法制度——奏谳制度。这种疑案逐级上报讨论解决，重大疑难案件甚至可以交皇帝裁决的司法制度在实践中客观上对防止司法腐败、澄清吏治起到了一定的作用。《汉书·刑法志》载：

> 高皇帝七年，制诏御史："狱之疑者，吏或不敢决，有罪者久而不论，无罪者久系不决。自今以来，县道官狱疑者，各谳所属二千石官，二千石官以其罪名当报之。所不能决者，皆移廷尉，廷尉亦当报之。廷尉所不能决，谨具为奏，傅所当比律令以闻。"上恩如此，吏犹不能奉宣。故孝景中五年复下诏曰："诸狱疑，虽文致于法而于人心不厌者，辄谳之。"其后狱吏复避微文，遂其愚心。至后元年，又下诏曰："狱，重事也。人有愚智，官有上下。狱疑者谳，有令谳者已报谳而后不当，谳者不为失。"自此之后，狱刑益详，近于五听三宥之意。

汉高祖为了解决"狱之疑者，吏或不敢决，有罪者久而不论，无罪者久系不决"的问题，于高祖七年提出了"奏谳制度"。奏谳，是将疑难案件上报给上级机关讨论解决的制度。[98]郡守主持县审的奏谳，廷尉主持郡审的奏谳，皇帝主持廷尉

审的奏谳。奏谳制度是作为"德政"的一项措施提出来的,目的是解决汉初法制不完善,疑案久拖不决的问题。到了东汉中后期,法律越来越完备,法治却越来越紊乱,这项制度渐渐废弛。

有关奏谳制度的具体执行情况,以往史籍语焉不详。直到江陵张家山汉墓《奏谳书》简册出土才为解析这一制度提供了翔实可靠的珍贵资料,也引起了学界极大关注。[99] 从出土的《奏谳书》看,这是秦和汉初十余年间议罪的案例汇编,较详细地反映了汉代的奏谳制度。这些案例均系实有案件,而且有一个突出的特点,那就是反映了对官吏犯罪行为的严厉惩处。所载十六个西汉案例中,有十例是专为犯罪官吏定罪时向上一审级奏谳的。有的学者将《奏谳书》所反映的汉初对吏治的整饬,概括为严厉惩处官吏危害中央集权的行为、严厉惩处官吏的杀人行为、严厉惩处官吏的盗窃行为、严厉惩处官吏藏匿户籍的行为、严厉惩处司法官吏的纵囚行为、严厉惩处司法官吏治狱不直的行为、严厉惩处官吏欺世盗名的行为和惩处官吏的受贿行为等方面。[100]

疑狱本身包括复杂、是非难辨的案件,或案件事实清楚但适用法律难以把握等两种情况。在一定意义上说,奏谳制度作为一项司法制度在实践中客观上起到了防止司法腐败的作用:一是对于疑难案件,要求逐级上报,由上级机关进行讨论,这样在一定程度上可以避免在司法实践中随意断案甚至以权谋私的情况。二是由于要求上报疑难案件并由上一级机关审理,这在某种程度上把下级对案件的审理置于上级监督之下。三是论罪断案交由集体讨论,可以有效防止对疑案的个人独断和徇私枉法的行为。

值得注意的是,汉代在继承前代申诉制度的基础上,进一步完善了吏民不服判决而进行申诉和上诉的乞鞫制度。秦已有乞鞫制度,睡虎地秦简《法律答问》载:"以乞鞫及为人乞鞫者,狱已断乃听,且未断犹听也?狱断乃听之。"意思是犯人不服判决,乞鞫复审是在判决执行后还是判决执行前,法律规定"狱断乃听之"。这段法律解释所透露的信息极其有限:第一,"乞鞫及为人乞鞫",指哪些人有权乞鞫,还有哪些人可以为别人乞鞫;第二,"狱断乃听之",是指判决后可以接受乞鞫,还是执行后允许乞鞫以及有哪些部门可以接受乞鞫等问题并不明确。[101]张家山汉简《二年律令·具律》[102]对乞鞫制度有详细规定:"罪人狱已决,自以罪不当欲乞鞫者,许之。乞鞫不审,加罪一等;其欲复乞鞫,当刑者,刑乃听之。死罪不得自乞鞫,其父、母、兄、姊、弟、夫、妻、子欲为乞鞫,许之。其不审,黥为城旦舂。年未盈十岁为乞鞫,勿听。狱已决盈一岁,不得乞鞫。乞鞫者各辞在所县道,县道官令、长、丞谨听,书其乞鞫,上狱属所二千石官,二千石官令都吏覆之。都吏所覆治,廷及郡各移旁近郡,御史、丞相所覆治移廷。"[103]

据此,作为司法制度的乞鞫制度给予了吏民申诉鸣冤的机会,而且原审机关不参加案件的复审,这对于防止司法官吏在司法实践中徇私枉法起到了监督和约束作用,在一定程度上有利于防止司法腐败的发生。

/ 注释 /

1. 《韩非子·定法》。
2. 《全宋文》第90卷,第104页。
3. [宋] 卫湜:《礼记集说》卷二十五,台北商务印书馆"景印文渊阁四库全书"本。
4. 秦汉选官可参阅黄留珠:《秦汉仕进制度》。
5. 参见安作璋:《秦汉官吏法研究》第二章,齐鲁书社1993年版。
6. 《汉书》卷六《武帝纪》载:"建元元年冬十月,诏丞相、御史、列侯、中二千石、二千石、诸侯相举贤良方正直言极谏之士。丞相绾奏:'所举贤良,或治申、商、韩非、苏秦、张仪之言,乱国政,请皆罢。'"。
7. 孝廉在汉武帝时成为重要的选官制度,东汉进一步完善,根据各州郡人口察举。有学者统计,西汉共举孝廉三万余人,东汉察孝廉四万余人。据《后汉书·左雄传》载,为了抑制举孝廉中的舞弊行为,东汉中期以后,举孝廉者须通过试家法、课笺奏的考试后方可任官。
8. 《汉书》卷六《武帝纪》。

9. 颜师古注云：孝谓善事父母，廉谓清洁有廉隅者。
10. 《汉书》卷六《武帝纪》载：元朔元年，"令二千石举孝廉，所以化元元，移风易俗也。不举孝，不奉诏，当以不敬论。不察廉，不胜任也，当免"。
11. 《后汉书》志第二十四《百官一》注引《汉官目录》。
12. 《汉书》卷九《元帝纪》。
13. 《汉书》卷六《武帝纪》载：建元元年，武帝"议立明堂。遣使者安车蒲轮，束帛加璧，征鲁申公"。《汉书》卷五十一《枚乘传》载："武帝自为太子闻乘名，及即位，乘年老，乃以安车蒲轮征乘，道死。"
14. 参见严耕望：《中国地方行政制度史·秦汉地方行政制度》第十一章《籍贯限制》，上海古籍出版社2007年版。安作璋、熊铁基：《秦汉官职史稿》(下)，齐鲁书社1986年版，第376页。
15. 参见《汉书》卷七十九《冯野王传》，《汉书》卷三十六《刘歆传》。又如《后汉书》卷四十二《光武十王列传》记载"宗室子弟无得在公卿位"，《后汉书》卷六十三《李固传》载"禁侍中尚书中臣子弟不得为吏察孝廉"。
16. 关于"三互法"产生的具体时间学术界有不同看法，有人说产生于桓帝时期，有人说产生于灵帝时期。
17. 《后汉书》卷六十下《蔡邕传》。
18. 参见白纲主编，孟祥才著：《中国政治制度通史·秦汉》，人民出版社1996年版，第384页。
19. 《汉书》卷三十六《刘歆传》。
20. 《汉书》卷七十九《冯野王传》。
21. 《后汉书》卷二《明帝纪》。
22. 《汉书》卷三十九《萧何曹参传》。
23. 《后汉书》卷六十一《黄琼传》。
24. 《后汉书》卷三十四《梁冀传》。
25. 司马光在《资治通鉴》卷五十七《汉纪四十九》灵帝熹平四年条讲述"三互法"后有段评论："臣光曰：叔向有言：'国将亡，必多制。'明王之政，谨择忠贤而任之，凡中外之臣，有功则赏，有罪则诛，无所阿私，法制不烦而天下大治。所以然者何哉？执其本故也。及其衰也，百官之任不能择人，而禁令益多，防闲益密，有功者以阁文不赏，为奸者以巧法免诛，上下劳扰而天下大乱。所以然者何哉？逐其末故也。孝灵之时，刺史、二千石贪如豺虎，暴殄蒸民，而朝廷方守三互之禁。以令视之，岂不适足为笑而深可为戒哉！"

26. 据《后汉书》相关传记记载，窦太后在和帝即位后临朝称制，其"父子兄弟并居列位，充满朝廷""刺史、守令多出其门"。邓太后专权时，邓氏一门"自中兴后，累世宠贵，凡侯者二十九人，公二人，大将军以下十三人，中二千石十四人，列校二十二人，州牧、郡守四十八人，其余侍中、将、大夫、郎、谒者不可胜数，东京莫与为比"。到东汉后期，宦官更是遍植党羽，桓帝延熹中，"宦官方炽，任及子弟为官，布满天下"。宦官单超的"兄弟姻戚皆宰州临郡"，其他宦官也是"宗族宾客虐遍天下，民不堪命"。

27. 参见《后汉书》志第二十四《百官志一》，志第二十八《百官志五》。

28. 《后汉书》卷四十八《应奉传》注引谢承《后汉书》云："奉为上计吏，许训为计掾，俱到京师。训自发乡里，在路昼顿暮宿，所见长吏、宾客、亭长、吏卒、奴仆，训皆密疏姓名，欲试奉。还郡，出疏示奉。"

29. 参见谢桂华、李均明、朱国炤：《居延汉简释文合校》（上），文物出版社1987年版。

30. 汉初，曾设立过计相专管郡国上计。《汉书》卷四十二《张苍传》载：张苍"迁为计相，一月，更以列侯为主计四岁"。

31. 《汉书》卷八十三《薛宣传》。

32. 《汉书》卷六《武帝纪》载：元封五年封泰山，受郡国计。太初元年封泰山，就地受计。

33. 《商君书·修权》。

34. 《韩非子·定法》。

35. 《汉书》卷七十四《魏相传》。

36. 《汉书》卷九十五《西南夷两粤朝鲜传》。

37. 《后汉书》卷六十二《荀悦传》。

38. 谢桂华、李均明、朱国炤：《居延汉简释文合校》（上），第55、56页。

39. 参见连云港市博物馆等编：《尹湾汉墓简牍》。

40. 《汉书》卷八十三《薛宣传》。

41. 《汉书》卷八十九《循吏传》。

42. 《汉书》卷七十八《萧咸传》。

43. 《汉书》卷八十九《循吏传》。

44. 《汉书》卷八十九《循吏传》。

45. 《汉书》卷七十八《萧育传》。

46. 《汉书》卷五十八《公孙弘传》载："武帝初即位，招贤良文学士，是时弘年六十，以贤良征为博士。使匈奴，还报，不合意，上怒，以为不能，弘乃移病免归。"

47. 《汉书》卷五《景帝纪》。

48. 《汉书》卷七十二《贡禹传》。

49. 《后汉书》卷三十九《刘恺传》。

50. 《后汉书》卷四十六《陈忠传》。

51. 《秦律十八种·传食律》："御史卒人使者，食粺米半斗，酱四分升一，菜羹，给之韭葱。其有爵者，自官士大夫以上，爵食之。使者之从者，食粝米半斗；仆，少半斗。"

52. 《汉书》卷十九上《百官公卿表》。

53. 如《汉书》卷六十八《霍光传》载："霍氏奴入御史府，欲躢大夫门，御史为叩头谢，乃去。"

54. 《汉书》卷十九上《百官公卿表》云："御史大夫，秦官，位上卿，银印青绶，掌副丞相。有两丞，秩千石。一曰中丞，在殿中兰台，掌图籍秘书，外督部刺史，内领侍御史员十五人，受公卿奏事，举劾按章。成帝绥和元年更名大司空，金印紫绶，禄比丞相，置长史如中丞，官职如故。哀帝建平二年复为御史大夫，元寿二年复为大司空，御史中丞更名御史长史。侍御史有绣衣直指，出讨奸猾，治大狱，武帝所制，不常置。"

55. 《后汉书》志第二十六《百官三》云："御史中丞一人，千石。本注曰：御史大夫之丞也。旧别监御史在殿中，密举非法。及御史大夫转为司空，因别留中，为御史台率，后又属少府。治书侍御史二人，六百石。本注曰：掌选明法律者为之。凡天下诸谳疑事，掌以法律当其是非。侍御史十五人，六百石。本注曰：掌察举非法，受公卿群吏奏事，有违失举劾之。凡郊庙之祠及大朝会、大封拜，则二人监威仪，有违失则劾奏。"

56. 《后汉书》卷二十七《宣秉传》。

57. 部刺史之名在汉代数经变更，汉成帝绥和元年改称州牧，哀帝建平二年复称刺史。元寿二年又称牧，东汉建武十八年，复称刺史，汉灵帝中平五年改作州牧，不久又改名刺史。黄巾起义爆发后，刺史掌州郡大权，其监察职能逐渐淡化。

58. 《汉书》卷十九上《百官公卿表》。

59. 部刺史按"六条"问事，但对刺史本身也有法纪约束。据《汉书·朱博传》可知，刺史巡察期间，不忠于职守、不按条察事等都要受到处罚，而不惧豪强、功劳显著者要破格升迁。

60. 《汉书》卷十九上《百官公卿表》。又，荀绰《晋百官表》注曰：司隶校尉，周官也。征和中，阳石公主巫蛊之狱起，乃依周置司隶。

61. 《后汉书》志第二十七《百官四》司隶校尉条云："司隶校尉一人，比二千石。本注曰：孝武初置，持节，掌察举百官以下，及京师近郡犯法者。"蔡质《汉旧仪》云：司隶校尉职在典京师，外部诸郡，无所不纠。封侯、外戚、三公以下，无尊卑。《文献通考》卷六十一《职官考十五》司隶校尉条云：冠进贤冠，属大司空，比司直。司隶掌察皇太子以下，行马内事，皆主之。专道而行，专席而坐，初除皆谒两府。无所不纠，惟不察三公。

62. 给事中即后来六科给事中的前身，虽然秦汉时期给事中的具体情况不太清楚，但从其因袭流变来看，设置此官的目的在于监察各个职能部门。给事中因事殿中，备顾问应对，讨论政事，故名。晋始为正官。隋唐以后，成为门下省之属官，掌驳正政令之事。唐一度改称"东台舍人"，旋复旧称。元代废门下省，给事中又兼修起居注，明沿宋给事中分六房之制，定为吏、户、礼、兵、刑、工六科，每科设都给事中一人，左、右给事中各一人，给事中若干人，抄发章疏，稽察违误，其权颇重。清代只设"六科掌印给事中""给事中",隶属于都察院,与御史之职权无别。

63. 睡虎地秦简整理小组:《睡虎地秦墓竹简·语书》。以下所引睡虎地秦简皆据该书,不再逐一出注。

64.《史记》卷六《秦始皇本纪》。

65. 关于《为吏之道》的性质,学术界有不同的看法,有的认为是行政法(参阅季勋:《云梦睡虎地秦简概述》,《文物》1976年第5期),也有的认为不属于行政法(参阅周生春、韦光燕:《云梦秦简行政法文献新论》,《浙江大学学报》2005年第1期)。

66. 参见雷戈:《为吏之道——后战国时代官僚意识的思想史分析》,《首都师范大学学报》2005年第1期。

67. 这个问题武玉环先生作了详细考察。参见武玉环:《从〈睡虎地秦墓竹简〉看秦国地方官吏的犯罪与惩罚》,《吉林大学学报》2003年第9期。

68.《汉书》卷三十五《荆燕吴传》。

69. [汉]卫宏撰,[清]孙星衍校集:《汉旧仪·补遗》卷上,见周天游点校《汉官六种》,中华书局1990年版。

70. [汉]卫宏《汉官旧仪》卷上(见《汉官六种》)云:"诏御史,其赦天下自殊死以下。及吏不奉法,乘公就私,凌暴百姓,行权相放,治不平正,处官不良,细民不通,下失其职,俗不孝弟,不务于本,衣服无度,出入无时,众彊胜寡,盗贼滋彰,丞相以闻。于是乃命刺史出刺并察监御史。元封元年,御史止不复监。后御史职与丞相参增吏员,凡三百四十一人,分为吏、少史、属,亦从同秩补,率取文法吏。"

71.《汉书》卷十九上《百官公卿表》。

72. 顾炎武《日知录》卷九《部刺史》云:"于是罢州牧,复置刺史。刘昭之论,以为刺史监纠非法,不过六条,传车周流,匪有定镇,秩裁六百,未生陵犯之衅。成帝改牧,其萌始大。合二者之言观之,则州牧之设,中材仅循资自全,强者至专权裂土。然后知刺史六条为百代不易之良法,而今之监察御史巡按地方,为得古人之意矣。"

73. 如《汉书·隽不疑传》载其为青州刺史收捕欲谋叛乱的齐孝王孙刘泽,《汉书·河间献王刘德传》附《刘元传》载"甘露中,冀州刺史敞奏元,事下廷尉",《汉书·代孝王刘参传》附《刘年传》载"地节中,冀州刺史林奏年为太子时与女弟则私通"等。

74.《汉书》卷五十九《张汤传》。

75.《汉书》卷八十四《翟方进传》。

76.《汉书》卷七十二《鲍宣传》。

77. [清] 王鸣盛：《十七史商榷》卷十四《刺史权重秩卑》，商务印书馆1959年版。

78.《汉书》卷九十《严延年传》。

79.《史记》卷七十九《范雎列传》记载："秦之法，任人而所任不善者，各以其罪罪之。"

80.《汉书》卷五十六《董仲舒传》。

81.《史记》卷六《秦始皇本纪》载："三十四年，適治狱吏不直者，筑长城及南越地。"

82.《汉书》卷二十三《刑法志》。

83.《汉书》卷六十六《陈万年传》如淳注："律，主守而盗直十金，弃市。"

84.《汉书》卷八十一《匡衡传》。

85.《后汉书》志第十一《天文志中》。

86.《后汉书》志第十二《天文志下》。

87.《后汉书》卷七《桓帝纪》。

88. 朱红林：《张家山汉简〈二年律令〉集释》，第296页。

89. 参见卜宪群、刘杨：《秦汉日常秩序中的社会与行政关系初探》，《文史哲》2013年第4期。

90.《汉书》卷七十六《张敞传》。

91.《汉书》卷七十二《鲍宣传》。

92.《周礼·夏官·大仆》。

93.《周礼·秋官·大司寇》。

94. 如《汉书》卷六十三《戾太子传》中壶关三老为太子所作辩护就是一篇完整的"言变事书"。

95. 如《居延汉简》甲乙编387. 12，甲乙编46. 23。《流沙坠简》杂事类17等。

96. 林梅村、李均明：《疏勒河流域出土汉简》，文物出版社1984年版，第162页。

97. 张晋藩主编：《中国法制通史》（第二卷），中国政法大学出版社1999年版，第

322页。

98. 参见李学勤:《奏谳书解说》,《文物》1995年第1、2期。
99. 参见蔡万进:《张家山汉简〈奏谳书〉研究》,广西师范大学出版社2006年版;罗鸿瑛:《汉代奏谳制度考略》,《现代法学》1996年第5期。
100. 参见刘向明:《张家山汉简〈奏谳书〉所见汉初对官吏犯罪的惩处》,《嘉应学院学报》2004年第4期。
101. 参见蔡万进:《〈奏谳书〉与秦汉法律的实际运用》,《南都学坛》2006年第2期。
102. 张家山汉简《二年律令》中有《具律》,也有学者把《具律》中一些内容单独析出,名为《囚律》。
103. 朱红林:《张家山汉简〈二年律令〉集释》,第93页。

第四章

秦汉时期思想舆论导向与反腐败思想的发展

反腐与倡廉是一个问题的两个方面。前者是从制度和法律方面对腐败的外在约束，重点在惩处，其目的是告诉人们什么不可为；后者是通过典型事例、典型人物影响人们的内心活动，提高人们的思想境界，重点在于教育和防范，其目的是告诉人们什么可为。历史经验证明，在反腐败工作中，反腐和倡廉两手都要抓，两手都要硬，二者缺一不可。

第一节　表彰廉吏

汉代廉政建设从汉初就表现出鲜明的特点：一是廉政制度化。汉朝的一些政治制度建设有些是直接针对腐败的，有些虽然不是直接针对腐败，但在实际工作中也起到了防范和抑制腐败的作用。二是廉政的常态化。汉高祖刘邦进入关中时就注意保持官僚队伍的廉洁，刘邦宣布约法三章，废除秦朝苛政，就是用实际行动与秦朝奢侈淫欲、堕落腐化的政治划清界限。以后的文帝、景帝、武帝和东汉诸帝都不断通过制度建设施行廉政。三是进一步表彰和任用廉吏，树立反腐倡廉典型，从正面进行廉政建设，在用人、知人，反贪与奖廉方面开展了许多建设性工作。这里重点阐述汉代表彰和任用廉吏方面的举措和成就，帮助读者认识汉代怎样运用舆论导向反腐倡廉。

首先，汉代在官吏选拔上以"廉"为重要标准，从官吏入口上堵塞贪官污吏进入官场的门径。汉承秦制，选官标准在遵循秦朝制度的基础上有所改进和发展,以贤能举人。刘邦建立汉政权不久,发布求贤令,诏令各级官吏要访求招揽并登门聘请贤能之士,并将他们的行、义、年等有关资料送报官府,量材录用,授予官职。这一方面扩大了西汉政权的社会基础,同时也从选官任人方面尽量保证了官吏队伍的清廉。

汉文帝在位时,提出"右贤左戚""先民后己"[1]的口号,即尊重贤能之士,疏远外戚之官,诏官吏举荐贤良。文帝还将孝悌、力田、廉吏三者结合起来,大力进行表彰:

> 孝悌,天下之大顺也;力田,为生之本也;三老,众民之师也;廉吏,民之表也。朕甚嘉此二三大夫之行。今万家之县,云无应令,岂实人情?是吏举贤之道未备也。其遣谒者劳赐三老、孝者帛,人五匹;悌者、力田二匹;廉吏二百石以上率百石者三匹。及问民所不便安,而以户口率置三老孝悌力田常员,令各率其意以道民焉。[2]

汉文帝在表彰廉吏的同时,实际上也规定了廉吏的职责范围和内容。廉吏既要承担提倡伦理道德、教化民众的责任,还要完成发展生产、促进社会进步的任务。

汉武帝即位之初,为寻求治国方策,诏令各级官吏举贤良方正入京对策,正是这次对策,促使了汉朝统治政策的重大转变。也许汉武帝是从这次举贤良方正的对策中感受到求贤任能实实在在的好处,他于元光元年(前134年)将过去察举、征辟人才的一些做法制度化,形成系统的人才选拔制度——察举征辟制。《汉书·武帝纪》载:"元光元年冬十一月,初令郡国举孝廉各一人",元光五年又诏"征吏民有明当世之务、习先圣之术者,县次续食,令与计偕"。察举征辟制是以"孝""廉""能""贤"为标准,通过察举和征辟的方式把对国家有用的人才选拔出来,这对提高官僚队伍的素质,改善官僚队伍结构,保持官僚队伍清廉起到了很重要的作用。尽管后来出现"举秀才,不知书;察孝廉,父别居"[3]的情况,这不完全是察举征辟制本身的错误,而是君主专制制度下察举征辟的权力被少数权势者垄断后出现的制度异化。

选拔人才以廉作为重要标准，实际上是对廉吏的最好表彰。通过选官制度这个方向标和杠杆，既为社会树立入仕做官的道德准则，同时也打通了许多廉洁之士步入官场的途径，如昭宣时期的名相黄霸就是因为在汉武帝时期以廉而屡获升迁的：

> 黄霸字次公，淮阳阳夏人也，以豪桀役使徙云陵。霸少学律令，喜为吏，武帝末以待诏入钱赏官，补侍郎谒者，坐同产有罪劾免。后复入谷沈黎郡，补左冯翊二百石卒史。冯翊以霸入财为官，不署右职，使领郡钱谷计。簿书正，以廉称，察补河东均输长，复察廉为河南太守丞。霸为人明察内敏，又习文法，然温良有让，足知，善御众。为丞，处议当于法，合人心，太守甚任之，吏民爱敬焉。

黄霸任颍川太守八年，力劝农桑，重视教化，政绩斐然，史称"（黄）霸以外宽内明得吏民心，户口岁增，治为天下第一"。为此，宣帝下诏封黄霸为关内侯，赐黄金百斤，旋拜为太子太傅，迁御史大夫。汉宣帝五凤三年（前55年），黄霸代丙吉为丞相，改封建成侯（建成侯国在今河南永城市），食邑六百户。但史称黄霸擅长治民，却不善于为相。他任丞相五年，建树不多，风采不如前任，名声也逊于他在颍川太守任时。不过"自汉兴，言治民吏，以霸为首"[4]，后世把他与龚遂一同视为中国封建社会循吏之代表。

在表彰廉吏的政策下，汉代涌现出了一大批廉吏，为汉代官场注入了一股清流。这些廉吏在不同的领域、不同的岗位上，一方面以身作则，清廉自守，另一方面与腐败进行坚决斗争。《史记》《汉书》和《后汉书》中都有《循吏传》，"循"如颜师古所注，就是"上顺公法，下顺人情也"。《汉书·循吏传》序云：

> 汉兴之初，反秦之敝，与民休息，凡事简易，禁罔疏阔，而相国萧、曹以宽厚清静为天下帅，民作"画一"之歌。孝惠垂拱，高后女主，不出房闼，而天下晏然，民务稼穑，衣食滋殖。至于文、景，遂移

风易俗。是时循吏如河南守吴公、蜀守文翁之属,皆谨身帅先,居以廉平,不至于严,而民从化。

司马迁认为:"奉法循理之吏,不伐功矜能,百姓无称,亦无过行。"[5]即不求有功、但求无过的官吏便是循吏。班固、范晔的观点基本一致,他们认为"循吏"即为"良吏",《汉书·循吏传》序云:

> 太守,吏民之本也,数变易则下不安,民知其将久,不可欺罔,乃服从其教化。故二千石有治理效,辄以玺书勉励,赠秩赐金,或爵至关内侯,公卿缺则选诸所表以次用之。是故汉世良吏,于是为盛,称中兴焉。若赵广汉、韩延寿、尹翁归、严延年、张敞之属,皆称其位,然任刑罚,或抵罪诛。王成、黄霸、朱邑、龚遂、郑弘、召信臣等,所居民富,所去见思,生有荣号,死见奉祀,此廪廪庶几德让君子之遗风也矣。

通读班、范二人循吏传,可知循吏有两方面突出特点:一是治民宽缓,令其安居乐业;二是教化一方,使其移风易俗。这些循吏在封建社会里,无疑也就是为人称道的廉吏。汉代廉吏很多,其代表人物有董宣、杨震等。

"强项令"董宣是东汉光武帝时的洛阳县令,他上任那天,没有坐八抬大轿,反而是抬了一口棺材进县衙。原因是当时洛阳是首都,皇亲国戚云集,而这些人大都是贪赃枉法者,想要整饬他们,就得随时把命豁出去,所以棺材是留给自己用的。《后汉书·董宣传》载:

> (宣)后特征为洛阳令。时湖阳公主苍头白日杀人,因匿主家,吏不能得。及主出行,而以奴骖乘,宣于夏门亭候之,乃驻车叩马,以刀画地,大言数主之失,叱奴下车,因格杀之。主即还宫诉帝,帝大怒,召宣,欲箠杀之。宣叩头曰:"愿乞一言而死。"帝曰:"欲何言?"宣

曰:"陛下圣德中兴,而纵奴杀良人,将何以理天下乎?臣不须箠,请得自杀。"即以头击楹,流血被面。帝令小黄门持之,使宣叩头谢主,宣不从,强使顿之,宣两手据地,终不肯俯。主曰:"文叔为白衣时,臧亡匿死,吏不敢至门。今为天子,威不能行一令乎?"帝笑曰:"天子不与白衣同。"因敕强项令出。赐钱三十万,宣悉以班诸吏。由是搏击豪强,莫不震栗。京师号为"卧虎"。歌之曰:"枹鼓不鸣董少平。"

这则材料记载的是当时极有权势的湖阳公主家奴仗势杀人并占人家产,董宣毫不客气地将他拘捕,并当着湖阳公主的面把该家奴正法。而其他大臣子弟贪赃枉法者,也大多逃不过他的法眼和惩处。董宣不但执法公正严明,而且也清廉无私,去世时,家中仅有"大麦数斛、敝车一乘"。光武帝刘秀知道后,竟感动得流下眼泪。后来明太祖朱元璋最喜欢用董宣的故事来告诫他的官吏,尤其要求监察御史均须效法他的精神。

东汉中期以后,朝政腐败、官吏贪污。但是在安帝时,享有"关西孔子"美誉的杨震,却是当时的一股清流。《后汉书·杨震传》载:

大将军邓骘闻其贤而辟之,举茂才,四迁荆州刺史、东莱太守。当之郡,道经昌邑,故所举荆州茂才王密为昌邑令,谒见,至夜怀金十斤以遗震。震曰:"故人知君,君不知故人,何也?"密曰:"暮夜无知者。"震曰:"天知,神知,我知,子知。何谓无知!"密愧而出。后转涿郡太守。性公廉,不受私谒。子孙常蔬食步行,故旧长者或欲令为开产业,震不肯,曰:"使后世称为清白吏子孙,以此遗之,不亦厚乎!"

俗话说:"若要人不知,除非己莫为。"孟子也曾强调过所谓的"夜气"。也就是说在夜阑人静时,一个人只要端坐省思,自然就会有一股明是非、别善恶之"气"。而这股"气",人皆有之,但是要靠不断的修持,才能永葆清明,不受蒙蔽。杨震就是善养其"气"的最佳典范。

大力表彰廉吏，尤其是在选官制度中特设"廉吏"一科是汉代倡廉的重要特点之一，对于培养汉代官吏以廉为本、树立高尚节操有着重要意义。表彰廉吏，实质上就是树典型、立榜样、弘正气，通过对廉吏的表彰，引导社会思想舆论，营造清廉自守的思想环境和社会氛围，这是反腐败的治本之策。

第二节　贾谊对浮靡世风危害的认识

秦汉时期的政治家和思想家们鉴于历史的经验和教训，从各个不同方面对腐败现象及其危害都有着深刻的认识，这些思想成果丰富、认识深刻，其中贾谊对浮靡世风的危害性的认识具有很好的启示意义。

著名的思想家、政治家贾谊撰著《新书》（即《贾子》），对秦汉之际历史经验进行了深刻总结。《新书》今存十卷五十八篇（其中《问孝》《礼容语上》两篇有目无文），内容十分丰富。值得我们注意的是，贾谊以深沉的忧患意识对浮靡世风及其危害有了深刻认识。《新书·俗激》批评汉初开始出现的奢靡之风说：

> 今世以侈靡相竞，而上亡制度，弃礼谊，捐廉耻，日甚，可谓月异而岁不同矣。逐利不耳，虑非顾行也。今其甚者，杀父兄矣，盭大母矣，踝妪矣，刺兄矣。盗者虑探柱下之金，刬寝户之帘，搴两庙之器，白昼大都之中，剽吏而夺之金。矫伪者出几十万石粟，赋六百余万钱，乘传而行郡国，此其亡行义之尤至者已。其余猖獗而趋之者，乃豕羊驱而往。是类管子谓"四维不张"者也与！窃为陛下惜之。

正是这种奢靡之风蛀蚀了人们的心灵，在物欲的驱使下，人异化为物质的奴隶，追名逐利，置道德和法律于不顾，严重损害了社会经济。贾谊在《新书·瑰玮》

中指出：

> 夫雕文刻镂，周用之物繁多，纤微苦窳之器，日变而起，民弃完坚，而务雕镂纤巧，以相竞高。作之宜一日，今十日不轻能成。用一岁，今半岁而弊。作之费日挟功，用之易弊。不耕而多食农人之食，是天下之所以困贫而不足也。
>
> 世淫侈矣，饰知巧以相诈利者为知士，敢犯法禁昧大奸者为识理。故邪人务而日起，奸诈繁而不可止，罪人积下众多而无时已。君臣相冒，上下无辨，此生于无制度也。

社会风气的浮侈倾向败坏人心，令人对道德和法律失去最基本的敬畏，其结果是政治昏浊、世风败坏、社会失序，最终危及国家。贾谊《新书·无蓄》指出：

> 今背本而趋末，食者甚众，是天下之大残也；从生之害者甚盛，是天下之大贼也；汰流、淫佚、侈靡之俗日以长，是天下之大祟也。残贼公行，莫之或止；大命泛败，莫之振救……生之者甚少而靡之者甚众，天下之势，何以不危？

抵制和遏止浮侈风气的泛滥，最重要的是确立和维护国民经济之"本"，即劝课农耕，也就是贾谊《新书·瑰玮》中所说的"以本予民"。重民的一个重要原则是仁爱民众，不仅要有仁爱民众之心，也要有仁爱民众之举。只有统治者仁民爱物，腐败的现象才可以相对减少，腐败的程度才会有所降低，并从内心自觉的方面起到防范腐败的作用。

第三节　刘向的德治主张

在专制主义中央集权的政治体制下，统治者的权力缺乏有效约束。在政治体制暂时无法改变的情况下，要抵制和防止政治腐败，可行的途径之一就是从观念层面倡导德治，反对贪暴，使为政清廉成为社会推崇的价值观念。自先秦以来，以德治国就是我国重要的政治理念，以德政反对暴政苛政，以德政为基础倡行廉政也是国人的政治理想，在一定意义上说，以德治国是廉政思想的基础和重要组成部分。刘向在继承前代德治思想的基础上，对统治者为官理政提出了新的要求。

刘向《说苑》卷五《贵德》引用了魏武侯与吴起的一段对话：

> 魏武侯浮西河而下，中流，顾谓吴起曰："美哉乎河山之固也，此魏国之宝也！"吴起对曰："在德不在险。昔三苗氏左洞庭而右彭蠡，德义不修，而禹灭之。夏桀之居，左河、济而右太华，伊阙在其南，羊肠在其北，修政不仁，而汤放之。殷纣之国，左孟门而右太行，常山在其北，大河经其南，修政不德，武王伐之。由此观之，在德不在险。若君不修德，船中之人尽敌国也。"武侯曰："善。"

刘向借吴起与魏武侯关于为政以德的讨论，来阐明国家兴亡与德的关系。刘向指出："夫人臣犹贵仁，况于人主乎？故桀、纣以不仁失天下，汤、武以积德有海土，是以圣王贵德而务行之。""王者盛其德而远人归，故无忧。"既然德与国家兴亡的关系如此密切，那么统治者应修身积德，节欲除贪。刘向说："凡人之性，莫不欲善其德，然而不能为善德者，利败之也。"所以"君子羞言利名。言利名尚羞之，况居而求利者也"。在刘向看来，上之所好，下必行之，"天子好利则诸侯贪，诸侯贪则大夫鄙，大夫鄙则庶人盗。上之变下，犹风之靡草也"。统治者好利的结果是臣民自上而下的贪、鄙、盗。贪利纵欲有百害而无一利，应坚决杜绝。所以人君应该"明贵德而贱利，以道下"。[6]也就是说，统治者应作出表率，弃贪尚廉，这样才有助于营造社会崇尚道德、清正廉明的风气。

刘向对于春秋时期晋国的叔鱼之贪、雍子之贿、邢侯之暴，极为厌恶。刘向在记述"遂族邢侯氏，而尸叔鱼与雍子于市"时说，这是"贪人败类"的必然下场。[7]刘向认为，作为官吏要"毋杀不辜"，应如郑相子产任政内惠于民，鲁相公仪休"苟令吾不布"，信阳令子贡"无夺、无伐、无暴、无盗"，齐太仓令淳于意为官"廉平"。

刘向反对奢侈，讲究实用，《说苑·反质》篇专论崇俭戒奢，其中如"以俭为礼""君子以德华国""以俭得之，以奢失之"等语明确表达了这一观点。《新序》卷六有专篇《刺奢》，文中列举夏桀造瑶台，作酒池肉林；商纣王用七年时间，耗费无数造成"其大三里，高千尺，临望云雨"的鹿台；魏王起中天台，并"令曰：敢谏者死"；齐宣王"为大室，大盖百亩，堂上三百户。以齐国之大，具之三年而未能成。群臣莫敢谏"；赵襄子"饮酒，五日五夜不废酒"，还要对"侍者曰：我诚邦士也，夫饮酒五日五夜矣，而殊不病"；齐景公"饮酒而乐，释衣冠，自鼓缶"，并"谓侍者曰：仁人亦乐是夫？"等历史上奢侈纵欲的人和事，并借当时谏臣之口，对这些奢侈纵欲的行为进行批评，得出奢侈纵欲必然导致亡国的结论。

刘向还将"廉"赋予"气节"新的含义。他在《新序·节士》中专门记述历史上一些高风亮节的人物及其事迹，并把不受人之美玉的子罕和嗜鱼但不受别人馈鱼的郑相列为节士。这说明他所理解的廉不仅是不贪财物，也是一种高尚节操。司马迁曾经把"临财廉"看作是"国士之风"[8]，开始把廉与士风联系起来。子罕和郑相都身居高位，能做到不受玉，不受鱼，不利用职务之便谋取私利，通过拒贿表现自己的清廉不贪，这比一般的"临财廉"更加难能可贵，更能表现气节，因而刘向把他们列入《节士》。拒贿的官吏是刘向所赞赏的，而受贿的官吏也受到他的批评。刘向《列女传》卷一《齐田稷母》专门记载了这样一则历史故事：

> 田稷子相齐，受下吏之货金百镒，以遗其母。母曰："子为相三年矣，禄未尝多若此也，岂修士大夫之费哉！安所得此？"对曰："诚受之于下。"其母曰："吾闻士修身洁行，不为苟得。竭情尽实，不行诈伪。非义之事，不计于心。非理之利，不入于家。言行若一，情貌相副。今君设官以待子，厚禄以奉子，言行则可以报君。夫为人臣而事其君，犹为人子而事其父也。尽力竭能，忠信不欺，务在效忠，必死奉命，廉洁公正，故遂而无患。今子反是，远忠矣。夫为人臣不忠，是为人子不孝也。不义之财，非吾有也。不孝之子，非吾子也。子起。"田稷子惭而出，反其金，自归罪于宣王，请就诛焉。宣王闻之，大赏其母之义，遂舍稷子之罪，复其相位，而以公金赐母。君子谓，稷母廉而有化。诗曰："彼君子兮，不素飧兮。"无功而食禄，不为也，况于受金乎！

刘向在记述这则历史故事后发表评论，他赞颂说："田稷之母，廉洁正直，责子受金，以为不德，忠孝之事，尽财竭力，君子受禄，终不素食。"

刘向还主张执法公允，反对以私害公。他认为，欲使法令信，执法必须公。他指出，"《书》曰：'不偏不党，王道荡荡。'言至公也"，"当公法则不阿亲戚"，"公生明，偏生暗"，"夫以公与天下，其德大矣。推之于此，刑之于彼，万姓之所载，后世之所则也"。[9]

帝王、官吏等执法者，必须以身作则，依法办事。从君主方面说，应该兼听兼察，明断是非，不能以私害公。刘向谴责楚怀王放逐直言的屈原，批评齐景公因爱槐而令犯槐者刑、伤槐者死。他指出："明君之临国也……不以私恚害公法，不为六畜伤民人，不为野草伤禾苗。"[10] 只有克制自己的欲望，遏止心底的贪念，才能做到不以私害公，这是作为明君贤臣必须坚持的基本操守。

从官吏方面说,要像齐桓公的大理(法官)弦宁那样:"临官莫如平,临财莫如廉,廉平之守,不可攻也"[11]。听狱断案,奉法利民,不枉法以侵民,决狱折中,不诬无罪,不杀无辜,"有可与人共之者,君子不独有也"。[12]

要做到执法公允,不以公害私,就必须赏罚分明,反对有功不赏,有罪不罚。刘向认为赏罚也关系到国家的安危和百姓的治乱。他说:"司城子罕相宋,谓宋君曰:'国家之危定,百姓之治乱,在君之行赏罚也。赏当则贤人劝,罚得则奸人止。赏罚不当,则贤人不劝,奸人不止。'"[13]同样,有功不赏则"善不劝",有过不罚则"恶不惧"。[14]

但在赏与罚的问题上,刘向认为赏贤,首先要进贤,故诸侯进贤(贡士)与否,是非常重要的。进贤当赏,不进贤当罚。赏者赐,罚者黜。尤其是在罚的问题上,不要"以誉为功,以毁为罪,有功者不赏,有罪者不罚"[15]。对那些有过之人,应该考察其所犯错误的本质,如果有过错的人本质是好的,也可以有条件地加以任用。对于像陈汤那样既有功又有过者,刘向主张"论大功者不录小过,举大美者不疵细瑕"[16]。

第四节　董仲舒等人的治吏倡廉思想

官吏清廉与否是关系到政权存亡、国家兴衰的根本问题。历代有远见的统治者、思想家,都十分重视吏治问题。董仲舒主张以德治国[17],而以德治国的基础就是治吏,只有吏治清明,才能保证德治落到实处。只有各级官吏心清行洁,廉政勤政才能得到根本保障。

董仲舒认为以德治国必先治官。董仲舒针对汉初以来出现的种种时弊进行了深刻揭露和批评,他在《贤良对策》中揭露那些"身宠而载高位,家温而食厚禄"的官僚贵族"因乘富贵之资力,以与民争利于下",导致社会上出现"众其奴婢,多其牛羊,广其田宅,博其产业,畜其积委,务此而亡已,以迫蹴民,民日削月朘，寖以大穷。富者奢侈羡溢，贫者穷急愁苦"的局面。[18] 董仲舒认为出现这种状况的根本原因在于吏治不清。郡守、县令的职责本来就是理政安民，但如果这些地方官吏贪得无厌、暴虐百姓，以德治国只能是一句空话。

同时，董仲舒指出，政治清明的关键在于选官举人，这是关系到国家兴衰存亡的大问题。如果奸佞当道，官皆贪墨，那么就必然导致政治腐败、国家乱危的局面。如果知贤而不用，也会产生主卑国危的严重后果。董仲舒说：

> 以所任贤，谓之主尊国安。所任非其人，谓之主卑国危。万世必然，无所疑也。其在《易》曰："鼎折足，覆公𫗧。"夫鼎折足者，任非其人也。覆公𫗧者，国家倾也。是故任非其人而国家不倾者，自古至今未尝闻也。故吾按《春秋》而观成败，乃切悁悁于前世之兴亡也。任贤臣者，国家之兴也。夫知不足以知贤，无可奈何矣。知之不能任，大者以死亡，小者以乱危。[19]

为了证明吏治与国家兴亡的关系，董仲舒援引阴阳学说中的五行学说以解释《春秋》大义。他把五行释为五官，对五行的相生、相胜附以道德含义[20]，希望为整顿吏治提供本体论根据。董仲舒把五行比为五官，五官如果尚仁、尚智、尚信、尚义、尚礼，就会"比相生"，五官如果为奸、为逸、为神、为贼、为乱，就会"间相胜"。

西汉初年，继续实行任子制和任赀纳官制，公卿大夫可以任子为官，郡守等可任子为郎吏，也有以资财为吏者，从而使选举任官中任人唯亲现象越来越严重。董仲舒认为"长吏多出于郎中、中郎，吏二千石子弟选郎吏，又以富訾，未必贤也"[21]。因此，他对这种任子、纳赀制度明确表示反对，认为其为贪官污吏进入官僚队伍打开了方便之门。如果官吏世袭，花钱可以买官，这样的政权不走向腐败是不可能的，也不可能长久。[22]

董仲舒在坚决反对任人唯亲的同时，积极主张选举、任贤，并把其主张纳入天意范畴。董仲舒说："天有四时，时三月；王有四选，选三臣。是故有孟、有仲、有季，一时之情也；有上、有下、有中，一选之情也。三臣而为一选，四选而止，人情尽矣。"[23]董仲舒提出三公由"圣人"选，三卿由"君子"选，三大夫由"善人"选，三士由"正人"选。他说："人之材固有四选，如天之时固有四变也。圣人为一选，君子为一选，善人为一选，正人为一选，由此而下者，不足选也。"[24]在董仲舒看来，圣人"溥爱无私""君子廉洁而不污"，善人和正人善良正直，被选入官是天意所在。如果违背天意，选举任官不选贤、不任贤，天就会通过灾变予以警告和谴责，如出现冬温夏冷、寒暑失序等情况。如果出现这些灾异，可能的原因就是君主不明，善者不赏，不肖者在位，贤人被黜。拯救的办法只有"举贤良，赏有功，封有德"[25]。

董仲舒认为贤才要通过太学来培养。他说："然则常玉不琢，不成文章；君子不学，不成其德。臣闻圣王之治天下也，少则习之学，长则材诸位，爵禄以养其德，刑罚以威其恶，故民晓于礼谊而耻犯其上。"[26]为了能够得到贤俊之才，必须设立学校，以培养德才兼备之人。董仲舒向汉武帝献策建议说：

> 故养士之大者，莫大乎太学；太学者，贤士之所关也，教化之本原也。今以一郡一国之众，对亡应书者，是王道往往而绝也。臣愿陛下兴太学，置明师，以养天下之士，数考问以尽其材，则英俊宜可得矣。[27]

在董仲舒看来，设置学校培养英俊之才，应是国家的首要任务。董仲舒还认为通过地方推选也是选贤举能的重要手段。他说："使诸列侯、郡守、二千石各择其吏民之贤者，岁贡各二人以给宿卫，且以观大臣之能；所贡贤者有赏，所贡不肖者有罚。夫如是，诸侯、吏二千石皆尽心于求贤，天下之士可得而官使也。"[28]通过学校培养和地方推选相结合的手段来选举人才，在一定程度上可以抑制任子和纳赀制度的弊端。

汉初以来，由于对官吏的考核没有真正落到实处，出现了"廉士久失职，贪夫长利"[29]的局面。董仲舒认为造成这种局面的原因是"累日以取贵，积久以致官，是以廉耻贸乱，贤不肖浑殽，未得其真"[30]。鉴此，董仲舒提出了以下加强官吏考核、堵塞贪官污吏的晋升之路的考核措施：

第一，对各级官吏进行经常性的全面考核。他说："考试之法，大者缓，小者急，贵者舒而贱者促。诸侯月试其国，州伯时试其部，四试而一考，天子岁试天下，三试而一考，前后三考而绌陟，命之曰计。"[31]

第二，根据官吏的职位、爵等、功过确定官吏的考核等级和进退黜陟。董仲舒说："考试之法，合其爵禄，并其秩，积其日，陈其实，计功量罪，以多除少，以名定实，先内弟之。其先比二三分以为上中下，以考进退，然后外集。通名曰进退，增减多少，有率为弟。九分三三列之，亦有上中下，以一为最，五为中，九为殿。有余归之于中，中而上者有得，中而下者有负。得少者以一益之，至于四，负多者以四减之，至于一，皆逆行。三四十二而成于计，得满计者绌陟之。次次每计，各逐其弟，以通来数。初次再计，次次四计，各不失故弟，而亦满计绌陟之。初次再计，谓上弟二也。次次四计，谓上弟三也。九年为一弟，二得九，并去其六，为置三弟，六六得等，为置二，并中者得三尽去之，并三三计得六，并得一计得六，此为四计也。绌者亦然。"[32] 董仲舒建议的考核办法虽然很复杂，但其基本点就是循名责实，根据考核的结果把官吏分为九等，不合格者罢黜，优秀者升迁。

第三，对官吏的赏罚要实事求是，据其政绩作出客观评判。董仲舒说："任贤使能，观听四方，所以为明也；量能授官，贤愚有差，所以相承也；引贤自近，以备股肱，所以为刚也；考实事功，次序殿最，所以成世也；有功者进，无功者退，所以赏罚也。"[33] 具体而言，考核官吏要"擎名责实，不得虚言，有功者赏，有罪者罚，功盛者赏显，罪多者罚重。不能致功，虽有贤名，不予之赏；官职不废，虽有愚名，不加之罚。赏罚用于实，不用于名，贤愚在于质，不在于文。故是非不能混，喜怒不能倾，奸轨不能弄，万物各得其冥，则百官劝职，争进其功。"[34]

第四，选官用人，论赏行罚都要根据官吏的德才，而且应以德为主。董仲舒说：选官用人，行赏罚"毋以日月为功，实试贤能为上，量材而授官，录德而定位，则廉耻殊路，贤不肖异处矣"[35]。董仲舒的意思是选用官吏不能论资历，应以德行作为是否选举的基础,以才能大小确定担任何种职务。如果选举用人唯才不重德,则会让那些心术不正、贪邪奸利之人进入官吏队伍,危害国家。董仲舒说:"不仁不智而有材能,将以其材能以辅其邪狂之心,而赞其僻违之行,适足以大其非而甚其恶耳。其强足以覆过,其御足以犯诈,其慧足以惑愚,其辩足以饰非,其坚足以断辟,其严足以拒谏。此非无材能也,其施之不当,而处之不义也。有否心者,不可借便执,其质愚者不与利器。《论》之所谓不知人也者,恐不知别此等也。仁而不智,则爱而不别也;智而不仁,则知而不为也。故仁者所以爱人类也,智者所以除其害也。"³⁶董仲舒的这些认识,实质上涉及官吏选拔中的一些重要理论问题:一是为保证吏治清廉,必须重视人才选拔。二是选拔人才必须以德才为核心标准,有效阻断奸邪之人入官之路。三是以德才选人,要以德为先,才为后。

值得注意的是,东汉中期以来,外戚、宦官擅权,吏治腐败,察举不实,选贡非贤,考绩制度名存实废,政治日益腐败。王符、仲长统、左雄等思想家对此十分忧虑,他们从不同角度提出了自己反对腐败、倡行廉政的思想主张。

王符"隐居著书二十余篇,以议当时得失"³⁷。其传世的《潜夫论》"指评时短,讨谪物情,足以观见当时风政"³⁸。《潜夫论》中《浮侈》《赞学》《务本》《论荣》《贤难》《明暗》《考绩》《实贡》《德化》《潜叹》等篇章较集中反映了王符对东汉中后期腐败政治的不满,以及他对理想政治的制度设计。他在《潜夫论·考绩》中提出"凡南面之大务,莫急于知贤;知贤之近途,莫急于考功。功诚考则治乱暴而明,善恶信则直贤不得见障蔽,而佞巧不得窜其奸矣",要把考绩真正落到实处,"必核于实",防止沽名钓誉者混入,这样才能保证"官无废职,位无非人"。这种循名求实的考核方法是防止贪官污吏、奸邪小人邀功冒进的最好办法。

当然,对各级官吏循名求实的考核还要辅之以赏罚分明。王符对汉初统治者赏罚分明的做法深表推崇:"明察其治,重其刑赏。奸宄减少、户口增息者,赏赐金帛,爵至封侯。其耗乱无状者,皆衔刀沥血于市。赏重而信,罚痛而必,群臣畏劝,竞思其职。故能致治安而世升平",认为只有赏罚分明,才能让"百僚争竭其忠",澄清吏治。[39]

仲长统是东汉末年的思想家,他对东汉末年政治黑暗十分憎恨,乃论说古今,发愤著书,撰《昌言》,指陈时政,申述理想。虽然其书已佚,但较完整留存于今的《理乱》《损益》《法戒》等篇章以及后人辑佚的只言片语,仍然可见仲长统对于东汉末年腐败的批判和整顿吏治的主张。

仲长统在《昌言·理乱》中对汉代官僚贵族的奢侈腐化生活作了无情的揭露和批判,也对东汉王朝的命运表示担忧,希望从改善吏治方面着手挽救东汉王朝。仲长统主张对于已经选拔出来的人才,应该有一个试用期,在试用中进一步考核观察,然后方可任以适当的官职,所谓"核才艺以叙官宜"[40]。此外,仲长统还认为要重视在官吏任用之后的跟踪考核,将跟踪考核作为对官吏进行严格监督的手段,以杜绝官吏腐败害民的行为。同样,官吏的升迁也要经过层层考核,"皆级次进",不可无原则地突击提拔。

自实行察举征辟以来,虽然选拔了众多清官廉吏,但其弊端也日渐显现。左雄对此作了深刻揭露。为纠正察举征辟的弊端,他建议:对于地方官吏,一是实行久任制,确有政绩者可增秩加俸,非有父母丧,不得擅离职守,违法乱纪之官其罪不得再赦免,并终身禁锢,永不起用;二是实行考试选官。他说:

> 请自今孝廉年不满四十,不得察举,皆先诣公府,诸生试家法,文吏课笺奏,副之端门,练其虚实,以观异能,以美风俗。有不承科令者,正其罪法。若有茂才异行,自可不拘年齿。[41]

这种孝廉考试既考文化知识,又考在实践中处理实际问题的能力,对于当下的反腐倡廉有着重要的借鉴意义。

/注释/

1. 《汉书》卷四《文帝纪》。
2. 《汉书》卷四《文帝纪》。
3. 《抱朴子·外篇·审举》。
4. 以上见《汉书》卷八十九《黄霸传》。
5. 《史记》卷一百三十《太史公自序》。
6. 以上见《说苑》卷五《贵德》。
7. [汉]刘向等编著:《列女传》卷三《晋羊叔姬》,台北商务印书馆"四部丛刊正编"本。
8. 《汉书》卷六十二《司马迁传》。
9. 《说苑》卷十四《至公》。
10. 《列女传》卷六《齐伤槐女》。
11. 《说苑》卷七《政理》。
12. 《说苑》卷十四《至公》。
13. 《说苑》卷一《君道》。
14. 《说苑》卷七《政理》。
15. 《说苑》卷一《君道》。
16. 《汉书》卷七十《陈汤传》。
17. 徐复观说:秦以刑罚为治。汉承秦后,因而未改。其刑罚的残酷,略见于《史记·酷吏列传》及《汉书·刑法志》。所以两汉尤其是西汉的知识分子,都想扭转这一以刑罚为主的政治方向,于是德治的观念尤为显著,董仲舒便是一位代表人物(见徐复观:《中国思想史论集》,上海书店出版社2004年版,第193页)。
18. 《汉书》卷五十六《董仲舒传》。
19. 《春秋繁露》卷三《精华》。
20. 《春秋繁露》卷十三《五行相胜》。
21. 《汉书》卷五十六《董仲舒传》。

22.《春秋繁露》卷四《王道》。

23.《春秋繁露》卷七《官制象天》。

24.《春秋繁露》卷七《官制象天》。

25.《春秋繁露》卷十四《五行变救》

26.《汉书》卷五十六《董仲舒传》。

27.《汉书》卷五十六《董仲舒传》。

28.《汉书》卷五十六《董仲舒传》。

29.《汉书》卷五《景帝纪》。

30.《汉书》卷五十六《董仲舒传》。

31.《春秋繁露》卷七《考功名》。

32.《春秋繁露》卷七《考功名》。

33.《春秋繁露》卷十七《天地之行》。

34.《春秋繁露》卷七《考功名》。

35.《汉书》卷五十六《董仲舒传》。

36.《春秋繁露》卷八《必仁且智》。

37.《四库全书总目》卷九十一《潜夫论提要》，中华书局1965年版。

38.《后汉书》卷四十九《王符传》。

39.《潜夫论》卷四《三式》。

40.《后汉书》卷四十九《仲长统传》引《昌言·损益》。

41.《后汉书》卷六十一《左雄传》。

第五章

魏晋南北朝时期的反腐败法制

魏晋南北朝，自曹丕称帝的黄初元年（220年）起，到隋灭南朝陈的开皇九年（589年）为止，共计三百六十九年。

拉开魏晋南北朝时期序幕的便是三国鼎足而立。此后，除了西晋有过短暂的统一之外，南北之间长期处于对峙或交战的状态。在北方，良田沃畴被无情的战马铁蹄蹂躏践踏，在战后的废墟上走马灯似的出现过众多势力割据政权，形成十六国分裂局面以及随后的北魏半壁江山。而北魏的半壁江山也不稳固，终因边镇动乱、农民起义和权力争斗而分裂成为东魏—北齐和西魏—北周。北齐与北周之间依然战争不断，但北齐统治者骄纵荒淫，北周政治则相对清明，于是北周灭北齐而统一北方。不久，隋朝取代北周，并积极谋划消灭南朝而统一全国。在南方，东晋及宋、齐、梁、陈等短命王朝频繁地更替，致使吏治混乱，腐败丛生。所以，南方虽然在经济和文化的发展上逐渐赶超北方，但是在政治和军事上却日益衰败，因此对北方越来越居守势，最终被隋朝吞并。

在魏晋南北朝时期，由于政治不稳定、吏治混乱，贪污受贿等腐败事件成为司空见惯的现象。各个政权为了稳固其统治局面，也大多采取过反对腐败的措施。不过，它们面临的政治局势和经济状况有很大的差异，对腐败问题查处的态度与力度也各不相同。大体而言，三国的魏、蜀两国的前期，北魏的中期，西魏—北周以及陈朝的初期，政治比较清明，惩治腐败也较为严厉，其他朝代则姑息纵容腐败现象者居多。由于各个政权反对腐败的目的仅在于调和阶级矛盾和统治集团内部的矛盾，以避免出现政治危机和财经困难，因此它们反腐败的重点大多是查处卖官鬻爵、盗窃官物和过度地搜刮民财。

魏晋南北朝虽然是长久动荡不安的时期，但也出现了一批反对腐败的政治家和思想家，其中突出的有三国时期蜀国丞相诸葛亮、北魏孝文帝、北周尚书苏绰等。他们的举措均在一段时间内有力地打击过腐败现象，他们的行动曾在一定范围内产生过遏制政治动乱和经济危机的作用，他们的言论在一定的程度上推动了法制的发展。

魏晋南北朝虽然是分裂割据的时期，但从整个中国古代法制史的发展历程来看，这个时期在反腐败的立法方面还是有贡献的。其主要的贡献在于，治罪立法的系统化和惩罚立法的明确化，从而为唐宋以后反腐败法制的严密化奠定了基础。特别是曹魏律、晋律以及北魏律在中国古代法制史上占有十分重要的地位。

第一节　曹魏律中有关反腐败的规定

在曹魏制定新律之前，已有初具规模的《汉律》，但是《汉律》已经过时，因为"旧律所难知者，由于六篇篇少故也。篇少则文荒，文荒则事寡，事寡则罪漏。是以后人稍增，更与本体相离"[1]。《汉律》较为简要，难以适应曹魏政权所面临的复杂的政治局势，正所谓"是时天下将乱，百姓有土崩之势，刑罚不足以惩恶"，因此不得不考虑改订新律。

曹操执政后，曾经讨论过《汉律》的应用问题，然而，"魏武帝（曹操）亦难以藩国改汉朝之制，遂寝不行"。不过，为了弥补《汉律》的不足，曹魏制定了所谓"甲子科"。科是刑律的附属法规，又称科条、事条，其内容包括依次编录的制诏，以及作为比照的案例。在难以修订过时的《汉律》的情况下，曹魏制定了量刑法规"甲子科"，使刑法有了明确的参照依据，便于量刑和执行。

曹魏代汉以后，魏明帝朝才修订《汉律》。《晋书·刑法志》载："天子又下诏改定刑制，命司空陈群、散骑常侍刘邵、给事黄门侍郎韩逊、议郎庾嶷、中郎黄休、荀诜等删约旧科，傍采汉律，定为魏法，制《新律》十八篇，《州郡令》四十五篇，《尚书官令》《军中令》，合百八十余篇。"所谓"魏法新律"就是通常所说的《魏律》。

"魏法新律"十八篇是在《汉律》的基础上制定的,"凡所定增十三篇,就故五篇,合十八篇"。魏律新增和修订的篇目为刑名、劫略、诈伪、毁亡、告劾、系讯、断狱、请赇、兴擅、乏留、惊事、偿赃、免坐,计十三篇;《汉律》原有九篇,其中盗律、贼律、捕律、户律、杂律等五篇保留,厩律、具律、兴律、囚律等四篇的篇名去掉,其内容则删并入其他篇中。从篇目上看,《魏律》较《汉律》似乎大有扩展,但在实际内容上,《魏律》不仅对《汉律》的体系作了调整,而且将其中的傍律、章句等或者删节,或者归并到正律之中,因而文字有所简省。所以,《魏律》"于正律九篇为增,于旁章科令为省矣"。总之,经过修订而成的《魏律》,比《汉律》全面、系统而易于比照,有利于治罪立法的系统化和惩罚立法的明确化。

在《魏律》中,有不少内容属于整顿吏治的法律。其中,《请赇律》的内容包括:"受所监受财枉法",即接受受监护者的钱财;"假借不廉",即以借贷的名义接受贿赂;"呵人受钱",即以敲诈的形式勒索钱财;"使者验赇",即身负案验职责的使者接受贿赂,这些是专门针对接受贿赂罪的。《偿赃律》的内容包括:"还赃畀主",即将赃物退还原主;"罚赎入责以呈黄金为价",即依照黄金的价格折算罚款或赎金;"平庸坐赃",即对于非法使用或耗损物资者按照时价评估定罪,这些是专门针对贪赃枉法罪的。除了《请赇律》和《偿赃律》这两项重点整顿吏治的法律外,其他律中也有与吏治相关的内容,如《兴擅律》中有"勃辱强贼",即对罪犯肆虐地殴打、侮辱;"擅兴徭役",即擅自向百姓征发徭役。

在正律之外,还编有《州郡令》《尚书官令》以及《军中令》。《州郡令》主要用于检查地方官吏是否称职和惩罚他们的违规行为;《尚书官令》则是针对朝廷官员的,主要是督责汉魏以降权力渐渐增大的各曹尚书的作为。这些内容与吏治密切相关。

不难看出,《魏律》惩治腐败的功能较《汉律》系统化了。据记载,新律加上令,合计一百八十余篇,其条文也更加细致周密。不过,《魏律》中更多的内容是针对被压迫的广大百姓的,如《变事律》中的大多内容是防范百姓暴动的,而防止官员腐败的内容只占较少的篇幅。

编制《魏律》的司空陈群、散骑常侍刘邵、给事黄门侍郎韩逊、议郎庾嶷、中郎黄休等人，都是在政治上得势的世家大族的代表，由他们编定的《魏律》当然要体现世家大族的意志，本质上只能是压迫百姓和协调统治集团中各个派别利益的工具，不可能成为打击腐败人群的武器。如《魏律》中的《免坐律》规定："其见知而故不举劾，各与同罪，失不举劾，各以赎论，其不见不知，不坐也，是以文约而例通。科之为制，每条有违科，不觉不知，从坐之免，不复分别，而免坐繁多，宜总为免例，以省科文，故更制定其由例，以为《免坐律》。"意思是：负有监临职责的官员如果了解其监临的对象犯法，却有意隐瞒，不予揭发、纠劾者，就与犯法者同样定罪；但是，因为疏忽而没有揭发、纠劾，可以交纳赎罪金，以减免罪责；如果对犯罪行为没有发觉，事后也不知道，那就不用连坐；属于免坐的情况繁多，于是就总汇成免罪的条例，编成为《免坐律》。仅从这篇《免坐律》，我们就不难发现，曹魏的法律为世家大族的腐败罪行提供了多么大的开脱空间。

第二节　晋律的历史地位及其在反腐败方面的作用

《魏律》虽然改进了《汉律》的诸多不能适应形势之处，但是仍有不少不合理的内容。《魏律》规定犯大逆罪者要株连已经出嫁的女儿，就是一例。毌丘俭兴兵讨伐专擅朝政的司马师而失败被诛，其子毌丘甸之妻荀氏按律应该连坐处死。荀氏出身世家，她的族兄荀顗与司马师是姻亲。为此，荀顗上表魏帝，乞求保全族妹荀氏性命。魏帝下诏准其离婚，于是荀氏获免。荀氏的女儿毌丘芝，已经嫁给颍川太守刘子元，按律也应连坐处死，只因怀孕而在押狱中。荀氏上书给位居司隶校尉的何曾，请求设法赎救女儿毌丘芝的性命。何曾哀怜荀氏，就让主簿程咸上奏，提出建议："在室之女，从父母之诛；既醮之妇，从夫家之罚。

宜改旧科,以为永制。"² 曹魏的律令,在影响世家大族利益的情况下,只得进行修改。皇帝为此下诏修改了律令。

由于《魏律》沿用了《汉律》的部分律令条文和大量的注疏,内容烦琐芜杂,虽然经过陈群、刘邵等人的修改,但是仍然觉得科条繁密。此外,原本有叔孙宣、郭令卿、马融、杜林等大儒解析章句,但后来仅仅采用郑玄之说,具有偏于一家之言的倾向。于是,秉持曹魏朝政的晋王司马昭将全面修订律令的大事提到议事日程上来。他命中护军贾充、太傅郑冲、司徒荀𫖮、中书监荀勖、中军将军羊祜、中护军王业、廷尉杜友、守河南尹杜预、散骑侍郎裴楷、颍川太守周雄、齐相郭颀、骑都尉成公绥、尚书郎柳轨、吏部令史荣邵等十四人修订律令,由贾充主持其事。修订新律的工作历时四年,完成于泰始三年(267年),次年正月颁行于天下。新律称为《泰始律》,此时西晋已经取代曹魏,因此又称《晋律》。

《晋律》仍按汉魏律令的条目分类,但修正了体例和篇名。在汉朝《九章律》的基础上,增补十一篇,合计为二十篇。这二十篇是:刑名、法例、盗、贼、诈伪、请赇、告劾、捕、系讯、断狱、杂、户、擅兴、毁亡、卫宫、水火、厩、关市、违制、诸侯。《晋律》删除了《汉律》与《魏律》中的严酷繁杂的条文,保存了其中清楚简约的部分,在处理案件时依据常刑,而宗旨在于适时。此外,贾充等人又将前律中未便删除的内容暂时保存,虽然不入律条,但是全部定为令。在执行各项制度时,以令作为标准;违令且犯罪的,则按律判处。至于处理日常事务的品式章程,则由各府自行制定,作为"故事",比照执行。全部律、令总计二千九百二十六条,十二万六千三百字,共六十卷,此外还有"故事"三十卷。

在《晋律》之中,惩治腐败的律令内容有所强化,不仅保留了《魏律》中原有的《请赇律》,而且增设了《违制律》。这就使整顿吏治的观念不仅仅限于惩治贪污受贿,而是要求各级官吏严格按照制度行事,不得违反礼制,更不得假公济私。

《晋律》虽然修正了《汉律》与《魏律》中的残酷条文,但仍然是十分严苛的。在《晋律》的刑名中,死刑分为枭、斩和弃市三种;其下,有髡刑,分为髡钳五岁刑加笞二百、四岁刑、三岁刑和二岁刑四种；其上，有最为惨烈的夷三族。《晋律》虽然具有较强的惩治腐败官吏的功效，但其性质仍然是维护晋朝统治的工具，针对的主要对象是被晋朝统治的广大百姓，以及那些反对以司马氏为首的统治集团的政敌。在司马氏篡夺曹魏政权的过程中，就曾多次用夷三族的酷刑消灭反对司马氏集团的势力。不过，对于司马氏集团需要笼络的世家大族，即便有人严重违反律令，也会有种种理由和办法为其开脱。在《晋律》之中有赎刑，分为赎死刑、赎五岁刑、赎四岁刑、赎三岁刑、赎二岁刑五种，赎罪用金，也可以兼用绢。出钱赎罪，对于世家大族来说是不成问题的。另外，魏晋以降有所谓的"八议"，即属于皇室的亲、故、贤、能、功、贵、勤、宾等八种人，如果犯罪可以议刑，甚至可以免罪。所以，晋朝虽然有严苛周密的律令，但却阻挡不住吏治的日益腐败，更挽救不了被颠覆的下场。晋室君臣优游淫乐，竞相比富，还利用律令互相倾轧，终于酿成八王之乱。

西晋虽亡，但是《晋律》却对后世影响较大。它是一部通行于大江南北的全面系统的综合性法典。此后，东晋、南朝基本上沿用《晋律》，而北魏律令的内容也大多采自《晋律》。

第三节　北魏律中惩治腐败的内容

在建立北魏以前，鲜卑族拓跋部风俗淳朴，并无律令，只有原始的惩罚规定："当死者，听其家献金马以赎；犯大逆者，亲族男女无少长皆斩；男女不以礼交皆死；民相杀者，听与死家马牛四十九头，及送葬器物以平之；无系讯连逮之坐；盗官物，一备五，私则备十。"[3]虽然规定简单，但其中已经有了官私的分别。

北魏建国以后，道武帝即命"三公郎中王德定律令，申科禁"[4]。由于深感魏晋刑网峻密，道武帝让王德删除魏晋律令中残忍的部分，并且简化科令，这有利于民心的安定。但是,对于朝廷大臣,道武帝却是坚决持法不舍的。尤其是在统治的末期,他对官员使用刑罚颇为滥酷。

太武帝朝因刑禁残酷而诏命司徒崔浩修订律令,不仅废除或减轻了部分死刑与重刑,而且对于死刑的判决采取十分慎重的态度。拟判死刑的案件,都要上奏皇帝;经皇帝亲自审讯而犯人没有不服之辞后,方可行刑。各州郡王国的死刑,都要上报,经皇帝批准后才能执行。此外,还规定被判刑时已怀孕的妇女,须等产后百日再执行;年龄十四岁以下的,减半刑;八十岁以上和九岁以下的,不是杀人者不判刑。这些重视人性的内容,体现了法制思想的进步。不过,律令也规定,被判徒刑者,可以用钱赎罪,九品以上官员还可以用官爵抵刑,这就为贪赃枉法的官员和贵族留下了逃避惩罚的缺口。

在北魏前期,地方长官贪污腐败的现象非常严重。太武帝为了遏制这一势头,于太延三年(437年)发布诏书,曰:"比年以来,屡诏有司,班宣惠政,与民宁息。而内外群官及牧守令长,不能忧勤所司,纠察非法,废公带私,更相隐置,浊货为官,政存苟且。夫法之不用,自上犯之,其令天下吏民,得举告守令不如法者。"[5]这条诏令动员天下吏民告发地方官吏的不法行为,对于腐败官吏具有警告作用。不过,也有一些地方豪强,乘机要挟地方官员;而州县长官也确有过失或污浊,因此反过来无耻地乞求地方豪强。其结果是,不法官吏与地方豪强进一步勾结,成为蠹虫与恶霸。

太武帝是锐意改革的帝王,他在正平元年(451年)下诏曰:"刑网太密,犯者更众,朕甚愍之。有司其案律令,务求厥中。自余有不便于民者,依比增损。"[6]于是命少傅游雅与中书侍郎胡方回等改订律令。经过修订之后,"盗律复旧,加故纵、通情、止舍之法及他罪,凡三百九十一条。门诛四,大辟一百四十五,刑二百二十一条"[7]。这次修订律令,有司虽增损条章,犹觉未能阐明刑典。因此,文成帝即位以后,再次修订律令,"又增律七十九章,门房之诛十有三,大辟三十五,刑六十二"[8],此外,加大了惩治贪官的力度,规定官员受赃二丈皆处斩。

孝文帝即位以后,认为"治因政宽,弊由网密",又认为"律令不具,奸吏用法，致有轻重"，[9]因此，于太和元年（477年）"诏群臣定律令于太华殿"[10]；于太和三年"诏中书令高闾集中秘官等修改旧文，随例增减。又敕群官，参议厥衷，经御刊定"[11]；于太和五年，刊定律令"凡八百三十二章，门房之诛十有六，大辟之罪二百三十五，刑三百七十七；除群行剽劫首谋门诛，律重者止枭首"[12]。此后，又经过多次讨论与修改，终于在太和十六年颁布新的律令[13]，是为《北魏律》。《北魏律》为二十篇，"据《唐律疏议》和《通典》等书所引，有刑名、法例、宫卫、违制、户、厩牧、擅兴、贼、盗、斗、系讯、诈伪、杂、捕亡、断狱等十五篇。其余五篇或即为请赇、告劾、关市、水火、婚等"[14]。

《北魏律》虽然是鲜卑族拓跋部政权制定的，但是它上承《汉律》与《晋律》，适用于民族融合的北朝，因而成为下启隋唐的刑律。《北魏律》的制定是孝文帝太和改制的一个重要方面，其宗旨在于调整北魏王朝内部的政治和经济关系，缓和社会矛盾和民族矛盾，是一部具有积极作用的刑律。

北魏迁都洛阳以后，拓跋贵族与汉族世家大族逐渐联手。孝文帝去世以后，政治日趋腐化，而宣武帝又"意在宽政"[15]，主张向不法的拓跋贵族与汉族世家大族让步，因而《北魏律》并未能像孝文帝原先构思的那样，有利于政治和经济关系的调整，特别是吏治的整顿。《魏书·刑罚志》载，宣武帝在正始元年（504年）发布诏书："议狱定律，有国攸慎，轻重损益，世或不同。先朝垂心典宪，刊革令轨，但时属征役，未之详究，施于时用，犹致疑舛。尚书门下可于中书外省论律令。诸有疑事，斟酌新旧，更加思理，增减上下，必令周备，随有所立，别以申闻。庶于循变协时，永作通制。"宣武帝以孝文帝太和年间"时属征役"为理由，对《北魏律》提出了修正的意见。在这样的思想指导下，律令肯定是难以严格执行的。

宣武帝去世以后，北魏政局动荡，政治腐败。北魏孝昌（525—527年）以后，"天下淆乱，法令不恒，或宽或猛。及尔朱擅权，轻重肆意"[16]，于是《北魏律》也就形同虚设了。

/ 注释 /

1.《晋书》卷三十《刑法志》。本节以下引文,均出自该志,故不再出注。

2.《晋书》卷三十《刑法志》。

3.《魏书》卷一百一十一《刑罚志》。

4.《魏书》卷二《太祖纪》天兴元年十一月辛亥诏。

5.《魏书》卷四上《世祖纪》太延三年五月己丑诏。

6.《魏书》卷四下《世祖纪》正平元年六月壬戌诏。

7.《魏书》卷一百一十一《刑罚志》。

8.《魏书》卷一百一十一《刑罚志》。

9.《魏书》卷一百一十一《刑罚志》。

10.《魏书》卷七上《高祖纪上》。

11.《魏书》卷一百一十一《刑罚志》。

12.《魏书》卷一百一十一《刑罚志》。

13.《魏书》卷七下《高祖纪下》。

14. 韩国磐:《魏晋南北朝史纲》,人民出版社1983年版,第432页。

15.《魏书》卷一百一十一《刑罚志》。

16.《魏书》卷一百一十一《刑罚志》。

第六章

魏晋南北朝时期监察体制独立性的发展

魏晋南北朝是政治动荡不安的年代，皇权与世家大族的势力在不断地较量，民族矛盾又介乎其间，局势复杂多变。不过，复杂的局势促使政治体制向成熟发展。由于受到各派政治势力的利用与限制，监察体制难以像统一王朝时期那样充分发挥作用。然而，多变的政治斗争也促使监察体制逐步发展。

第一节　御史台地位的突出与组织的强化

西汉御史府也称为御史大夫寺，或称为宪台，东汉以后称之为御史台，又称兰台寺。[1]三国曹魏继承东汉体制，设置御史台。到南北朝时期，南梁、北魏与北齐称之为南台。北周称为司宪，属秋官府。

秦和西汉之际，御史台本是御史大夫的官署。秦和西汉的御史大夫为侍御史的首长，位据上卿，银印青绶，掌副丞相之职。西汉成帝时御史大夫更名为大司空，金印紫绶，秩比丞相。西汉哀帝时，罢大司空，以御史大夫为百僚帅，为宰相之任，地位进一步提高，但不久又改称为大司空。御史大夫或大司空虽然对于百官具有监察功能，但是监察并非其全部职责，其职能更侧重于丞相副职。御史大夫的地位不断上升而直逼丞相，这与皇帝有意削弱丞相职权相关。而地位仅次于丞相的御史大夫也往往会怀有取代丞相的意图。东汉初期，废除御史大夫之职。东汉末的建安十三年（208年），曹操掌权，罢三公官，才又置御史大夫。但是御史大夫不再统领御史中丞，只是置长史一人为其执事。这使得御史台的职能发生转折，它不再是御史大夫的官署。而御史大夫的职责也与监察功能脱离。

曹魏黄初二年（221年），又改御史大夫为司空，但后来又改成御史大夫。而东吴曾设置左、右御史大夫，不过御史大夫职权已经改变，属于三公之列，其原先的监察职能完全由御史中丞专任。汉朝御史大夫以下统有御史丞和中丞两丞。中丞又称为御史中执法，原本在殿中的兰台职掌图籍秘书，由于在殿中，故称为中丞。后来中丞权限加强，"外督部刺史，内领侍御史，受公卿奏事，举劾案章"[2]，成为专司察举非法的官员。御史大夫转为大司空，成为三公之一后，于是中丞出外而成为御史台的主管。中丞虽然取代了御史大夫在御史台的位置，但是并没有完全据有秦汉时期御史大夫的职权，只是职掌了御史大夫旧有的监察权力。不过，这样一来，监察机制就从行政体系中独立出来。从此御史台便成为专司监察的机构，其地位凸显。

曹魏黄初年间，御史中丞一度改称为宫正，不久又恢复御史中丞的旧称。西晋时期也以御史中丞为御史台的台主，与司隶校尉分别监察百僚，自皇太子以下无所不纠。东晋南朝时期，御史台的权限更加扩大。北朝也十分重视御史台的监察功能。北魏御史台又称南台，台主称御史中尉，十分显赫："督司百僚，其出入，千步清道，与皇太子分路。王公百辟，咸使逊避，其余百僚，下马弛车止路旁，其违缓者，以棒棒之。"[3]北魏孝文帝十分重视御史中尉的作用，李彪当时任御史中尉，"既为高祖（孝文帝）所宠，性又刚直，遂多所劾纠，远近畏之，豪右屏气。高祖常呼彪为李生，于是从容谓群臣曰：'吾之有李生，犹汉之有汲黯。'"[4]东魏、北齐的御史台仍称南台，其机构沿袭北魏，不过北齐御史中尉改称御史中丞。东魏与北齐初期曾废除御史中尉的"清道制"。北周改御史台为司宪，列入秋官府，改称御史中丞为司宪中大夫，定员二人。

在御史中丞之下，置治书侍御史。此职起于西汉宣帝朝，东汉、曹魏因袭，职掌律令，以明习法令者担任，在御史台的地位仅次于御史中丞，实际上就是御史中丞的副手。曹魏又置治书执法，专掌奏劾，与治书侍御史并置，以增加监察体制的力度。西晋建立以后，只置治书侍御史四人，太康年间（280—289年）省治书侍御史为二人。

御史台下设有办事机构,称为曹,各曹均由侍御史掌管。两汉御史台掌有五曹。曹魏置八名侍御史。西晋置九名侍御史,品同治书侍御史,计有十三曹。这十三曹为吏曹、课第曹、直事曹、印曹、中都督曹、外都督曹、媒曹、符节曹、水曹、中垒曹、营军曹、法曹、算曹。东晋初,省课第曹,置库曹,掌厩牧牛马市租。以后库曹又分曹,置外左库、内左库。刘宋诸曹有所合并,侍御史十员。南齐也有侍御史十员,南梁与陈朝皆为九名侍御史,北齐则有八名侍御史。北周设有司宪中士二人,相当于侍御史的职务。从建制来看,监察系统不仅独立,而且组织越来越周密。这样,御史台便发展成为分工明确、职责具体的机构。

第二节　中央监察体系归于一统

魏晋以降,御史台的职权虽然主要在于监察,但是也包含有监察以外的职权。如,符节御史原本相当于秦朝的符玺令,曹魏时别为一台,权位次于御史中丞,掌授节、铜武符、竹使符,西晋武帝泰始九年(273年)省并入御史台,置符节御史掌其事,虽称为御史,但其职责与监察无关。可见,魏晋之际的御史台虽然已经独立,但职权仍旧庞杂,有待进一步调整。

曹魏之际,还由御史台遣两名御史居于殿中,掌殿内禁卫事,纠察非法,称为殿中侍御史。西晋置殿中侍御史四人,东晋、刘宋置二人,南梁置四人,北魏、北齐也都置殿中侍御史。

殿中侍御史的设置使御史台的权力触角深入朝廷的最高层次。不过,在设置之初,殿中侍御史在朝廷上却形同摆设。史载:"(曹魏时)当大会殿中,御史簪白笔,侧陛而坐。帝问左右:'此何官?何主?'(侍中)辛毗曰:'此谓御史,旧时簪笔以奏不法。何当如今者,直备位,但耗笔耳。'"[5]由此可见,殿中侍御史初设时只是"备员"而已,这也从一个侧面反映出御史台在曹魏时的地位并不显要。

西晋一度设置黄沙狱治书侍御史一人，地位很高，"秩与中丞同，掌诏狱及廷尉不当者皆治之"[6]，但为时不久即废。

西晋以后御史台的地位逐渐显要，这从御史台机构中的骨干诸侍御史的选拔上可以看出来。侍御史的职责主要就是纠察不法，晋朝大多从郡守中选员担任，而北魏必以对策高第者补任，由此可见其重视程度。侍御史与殿中侍御史白昼在外台理事，夜间则轮番在内台值班。御史一般不随同台主御史中丞更换。北魏宣武帝延昌以后，御史才随同台主御史中丞更换。

魏晋以降各朝对于监察的重视程度，还可以从御史中丞的副手治书侍御史权势的变化中看出。两晋治书侍御史执掌举劾，并统领侍御史，刘宋、南齐和梁朝也皆统领侍御史，但是治书侍御史的职位并不被世家看重。梁朝谢几卿自尚书三公郎转为治书侍御史后颇觉失意，屡屡称病，对分内的御史台事务不予理会。梁朝天监以后，治书侍御史受到重视，待遇也相应提高。北魏时治书侍御史的权势较重，除执掌举劾外，还要纠察禁内朝会失时、服章违错、飨宴会见等。北齐亦如北魏，很重视治书侍御史的职权。北周设有司宪上士二人，职务相当于治书侍御史。

御史台效能的发挥，起决定作用的还是御史中丞。史载："（曹魏）黄初四年，尚书令陈群、仆射司马宣王并举（鲍）勋为宫正，宫正即御史中丞也。帝不得已而用之，百僚严惮，罔不肃然。"鲍勋"内行既修，廉而能施"，一直是"守正不挠"的清官。使用这样的人担任宫正即御史中丞，对于监察吏治、惩治腐败是有利的。然而，鲍勋这样的正直官员是不为世俗所容的。两年以后，曹魏文帝意欲征伐东吴，鲍勋面谏，认为征吴是"劳兵袭远，日费千金，中国虚耗，令黠虏玩威"的事情。文帝早就对鲍勋不满，至此"益忿之"，遂将鲍勋左迁为治书执法。后来，鲍勋奏黜军营令史刘曜，却反被刘曜秘密诬告。太尉钟繇、司徒华歆、镇军大将军陈群、侍中辛毗、尚书卫臻、守廷尉高柔等一并上表为鲍勋求情，但是文帝不许，于是鲍勋被诛杀。鲍勋"死之日，家无余财"。[7]

御史台虽然是独立的监察机构，在惩治吏治腐败方面能够发挥一定的作用，但是也常常被利用来作为权力之争的工具。[8] 随着御史台职权的扩大，御史中丞的地位也进一步提高。西晋惠帝以后，位同宰相的尚书也要受其监察。晋朝的监察实行风闻弹奏的方式。所谓风闻弹奏，就是监察官员仅凭传闻而不必提供确凿证据即可奏陈、弹劾官员。甚至具体从事监察的一般御史，还能不经过御史台长官直接向皇帝弹奏官员，而且奏疏上可以不具姓名。风闻弹奏的方式，虽然扩大了监察官的权限，有利于政治信息的收集，却极易给一些品行不端的监察官提供滥用职权以诬陷他人的机会，从而酿成许多冤假错案。然而，风闻弹奏适合封建专制主义的需要，因此自晋代始兴，经隋、唐、宋、元而不改，一直沿袭到明、清。

在汉朝，还建有一套与御史台并行的监察机构，即征和四年（前89年）武帝设置的司隶校尉。初建司隶校尉的目的是捉拿犯有巫蛊之罪者。巫蛊是巫师意图加害于人的邪术。当时男女巫师聚集京师，教人巫蛊。而武帝恰在此时患病，怀疑系中巫蛊所致，于是便捕捉涉嫌巫蛊者。太子刘据竟然也遭人告发，不得已而畏罪起兵，结果失败自杀。巫蛊之祸不久就被平息，司隶校尉却仍旧保留下来，成为专司监察的常设官职。司隶校尉持有朝廷授予的符节，地位在御史大夫之下，御史中丞之上，负责监察居住京畿的文武百官和皇亲国戚、宦官近臣。

东汉以后，司隶校尉的地位又有所提高。光武帝曾特别下诏，朝会时为尚书令、御史中丞和司隶校尉设专席而坐，因此他们共同具有所谓"三独坐"的美称。司隶校尉之下，设有从事史、假佐等，自成独立系统。更重要的是，司隶校尉还与御史台互为监察。这种双重监察体制，不但能使百官处于严密监察之中，而且达到了对监察官实行监察的目的。然而，也由此衍生出监察部门间的摩擦，影响监察职能的正常发挥。

西晋惠帝初，因司隶校尉傅咸弹劾尚书左仆射王戎与尚书郎李重、李义等人，引发了有关御史中丞与司隶校尉权限范围的所谓行马以内监察权归属问题的争论。行马本意只是宫廷门前拦阻车马与行人闯入的木架，后来用作划分宫廷内外界限的代称。西晋法令明确规定，行马内归御史中丞监察，行马外归司隶校尉监察，而尚书台属于行马以内，其官员应归御史中丞纠劾，因此当时担任御史中丞的解结认为，司隶校尉傅咸越权违制侵官，所以反劾傅咸，要求免去傅咸职务。傅咸则强烈反驳，认为行马内外官员均系百官之列，都是司隶校尉监察对象。由于争论不休，惠帝只好折中，允许御史中丞和司隶校尉共同监察行马内外百官，以此不了了之。此后，因御史中丞和司隶校尉二者职权重叠，冲突依然不断。东晋孝武帝太元中，终于废除司隶校尉，将监察权归于御史台。

东晋将司隶校尉废除之后，设置检校御史，专门监察行马之外事。检校御史归属御史中丞。御史中丞之下，又设禁防御史。北魏太和末年亦置此官职，职权限于宿直外台，不得入宿内省。北齐置检校御史十二人。北周置司宪旅下士八人，也是监察行马之外事。隋朝开皇二年（582年），改称检校御史为监察御史，执掌出使检校。监察御史的职称一直为唐、宋、明、清所沿用。

魏晋南北朝时期是中国古代监察体制发展的一个重要阶段。御史台作为中央监察系统的核心，不仅从行政体系中独立出来，形成了分工较完备的组织机构，而且集中了朝廷内外的监察权。

第三节　具备监察职能的官员

魏晋南北朝的监察体制，从官员的职任来看大体可以分为三类：一、专职监察官吏；二、兼职监察官吏；三、君主直接任命并控制的监察官吏。[9]本章第一节所述御史台诸官职属于第一类，本章第二节述及的司隶校尉属于第二类。属于第二类的官职还有散骑诸官和尚书省左职诸官。

魏晋时期的司隶校尉与两汉时期相同，职责有二：其一监察京师百官，这是主职；其二掌管京畿诸郡的行政，这是兼职。司隶校尉的属官为从事史十二人。其中，都官从事史"至为雄剧，主察百官之犯法者"[10]，是司隶校尉的主要助手，其主要职责就是监察。司隶校尉的官属建制如同州级，因而俗称司州。东晋太元中废除司隶校尉，原属司隶校尉的行政职能转而为扬州刺史。十六国时期匈奴汉国国主刘聪曾置左右司隶，具有监察职权。南朝各朝皆置扬州刺史或扬州牧，不再置司隶校尉。北魏、北齐亦置司州牧，只是京畿地区的行政长官，已不具备监察百官的职能。

散骑初为秦朝所置，无常职。西汉因袭，为加官，散骑有常侍、侍郎与侍中、黄门侍，东汉中，省散骑诸官。曹魏文帝黄初（220—226年）初年，复置散骑，合于中常侍，谓之散骑常侍。久任散骑常侍者为祭酒。蜀将孟达投降曹魏，魏文帝喜欢孟达的容貌，任以为散骑常侍，从而打破只用宦者的惯例。[11]散骑常侍最初定员四名，后来有超员，称为员外散骑常侍。同时，又置散骑侍郎，品秩较散骑常侍低。西晋泰始年间（265—274年），晋武帝命员外散骑常侍二人与散骑常侍"通直"，因而称为通直散骑常侍。同时，西晋还置有员外散骑侍郎。东晋太兴年间（318—321年），晋元帝命员外散骑侍郎二人与散骑侍郎"通员直"，因而称为通直散骑侍郎。以上六类散骑官的职责只是"骑而散从"，向皇帝提出规谏，不典具体事务，属于专事规谏君主的特种"监察"官。[12]

西晋时期，散骑常侍与黄门侍郎共平尚书奏事，虽隶属门下，但是"别为一省"，称散骑省。[13]这使得谏官得到充分发展，散骑省成为专司谏诤的机构。东晋解除散骑省的"平尚书奏事"职权，而将中书之职归入散骑省，于是散骑省也执掌朝廷表诏，职权加重。南朝刘宋改散骑省为集书省，独立建制。这意味谏官组织自成系统。南齐时散骑侍郎、通直散骑侍郎、员外散骑侍郎并为集书省官职，但是散骑常侍为东省官。散骑常侍、通直散骑常侍、员外散骑常侍最初虽为显职，但是通直、员外渐用衰老人士，所以散骑诸官逐渐受到轻视，并被世家大族排斥。更何况散骑诸官与御史系统不同，"监察"的对象不是臣僚，而是皇上，所以只能成为朝廷的摆设。梁、陈以后，散骑诸官的地位日趋衰落。北魏与北齐皆设集书省，所谓"掌讽议左右，从容献纳"。集书省除统领诸散骑常侍、侍郎外，还统领谏议大夫、给事中等官，兼以出入王命，位在中书之右，但是监察仅为其职权之一。

在曹魏时期，尚书台脱离少府，成为朝廷政务中心。尚书台也具有监察职能，由尚书省左丞兼管。尚书左丞的职责是，"主台内禁令，寝庙祠祀，朝仪礼制，选用署吏，急假兼纠弹之事"[14]。尚书左丞"纠弹"的范围主要在尚书台内，从这个角度讲，它是系统内部的监察主管。《通典》注引《傅咸答辛旷诗序》曰："尚书左丞，弹八座以下，居万机之会，乃皇朝之司直，天台之管辖。"所谓八座，是指五曹尚书、左右仆射，加尚书令。尚书左丞在台内形成全面监察的权力，其原因在于魏晋南北朝时期尚书台职权扩大，地位超过了九卿。尚书各官处理政务的质量对整个封建统治利益的影响越来越大，左丞的纠弹权便应运发展，这样，上至令仆，下至令史，大至八座刑杀之议，小至是否按时上下班，均归入左丞纠弹范围。由于左丞此权主要旨在提高尚书机构的统治效率，尚书各官权力越扩大，左丞地位也愈显重要。[15]晋时孔坦为尚书左丞，"深为台中之所敬惮"[16]。北魏时邢虬为尚书左丞，"台阁肃然"[17]。

南北朝时期，尚书省中兼有监察职权的官员还有尚书左仆射，不过尚书左仆射的监察权限于台内。而尚书左丞则还具有更大的职权，除对台内监察外，还可以与另外两位监察主管司隶校尉和御史中丞互相"纠弹"，形成互为监察的关系。这样，就使监察官也被置于他人监察之下，有利于防范监察人员本身的腐败。尚书左丞与御史中丞互为监察的关系在隋唐以后逐渐制度化，这对于中国古代监察制度的逐步健全具有重大的意义。更有甚者，由于魏晋以后尚书台逐渐掌管全国政务，和其他机构之统治事务密切关联，很难截然分开，所以左丞由纠弹尚书各官很自然就向台外扩展，进而发展到从京师到地方已经没有左丞不可纠弹的官吏。这是魏晋南北朝左丞职掌的一大特点。[18]

第四节　特任监察官员

魏晋南北朝监察体制中的官职大体分为三类，其第三类是特任监察官员，这是直接受命并直接控制于君主的监察官员。[19]它们是曹操的刺奸、曹魏与孙吴的校事、南朝的行事和典签、北魏的候官等。

王莽曾置所谓左、右刺奸。后来，东汉光武帝置刺奸将军，但只是一时的设置。东汉末的建安年间,曹操任司空,专制朝政。当时东汉朝廷迁都于许,而曹操的司空府驻邺城。许都的汉朝廷置有御史台,邺城的司空府设置刺奸主簿。在刺奸主簿之下,设左、右刺奸掾。曹操设置刺奸主簿的用意在于整肃实际总理大政的司空府吏治,因此刺奸行使的是类似御史中丞的职权。

建安十八年(213年),曹操建魏国,置校事官职。校事即抚军校事,又称抚军都尉。校事也是权宜之职,因为曹魏"大业草创,众官未备,而军旅勤苦,民心不安,乃有小罪,不可不察,故置校事,取其一切耳,然检御有方,不至纵恣也。此霸世之权宜,非帝王之正典"。后来校事权力逐渐扩张,乃至不可一世:"其后渐蒙见任,复为疾病,转相因仍,莫正其本。遂令上察宫庙,下摄众司,官无局业,职无分限,随意任情,唯心所适。法造于笔端,不依科诏;狱成于门下,不顾覆讯。"[20]

校事初置时确实能够监察官员"奸罪",有利于整顿吏治。但是,由于校事只对最高统治者一人负责,因而往往随最高统治者的爱憎行事。尔后,又发展到因个人的爱憎而作威作福。曹操专权时期,有民谣曰:"不畏曹公,但畏卢洪;卢洪尚可,赵达杀我!"[21]卢洪、赵达都是曹操起用的校事,他们依仗曹操而狐假虎威,专横擅权,使校事逐渐失去最初"检御有方"的功能,成为权力之争的工具。时任法曹掾的高柔对卢洪、赵达进行抨击,并建议曹操检治他们。史载:"时置校事卢洪、赵达等,使察群下,柔谏曰:'设官分职,各有所司。今置校事,既非居上信下之旨。又达等数以憎爱擅作威福,宜检治之。'太祖曰:'卿知达等,恐不如吾也。要能刺举而辨众事,使贤人君子为之,则不能也。昔叔孙通用群盗,良有以也。'达等后奸利发,太祖杀之以谢于柔。"[22]对于高柔的建议,曹操的观点是,必须用卢洪、赵达这帮奸人,才能查出奸罪来。曹操的观点不无道理,然而,以奸治奸,只能更生奸猾,并不利于监察事务的正常进行。

曹魏代汉以后,继续任用出身寒门庶族者当校事,与御史台等机构同时从事监察。这样一来,校事体制不仅与御史台发生冲突,而且引发世家大族的不满与攻击。曹魏的文帝和明帝为了维护皇权,适当地压抑门阀势力,依然重用校事。嘉平元年(249年)发生"高平陵事变",司马氏篡夺政权。世家大族出身的黄门侍郎程晓乘机上疏抨击抚军校事尹模,称"其治事,以刻暴为公严,以循理为怯弱。外则托天威以为声势,内则聚群奸以为腹心。大臣耻与分势,含忍而不言,小人畏其锋芒,郁结而无告。至使尹模公于目下肆其奸慝;罪恶之著,行路皆知,纤恶之过,积年不闻。既非《周礼》设官之意,又非《春秋》十等之义也"。他认为,"今外有公卿将校总统诸署,内有侍中尚书综理万机,司隶校尉督察京辇,御史中丞董摄宫殿,皆高选贤才以充其职,申明科诏以督其违。若此诸贤犹不足任,校事小吏,益不可信。若此诸贤各思尽忠,校事区区,亦复无益。若更高选国士以为校事,则是中丞司隶重增一官耳。若如旧选,尹模之奸今复发矣。进退推算,无所用之"。[23]于是司马氏将校事废除。

孙权为了打击江东的世家,也于嘉禾年间(232—238年)置校事。孙吴的校事隶属于中书,又称中书典校,其职责为典校诸官府以及州郡文书,可以劾奏将相大臣。孙吴的校事虽然具有监察职责,但也是权力之争的工具。在孙吴的校事中权势最盛的是吕壹。"吕壹、秦博为中书,典校诸官府及州郡文书。壹等因此渐作威福,遂造作榷酤障管之利,举罪纠奸,纤介必闻,重以深案丑诬,毁短大臣,排陷无辜"[24]。被吕壹等"排陷"的不仅有一般臣僚,就连丞相顾雍、左将军朱据也未能免[25]。不过,孙权重用校事,很快就遭到江东世家大族的抵制,陆逊、潘濬、诸葛瑾、羊玄、步骘、朱然、吕岱等大臣都起而谴责吕壹。孙权在江东世家强大的压力下不得不"引咎责躬"[26],诛杀吕壹。建兴元年(252年)孙亮继位,诸葛恪任太傅辅政,校事制度被废止。

南朝为了加强对于地方的监察,特别设置了行事和典签。行事全称为行某府州事。刘宋元嘉六年(429年),以当时年仅十七岁的江夏王刘义恭为都督荆湘八州诸军事、荆州刺史,镇守江陵,而以南阳刘湛领抚军长史,行府州事。此后,年幼的诸王出镇,均委任行事代为行使职权。于是,行事控制地方实权,出镇的诸王反而被架空。待到诸王年长之时,便与行事发生权力之争。刘宋孝武帝时,更是依靠行事作为耳目,以监视出镇的宗王。行事一般由宗王的主要僚佐长史或司马担任,大多为世家出身的子弟。

南朝刘宋皇帝还在出镇的宗王身边委派自己的亲信任典签,以监察宗王的举动。典签均为寒人出身，在晋朝职权不大，只是都督府中管理文书的官员。刘宋、梁、南齐间，宗王出镇地方，委派典签协助或代替宗王处理军政事务。特别是州郡议事，照例须写在纸签上，交由典签汇总、整理，因而典签逐渐成为朝廷在地方特置的监察官。典签对地方的监察权力主要体现在副署公文和向皇帝密报上。宗王或刺史向朝廷呈奏的公文，须由典签副署，方为有效。典签在一年中常常数次返回京城，向皇帝面陈事宜，以便皇帝及时了解宗王或刺史以及地方其他重要官员的动向。等回到地方以后，又以奉旨行事的名义，掌控宗王或刺史。发展到后来，典签最主要的职责就成了随时随地把宗王或刺史的言行及时上报皇帝。

典签的存在，使宗王以及地方官员均如芒刺在背，惶恐不得安宁。名义上镇守一方的宗王、刺史及所属官员只得对典签唯命是听，不敢有所得罪。一旦得罪典签，便会招来灾祸。史载："先是（南齐）高帝、武帝为诸王置典签帅，一方之事，悉以委之。每至觐接，辄留心顾问，刺史行事之美恶，系于典签之口，莫不折节推奉，恒虑弗及，于是威行州部，权重蕃君。武陵王晔为江州，性烈直不可忤。典签赵渥之曰：'今出都易刺史。'及见武帝相诬，晔遂免还。"[27]武陵王萧晔因为性情暴躁而得罪典签赵渥之，因此被免去方镇大员的职权。

典签不但协助和代理军政事务，而且还要照顾宗王的饮食起居，比行事更加接近宗王，实际上成为皇帝安插在宗王身边的监视器。南齐末年，典签还都密报制度废除，典签的权势才减弱下来。

北朝也设有典签。北朝典签为州之内总管，但是却不见其有伺察推监之权，此或即南、北典签不同之处。北魏前期的候官也属于特任的监察官员。北魏天兴四年（401年），道武帝撤销了建立不久的兰台，将监察职权划归于内省的候官曹。候官曹属于鲜卑官制系统的机构。鲜卑官制系统的官名大多取自然器物的名称，用以象征其职权方面的意义。候官的别名为白鹭，取白鹭延颈远望的寓意。兰台撤销后，候官曹发展成为庞大的机构，分为内、外，担负监察诸曹以及外部州镇的职责。文成帝时，候官曹的候官发展到数以千计。候官"至有微服杂乱于府寺间，以求百官疵失。其所穷治，有司苦加讯恻，而多相诬逮，辄劾以不敬"[28]。此类候官的性质，与其说是监察官，倒不如说是密探。孝文帝太和年间（477—499年），候官的势力逐渐削弱。

魏晋南北朝虽然是政治动乱、战争频仍的时代，但是各朝在监察官吏的问题上都十分重视。因此，无论是专职监察机构，还是兼职监察机构，以及特任监察机构都有所发展。只是监察职权常常被用于权力之争，因而对于消除官场腐败的力度往往不大。

/注释/

1. 《通典》卷二十四《职官六》。
2. 《晋书》卷二十四《职官志》。
3. 《通典》卷二十四《职官六》。
4. 《魏书》卷六十二《李彪传》。
5. 《通典》卷二十四《职官六》。
6. 《晋书》卷二十四《职官志》。
7. 《三国志》卷十二《魏书·鲍勋传》。
8. 本节以下内容参见李凭：《秦汉至明清的选官制度和监察制度》，载林甘泉、张海鹏、任式楠主编：《从文明起源到现代化》。
9. 白钢主编，黄惠贤著：《中国政治制度通史·魏晋南北朝》，人民出版社1997年版，第272页。
10. 《通典》卷三十二《职官十四》。
11. 《通典》卷二十一《职官三》。
12. 参见黄惠贤著：《中国政治制度通史·魏晋南北朝》，第283—287页。
13. 《通典》卷二十一《职官三》。
14. 《通典》卷二十二《职官四》。
15. 参见祝总斌：《魏晋南北朝尚书左丞纠弹职掌考》，《文史》1990年总32期。

16.《晋书》卷七十八《孔坦传》。

17.《魏书》卷六十五《邢虬传》。

18. 参见祝总斌:《魏晋南北朝尚书左丞纠弹职掌考》,《文史》1990年总32期。

19. 参见黄惠贤:《中国政治制度通史·魏晋南北朝》,第293—303页。以下内容主要参照黄惠贤著作,恕不一一出注。

20.《三国志》卷十四《魏书·程晓传》。

21.《太平御览》卷二百四十一《职官部》三十九"都尉"条引《魏略》。

22.《三国志》卷二十四《魏书·高柔传》。

23.《三国志》卷十四《魏书·程晓传》。

24.《三国志》卷五十二《吴书·顾雍传》。

25. 详见《三国志》卷五十二《吴书·顾雍传》、卷五十七《吴书·朱据传》。

26.《三国志》卷四十七《吴书·孙权传》。

27.《南史》卷四十四《巴陵王子伦传》。

28.《魏书》卷一百一十一《刑罚志》。

第七章

魏晋南北朝时期的反贪防腐思想

魏晋南北朝时期各个政权的统治集团出于自身利益的考虑，对于腐败的严重危害各有不同程度的认识，因此大多制定过惩治腐败的法令和树立廉政的制度。在各个统治集团中出现过一些颇有远见的帝王和名臣，出于巩固政权的目的，他们曾经采取种种改革措施，以肃清腐败，并取得了一定的效果，为史家所称道。虽然这些统治集团的代表人物推行的治理腐败的措施并不能彻底根治腐败现象，但是他们的思想与活动，推动了古代反腐败法制的发展，值得我们认识与分析。本章论述蜀汉丞相诸葛亮、北魏孝文帝元宏和西魏尚书苏绰三位政治家的反腐败思想。

第一节　诸葛亮的德政与明法

诸葛亮是琅邪（今山东省临沂北）人，年轻时流寓于襄阳，躬耕于隆中，尝自比管仲与乐毅，有兴邦治国的志向。后来诸葛亮遇到刘备，提出鼎足三分的方略。在与孙吴联合拒曹取得赤壁大战的胜利后，刘备以荆州为据点，西取巴蜀，北得汉中，在诸葛亮的协助下建立蜀汉政权。夷陵之战以后不久，刘备病重，临终遗命托孤，请诸葛亮辅助刘禅为政。刘禅即位之后，诸葛亮以丞相兼领益州牧，"政事无巨细，咸决于亮"[1]。诸葛亮终于有了施展其政治抱负的空间。

诸葛亮治理蜀国的方针是，对外，与孙吴通聘和好，恢复破裂的吴蜀联盟，以共同抵御曹魏的压力；对内，推行德政，明法治邦，以整肃吏治，充实国力。

诸葛亮倡导廉洁勤政，首先从自己做起。他十分注重自身的道德修养，能够严于律己，为蜀国朝廷上下作出表率。诸葛亮在《前出师表》中称，"受命以来，夙夜忧叹，恐托付不效"[2]，因而兢兢业业地操持国事。诸葛亮的《后出师表》中，还有"鞠躬尽瘁，死而后已"[3]的名言警句。身居蜀国一人之下、万人之上的诸葛亮，生活十分简朴。"初，亮自表后主曰：'成都有桑八百株，薄田十五顷，子弟衣食，自有余饶。至于臣在外任，无别调度，随身衣食，悉仰于官，不别治生，以长尺寸。若臣死之日，不使内有余帛，外有赢财，以负陛下。'及卒，如其所言"。又，"亮遗命葬汉中定军山，因山为坟，冢足容棺，敛以时服，不须器物"。[4]

诸葛亮不但严于律己，而且对子弟也教育有方。诸葛亮有子名瞻，"工书画，强识念"。诸葛亮去世以后，蜀人追思，"咸爱其才敏"。诸葛瞻官至行都护卫将军，与辅国大将军南乡侯董厥并平尚书事。曹魏征西将军邓艾伐蜀，曾经以琅邪王的待遇诱降诸葛瞻，但诸葛瞻不为所动，怒斩邓艾使者。诸葛瞻最后临阵战死，不辱诸葛亮的声名。[5]因而后人评曰："瞻虽智不足以扶危，勇不足以拒敌，而能外不负国，内不改父之志，忠孝存焉。"[6]

由于诸葛亮自身廉洁奉公，因此他敢于严格要求蜀国的君臣。诸葛亮认为，"上之所为，人之所瞻也。夫释己教人，是谓逆政，正己教人，是谓顺政"，所以，人君应该"先正其身，然后乃行其令。身不正则令不从，令不从则生变乱"。[7]诸葛亮认识到，行德政必须从君主开始做起，才能收到上行下效的结果。因此他在《前出师表》中教导后主刘禅要"亲贤臣，远小人"，应该"咨诹善道，察纳雅言"。可叹的是，后主刘禅昏庸，不能牢记诸葛亮的谆谆教导，终至亡国。

诸葛亮善于选官用人，他对于属下和同僚非常了解，因此能将他们用在适当的位置上。他在《前出师表》中十分明确地向后主刘禅指出："侍中、侍郎郭攸之、费祎、董允等，此皆良实，志虑忠纯，是以先帝简拔以遗陛下。愚以为宫中之事，事无大小，悉以咨之，然后施行，必能裨补阙漏，有所广益。将军向宠，性行淑均，晓畅军事，试用于昔日，先帝称之曰能，是以众议举宠为督。愚以为营中之事，悉以咨之，必能使行陈和睦，优劣得所……侍中、尚书、长史、参军，此悉贞良死节之臣，愿陛下亲之信之，则汉室之隆，可计日而待也。"[8]对于官员的了解，能够达到如此精细、准确的程度，是非常不容易的，而且后来的事实证明，诸葛亮推荐的这些大臣也确实未负所望。

诸葛亮不但注重官员的能力，更加强调为官者的品德，要求他们为官不谋私利。他认为，为官者应该清廉寡欲，化私为公是有损国家的"五危"之一，必须加以禁绝。董和是南郡枝江人，刘备入蜀以前在益州牧刘璋手下任江原长、成都令。史载，"蜀土富实，时俗奢侈，货殖之家，侯服玉食，婚姻葬送，倾家竭产。（董）和躬率以俭，恶衣蔬食，防遏踰僭，为之轨制，所在皆移风变善，畏而不犯。然县界豪强惮和严法，说（刘）璋转和为巴东属国都尉。吏民老弱相携乞留和者数千人。璋听留二年，还迁益州太守，其清约如前。与蛮夷从事，务推诚心，南土爱而信之"[9]。诸葛亮并不嫌弃董和是刘璋旧部，反而因为董和的高尚品质而敬重董和。由于推行德政，诸葛亮一度在蜀国营造了上下和谐、吏治清明的政治氛围。

诸葛亮认为，要想使政权长治久安，就必须明法。他曾对蒋琬说："孙武所以能制胜于天下者，用法明也。"[10]因此，诸葛亮召集法正、刘巴、李严等人编制了蜀科，作为刑律的依据。诸葛亮还亲自制定了所谓"八务、七戒、六恐、五惧"[11]等用以训励官员的戒令，这些戒令都有具体的条章，旨在整顿吏治，提高官员素质。

诸葛亮一贯主张执法平等，赏罚分明。《三国志》作者陈寿在《蜀书·诸葛亮传》中评曰："诸葛亮之为相国也，抚百姓，示仪轨，约官职，从权制，开诚心，布公道；尽忠益时者虽仇必赏，犯法怠慢者虽亲必罚，服罪输情者虽重必释，游辞巧饰者虽轻必戮，善无微而不赏，恶无纤而不贬；庶事精练，物理其本，循名责实，虚伪不齿；终于邦域之内，咸畏而爱之，刑政虽峻而无怨者，以其用心平而劝戒明也。可谓识治之良才，管、萧之亚匹矣。"这样高度的评价，对于诸葛亮来说绝不过分。诸葛亮在《前出师表》中称："宫中府中俱为一体，陟罚臧否，不宜异同。若有作奸犯科及为忠善者，宜付有司论其刑赏，以昭陛下平明之理，不宜偏私，使内外异法也。"宫中，指后主刘禅宫廷里的官员；府中，指诸葛亮丞相府中的官员。诸葛亮的这段话，虽然透露出宫中与府中已有政治裂痕，但是也能反映诸葛亮执法公允的思想。

诸葛亮执法绝不徇私枉法，挥泪斩马谡已经成为家喻户晓的故事。马谡"才器过人，好论军计，丞相诸葛亮深加器异……以谡为参军，每引见谈论，自昼达夜"[12]。马谡临终与诸葛亮书称，"明公视谡犹子，谡视明公犹父"[13]。诸葛亮与马谡虽然情同父子，但是街亭失利，责在马谡，诸葛亮不得不忍痛执法。诸葛亮与李严均为蜀汉重臣，关系颇为友好："（李）严与孟达书曰：'吾与孔明俱受寄托，忧深责重，思得良伴。'（诸葛）亮亦与达书曰：'部分如流，趋舍罔滞，正方性也。'其见贵重如此。"[14]诸葛亮北伐中原之前，任李严为中都护，署理丞相府事，并命李严运粮。但是，李严运粮误期失责，又欺诳诸葛亮退军，试图推卸责任，造成此次北伐不果。诸葛亮只得上表后主，废李严为庶民，徙居梓潼郡。诸葛亮去世不久，李严竟发病而死。因为李严知道，诸葛亮如果在世，他还可能复职；诸葛亮去世后，他再也没有复职的希望了。习凿齿评论道：

> 昔管仲夺伯氏骈邑三百，没齿而无怨言，圣人以为难。诸葛亮之使廖立垂泣，李平（即李严）致死，岂徒无怨言而已哉！夫水至平而邪者取法，镜至明而丑者无怨，水镜之所以能穷物而无怨者，以其无私也。水镜无私，犹以免谤，况大人君子怀乐生之心，流矜恕之德，法行于不可不用，刑加乎自犯之罪，爵之而非私，诛之而不怨，天下有不服者乎！诸葛亮于是可谓能用刑矣，自秦、汉以来未之有也。[15]

三国之中，蜀国版图最小，却能东联孙吴，北伐曹魏，与魏、吴保持相当长时期的鼎立形势，这与诸葛亮的德政与明法密不可分。陈寿评论道：

> 及备殂没，嗣子幼弱，事无巨细，亮皆专之。于是外连东吴，内平南越，立法施度，整理戎旅，工械技巧，物究其极，科教严明，赏罚必信，无恶不惩，无善不显，至于吏不容奸，人怀自厉，道不拾遗，强不

侵弱，风化肃然也。[16]

陈寿的评论毫不夸张，诸葛亮不愧为名垂千古的政治家。

第二节　孝文帝的班禄酬廉策

孝文帝元宏是北魏第六代帝王，他在位期间，锐意改革，促进了北魏王朝的文治和北方各民族的融合。特别是在太和年间（477—499年），他积极推行反腐败方针，从而强化了法制，整顿了吏治，有利于北魏社会的安定与发展。

孝文帝在太和初年下达一系列诏书，它们都是围绕着文治的主题发布的。第一类是关于发展农业生产的诏书，第二类是优容汉族士族的诏书，第三类是减轻刑罚的诏书。孝文帝不但谋求汉族上层的支持，也注意改变以往少数民族统治者在庶民心目中的残酷形象，下达了一系列减轻刑罚的诏书。太和元年（477年），孝文帝两度发布斩不裸形诏。前一道诏书曰："刑法所以禁暴息奸，绝其命不在裸形。其参详旧典，务从宽仁。"后一道诏书则强调指出裸体斩刑不合礼法："今犯法至死，同入斩刑，去衣裸体，男女媟见。岂齐之以法，示之以礼者也。"[17] 按照魏朝以往的规定，被斩者都应裸体执行。这一规定，被孝文帝的两道诏书废止了。孝文帝下达斩不裸形诏的真正意义并不仅限于避免"男女媟见"，更重要的在于向朝廷上下表明推行仁政的态度。所以，孝文帝在前一道诏书中指出要"务从宽仁"，而在后一道诏书中再次强调"民由化穆，非严刑所制"。就是说，民风要靠仁政来敦化，如果依靠严刑酷罚，只会引发更多的社会动乱。孝文帝通过斩不裸形诏反复地强调施行仁政的意义，实际上是针对魏朝建国以来长期实行残酷的刑罚而发的。

孝文帝还要求全国各地提高审理案件的效率，不要使案件久拖不决，影响百姓生活和生产。太和五年（481年）五月，孝文帝下达决遣狱囚诏，督促各级官吏尽快办案，诏书曰："农时要月，民须肆力，其敕天下，勿使有留狱久囚。"[18]这一诏令的对象虽然是囚犯，但是其影响面却很宽泛。这样既增加了农业生产劳动力，也缓和了社会的矛盾。

在处理各类案件的时候，孝文帝越来越感到，为了提高办案效率和审案水平，建立一整套明细的量刑标准是十分必要的。因此，孝文帝不仅陆续革去酷刑和滥罚，如门房之诛、轘刑、腰斩以及重枷等，而且在务从宽仁的原则下建立了新的系统的律令，这就是太和五年完成的《北魏律》。这套律令是在前代律令的基础上，由中书令高闾集中中书省和秘书省的属官拟订草案，逐条细致修订，交群臣集体讨论，然后才最终成稿的。而最后的审批定稿者，则是孝文帝。太和五年律令的完成，不仅使司法量刑有了统一的法律依据，而且更重要的是标志着北魏社会的上层建筑纳入了封建化的轨道。

孝文帝在太和年间大力推行改革的同时，先后处治了数名腐败的皇室成员和一批贪官污吏，使太和改革成为魏晋南北朝时期反腐败的一大亮点。其中值得注意的是张赦提案。

张赦提因为在平城通往河北的莎泉道上剿匪屡立大功，所以升任幽州刺史，封为安喜侯。张赦提到任之后严于律己，约束属吏，将原先贫困动乱的幽州治理得安定而有秩序，农业生产也发展起来。张赦提一向清正，可惜的是对他的妻子段氏约束不严。段氏出身富裕之家，耐不得贫寒，于是公然受贿。段氏又以所得贿赂转送京师有名望的僧尼，托他们为张赦提活动升迁。而张赦提则听之任之。岂料段氏的贪污名声越闹越大，被出使幽州的中散李真香侦知实情，上告到朝廷。张赦提挺不住了，想要逃隐山林之中。段氏却不在乎，因为东阳王拓跋丕的妻子是段氏的姑姑，而拓跋丕正是孝文帝身边权势显赫的人物。段氏认为东阳王会为张赦提讲情，张赦提误信段氏之语，没有逃罪。段氏就到京师去造谣说，李真香到幽州后听说张赦提家有一头很壮实的好牛，想要张赦提送给他，张赦提没有照办，于是李真香就怀恨在心，向朝廷诬告张赦提。谣言在平城传开，执事大臣知道段氏是东阳王拓跋丕的亲戚，不敢马虎，就派驾部令赵秦州再往幽州调查，结果不但李真香所举事实皆符，而且还揭出不少新的段氏贪赃事实。

张赦提案报到孝文帝御案上，贪污、造谣等数罪并判，张赦提夫妇被处以极刑。孝文帝念张赦提在维护莎泉道治安上的大功，不欲张扬张赦提案，诏命张赦提夫妇在自己家中自尽。张赦提越想越气恼，一世英名竟葬送于妇人之手。临死前，他斥责段氏道："贪浊秽吾者卿也，又安吾而不得免祸，九泉之下当为仇雠矣。"[19]

张赦提和段氏虽然被处死了，但是他们的贪污事件却不得不引起孝文帝的深思。张赦提夫妇因受贿而受死刑，固然罪有应得，但是当时百官没有俸禄也是造成他们贪污的一个客观原因。而且，贪官们往往以此为理由，振振有词地为自己辩护。这样看来，对付贪污，仅仅靠严惩是不够的。要断绝贪赃枉法的借口，那就必须班禄酬廉。所谓班禄酬廉，就是由朝廷按期发放百官薪俸，这样既解决了百官的生活来源问题，也杜绝了贪官接受贿赂的理由。

其实，给事中张白泽早在皇兴四年（470年）就已向孝文帝的父亲献文帝上奏，提出过班禄酬廉方案。张白泽好学上进，博通经史，又对时势了如指掌，善于分析社会利弊。他针对当时贪官污吏遍布朝廷而严刑惩处仍不根治的状况，上了一道奏疏。奏疏中指出：百官是协助皇帝治理国家的人，国家能够兴旺发达，全靠他们的努力。可是朝廷对百官却没有给予相应的俸禄作为酬答，这是不合适的。自西周以来，中原王朝历代都有俸禄。朝廷要想事静民安，治清务简，就应该像以往的各朝那样，向百官颁布俸禄。这样才能消除贪污，酬谢廉政。如果能够做到班禄酬廉，只需三年，就能使升平立至，天下安宁。[20]

张白泽提出的班禄酬廉实际上是使北魏官制纳入正规的汉族官僚制度的主张，它代表了对拓跋部掳掠政策不满的汉族士族的意见。班禄酬廉虽然切合中原地区的政治状况，但是并没有马上引起献文帝的重视，因而被搁置下来。

太和八年（484年），孝文帝重新将班禄的主张提出来，他于当年六月下达班禄酬廉诏。诏书曰：

> 置官班禄，行之尚矣。《周礼》有食禄之典，二汉著受禄之秩。逮于魏晋，莫不聿稽往宪，以经纶治道。自中原丧乱，兹制中绝，先朝因

循,未遑釐改。朕永鉴四方,求民之瘼,夙兴昧旦,至于忧勤。故宪章旧典,始班俸禄。罢诸商人,以简民事。户增调三匹、谷二斛九斗,以为官司之禄。均预调为二匹之赋,即兼商用。虽有一时之烦,终克永逸之益,禄行之后,赃满一匹者死。变法改度,宜为更始,其大赦天下,与之惟新。[21]

孝文帝的这道诏书实际上有五层深刻的含义。第一层,孝文帝只字不谈拓跋部通行的掳掠遗习,却大讲班禄是中原封建王朝早已推行的旧制度,是魏朝应该遵为宪章的旧典,从而使诏书成为公开发表的要大力推行汉族制度的宣言。第二层,明确规定了由班禄而增收的赋调定额,固定官司之禄所需的总额,从而减少了官吏从中截留贪污的机会。第三层,将商人从赋调的征收活动中斥逐出去,以避免官吏与商人勾结起来,在赋调转运的过程中营私舞弊。第四层,班禄酬廉诏公布之后,受贿一匹,即行处死,这一规定虽然过于严厉,却表明了孝文帝狠刹贪污风气的决心。第五层,下达诏书的同时宣布大赦天下,从而将贪官们过去的罪行一笔勾销,以此表示对行过贿和受过贿的官吏作出让步,减少推行班禄新政的阻力。

同年九月,孝文帝又下诏,初步确定内外百官的受禄标准,并且规定每季发放一次。[22] 班禄酬廉诏颁布不久,孝文帝就派使者到各地巡视,纠察出贪赃的官员四十余人。他们的案情报到孝文帝案前,均被孝文帝严惩不贷,一律处以死刑。自此以后,腐败之风逐渐刹住,触犯刑法者骤然减少,每年在京师判决的死刑囚犯不过五六人。

班禄酬廉的意义,实际上并不仅仅限于遏制贪污腐败,更重要的是,它用汉族皇朝的旧制度理顺了北魏君臣之间的关系。这种关系,用高闾的话说,就是庶民均其赋,君王聚其材;君班其俸,臣受其禄。[23] 通过俸禄的颁行,北魏的君臣关系被套入了封建的官僚制度,而封建的官僚制度则是中央集权统治的最重要的体现。从此,无论汉族士人还是鲜卑贵族都必须受封建官僚制度的约束,这为太和后期北魏全面整顿与健全官制铺平了道路。

第三节 苏绰的治国六条诏书

由于边镇动乱、农民起义和权力争斗，北魏分裂成为东魏—北齐和西魏—北周。西魏—北周控制黄河以西的关陇地区，国土狭小，人口较少，经济状况处于劣势，无法与东魏—北齐相比。但是，西魏—北周的统治集团不断进行改革，以巩固统治，发展经济，终于积累了战胜北齐的国力。

为西魏—北周制定改革方针的是苏绰。苏绰出身关中地区世家大族，他"少好学，博览群书，尤善算术"[24]。苏绰先被其兄荐为行台郎中，后来受到执政者宇文泰的赏识。史载宇文泰"与公卿往昆明池观渔，行至城西汉故仓地，顾问左右，莫有知者。或曰：'苏绰博物多通，请问之。'太祖乃召绰。具以状对。太祖大悦，因问天地造化之始，历代兴亡之迹。绰既有口辩，应对如流。太祖益喜。乃与绰并马徐行至池，竟不设网罟而还。遂留绰至夜，问以治道，太祖卧而听之。绰于是指陈帝王之道，兼述申韩之要。太祖乃起，整衣危坐，不觉膝之前席。语遂达曙不厌"[25]，于是，拜苏绰为大行台左丞，参典机密。西魏大统十年（544年），宇文泰授苏绰大行台度支尚书，领著作，兼司农卿。

由于宇文泰锐意改革时政，追求强国富民之道，因此苏绰如鱼得水，能够尽其智能。苏绰协助宇文泰减官员，置二长，开展屯田，以资军国之用，又拟六条诏书[26]，奏请施行。六条诏书是有名的治国方略，兹略述如下：

其一，先治心。苏绰所说的心，指统治者之心。他认为："治民之要，在清心而已。夫所谓清心者，非不贪货财之谓也，乃欲使心气清和，志意端静。心和志静，则邪僻之虑，无因而作。邪僻不作，则凡所思念，无不皆得至公之理。率至公之理以临其民，则彼下民孰不从化。是以称治民之本，先在治心。"要求各级统治者都要"率至公之理以临其民"，而不仅仅是做到"不贪货财"。苏绰还特别强调指出:"君身不能自治,而望治百姓,是犹曲表而求直影也;君行不能自修,而欲百姓修行者,是犹无的而责射中也。"他认为"为人君者,必心如清水,形如白玉。躬行仁义,躬行孝悌,躬行忠信,躬行礼让,躬行廉平,躬行俭约,然后继之以无倦,加之以明察。行此八者,以训其民",这样才能使"其人畏而爱之,则而象之,不待家教日见而自兴行矣"。

其二,敦教化。苏绰认为,人"性无常守,随化而迁",因此"诸牧守令长,宜洗心革意,上承朝旨,下宣教化"。所谓化者,"贵能扇之以淳风,浸之以太和,被之以道德,示之以朴素。使百姓亹亹,中迁于善,邪伪之心,嗜欲之性,潜以消化,而不知其所以然,此之谓化也"。在化的基础上,"教之以孝悌,使民慈爱;教之以仁顺,使民和睦;教之以礼义,使民敬让",此之谓教。苏绰指出,只有移风易俗,还淳返素,才可能"垂拱而治天下以至太平"。

其三,尽地利。苏绰认为,要"使民兴行礼让",必须"先足其衣食,然后教化随之";要使衣食足,在于尽地利;要使地利尽,在于劝课有方,这正是牧守令长的责任。同时,他又指出,"为政不欲过碎,碎则民烦;劝课亦不容太简,简则民怠。善为政者,必消息时宜而适烦简之中"。

其四,擢贤良。苏绰认为,以往选拔州郡大吏,但取门资,大多不择贤良;而对于末曹小吏,只试他的刀笔,并不过问志行,这是不对的。他要求,以后的选举应当不限资荫,唯在得人,要做到这点,就需要有"观人之道"。然而,贤士在未用之前,往往混同于凡品,需要任之以事业,责之以成务,才能与庸流分开。他指出,"士必从微而至著,功必积小以至大,岂有未任而已成,不用而先达也"。他又认为,"然善官人者必先省其官。官省,则善人易充,善人易充,则事无不理"。他还指出,官多则扰乱细民,"悉宜罢黜,无得习常"。

其五,恤狱讼。苏绰认为,"治狱之官,精心悉意,推究事源。先之以五听,参之以证验,妙睹情状,穷鉴隐伏,使奸无所容,罪人必得。然后随事加刑,轻重皆当,赦过矜愚,得情勿喜。又能消息情理,斟酌礼律,无不曲尽人心,远明大教,使获罪者如归。此则善之上也"。他指出,治狱之官的能力虽有不同,但都应当"率至公之心,去阿枉之志,务求曲直,念尽平当",又应当"深思远大,念存德教",这样才能使刑罚得中。如果有"深奸巨猾,伤化败俗,悖乱人伦,不忠不孝,故为背道者",就应该杀一儆百,"以清王化"。

其六,均赋役。苏绰认为,"不舍豪强而征贫弱,不纵奸巧而困愚拙,此之谓均也"。他还认为,"租税之时,虽有大式,至于斟酌贫富,差次先后,皆事起于正长,而系之于守令",如果"斟酌得所",就会政和民悦,否则,就会吏奸民怨。守令如无恤民之心,那就是王政之罪人!

以上六条诏书,宇文泰十分重视,不但立即实行,而且将其作为治国的纲领。宇文泰将六条诏书置于座右,时常阅读;又令百司研习记诵,牧守令长如果不能通晓六条诏书以及"计账",就不得居官。

苏绰自身也按照六条诏书严格要求自己,他"性俭素,不治产业,家无余财。以海内未平,常以天下为己任。博求贤俊,共弘治道,凡所荐达,皆至大官……尝谓治国之道,当爱民如慈父,训民如严师。每与公卿议论,自昼达夜,事无巨细,若指诸掌"[27]。可惜,苏绰积思劳倦,遂成气疾而死,时年四十九岁。

苏绰虽逝,但他的思想影响深远。苏绰去世以后,宇文氏集团继续遵照苏绰制定的国策努力,遂使西魏—北周由弱变强,最终灭亡北齐,统一北方,并为全国的大一统奠定了坚实的基础。魏晋南北朝长达四百年的腐败丛生与乱中求治的反复轮回终告结束。

/注释/

1.《三国志》卷三十五《蜀书·诸葛亮传》。

2.《三国志》卷三十五《蜀书·诸葛亮传》。

3.《三国志》卷三十五《蜀书·诸葛亮传》注引《汉晋春秋》。或以为《后出师表》系伪作,但以"鞠躬尽瘁,死而后已"来对照诸葛亮的行为,则毫不过分。

4.《三国志》卷三十五《蜀书·诸葛亮传》。

5.《三国志》卷三十五《蜀书·诸葛瞻传》。

6.《三国志》卷三十五《蜀书·诸葛瞻传》注引干宝曰。

7.《诸葛亮集》卷三《教令》。

8.《三国志》卷三十五《蜀书·诸葛亮传》。

9.《三国志》卷三十九《蜀书·董和传》。

10.《三国志》卷三十九《蜀书·马谡传》注引《襄阳记》。

11.《三国志》卷三十五《蜀书·诸葛亮传》注引《魏氏春秋》。

12.《三国志》卷三十九《蜀书·马谡传》。

13.《三国志》卷三十九《蜀书·马谡传》注引《襄阳记》。

14.《三国志》卷四十《蜀书·李严传》。

15.《三国志》卷四十《蜀书·李严传》注引习凿齿曰。

16.《三国志》卷三十五《蜀书·诸葛亮传》陈寿评曰。

17.《魏书》卷一百一十一《刑法志》。

18.《魏书》卷七上《高祖纪》。

19.《魏书》卷八十九《张赦提传》。

20.《魏书》卷二十四《张白泽传》。

21.《魏书》卷七上《高祖纪》。

22.《魏书》卷七上《高祖纪》。

23.《魏书》卷五十四《高闾传》。

24.《周书》卷二十三《苏绰传》。

25.《周书》卷二十三《苏绰传》。

26. 六条诏书详载于《周书》卷二十三《苏绰传》。

27.《周书》卷二十三《苏绰传》。

第八章

隋唐时期反腐败的规制与实施

隋唐是中国中古史上的重要时期。长期的南北分裂，至此重归统一；常年的战乱动荡，至此趋向宁静和平；长期积累起来的吏治问题，至此得以逐渐解决，历史由此而发生了重大转折。在魏晋南北朝长期历史发展的基础上，隋唐时期反腐法律的合理和明确，相关制度的适时和配套，其整个法律和制度系统的完整和严密，的确形成了我国古代反腐倡廉历史上的一座高峰。

隋唐时期的腐败与反腐败过程，是在一个较之前代更为完整和严密化了的制度体系下展开的。整个反腐败体系的法律化程度较高，这是一个总的特色。以下就从反腐败的角度来审视其主要组成部分的状况。

第一节　构筑完备的法律体系

完备的法律既是各种反腐方针和措施的前提，也直接构成了反腐制度的重要部分。在南北朝后期的有关基础上，隋至初唐已开始把晋以来律、令、故事构成的法律系统，转变为律、令、格、式和各种补充性敕例相辅相成的系统。

一、律、令、格、式体系的形成

隋文帝开皇初年及炀帝大业初年皆曾修定律、令，当时未见有编撰格、式之举。至唐高祖武德元年（618年）命刘文静等"因开皇律令而损益之，尽削大业所用烦峻之法。又制五十三条格，务在宽简，取便于时"。另命裴寂、萧瑀等人更撰律、令，于武德七年下诏颁行。其诏文指责隋代法律"损益不定，疏舛尚多，品式章程，罕能甄备"，[1]并说明武德元年制定五十三条新格，后来又将之并入新律的做法，其重要的用意，是要对隋代以来存在于律、令之外的众多敕例加以删定。在这样的基础上，唐太宗贞观元年（627年）起，命长孙无忌、房玄龄及诸学士、法官再定律、令，"鳌改"其制，至贞观十一年正月庚子，颁行律十二卷五百条，令三十卷一千五百九十条，格十八卷七百条。《唐会要》卷三十九《定格令》载高宗初年诏定法律，"永徽二年闰九月十四日，上新删定律、令、格、式"。自此以后，格、式已与律、令相辅而行，成为地位和效力十分明确的新的法律形式，一套新的法律体系从此形成。

魏晋以来，律正罪名，令存事制，至唐犹然。故律、令、格、式体系的形成，关键正在格、式的出现及其性质和地位的确定。[2]关于永徽以来格、式的性质，一是其基本都以尚书诸曹为基干来分篇，表明其虽必脱胎于各种单行制敕所处理的个案或判例，也仍有散之可"各还其府"的一面，却已明显被加以归约，已是具有高度统一性的法典。[3]二是格、式的编纂过程，全面取舍和系统修订了有关法条，故已不再是随时零散增补着的一般敕例的简单汇集。三是今存唐格、式佚文样态表明，只有《留司格》还部分保留了敕文形式，《散颁格》和式文，已全部以制定法的形式出现。四是《新唐书》卷五十六《刑法志》所言"格者，百官有司之所常行之事也；式者，其所常守之法也"，这是着意强调其为形态稳定的"常法"。就拿仍然保留了部分敕例形式的《留司格》来说，《旧唐书》卷五十《刑法志》说"曹之常务，但留本司者，别为《留司格》一卷。盖编录当时制敕，永为法则，以为故事"，所突出的也是其有关"曹之常务"及其"永为法则"的一面。五是唐人往往以律、令、格、式并举，奉之为经国之典，将之与那些随时下达的单行敕例区分开来。这也表明格、式地位和性质已与律、令一致，而大不同于作为权制的敕例。综此五点，结论是格、式虽从个案性的单行敕例进一步编撰而成，却明显被法典化了。

由此，魏晋以来律、令体系终于变为唐初以来律、令、格、式体系的实质，显然在于南北朝时期大量层出不穷的单行敕例，至此已在以往对之有所删辑的基础上，分别纳入了格、式这两种地位和效力都十分明确的新法典。这就使更多领域、更多制度和更多的行政事务不再以个案或判例的方式来处理，而是置于法律地位和效力更为确定的法典的统一指导之下了。对于防止和惩治腐败现象来说，把大量便于灵活解释和处理的个案和判例，上升为公开、统一和相对难以曲解的法典规定，其意义是不言而喻的。

二、律、令、格、式的互补

事情的意义当然不只是新增了两种法典，更重要的是律、令、格、式相辅相成，织成了完善的法典网。《新唐书》卷五十六《刑法志》述"令者，尊卑贵贱之等数，国家之制度也；格者，百官有司之所常行之事也；式者，其所常守之法也。凡邦国之政，必从事于此三者。其有所违及人之为恶而入于罪戾者，一断以律"，便从一个侧面勾勒了这四种法典各自的作用及其相互关系。

自贞观十一年（637年）定律为十二篇[4]五百条，至高宗永徽四年（653年）修定律疏，给出各篇各条的法定解释，与律合为三十卷一体颁行，从此再无大的变动。[5]唐律规定了各种公、私罪名及其刑罚原则和尺度，包括违犯令、格、式之条的罪名和处罚，乃是唐代定罪量刑的基本依据，这都没有问题。贞观定令为三十卷二十七篇[6]一千五百九十条，后来陆续有所调整。[7]唐令规定各行政领域的基本制度，且其在当时多种行政制度和规范中属于最高层级，这也没有疑问。问题在于，相比于魏晋以来发展已久，并在作用、地位和相互关系上形成了深厚传统的律和令，格、式作为唐代新出现的法典尚有其新旧过渡的复杂性。上面我们已明确其已法典化，以下再从四个方面观察其要，借以了解格、式的面貌及其与律、令的基本关系。

一是格的变化较多而万变不离其宗，皆在补充和修正律、令、式的各种敕例的基础上编撰而成。如《贞观格》十八卷七百条，为删订武德及贞观初年以来三千件制敕而成。《垂拱留司格》六卷、《散颁格》三卷，乃取"武德以来，垂拱已前诏敕便于时者"修成。《神龙散颁格》七卷，删定范围为《垂拱格》及神龙二年（706年）正月二十五日以前的有关制敕。《开元新格》十卷，是在以往旧格及敕的基础上删定的。格的这种来源，决定了其对律、令、式都起着重要的补充和修正作用。

二是式的形态至《垂拱式》稳定了下来，其与令的关系似要较格更为密切。[8]如《唐律疏议》卷十九《贼盗》篇盗官文书印条："诸盗官文书印者，徒二年。"疏议释曰："在令、式，印应官给。"可见关于官文书印章的规定，分在有关令、式中。具体考察两者在同一制度或事项上的关系，可以发现其间存在着令作出基本规定而式给出实施细则、令规定高位或上游制度而式规定低位或下游制度、令和式各规定部分制度内容这样三种基本的类型。总的来说，唐代各项行政制度是在令、式的互补中呈现其完整面貌和正常运行的，其中又尤以式补充令的一面为突出。

三是格、式都以尚书诸曹为其分篇主体，这个事实虽表明两者都是围绕各主管部门的政务处理过程而形成的行政法规，同时也表明两者必有重要差别。《唐六典》卷六《刑部》说"格以禁违正邪，式以规物程事"，似是说"格"多为消极性规范，而"式"多为积极性规范。在这种区别的前提下，两者作为百官有司的"常行之事"和"常守之法"适可互相补充。从现存格、式佚文提供的情况看，这样解释是有一些道理的。[9]然则格与律，就要比式有着更为密切的关系。[10]

四是唐代往往律、令、格、式同修，但有时只修令、格、式，有时又只修格、式。其中令、格、式规定各项行政制度，其性质相对一致而与律明显不同；而格、式作为后出法规又有其共性，并与律、令存在着一定的差别。

综上，作为四部重要法典，唐代的律、令、格、式体系，实际是通过律与令、格、式之间，格和律、令、式之间，律、格与令、式之间，律、令与格、式之间的特定关系，在刑法与行政法、追补法与基本法、消极性禁约与积极性规定、原有法律与新出法律之间，构筑了相辅相成的网络，这也是一张在公开性和系统性上为中国法制史前所未有，在反腐倡廉上"简而易从，疏而不漏"[11]的法典网络。

三、敕例与律、令、格、式体系的演变

敕例即以制诏形式出现的判例，经常表现为被皇帝同意或批复了的奏请。它是按法定程序产生并具有法定效力的皇帝命令，是最高决策层处理各种政务的主要方式，是反映政治和行政动态的敏锐指针，是各种法律的基本渊源。律、令、格、式都在敕例的基础上删订修撰而成，而敕例并非都被修入了律、令、格、式，这就产生了敕例与法典的关系问题，这对关系直接决定了唐代法律体系的演变趋势。

律、令、格、式体系的形成，标志着个案式政务处理和判例的作用被压缩。唐初统治者的确表现了一种倾向，要尽可能只以这四部法典来统一指导各种司法和行政过程，至少是不许以敕例来替代或破除法典的规定。但国家机器既在专制集权的轨道上运行，敕例的不断涌现和活跃就无可避免。在这个大前提下，由于敕例在行政第一线面临和处理千变万化的实际事务，而律、令、格、式只能在再次修订时才可能采纳敕例的规定；又由于前者直接体现了当朝皇帝的意旨，而后者往往是过去的传统和已故皇帝的意旨，从而又决定了敕例具有更便于适应形势和更受执法者重视的性质。因此，初唐以来至开元年间，一方面，律、令、格、式体系较为正常地发挥着法律基干的作用；另一方面，各种敕例亦有更趋活跃和地位上升之势[12]，成为解决法律实施问题，包括如何适应形势变化和反腐倡廉过程中的种种问题的重要手段。

但敕例的积累，必然会对现行法典产生冲击。开元以前，这个问题主要是通过不断重修律、令、格、式，删订和编写各种敕例得到消解的。在此同时，由于格的渊源、形态和性质在四种法典形式中最接近也最便于吸纳各种敕例，当时也开始将各种敕例归之为"格后敕"。到开元十九年（731年），裴光庭和萧嵩"以格后制敕行用之后，与格文相违，于事非便。奏令所司删撰《格后长行敕》六卷颁于天下"[13]。这份《格后长行敕》既让"所司删撰"，与以往的《留司格》相类；而其统一编修"颁于天下"，又与过去的《散颁格》接近，显然是格的一个新形式。更重要的是，由此再经安史之乱直到中晚唐，在社会加速发展和各种制

度急剧转换的总背景下，律、令、格、式已罕有修撰，各种随宜而下的敕例的作用变得十分突出，"格后敕"的编撰亦显得层出不穷而花样翻新，成了当时最为重要的立法活动。因而从发展的趋势来看，开元十九年《格后长行敕》的编撰，实际已标志了律、令、格、式体系的重要转折，标志了统一编辑各种敕例开始成为最为重要的新法典形式，标志着编"敕"在法律体系中的地位已愈益突出。

第二节　反腐律文与赃罪六条

作为最基本和重要的刑法典，律是惩治腐败的利器，阻遏贪赃的堤坝，在反腐过程中起着极为重要的作用。在隋代《开皇律》的基础上[14]，唐律经高祖、太宗和高宗三朝的创制和完善而趋于稳定，形成了律条、律注，律疏往往一体修订和颁行，互相说明和补充，又具有同等效力的完整结构。[15]同时，唐律也继承和发展了先秦以来重在管治官僚队伍，要在规范行政行为的法律传统，表现为其条款大都直接或间接针对行政过程，专门或兼容地规定着官吏行为，或明或暗地保障着行政制度的顺利施行。[16]而其在反腐惩贪上的种种规定，上承魏晋以来数百年法律进化所积累的成果，下启宋明相应法规的进一步发展，构成了我们今天总结隋唐时期反腐过程的宝贵遗产，值得深入研究，认真分析和引为鉴戒。

一、反腐律文的基本情况

着眼于反腐败，大体可以按其作用将《唐律疏议》有关律条区分为下列三类：

一是保障各项行政制度顺利施行。《新唐书》卷五十六《刑法志》说各项行政制度分别规定于令、格、式中，若有违犯及人之为恶者，则"一断以律"，业已充分表达了《唐律疏议》保障有关制度正常运行的功能。具体如《卫禁》篇有关条款对宫卫、门禁、关塞、城垣、烽候等制度的保障，《杂律》篇相应条款对医疗、车服、宵禁、度量衡、消防等制度的保障[17]，等等，都是如此。

需要特别指出的是，各篇律条中，除《职制》篇五十九条皆直接关乎官员任用、举人选贡、州县长官出行、官员值勤、赴任等制度外，其余各篇皆有不少条文并不直接与行政行为相关。最多的如《户婚》篇四十六条中，只有十九条直接关系到官吏的职务行为和户籍统计、僧道剃度、官户管理、土地授受与买卖、赋役差科与免除等项制度的运作，其余二十七条如"诸祖父母、父母在，而子孙别籍、异财者，徒三年"之类，看起来都只是在规范私人行为而已，但其实并不如此简单。因为第一，律条为有关诉讼和刑罚提供了准绳，也就规范了相应的司法过程，保障了司法制度的施行。从这个角度看，今存《唐律疏议》五百零二条，显然全都是在保障司法行政和司法制度的正常运行。第二，这些条款仍有不少蕴含了有关制度内容。像上面提到的"别籍"，显然涉及了户籍管理制度的相关规定。又如《户婚》篇同姓为婚条："诸同姓为婚者，各徒二年，缌麻以上，以奸论。"这里"缌麻以上"关系到五服制度，而此条疏议设问作答并引《户令》"娶妾仍立婚契"，又说明其中涵盖了《户令》规定的婚契之制。第三，这类条款同时规范了官吏的行为，而在当时，官吏的私人行为几乎必然会牵涉到国家制度。如《户婚》篇居父母丧生子条规定"诸居父母丧，生子及兄弟别籍、异财者，徒一年"，其疏议曰："居父母丧生子，已于《名例》'免所居官'章中解讫。"因而对于官吏来说，这条律文关系到其官职不保，也就直接牵涉了人事制度。就是说，即便是那些看起来并不直接与行政行为相关的律条，往往仍与朝廷的各项制度规定密切相关。

事情很清楚，制度设计和实施的一个基本用意，就是要指导和规范行政行为，制止大的偏差和漏洞，依法行政和遏制腐败向来是一个问题的两个侧面。维护各项行政制度的严肃性和正常运行，无疑是《唐律疏议》在反腐倡廉上的一个基本的作用和特点。

二是着重打击公职人员的职务犯罪。《唐律疏议》有大量条款直接或部分针对着官吏的职务犯罪。如《名例》篇共五十七条，除去五刑、十恶、八议等有关司法范畴和原则的界定十四条，其余四十三条中，有四十条关乎职务犯罪。[18]其中又有十九条直接是对利用职权贪赃和在职权范围内奸、盗、略人罪的惩治原则和有关处理办法。[19]

惩治官吏职务犯罪最为集中的是《职制》篇，其总共五十九条中，有五十七条是对各种渎职和贪赃的惩治。具体包括了八个类型："官有员数"和"贡举非其人"二条，针对任用、选拔和考核官吏时的犯罪；"刺史县令私出界"至"大祀不预申期"共六条，针对职务废弛行为；"大祀散斋吊丧"至"百官外膳"十条，针对玩忽职守的行为；"漏泄大事"至"受制出使不返"十一条，针对违犯机要、秘籍、制敕、奏疏和其他公文处理规定的罪行；"指斥乘舆"一条，针对干犯君臣名分纲纪者；"驿使稽程"至"乘驿马赍私物"共七条，针对的是馆驿传递方面的违法行为；"长官使人有犯"至"公事应行稽留"再加本篇末条"称律令式"共四条，针对违犯应上报和施行有关公事及输纳符节之制的罪行；"奉使部送雇寄人"至"挟势乞索"共十六条，针对的是各种利用职权谋取私利的犯罪。这八个类型中虽然只有最后一类直接关乎贪赃罪，但其他七类显然大都包含严重贪赃的可能，诸如官吏任用、选拔和考核及处理重要公文时的渎职，其危害更有甚于一般贪赃。

《名例》篇和《职制》篇的情况，基本上可以代表《唐律疏议》对官吏职务犯罪的惩治规定。有统计表明，《唐律疏议》五百零二条，关于具体罪名和刑罚的共有四百四十五条，其中有二百二十八条可以归为渎职罪或含有惩治渎职罪的内容。[20]因而可以认为，《唐律疏议》实际上有过半罪条针对和遏止着官吏的职务犯罪。

三是限制官吏的私人行为。官吏皆具双重身份，一是其作为公职人员必须切实履行职责，遵守各种行政规范；一是作为社会人，他们同样有七情六欲、衣食住行等问题，必须遵守社会规范。而《唐律疏议》则在魏晋以来有关传统的基础上，一方面确立了礼与法、社会规范与行政规范的统一关系；[21]另一方面也为官吏的各种私人行为设置了重重禁限，体现了身为国家公职人员，其私人行为必须服从于其职务行为的原则。

具体如《唐律疏议》卷三《名例》篇奸盗略人受财条："诸犯奸、盗、略人及受财而不枉法；若犯流、徒，狱成逃走……祖父母、父母犯死罪，被囚禁，而作乐及婚娶者，免官。"这是对一般奸盗略人罪、职务犯罪和违背通行伦理罪的免官规定。同篇府号官称条："诸府号官称犯父祖名，而冒荣居之；祖父母、父母老疾无侍，委亲之官；在父母丧，生子及娶妾，兄弟别籍、异财……若奸监临内杂户、官户、部曲妻及婢者，免所居官。"其中前三种情况属于私人行为，最后一种属于职务犯罪，但其"免所居官"的处罚是一样的。[22] 凡此都表明，礼法合一的体制中，朝廷认同的家族伦理也就是必须遵守的法律规范，官吏的私人行为触犯了这类条款，须与职务犯罪一样被免官。[23] 当然有关禁限绝不止于官员个人违反通行的道德规范。如《名例》篇专门论及官吏因私曲而犯罪的规定，明确了监临主守私役使所监临之物力及质赁取值的计赃追征办法，以及对公罪连坐时有私曲者的处理原则；《卫禁》篇禁止官吏私下与"蕃客"相见和交往；《职制》篇禁止地方长官私自出境，禁止官吏使用公驿系统而携带规定之外的私人物品，禁止各级长官为自己树立功德碑，禁止监临主守及其家人在治下借贷财物或接受礼品供馈；《户婚》篇禁止随意立嫡[24]、相冒合户[25]，禁止监临官及其亲属娶所监临女为妾[26]；《厩库》篇禁止乘官马牛等私驮物超重；《擅兴》篇禁止官吏私役使丁夫杂匠；《贼盗》篇禁止私和杀亲属者[27]，禁止以私财物贸易官物[28]；《斗讼》篇禁止在宫殿重地高声忿争；《诈伪》篇禁止父母死应解官而不解；《杂律》篇规定官吏私人出行"并不得辄受供给"，禁止乘坐官船违限私载，禁止违限食用官酒食及在田园中食用瓜果蔬菜；《捕亡》篇禁止官吏不即救助被盗求告之人，禁止官吏无故私逃，禁止乡里州县官私下收容流亡之人；《断狱》篇禁止闻有恩赦而故犯[29]。以上总计三十二款律条，都是专门或主要针对官吏私人行为的禁限和规定。至于那些适用于普通人的禁条和限制，当然也应理解为兼对官吏有效。

要求官吏遵守社会上通行的道德规范，并且以众多条款来规范和限制官吏的私人行为，这是《唐律疏议》在着重打击职务犯罪的同时，所构筑起来的又一道富于唐代特色的反腐防线。[30]

二、六种赃罪及其分析

《唐律疏议》卷四《名例》篇以赃入罪条疏议曰："在律，正赃唯有六色：强盗、窃盗、枉法、不枉法、受所监临及坐赃。自外诸条，皆约此六赃为罪。"[31] 这里的"赃"即赃物，赃罪即对财物的非法侵占罪。这条律文实际上界定了非法侵占公私财物罪的六个类别，大体即今人所说的抢劫、偷窃、主管官吏收受财物而曲法行事或不曲法行事[32]、收受管内或属下财物、非主管者因事收受财物，是为"六种赃罪"。在这六个类别中被侵占的公私财物，都是"正赃"，亦称原赃[33]；凡属非法侵占公私财物罪，在同属一类的情况下，都是基于其正赃的多少来量刑定罪的。这就使分散于《唐律疏议》各篇的各种赃罪条款，因此而获得了一套共同的量刑惩处标准，也就在惩处各种非法侵占罪和打击以此为中心的贪污腐败现象时，呈现了统一的体系。

从反腐败的角度来考虑其条款内涵、结构关系及其法意，被《唐律疏议》归约为六种赃罪的大量律条[34]的意义，可以从下列几个方面来看：

一是这些围绕赃罪而设置的律条都关乎侵占公私财物罪，也就都含有对物权的界定和保护内涵，因而其实际构成了一套当时条件下以赃罪形式表现出来的物权法。具体如《唐律疏议》卷四《名例》篇以赃入罪条："诸以赃入罪，正赃见在者，还官、主（原注：转易得他物，及生产蕃息，皆为见在）。"此处律文规定六种赃罪的惩处过程中，其赃物尚在的，罪犯必须按其原有权属关系"官物还官，私物还主"；如果赃物本来是马转买成牛，及此马、牛所产驹犊之类，亦归原主；若赃物已转辗归属他人，其主知情的，仍须归还原主，不知情的无须归还；而凡赃物在转辗归属的过程中经营得利的，其利"合入后人"即各归其经营之主。这里所涉赃物的四种处理办法，实际上肯定了公、私物权，明确了物权的延伸范围及其合法或非法转移的区别，也保护了财产的正当转移和经营。又如《唐律疏议》卷十三《户婚》篇妄认盗卖公私田条，乃是一个保护公私土地所有权的条款，尤其是其疏议对此有一条重要的解释："贼盗律云：'阑圈之属，须绝离常处；器物之属，须移徙其地'。虽有盗名，立法须为定例。地既不离常处，理与财物有殊，故不计赃为罪，亦无除、免、倍赃之例"。这里已明确了田地作为不动产，与"阑圈""器物"等动产在物权归属和转移上的特殊性，也就给出了动产和不动产及其权属转移过程的法理界线。

当然，与以私法为中心的近现代物权法相较，这些规定显得并不那么细致，特别是不够正面和系统；但很明显，它们仍然包含了物权的基本内容和所涉法理，及于债务、继承等方面的必要规定，也就构成了对公私物权及其正常转移和延伸的有效保护。而其对反腐的意义，除作为刑法直接打击着各种贪赃和非法侵占公私物品罪外，更在于其清晰划出了物权界线，为合法和非法所得提供了明确的法律依据，也就为依法反腐奠定了基本前提。

二是六种赃罪的设定及其相互关系，充分体现了其着重打击官吏贪赃罪的一面。所谓贪赃，简而言之即官吏利用其职权和公职人员身份非法侵占财物。在六种赃罪中，"监临主司受财枉法""不枉法""受所监临财物"三宗赃罪的共性，是其犯罪主体皆为握有各种权力的主管官吏，其犯罪特征又都是利用职权非法侵占财物。对之惩治最重的是收受当事人财物而曲法断事，次为收受当事人财物而不曲法，再次是虽不因事而受所监临财物。[35]贯穿于中的法理则是主管官吏不得收受管内财物，特别是收受当事人的财物，又尤以收受当事人财物而曲法断事为厉禁。三者由此而构成了逐层递进关系。

再看"强盗""窃盗""坐赃"罪。在法理上，这三宗赃罪的犯罪主体是全部社会成员而并不限于官吏，犯罪特征皆为非法侵占财物而不必是利用公权，但有关律条规定的实际情况，却往往针对了官吏利用职权或其公职人员的身份去非法侵占财物。《唐律疏议》卷二十六《杂律》篇坐赃致罪条疏议曰："坐赃者，谓非监临主司，因事受财而罪由此赃，故名'坐赃致罪'。"这条解释以"非监临主司"来界定坐赃罪的犯罪主体，显然蕴含着坐赃罪主要针对一般官吏的含义，而与"监临主司受所监临财物"罪恰相对应。这大概正是坐赃在六种赃罪的排序中位于三条职务赃罪之后，而不与强、窃盗罪相并列的原因。但即便是强、窃盗罪，一方面，其虽并不专对官吏，却都涵盖了官吏，如奸、盗、略人罪官民皆可能犯，故《唐律疏议》卷三《名例》篇作了诸犯奸、盗、略人免官的规定。另一方面，如《唐律疏议》卷十九《贼盗》篇专设"监临主守自盗"条所示，在有关强盗和窃盗罪的各种律条中，也有不少专门是针对官吏利用职权或公职人员身份而行盗窃之事的。[36]

尤其值得注意的是，《唐律疏议》卷二《名例》篇除名条规定：主管官吏受财枉法，与监临主司于监临内犯奸、盗、略人罪，赃一匹者一律除名。同书卷三《名例》篇奸盗略人受财条规定：身为官吏而奸、盗、略人及监临主司受财而不枉法者，凡罪在徒刑以上一律免官。这两个规定，实已在法理上确认了盗赃罪在分别以主管官吏和一般官吏为犯罪主体时，与监临主司受财枉法和不枉法罪的相通性。由此再考虑处罚相对较轻的主管官吏受所监临财物和非主管官吏因事收受财物罪，可以看出，主管官吏犯盗、一般官吏犯盗和坐赃罪，正是与监临主司受财枉法、不枉法和受所监临财物罪一一对应，而呈现出同一种逐层递进关系。因此，在以公职人员为犯罪主体时，《唐律疏议》关于六种赃罪的大量律条，实际上构成了一个各有所指又互相联系和补充的完整系统。这个事实本身，鲜明地体现了其着重打击各种官吏贪赃罪的法意。

三是有不少律条规定了赃物处理和赃罪判决的程序和办法，防止了反贪过程中易于发生的贪渎罪，标志着反贪立法的严密化。《唐律疏议》把形形色色的官吏贪赃罪和一般社会成员的强、窃盗和坐赃罪一并归为六种赃罪，除其性质皆为非法侵占财物外，主要是因为它们大都须计赃定罪，也总是深深地牵涉了赃物的处理。而这本来就是极易发生贪赃罪也最应讲究程序和方法的地方，极有必要专门加以规定。

如六种赃罪的计赃，律文中一律以绢为等价物一尺起惩，以匹为等，这就牵涉到大量的折算问题。《唐律疏议》卷四《名例》篇平赃条，就是一个专门关于各种赃物在不同情况下如何折算为绢匹的律条。又如赃物的没收和追征，涉及大量公私财物的处理，《唐律疏议》卷四《名例》篇彼此俱罪之赃条、以赃入罪条，同书卷六《名例》篇官户部曲条，同书卷三十《断狱》篇输备赎没入物条，等等，就分别作了行贿和受贿财物俱须没收入官、被侵占之正赃见在者官者还官私者还私、已费用者除判处死刑和配流外一律追征、官户及奴婢犯赃应追而无财可还时决杖代替、应没收追征的赃物必须如期征收完毕等一系列具体规定。再如赃物的追征过程在不同情况和场合时颇有差异,《唐律疏议》卷四《名例》篇老小废疾条,作了年龄在七十以上十五以下或有废疾而犯赃罪者,由实际受赃得利者备偿的规定;同篇会赦改正征收条,作了朝廷发布大赦而赃罪之赃物仍须追回,主管部门不及时追回赃物则与同罪的规定;[37]《唐律疏议》卷五《名例》篇犯罪未发自首条、盗诈取人财物条,又作了赃罪者自首还赃及自首不尽时如何处罚和追赃的规定。另如盗罪包罗万象,其量刑和断狱皆有其特殊性,《唐律疏议》卷五《名例》篇共犯罪造意为首条,作了共犯盗罪必以监临主守者为首犯的规定,《唐律疏议》卷二十《贼盗》篇共谋强盗不行条,又作了共谋强盗而窃盗时如何判别首犯和从犯的规定;又《唐律疏议》卷十九《贼盗》篇盗不计赃罪名条,作了盗窃各种违禁物品无须计赃即定其罪,若得减刑轻于凡盗者则计赃加一等处罚的规定;《唐律疏议》卷二十三《斗讼》篇告小事虚条,规定了告发盗罪或实或虚时的处理办法;《唐律疏议》卷二十九《断狱》篇讯囚察辞理条,作了真赃已获即无口供亦可定罪判决的规定。

长期以来,反腐过程同时也一直是极易发生腐败的领域。以上各条虽不针对具体赃罪,所规定的却是各种赃罪都会涉及的一般问题,这些问题也正是贪官污吏易于高下其手的缝隙所在。而对此作出明确的规定,即便还不那么完备,那么严密,其各项规定及其所体现出来的重视程序的法意,仍是《唐律疏议》有关反腐律条留给后人的重要遗产。

第三节　惩处腐败官吏的若干法理原则

官僚队伍是吏治的主体,较为完整和严密的法律体系建立以后,官吏及其行政行为是守法还是违法,便成了吏治优劣和行政状况好坏的决定因素,成了决定王朝治乱兴衰的要素。因而长期以来的立法传统,一方面基于官僚队伍的精英主义要求和现实，总要通过种种规定来保障官吏的合法权益及其行政施政所必要的尊严，以养护其廉耻之心，培扶其清正之气；另一方面又基于权责、名实和赏罚平衡的行政理念，总会把法律制裁的矛头全面指向官吏的各种违法行为，包括渎职贪赃等罪行。正是在这样的背景和以往有关发展的基础上，《唐律疏议》形成了一系列惩处腐败官吏的特定原则，这实际上也是贯穿于当时各种反腐倡廉之法的必要宗旨。

就《名例》篇所示结合各篇相关律条来考察其要，除那些处罚一般罪犯皆尽适用的规定外，唐代惩处腐败官吏的原则或宗旨，主要有如下几项：

一是重视人伦。《唐律》循隋《开皇律》设"十恶"之条，列出谋害皇帝、背叛朝廷、犯上作乱、残忍杀人等十种恶性犯罪，其疏议则将十恶名下形形色色的罪行一律归之为"亏损名教，毁裂冠冕"。其所体现的法意，是以人性和伦理为社会和政治的基本秩序之所系，故凡悖逆于此者，必从严惩处。而这势必要求官吏行事首先要合乎公认的伦理道德规范，起码应是一名合格的家庭和社会成员，否则就失去了为官行政的基本资格。故《名例》篇中明确规定，凡官吏犯十恶、故意杀人及反逆缘坐而罪名已定者，虽遇赦得减其刑，亦须除名[38]；凡祖父母、父母犯死罪，被囚禁而作乐及婚娶者，一律免官[39]；凡府号官称犯父祖名讳而冒荣居之，或祖父母、父母老疾无侍而弃亲赴官，或在父母丧期中生子、娶妾、兄弟别籍异财及冒哀求仕者，一律免所居官[40]。前面提到《唐律疏议》各篇还有不少条款限制官吏的私人行为，也都是这一原则的体现。

二是官员犯罪轻宽重严。《唐律疏议》卷二《名例》篇全部是议、请、减、赎、官当之法，其内容对于官员来说，大体即三品以上官员犯死罪者须议定而奏裁，五品以上官员犯死罪者须别奏请裁，七品以上官员犯流罪以下可减一等处罚，九品以上官员犯流罪以下可以罚铜赎刑，又可用官阶当刑。这当然是一套宽待犯罪官员尤其是达官贵人的规定。[41] 但这种宽待皆有明确限制：首先是犯十恶者，不得议、请和减刑；其次是反逆缘坐，杀人，监守内奸、盗、略人和受财枉法者，不得别奏请裁和减刑；又次是犯五流[42]者、过失杀伤近亲应徒者、故意殴人至废疾应流者、男夫犯盗应徒以上者、妇人犯奸者，不得减、赎其刑；最后是官当限于流罪以下,且犯除名者无官当,犯免官、免所居官罪者皆须免其职事后方得以剩官当刑。非但如此,综观《唐律疏议》对各种具体罪行的惩处,其一般规律是兼对官民之罪,往往有官吏特别是主管官吏加等从严论处的条款,[43]若针对官吏的,则常有庶民参与者减等论处的规定。[44]由此可以得出的结论是:《唐律疏议》宽待官员犯罪的种种规定,实际只适用于轻罪,且可视之为对官员犯罪每须加重处罚的一种平衡;而若官员犯下贪赃枉法等各种性质恶劣的重罪,其法意显然仍是从严惩处的。

三是私罪从重和公罪连坐。《唐律疏议》卷二《名例》篇以官当徒条:"诸犯私罪,以官当徒者,五品以上,一官当徒二年;九品以上,一官当徒一年。若犯公罪者,各加一年当。"此条疏议释曰:"私罪,谓不缘公事,私自犯者;虽缘公事,意涉阿曲,亦同私罪。"这里明确区分了并无私人原因而由公事失误所致的公罪和出于个人原因或在行政过程中掺杂私人因素所犯的私罪,且显示了私罪处罚较公罪为重的原则。又《唐律疏议》卷五《名例》篇同职犯公坐条规定:犯公罪时,凡是参与这个政务处理过程而联名签署的官吏,从这一政务的负责人,到分管人,到直接处理者,再到其文案的具体掌管者,以及对此文案负有审核责任的其他官吏,皆以过失原出之人为首,其余再按此事处理和审核的顺序依次为从,连坐治罪。[45]显然,公罪只是行政失误,而私罪必属有意所为,因而私罪处罚较重是完全合理的。但无论是在行政过程中掺杂私人因素,还是以行政过失来掩盖犯者的有意,实际过程中都相当隐蔽,难以清晰区分,而公罪连坐原则不仅可明确行政连带责任以减少失误,还可以最大限度地解决这个问题。

四是强调职守。前曾谈到,最为严重的职务犯罪,是监临主守于监守内奸、盗、略人及受财枉法。在《唐律疏议》卷二《名例》篇相关条目中,这两种犯罪都是与十恶和谋杀罪相提并论的,因为无论是按古老的天下为公思想,还是依后起的代天理物观念,官吏的职守都维系着统治,关联着民心;恪尽职守就是忠君报国,玩忽职守就是害民乱政,而若利用职权以逞一己之私欲,自然就更须严惩了。正是循此逻辑,《唐律疏议》中才会有大半具体罪条涉及官吏的渎职行为,并在从重惩处职务私罪的同时,又对涉及官吏职守的各种问题专门作出规定。具体如《唐律疏议》卷五《名例》篇共犯罪造意为首条规定：一般人共同犯罪，以造意者为首；若"共监临主守为犯……仍以监主为首，凡人以常从论"。共同犯罪必以监临主司为首，与利用职权犯罪必从严惩处的规定是完全相通的。又如《唐律疏议》不仅在《名例》篇中界定了"监临主守""同职犯公坐"的含义，其后各篇还对具体机构和政务处理过程中监临主守的含义和公罪连坐的层级，不厌其烦地作了明确界定。因而强调职守和严惩以权谋私法意相通，也是《唐律疏议》处处体现和强调的一个重要原则。

五是数罪并犯的从重和累科。《唐律疏议》卷六《名例》篇二罪从重条作了数罪并犯时的各种惩处规定，其一，"诸二罪以上俱发，以重者论"。[46]这个条款规定，在不适用累加处罚规定时，若有二罪以上俱发，即依其所犯最重的那个罪名处罚。其二，"即以赃致罪，频犯者并累科。若罪法不等者，即以重赃并满轻赃，各倍论"。这个条款规定，赃罪频犯而俱发皆须"累科"，若其各罪相等，则累计已被确认的赃数，折半量刑；各罪不等者，则累计已被确认的赃数于所犯最轻的那个罪名上，再折半量刑。其三，"其一事分为二罪，罪法若等，则累论；罪法不等者，则以重法并满轻法"。这个条款规定，同属一事而犯有二罪，其罪相等，则累加处罚；其罪不等，则累计其罪于较轻的那个罪名上处罚。其四，"累并不加重者，止从重。其应除、免、倍、没、备偿、罪止者，各尽本法"。这个条款规定，如果累计其罪于较轻的罪名上后，其量刑不如其较重的罪名时，则按这个较重的罪名处罚。同时，累科量刑虽可重法并于轻法，或从较重的罪名处罚，但凡应该除名、免官、倍赃、没收、赔偿及定罪的上限，仍须依其本法执行。这些条款虽不专对官吏，但疏议的解释却表明其主要针对的，仍是官吏数罪并发的各种情况。其各个规定相互联系和贯通的严密性，以及其刑、德和惩、劝相统一的合理性，都很好地代表了唐代在立法惩处腐败官吏方面达到较高水平。[47]

六是允许自新和自首。《唐律疏议》卷三《名例》篇除名者条规定：被除名者，满六年后可按其出身再次选用为级别相应降低的官员；被免官者，满三年后可降原官二等选用；免所居官及以官当刑已尽者，满一年后降原官一等选用。据此，被除名、免官或免所居官者，都还依法保留着其做官的出身和资格，也就都留下了一条再度经选为官的自新之路。又《唐律疏议》卷五《名例》篇犯罪未发自首条、盗诈取人财物条[48]、公事失错条[49]规定：在犯罪未发和未造成后果的前提下，凡自首、遣人代为自首或向所取财物的主人自首，并听从官司处理、归还赃物者，可以免罪。即便自首不实不尽，或知人欲告而自首者，亦可酌情减其罪刑。显然，允许犯官自首并保留其自新之路，其法意的要点并不是防范，而是基于人心本善认识的教化，这类律条与大量惩戒性条款相辅相成，才完整地体现了当时的立法宗旨。

七是行贿有罪诬告反坐。《唐律疏议》卷四《名例》篇彼此俱罪之赃条："诸彼此俱罪之赃及犯禁之物，则没官。"疏议曰："受财枉法、不枉法及受所监临财物并坐赃，依法：与财者亦各得罪。此名'彼此俱罪之赃'，谓计赃为罪者。"所谓"与财者亦各得罪"，即不仅受贿有罪，行贿亦有罪，故赃物必须没收入官。又《唐律疏议》卷十一《职制》篇受人财请求条："诸受人财而为请求者，坐赃论加二等；监临势要，准枉法论。与财者，坐赃论减三等。"可见行贿者的处罚要较受贿尤其利用职权受贿者为轻。与行贿有罪相呼应的是诬告反坐规定。《唐律疏议》卷二十三《斗讼》篇诬告反坐条："诸诬告人者，各反坐。即纠弹之官，挟私弹事不实者，亦如之。"所谓"反坐"，即诬告他人何罪，即以此罪反治其身；而若监察官"挟私"查办官吏之罪不实，亦按诬告反坐。同书卷二十四《斗讼》篇诬告府主刺史县令条更规定，诬告其长官者，"加所诬罪二等"，即反坐而加重二等惩治。诸如此类的律条，都体现了保护官吏及其履职过程的原则。

第四节　惩腐法规的实施与修正

法律在实施中呈现其生命力和灵魂，也是在实施过程中不断修正、补充和发展的。惩腐法律的规定，不等于惩治腐败的实际。法规再严密再合理，也无法网尽千变万化的犯罪情节，无法取代法官在司法释法过程中的能动作用，更不可能随时都跟上新的形势，预见新的问题。因此，要了解隋唐时期惩治腐败的实际情况，更重要的是要考察各种惩腐法规的实施过程。

一、惩腐律条的修正和补充

今存《唐律疏议》很可能是神龙元年（705年）改律至开元二十五年（737年）修律以前的某个通行本，因而前面提到的惩腐律条，所反映的是对这个阶段以前惩腐法规的总结，体现的是当时欲集中通过这些律条来打击腐败的目的。从文献记载来看，这些条款的实施过程出现了多种多样的情况，其本身也经历了不少调整和变化，大体可以将之分为下列四个类型：

一是有些律条难以严格执行而被不断变通。如《唐会要》卷四十《定赃估》载，开元十六年五月御史中丞李林甫奏："天下定赃估，互有高下，如山南绢贱，河南绢贵；贱处计赃不至三百即入死刑，贵处至七百已上方至死刑。即轻重不侔，刑典安寄？请天下定赃估，绢每匹计五百五十价为限。"这个奏请被唐玄宗批准，一直实行到肃宗上元二年（761年）正月，又因绢价普遍上涨，刑部尚书卢正己奏准，在恢复执行《唐律疏议》卷四《名例》篇平赃者条的同时，规定赃物折算"宜约当时绢估并准实钱"。其于绢价强调当时而未强调罪发当地，似乎已对此作了变通。至太和九年（835年）十月大理丞周太元奏准，又作了赃为"两税物"者不再折估，而直接按原盗匹数科断的补充规定。[50] 到大中六年（852年）闰七月下敕重申《律疏》的平赃规定，说明此法的实施仍多问题。果然，三个月后宰相奏准，计赃一律按当时天下绢匹最贵的宋、亳州官估上绢价每匹九百钱折算，不出绢处则以当处见货杂州中估绢价折算。由此可以看出，当时通行的是钱币，而律文赃罪却一律以绢的尺匹来计赃；又由于各地绢价贵贱有别，而律文规定原赃一律按犯罪处当旬官估中等价，折算为绢尺的官估上等价来计赃量刑，因而使绢贱处往往轻赃重判，而绢贵处往往重赃轻判。这条看起来公平合理的平赃律文，因此而经常被视为另一种不公平不合理的根源，这就影响了其实施，也才有了开元十六年以来至大中六年对之的一系列变通。[51]

二是不少律条因外部条件变化而流为具文或被重新规定。如《唐会要》卷六十九《县令》载会昌六年（846年）五月敕："自今已后，县令非因灾旱交割之时，失走二百户以上者，殿一选；三百户以上者，书下考，殿两选；如增加二百户以上者，减一选；五百户以上者，书上考，减两选；可减者优与进改。"按照《唐律疏议》卷十二《户婚》篇州县不觉脱漏条的规定，这种不因文簿"交割"而脱漏增减的户口，在县应以县令为首犯，每十口笞三十，三十口加一等；过杖一百，五十口加一等；罪止徒三年。而会昌六年的这道制敕，则已将"失走"户口的处罚改为考铨时"殿一选"或"殿两选"；同时其又奖励了户口的增加，从而改变了"失增"户口同样要受到惩罚的律意。[52]不难推知，这条律文早已流为具文，所涉内容至此亦被重新规定。究其原因，则与盛唐以来的社会变迁，与国家财政不再建立在以课丁为中心的租庸调制基础上，与户籍制度的越发弛坏密切相关。《唐会要》卷八十三《租税上》载建中元年（780年）八月宰相杨炎奏立两税法，其中说道："国家初定令、式，有租赋庸调之法，至开元中，玄宗修道德，以宽仁为治本，故不为版籍之书，人户寖溢，堤防不禁。丁口转死，非旧名矣。田亩移换，非旧额矣。贫富升降，非旧第矣。"便回顾了开元以来这种变迁过程。而无论实行两税法后在户籍统计方面发生了什么变化[53]，唐代后期人户的实际数量较之天宝盛时未必大减[54]，而在籍户口数则一直在其一半以下的事实[55]，本身就说明户籍制度的荒废，实有其深植于社会总体变迁的结构性原因。[56]在这样的背景下，《唐律疏议》卷十二《户婚》篇惩处户口脱漏增减各条之成为具文并重新对之加以规定，正可谓势所必然。同理，在均田制废弛的前提下，《户婚》篇占田过限、部内田畴荒芜等条的成为具文，亦属意料中事。[57]

三是有关律条的惩处力度被视实际需要而减轻或加重。如《唐会要》卷四十《君上慎恤》载天宝元年（742年）二月，"敕：官吏准律，应枉法赃十五匹合绞者，自今已后，特宜加至二十四，仍即编诸律，著为不刊"。此敕把贪赃枉法处绞的计赃下限提高到二十四匹，显然是放宽了处罚，而将之编入律文，亦即修改了以往《唐律疏议》卷十一《名例》篇监主受财枉法条的规定。同书卷四十《定赃估》又载天宝六载四月"敕节文：其赎铜如情愿纳钱，每勖一百二十文；若负欠官物,应征正赃,及赎物无财,以备官役折庸,其物虽多,止限三年,一人一日折绢四尺。若会恩旨,其物合免者,停役"。此敕确定了赎铜一斤折钱一百二十文的比率[58],又限制追征役力最多不得超过三年,并把《唐律疏议》卷四《名例》篇平赃者条一人一日折绢三尺的比率,提高到了一人一日折绢四尺。其显然在放宽有关处罚尺度的同时,又以提高功庸折绢比率的办法对之作了平衡。又如《唐会要》卷六十五《卫尉寺》载天宝八载十一月,"敕:卫尉幔幕毡褥等,所由多借人,非理损污,因循日久,为弊颇深。爰及幕士,私将驱使,并广配充厅子马子,并放取资。近今推问,事皆非缪。今后其幔幕毡褥等,辄将一事借人,并同盗三库物科罪。并使幕士与人张设,及自驱使,擅取放资,计受赃数以枉法论。其借人及借与人等,六品以下非清资官,决放,余听进止。仍委左右巡使常加纠察"。参以《唐律疏议》卷十五《厩库》篇监主以官物借人条重者"坐赃论减二等"、卷十一《职制》篇役使所监临条以"受所监临财物论"的规定,知此敕已将有关罪行的处罚分别加重为"同盗三库物科罪"[59]及"以枉法论"。又《唐会要》卷八十三《租税上》载天宝九载十二月,"敕:自今已后,天下两税,其诸色输纳官典,受一钱已上,并同枉法赃论,官人先解见任,典正等先决四十,委采访使巡察,若不能举按者,采访使别有处分"。此敕把出纳两税钱物官吏的"受所监临财物罪"等同于"受财枉法罪"来处治,大大加重了对之的处罚。

四是许多律条在执法形势恶化时被不断重申或作出辅助规定。如《唐会要》卷六十一《御史台中》中《馆驿》载贞元二年(786年)三月河南尹充河南水陆运使薛珏奏事,就反映了安史之乱后馆驿系统常因军事需要被武臣滥用的情况,而德宗对此奏的批复,是让各部门按代宗永泰元年(765年)三月所下制敕,严格馆驿的使用和限制。此后各朝,也都屡屡下诏针对众多滥用馆驿的恶行,重申了有关规定。其中,当然也包括了《唐律疏议》卷十《职制》篇增乘驿马条、乘驿马枉道条、乘驿马赍私物条,同书卷十一《职制》篇因使受送馈条等处的有关规定。同时,也正是针对安史之乱后的这种局面,代宗大历十四年(779年)九月开始在两京御史台各指定御史一人为馆驿使,专事监察馆驿事务,从而加强了对违反有关馆驿律、令条款者的纠察。另如《旧唐书》卷十八下《宣宗纪》载大中四年（850年）七月丙子，"大理卿刘蒙奏：'古者悬法示人，欲使人从善远罪，至于不犯，以致刑措。准大和二年十月二十六日刑部侍郎高鈇条疏，准勘节目一十一件，下诸州府粉壁书于录事参军食堂，每申奏罪人，须依前件节目。岁月滋久，文字湮沦，州县推案，多违漏节目。今后请下诸道，令刻石置于会食之所，使官吏起坐观省，记忆条目，庶令案牍周详。'从之"[60]。这是宣宗大中四年要按文宗大和二年（828年）的做法，把重要法律书于各道节度观察使衙门的"会食"之所，而这个做法，又承袭了太宗贞观初年和睿宗文明元年（684年）敕以"当司格令书于厅事之壁"的做法。[61]

由上可以看出，《唐律疏议》的各种条款，实际是为有关司法过程提供了一个基准。这个基准的作用和效力，不仅是通过实施过程对之的不断执行、重申或强调，也是通过对之的必要变通、修正和发展而体现出来的。这两个方面都反映了有关法律实施过程所面临的问题，也都构成了法律指导司法过程的有机部分。

二、唐后期官吏赃罪惩治条款的加重

惩治官吏赃罪的律条，在初唐以来的实施过程中既有加重，亦有减轻。但到安史之乱以后，由于吏治状况总体上处于逐渐恶化之中，就很少再见到减轻有关处罚的制度性规定。针对官吏赃罪的律条，经常被各种补充性制敕加大了惩处的力度。它们集中体现了统治者乱世用重典的意图和努力，也的确在很大程度上构成了整个唐后期吏治得以维持不坠的支柱。

这些补充条款较为集中的主要有两类：一类直接加重了有关律条的惩治规定。如《唐会要》卷六十九《别驾》载大历六年四月[62]敕命各州："别驾、录事参军有犯赃者，禁身推问。"犯赃者必须"推问"自无问题，但"禁身"即先囚禁起来再治其罪，体现的自是一种更为严厉的程序。[63]又《唐会要》卷四十一《杂记》载贞元六年十一月，"敕：自今以后，太守、县令有犯赃者，宜令加常式一等"。这条诏书一方面重申了玄宗天宝十一年十二月敕刺史犯赃加常式一等惩处的规定[64]，另一方面又将之扩大到了县令。[65]同篇又载长庆二年（822年）九月，

"敕：应犯赃罪，今后不得以散、试官当罪"。其后文且载元和三年（808年）四月敕："应勋官及六品以下阶，宜准散、试官例，不得当罪。"《唐律疏议》卷二《名例》篇以官当徒条规定了官员轻罪可用其官爵当刑，而这先后两道诏敕，则作了赃罪不得以散官、试官、勋官及职事官六品以下当刑的规定，实际上是部分取消了以往对犯赃官吏的官当权利。再如《唐会要》卷三十九《议刑轻重》载大和四年（830年）十二月，刑部员外郎张讽、大理少卿崔纪请求符合八议条件者犯赃，虽得减死而必须定刑决流，其子孙亦不得再任亲民官或任监临主守。文宗批准了其奏请的前一款而否定了对其子孙任官的限制。《唐会要》卷七十五《杂处置》又载大和七年五月宰相奏准，"犯赃官永不齿录"。这又取消了《唐律疏议》卷二《名例》篇八议者条"流罪以下减一等"的规定，以及同书卷三《名例》篇除名者条关于犯官经选重新任官的规定。又《唐会要》卷三十九《议刑轻重》载开成三年（838年）五月刑部奏准，今后监临主守"将官物私自贷用，并借贷人，及百端欺诈等，不在赦限"，大为扩充了主管官吏犯罪遇赦不免的范围。[66] 其后文又载会昌五年（845年）正月，"制节文：据律已去任者，公罪流已下勿论。公罪之条，情有轻重，苟涉欺诈，岂得勿论？自后公罪有情状难恕，并不在勿论之限"。至乾符四年（877年）正月又"敕：法律有去任勿论之条，颇为侥幸。今后应删，吏所犯诸罪，五年之后，去任勿论，五年内同见任官例追收，据事定刑"。由此，《唐律疏议》卷二《名例》篇无官犯罪条关于官员犯公罪流以下者去任勿论的规定，已被修改终至于删除。

另一类则强调了地方官吏犯赃的连坐规定。如《唐会要》卷四十一《杂记》载至德元年（756年）建丑月，"京兆尹魏少游奏：令长职在亲民，丞、簿、尉有犯，无不委悉。比来各相蒙蔽，悉徇人情，百姓艰辛，职由于此。今以后丞、簿、尉有犯赃私，连坐县令，其罪减所犯官二等，冀递相管辖，不得为非。敕旨：依，天下诸州准此"。这是关于县丞、主簿、县尉犯赃罪而县令连坐的规定。[67] 同书卷六十九《县令》又载肃宗上元元年（760年）正月"敕：丞、簿等有犯赃私，连坐县令，其罪减所犯官一等，便递相管辖，不敢为非"。此敕把前一规定中连坐县令的减二等处罚加重为只减一等。其后文又载大中二年（848年）二月

"刑部起请节文：自今以后，县令有赃犯，录事参军不举者，请减县令二等结罪。其录事参军有罪，刺史不举者；刺史有罪，观察使不举者，并所司奏听。敕旨：宜依"。这里又作了县令犯赃州司录事参军不予纠举者减县令二等治罪的规定，同时明确了州录事参军有罪由刺史纠举，刺史有罪由观察使纠举的整套办法。又《唐会要》卷八十八《盐铁》载元和十五年（820年）闰正月，"盐铁使柳公绰奏：当使诸盐院场官及专知纳给，并吏人等有罪犯合给罪者，比来推问，只罪本犯所由，其监临主守都无科处。伏请从今后，举名例律，每有官吏犯赃，监临主守同罪及不能觉察者，并请准条科处，所冀贪吏革心。从之"。盐院场官是安史之乱后迅速发展和分布于各地的新的财政分支机构，其中原无吏人犯罪监守连坐的规定，现在则要求盐院官吏犯赃，监临主守同罪者及不能觉察者，皆须按《唐律疏议·名例》篇的有关法意加以连坐。此外，唐后期县令等官每须荐举任用[68]，这方面的连坐规定也得到了强调。如《唐会要》卷七十五《杂处置》载大和七年五月宰相奏准，天下刺史各于本部内荐举堪任县令、录事参军者，被举人任用后，"如犯赃一百贯以下者，举主量削阶秩；一百贯以上者，移守僻远小郡。观察使，望委中书门下听奏进止"。这实际上是把《唐律疏议》卷九《职制》篇贡举非其人条关于贡举士子的规定，推广到了县令的荐举。又《唐会要》卷六十九《县令》载会昌六年五月敕命各道观察使、刺史荐举本道县令，"如后犯赃违法，即连坐所举人及判官，重加惩贬"。

总的来看，除去那些零散的优容宽大之举或法外用刑之例，与《唐律疏议》的有关条款相较，唐后期惩治贪赃官吏的制度性举措普遍更为严厉。将之与律文相参，才能准确把握当时惩贪治腐的实际力度。

三、实施过程的基本问题和反腐法律环境的演变

上面的讨论表明，惩腐律条的实施过程，始终都是被各种制敕随时修正和补充着的。在既定体制和正常情况下，这种修正和补充是必需的。但是，在隋唐各个时期，法典的规定和制敕的决断，始终都存在着互有出入、难以啮合的局面，严重之时，往往使各种法律法规互相出入和冲突，甚至有法等于无法。像隋文帝

时期法典规定较宽而制敕处理极严,像唐后期制敕一方面加强了对官吏贪赃的惩处,另一方面又因形势所迫,百般姑息宦官和藩镇的不法行为,都曾构成了严重的执法、司法危机。总的来看,即便排除那些明显属于干扰的部分,大量制敕的不断涌现,也会无可避免地冲击法典的作用和地位;[69] 而体例严密、结构完整、解释精当、形态稳定的法典,本来就是整个法律系统发展进化的结晶,代表了当时立法的最高水平,其在各领域包括反腐倡廉领域形成的各种条款,无疑要较随时随事下达的制敕想得更远更深,也理应具有最为基本的地位。这样的格局,典型地体现了我国古代法律系统内部,成文制定法典与"当今圣上"制敕之间的基本矛盾。就是说,在整套法律的结构和层次上,法典居于最高层,理当具有最为基本和重要的地位;但从整套政治体制的特质和内在要求看,"今上"的制敕,又不能不具有最高权威,不仅充当各种成文制定法典的基本渊源,而且成为判断法典作用和效力的准绳。于是,深思熟虑的法典,经常必须让位于一时一事的制敕。这就从根本上规定了我国古代成文制定法典的性状,也形成了反腐法规实施过程的基本矛盾和问题。

要解决或缓和这个矛盾,一个办法是坚持法典的基本作用和地位。《唐律疏议》卷三十《断狱》篇之所以设有断罪引律令条和制敕断罪条,其法意之一,显然是要保障法典各款内容的完整贯彻,制止和惩罚官吏随意征引、上下其手的司法腐败。唐太宗、高宗至睿宗屡屡下敕维护律、令、格、式的基本地位,既说明了初唐对此的强调,也说明了今上制敕冲击法典的现象难以避免。另一个办法是不断修订法典,过一阶段就择取那些通性较大、效用久长的制敕编入法典,从而维持法典为主、制敕为辅的互补关系,也就在法源上为防止执法司法过程的腐败提供了条件。这个办法在玄宗以前贯彻得较好,唐代各种法典的多次修订,绝大部分都在天宝四载(745年)以前。[70] 但从高宗明令不得用例,到睿宗敕命"格、式无文然始比例",再到玄宗开元十四年(726年)禁止"用例破敕及令、式",[71] 不难体会朝廷为"例"和"敕"所开的口子[72],已经越来越大,各种随时下达的制敕正在迅猛冲击律、令、格、式的作用和地位。为此又产生了一个富于唐代特色的折中办法,亦即前面所述编纂"格后敕"的种种举措。

到安史之乱后，社会变迁更为迅速，律、令、格、式近于停修，应变理务，几乎全靠制敕随事决断，而最新的制敕总是具有最高的效力。《唐会要》卷三十九《定格令》载大和四年七月大理卿裴谊奏："当寺格后敕六十卷，得丞谢登状，准御史台近奏，从今已后，刑部、大理寺详断刑狱，一切取最后敕为定。"便突出地体现了这一点。与这样的局面相适应，其时所谓的法典及其编修过程，形式上主要是格后敕或其变种，其内核则无非是各种制敕的简单删定和分类汇辑。因而唐代后期反腐惩贪方面的主要法律规定，实际上已不再是律，而是形形色色的敕和在此基础上删订而成的格后敕。具体如前面提到安史之乱后补充和修正有关惩贪律条的各种规定，便都以制敕形式下达，后来则往往被编入格后敕。正是在这样的过程中，惩治贪渎打击腐败的努力已开始在一个新的法律环境下运作，而整个法律系统也从此转入了一个编敕为主而律、令、格、式为辅的新时期。

/注释/

1. 以上见《旧唐书》卷五十《刑法志》。《唐大诏令集》卷八十二《刑法》亦载此诏且较详。

2. 《唐大诏令集》卷八十二《刑法·颁行新律诏》称"太宗文皇帝拨乱反正，恤狱慎刑，杜浇弊之余源，削烦苛之峻法"云云。所说"杜浇弊之余源，削烦苛之峻法"，当然不会是针对唐高祖时期的法令，而是在说贞观律、令、格、式纠正了隋法的浇弊和苛峻。其中"削烦苛之峻法"主要是指贞观律的宽简，"杜浇弊之余源"主要是指贞观令尤其是格、式这两种新法的制订。

3. 在中国法制史界，"法典"是一个含义过于宽泛而亟待明确的词汇。这里所说的"法典"，指按规定程序、体例而统一编修和颁行的法书，其形态近乎现代法理学中的"成文制定法典"，而与"判例法"和"单行法规"相对而言。

4. 其十二篇为：《名例》《卫禁》《职制》《户婚》《厩库》《擅兴》《贼盗》《斗讼》《诈伪》

《杂律》《捕亡》《断狱》。

5. 参见杨廷福《唐律初探》一书所收《唐律疏议制作年代考》及《唐律内容评述》二文。

6. 《唐六典》卷六《刑部》载其二十七篇为《官品》《三师三公台省职员》《寺监职员》《卫府职员》《东宫王府职员》《州县镇戍岳渎关津职员》《内外命妇职员》《祠》《户》《选举》《考课》《宫卫》《军防》《衣服》《仪制》《卤簿》《公式》《田》《赋役》《仓库》《厩牧》《关市》《医疾》《狱官》《营缮》《丧葬》《杂令》。其中《官品》《卤簿》《公式》皆有上、下篇，故为二十七篇三十卷。又《新唐书》卷五十八《艺文志二》史部刑法类著录"《贞观律》十二卷，又《令》二十七卷"，然则《贞观令》各篇似未分上下。

7. 参见《唐大诏令集》卷八十二《刑法·颁行新令制》。

8. 参见霍存福：《唐式性质考论》，《吉林大学社会科学学报》1992年第6期。

9. 参见刘俊文《敦煌吐鲁番唐代法制文书考释》（中华书局1989年版）二一《S.1344开元户部格残卷》的考证部分。但同时也要看到：积极性规范必然要"禁违正邪"，消极性规范亦是在"规物程事"。

10. 参见马小红：《格的演变及其意义》，《北京大学学报》（哲社版）1987年第3期。

11. 《唐大诏令集》卷八十二《刑法·颁行新定律令格式敕》。

12. 《唐会要》卷三十九《定格令》载开元十四年九月三日敕："如闻用例破敕及令、式，深非道理。自今以后，不得更然。"这里"例"指旧敕例，"敕"指新敕例，其语气与高宗说"何为更须作例"已自不同，所表明的是新敕例地位和效力已与令、式相似而明显高于旧敕例的状况。

13. 《唐会要》卷三十九《定格令》。

14. 关于隋律与唐律的关系，参见杨廷福《唐律初探》一书所收《略论唐律的历史渊源》一文。

15. 《唐律疏议》中的有关反腐内容大体是通过四种方式来规定的：一是律条正文，二是律条原注，三是疏议对律条正文和原注的诠释，四是疏议通过设问和解答对律条正文或原注内容的阐发。具体如《唐律疏议》卷六《名例》篇二罪俱发条中，这四种方式皆得到了体现，而四者具有同等的法律效力。

16. 参见胡世凯《中国传统法律中的官吏渎职罪研究》（中国政法大学出版社2002年版）第八章《明主治吏不治民》。另参见梁治平编《法律的文化解释》（三联书店1994年版）所收《礼法文化》一文，特别是其中对公法过强而私法极弱这一我国古代法律文化传统的讨论。

17. 《唐律疏议》卷二十六《杂律上》疏曰："诸篇罪名，各有条例，此篇拾遗补阙，错综成文。"如是，其他各篇未能容纳的内容，皆已拾补于此篇。

18. 胡世凯《中国传统法律中的官吏渎职罪研究》第五章《唐律中的官吏渎职罪》及其附录之《唐律疏议中的官吏渎职罪概览》统计《名例》篇中的渎职罪为三十六条，但其并未计入的官爵五品以上（请章）条，其正文中就有"其犯十恶，反逆缘坐，杀人，监守内奸、盗、略人，受财枉法者，不用此律"的规定；流配人在道会赦条，完全是对流配所经和到达地官吏职务行为的规定，与其计算在内的"诸会赦应改正征收"条性质相同；盗诈取人财物首露条，《疏议》的解释规定了"受财枉法、不枉法、受所监临及坐赃"而"悔过还主"的处理；共犯罪有逃亡条，内有"增减人罪，令有轻重者，亦从此律"等规定。因而《名例》篇具体针对官吏渎职的律条应当是四十条。

19. 其中有十六条关于监临内受财枉法、不枉法及奸、盗、略人罪，三条关于惩治这类罪行时的诬告、平赃和自觉举规定。

20. 此为胡世凯上引书的统计。据其书第一章《导论》对"渎职罪"的界定，这个统计数字明显偏少，上已举《名例》篇有关律条为证。又如《户婚》篇中，相冒合户条直接关系到赋役制度，且有"主司知情与同罪"的规定；占田过限条直接关系到均田制度，疏议又有"仍须申牒立案"的规定；义绝离之条直接关系《户令》七出三不去之制，疏议又有"皆谓官司判为义绝者方得此坐"之文；杂户官户与良人为婚直接关系杂户管理制度，其杂户、官户等又皆隶诸司不属州县。这四条皆直接关乎制度所代表的公共利益和官吏的职务行为，皆应列入含有渎职罪内容的律条数目中，却都不在胡世凯统计《户婚》篇中含有渎职罪内容的十五条中。

21. 参见瞿同祖《中国法律与中国社会》（中华书局1981年版）第六章《儒家思想与法

家思想》。

22. 《唐律疏议》卷十二《户婚》篇有子孙不得别籍条、居父母丧生子条，是针对普通百姓的律条。

23. 《唐律疏议》卷十《职制》篇匿父母夫丧条："诸闻父母若夫之丧，匿不举哀者，流二千里；丧制未终，释服从吉，若忘哀作乐，徒三年；杂戏，徒一年，即遇乐而听及参预吉席者，各杖一百。闻期亲尊长丧，匿不举哀者，徒一年；丧制未终，释服从吉，杖一百。大功以下尊长，各递减二等。卑幼，各减一等。"同篇府号官称犯名条："诸府号官称犯父祖名，而冒荣居之；祖父母、父母老疾无侍，委亲之官；即妄增年状，以求入侍及冒哀求仕者，徒一年。若祖父母、父母及夫犯死罪，被囚禁，而作乐者，徒一年半。"这两个律条被放在《职制》篇中，本身就说明了这一点。

24. 《户婚》篇立嫡违法条。此条不专对官吏，但其疏议释"立嫡者，本拟承袭"，而财产的承袭并不限于嫡子，故其主要针对官爵的承袭，其所限制的主要是公职人员。

25. 《户婚》篇相冒合户条疏议引《赋役令》文武职事官五品以上及国公同居期亲免役，外人冒充其亲与之合户，可以规避赋役，故须惩处。这说明此条主要针对高级公职人员的亲属。

26. 《户婚》篇监临娶所监临女条。

27. 《贼盗》篇祖父母夫为人杀条。此条不专对官吏。然其"问答"有监临亲属为部下人所杀而受财私和"各从重科"的解释。

28. 《贼盗》篇私财奴婢贸易官物条。此条不专对官吏，但得以进行此类贸易而取利者，主要是官吏或其亲属，且此条疏议又作了"若是监临主掌，加罪二等"的规定。

29. 《断狱》篇闻知恩赦故犯条。此条非专对官吏，然能"私自闻知"有恩赦者，自是官吏或官吏亲属。

30. [清]薛允升《唐明律合编》序文指出：凡事关风化伦理者，则唐律重而明律轻，凡事关钱粮刑名者，则明律重而唐律轻。此说敏锐地揭示了中古法律演化为近古法律的一个趋势。从更多更严厉地限制官吏的个人行为，到更多更严厉地限制官吏的职务行为，在这个演化趋势中，《唐律疏议》同样处于承上启下的重要转折关头。

31. 《唐律疏议》卷二十六《杂律》篇坐赃致罪条疏议曰："赃罪正名，其数有六，谓受财枉法、不枉法、受所监临、强盗、窃盗并坐赃。"重申了《名例》篇此条"在律，正赃唯有六色"的内容。

32. 《唐律疏议》卷十一《职制》篇监主受财枉法条对受财"枉法、不枉法"的标准解释，前者指"监临主司，谓统摄案验及行案主典之类，受有事人财而为曲法处断者"，后者指监临主司"虽受有事人财，判断不为曲法"。

33. 正赃即原赃，亦即赃物本身，乃与作为量刑标准而须折算累倍的"倍赃"相对而言。

34. 在《唐律疏议》中，有关六种赃罪的共有一百四十八条，占律条总数近三成，其中，凡律文、注、疏有对赃罪和赃物的处置规定的达一百一十九条，不出现这种规定而仅兼含赃罪内容的有二十九条。具体则《名例》篇直接关于赃罪赃物者有十四条，间接相关者有两条；《卫禁》篇直接相关两条；《职制》篇直接相关十五条；《户婚》篇直接相关五条，间接相关四条；《厩库》篇直接相关十五条，间接相关两条；《擅兴》篇直接相关五条；《贼盗》篇直接相关二十六条，间接相关七条；《斗讼》篇直接相关三条，间接相关三条；《诈伪》篇直接相关六条，间接相关一条；《杂律》篇直接相关二十五条，间接相关七条；《捕亡》篇直接相关一条；《断狱》篇直接相关两条，间接相关三条。

35. 《唐律疏议》卷十一《职制》篇监主受财枉法条："诸监临主司受财而枉法者，一尺杖一百，一匹加一等，十五匹绞；不枉法者，一尺杖九十，二匹加一等，三十匹加役流。"同篇受所监临财物条："诸监临之官，受所监临财物者，一尺笞四十，一匹加一等，八匹徒一年，八匹加一等，五十匹流二千里。"清楚地体现了惩治这三种赃罪的递进关系。

36. 具体如《唐律疏议》卷八《卫禁》篇越度缘边关塞条规定，"因使私有交易者，准盗论"；其疏议释"使"为"因公使入蕃，蕃人因使入国"。又同书卷十三《户婚》篇专设"在官侵夺私田条"；其疏议谓在官侵夺私田"一准上条'贸易'为罪"，而上条"诸妄认公私田若盗贸卖条"已明其为盗罪。又同书卷十五《厩库》篇验畜产不实条规定官吏验畜产不实者，"赃重者，计所增减，坐赃论；入己者，以盗论"。诸如此类针对官吏所犯盗赃罪的条款，在《唐律疏议》中共有二十余个。

37. 《唐律疏议》卷二十四《斗讼》篇以赦前事相告言条又规定不得告发已赦之罪，然须追征赃物者除外。

38. "除名"指犯官所居各种官职、爵位俱免。

39. "免官"指免除各种官职而不免其爵。

40. "免所居官"指免除犯官所居职事官，若无职事者则免其所居散官或卫官、勋官。

41. 参见瞿同祖《中国法律与中国社会》（中华书局2003年版）第四章《阶级（续）》第二节《法律特权》及杨廷福《唐律初探》一书所收《唐律的社会经济基础及其阶级本质·唐律是封建统治阶级的特权法》。不过若单纯把这套规定看作"特权"，又与大量律条针对犯罪官吏且常从重惩处的事实不符。显然，在严惩和宽待之间，背后自有其社会行为、观念和法理上的统一性。

42. "五流"，指加役流、反逆缘坐流、子孙犯过失流、不孝流、会赦犹流。详见《唐律疏议》卷二《名例》篇应议请减（赎章）条。

43. 具体如《唐律疏议》卷十九《贼盗》篇监临主守自盗条："诸监临主守自盗，及盗所监临财物者，加凡盗二等，三十匹绞。"这里"凡盗"即"凡人盗者"。

44. 具体如《唐律疏议》卷十一《职制》篇受人财请求条规定：一般官员受人财物请求主司曲法者，按坐赃罪加二等处罚；上级或有影响官员受财请托，准枉法罪处罚；而行贿请托的普通人，则按坐赃罪减二等处罚。至于主管官员的责任，其前一条已规定主司受请曲法者，杖一百；所枉罪重者，按出入人罪论处，即处主司以所出入之罪。若主司受财而曲法，那就是"受财枉法"，性质和处罚就更严重了。

45. 具体如《唐律疏议》卷十二《户婚》篇州县不觉脱漏条，上述其"不觉"为公罪，故须连坐。此条疏议释曰："不觉脱漏增减，无簿账及不附籍书，宣导既是长官，事由检察遗失，故以长官为首，皆同'不觉脱漏增减'之坐。次通判官为第二从，判官为第三从，典为第四从。见有文簿，致使脱漏增减者，勘检既由案主，即用典为首，判官为第二从，通判官为第三从，长官为第四从。其间有知情之官，并同家长之罪，即从私犯首从科之；不知情者，自依公坐之法。"这里提供了公罪连坐的实例，且明确了公罪连坐人中有私罪者的处理办法。

46. 此款原注："谓非应累者，唯具条其状，不累轻以加重。若重罪应赎，轻罪应居作、官当者，以居作、官当为重。"交代了此款只适用于并不累加处罚的情况，以及判断

"轻""重"的附加规则。此款律文接着规定:"等者,从一。若一罪先发,已经论决,余罪后发,其轻,若等,勿论;重者更论之,通计前罪,以充后数。"包括了二罪以上俱发的各种情况。

47. 以上参见[日]西田太一郎《中国刑法史研究》(段秋关译,北京大学出版社1985年版)第十章《关于并合罪》。

48. 这两条皆不专对官吏,但其疏议中都列举了受财枉法等官吏犯罪而自首的处理办法。

49. 此条律文云:"诸公事失错自觉举者,原其罪;应连坐者,一人自觉举,余人亦原之。"故其性质与自首大同而小异。其疏议曰:"觉举之义,与自首有殊。'首'者,知人将告减二等;'觉举'既无此文,但未发自言,皆免其罪。"

50. 《唐会要》卷三十九《议刑轻重》载会昌五年十二月十四日宰臣奏请盗罪计赃,"请准律以所在估绢为定"。是乃平赃律条几经变通后仍在发挥作用。

51. 平赃办法的变通,当然关系到所有赃罪的计赃量刑过程,也就牵涉了所有赃罪律条的实施过程。

52. 这当然也完全有违于《唐律疏议》卷二十八《捕亡》篇容止他界逃亡条"县内五人笞四十,十人加一等……罪止徒二年"的规定。

53. 两税法以地、户二税得名,其始行时地税之征"率以大历十四年垦田之数为准",与田亩统计的关系不大。但当时户税缴纳的基准是"户无土客,以见居为簿;人无丁中,以贫富为差",显然建立在一种不同于往常的户籍统计制度的基础上。后来其变化,参见李锦绣《唐代财政史稿》下卷(北京大学出版社2001年版)第二编《财政收支》第一章《度支收支》第一节《两税》。

54. 参见陶文牛:《唐元和长庆年间户口考》,《首都师范大学学报》(社科版)1993年第3期。

55. 参见梁方仲:《中国历代户口田地田赋统计》(上海人民出版社1980年版)甲表21《隋唐五代户口数、每户平均口数及户口数的升降百分比》。

56. 参见[日]池田温著,龚泽铣译《中国古代籍账研究》(中华书局1984年版)第三章《古代籍账制度的完成与崩溃》六《安史乱后籍账的荒废倾向》。

57. 参见武建国:《均田制研究》(云南人民出版社1992年版)第九章《均田制废弛后土

地所有制关系发展的历史趋势》第一节《国家土地政策的转变及土地的私有化》。

58. 《唐会要》卷八十九《泉货》载武德四年七月始铸开元通宝钱,一千文重六斤四两,则其时铜一斤折钱一百五十余文。同处又载贞元九年正月张滂奏其时私铸铜器之人,"每销钱一千,为铜六斤",是铜一斤折钱一百六十余文。同处又载贞元十年六月敕铜器"约每斤价值,不得过一百六十文"。由此可知,玄宗定赎铜每斤折钱一百二十文的规定,意味着对官员赎刑的优待。

59. "三库"当指司农寺所属太仓、太府寺所属左右藏和卫尉寺所属武库。

60. 《唐会要》卷六十六《大理寺》亦载此事。

61. 贞观初年事见《通典》卷一百六十五《刑法三·刑制下》原注,文明元年事见《唐会要》卷三十九《定格令》。

62. 《唐会要》此条仅书"六年四月"而不标年号,而系于肃宗上元二年复置别驾条、代宗大历十四年许诸州刺史上佐入计条之间,推其所脱年号当为大历。

63. 参见《唐律疏议》卷二十九《断狱》篇因应禁而不禁条。

64. 《唐会要》卷六十八《刺史上》载天宝十一载十二月,"敕:牧宰字人,所寄尤重,至于禄料,颇亦优丰,自宜饬躬励节,以肃官吏。如闻或犯赃私,深紊纲纪,今后刺史犯赃,宜加常式一等"。

65. 《唐会要》卷四十《君上慎恤》载太和二年二月,"刑部奏:伏准今年正月三日制,刑狱之内,官吏用情,推断不平,因成冤滥者,无问有赃无赃,并不在原免之限。又准律文,出入人罪,合当坐者,不言有赃无赃。今请准律科本罪,不得原免。敕旨:依"。又《唐会要》卷六十六《大理寺》载大中四年十月,"大理少卿崔杞奏:当寺官人,今后在寺详断,或出使推案,有犯赃私者,请于常式加罪一等,余犯即准旧式。从之"。这又是法官犯赃加重处罚的规定。

66. 《唐会要》卷三十九《议刑轻重》载大中五年十月,"敕:今后有官典犯赃,及诸色取受,但是全未发觉已前,能经陈首,即准律文与减等。如知事发,已有萌兆,虽未被追捕勘问,亦不许陈首之限"。与《唐律疏议》卷五《名例》篇犯罪未发自首条相较,这又加严了官吏犯赃的自首规定。

67. 《唐会要》卷六十《御史台》上《侍御史》载大和三年,"华州刺史宇文鼎、户部员外郎卢允中坐赃，文宗怒，将杀之。侍御史卢宏贞奏曰：鼎为近辅刺史，以赃污闻，死固恒典，但取受之首，罪在允中，监司之责，鼎当连坐。帝然之。减鼎三等"。这里宇文鼎以"监司之责"而"连坐"，说明州司属官犯赃，刺史亦须连坐。

68. 参见《唐会要》卷七十五《杂处置》载广德元年二月敕、大历元年二月敕、贞元元年正月敕。

69. 如《旧唐书》卷六十《河间王孝恭传》附子《李晦传》载其高宗时检校雍州长史，"高宗将幸洛阳，令在京居守，顾谓之曰：'关中之事，一以付卿。但令式踢人，不可以成官政，令式之外，有利于人者，随事即行，不须闻奏。'"此敕特别授权允许不依令式行政，显然与《唐律疏议》卷十一《职制》篇称律令式条、卷二十七《杂律》篇违令条冲突。

70. 参见杨廷福《唐律初探》之《唐律疏议制作年代考》所附《唐代所编制的重要法典》表。

71. 参见《旧唐书》卷五十《刑法志》及《唐会要》卷三十九《定格令》。

72. 此处"例"指过去的判例，"敕"指当下的制敕。但过去的判例凡可引为法据者，其实皆经制可敕闻，故作为法律或立法名词的"例"，其实是指前敕，"敕"则指后敕。

第九章

隋唐时期监察体系与有关制度

在整套反腐败体制中，监察制度自有其特殊的分量。从监督行政，审查官员，稽核文档簿账，到纠察违法，验看实情，平反冤狱，各种方式的监察总是责无旁贷地处于发现和处理问题的第一线。因此，就反腐倡廉的制度保障而言，如果说人事制度是治本的重点，那么监察制度就是治标的关键，两者相辅相成，缺一不可。在总结南北朝有关经验教训的基础上，隋唐监察制度的最大特点，表现为其体系的完整和严密，即包括专职监察机构和官员在内，多种形式的监察互相补充和配合，前所未有地织成了一张笼罩和渗透到各种行政过程的庞大网络。

第一节　日常行政监督

日常行政监督是上级对下级的监督，这是行政过程得以正常展开的前提。与专门监察机构或官员的职能相比，监督下级虽不是上级机构和官员的全部职责，但其直接与各种政务处理过程重合，也就要较其他方式的监察或监督更为经常和普遍，从而构成了整套监察体系中最为基本的部分。[1]

隋文帝所定刑法宽于前代，专职监察建制亦无大的发展，其之所以能重整南北朝时期弛坏的纲纪，压住长期以来越演越烈的贪贿之风，主要是靠大大强化了的日常行政监督，发现了问题则不惜越法严治。《隋书》卷七十三《循吏传》序述其"专任法令，严察临下。吏存苟免，罕闻宽惠"，概括的就是当时自上而下骤然收紧了的行政监督之态。[2]事实上，唐太宗虽看不起隋文帝之所为，但其在强化行政监督方面，特别是在实际惩处犯罪和量刑时重罚出而轻罚入，宁失入而不失出的用意，[3]也还是与隋文帝一脉相承的。这是因为日常行政监督最为广泛而直接，非全面加严其态就无法扭转隋末以来纪律松弛和贪风趋炽的局面。

但要加强行政上级对下级的监督，最重要的仍是制度建设，否则虽可管用一时一事，但终必紊乱政体而弊端丛生。在这方面，隋初以来全面加强专制集权体制，"大小之官，悉由吏部，纤介之迹，皆属考功"[4]，人事大权统一收归朝廷甚至由皇帝直接掌握。凡纳入流内外序列的下属官吏，长官已无任免黜陟之权，其对属下的控制被大为削弱。经此变化后，与南北朝相比，隋唐时期各级行政长官对属下的控制权，比较有力一点的，只剩下了对其罪失的刑事杖笞权。[5]但即使是这项权力，也因为当时律文皆有官员赎刑之条而须大打折扣。[6]至于当时岁终考核时实行的累杖为负、计负为殿、据殿降等之法，其制亦自北朝承袭而来，且其力度不大，实非长官控制属下的有力杠杆。因而隋唐时期行政监督面临的一个历史性问题，是在各级长官的权力降至历史最低点的前提下，如何有效地控制其下级的行政过程。

这个问题大体是通过两个办法得到解决的：一是全面规范和强化各机构佐贰官的职能，既增加其对于长官权力的牵制，更赋予其裁断和节制本机构下属部门和官员行政过程的实权。我们知道，秦汉以来各行政机构的佐贰官，如公府的长史、诸卿和各地郡、县的丞官，其级别与长官相去悬殊，从事的往往是与下属类似的具体事务，其在本机构的实际地位和权力，经常不如长官自署的重要僚属，不仅无法牵制长官，也很难对下属的行政过程有切实的节制或监督作用。[7]随着长官自署僚属和朝廷统一任免范围的一消一长，这种状况到南北朝已有很大改变，一种从内廷台阁不断发育起来的、佐贰官与长官"并肩事主"的关系，在尚书省日益成为全国行政总枢的过程中逐渐扩散开来。在此基础上，隋及唐初续加规范和调整后，各机构佐贰官的编制已统一规定为一或二员，级别与长官往往只差二阶，职能则明确为协助和参与长官之职，分管本机构内务和下属政务，更重要的是明确了其副署本机构上下行公文并与长官共同对此负责的制度。这些措施的结果，就是使中国历史上真正开始有了名副其实的"副长官"，其实质是使长官与副贰构成了一个共同节制本机构各种政务的群体。相较于仅由长官负责的状态，这种群体的节制付出了行政责任不够明晰的代价，却明显牵制了长官的专断独行，而其对于下级政务处理过程的裁处、干预和监督能力，也的确大为提高了。

二是全面规范和强化各机构办公部门的建制和职能，使之成为日常行政监督的枢纽。秦汉以来各级长官自署僚属，其中往往有一个部门直接协助长官节制其下属、收发公文和协调众事，称为"门下"或"阁下"。但当时长官自署府僚的组织并不一致，门下的构成及其与其他府僚的关系亦无统一的法律规定，其中地位最重和充当本机构"纲纪"部门的，一般都是那些主管人事的僚属如东、西曹或功曹之类。[8] 到南北朝，各机构重要僚属开始由朝廷统一任用，文牍制度日益发达，[9] 门下或阁下的机能处于复杂演变之中。而隋唐行政建制最为重要的成就之一，就是以尚书省为中心和范型，把朝廷到地方各机构的办公部门改造成了新的"纲纪"部门，并且将之串联成了一张完整和严密性前所未有的行政监督网络。[10] 就其功能来看，首先是管辖办公部门的纲纪官，如尚书省的左右丞，御史台的知杂御史，[11] 各州的长史、录事参军事等，职掌中都有协助长官处理本机构政务、纠察内部风纪和管理庶务之权，且其"纠察"也总要在其管辖的办公部门的配合下进行，故这些部门往往又被称为"纠曹"。更重要的是各办公部门皆以审核公文为基本职能，其中"受事发付"，即收受长官的指令及本机构收到的各种公文，注明规定处理的期限后，[12] 交付本机构相应部门具体办理；"勾检稽失"，即检查本机构所有上下平行公文有无错失和延误（称"稽迟"），[13] 检无稽、失者，署名勾讫；"省署抄目"，即审核和签署本机构各部门抄录留底以凭将来查核和依准的公文处理档案。就这样，以公文审核为中心，辅以随机的纠察，各机构的办公部门各为长官监督下属提供了有力保障，同时又在尚书省的牵头下连成了一体，虽然也要付出文牍主义盛行的代价，却把举国上下的行政监督提高到了新的水平。

正是通过这两大举措，隋唐时期不仅得以在长官权力明显削弱的前提下加强了行政上级对下级的监督，而且借助于多重牵制关系和严格的公文审核制度，把监督贯穿到了整套行政层级节制系统内部，渗透到了各项日常政务的具体处理过程之中。

第二节　专职监察机构：御史台

日常行政监督有其局限。因为各行政上级通常只是为政务的正常展开来实施监督，对下级违法现象的纠治并不是其头号任务，放纵或姑息腐败的情况时有出现。同时，直接的上下级关系和各机构内部都容易形成盘根错节的关系，机构之间又有许多平行的牵制和协调关系，这些都是腐败易于滋长而一般行政监督相对乏力的地方。因此，汉代已出现了直属皇帝的专职监察机构——御史台。南北朝时期，其构成和职能与整套行政系统一起演化，自皇太子以下无所不纠，地位和作用愈益突出，隋唐也承袭了这个传统。很明显，在并不存在独立于皇帝之外的法源或权力来源时，御史台作为专职监察机构直接代表皇帝纠察百官，在整套反腐体制中有着特殊的重要地位。

在组织结构上，隋文帝总结了南北朝时期的御史台制度，以御史大夫和治书侍御史为御史台正、副长官，下由朝廷统一选用侍御史、殿内侍御史和监察御史分掌各种监察事务，又设录事二人处理有关公文往来。这个基本的架构大体上一直维持到了唐末，[14]但在隋炀帝至唐前期经历过两次值得注意的调整，反映了当时对专职监察机构认识的变化。

一是自炀帝大业三年（607年）起，在御史台外另设了谒者台和司隶台。其中谒者台初定编制一百八十六员，掌各种出使事务兼含监察；司隶台编制六十员，是定期巡察京畿和各地非法的专职监察部门，其后虽又罢撤，却仍保留了司隶从事巡察各地的做法。这说明炀帝极欲强化朝廷对各地官员的监察，且对以往御史台的状态并不满意，故当时御史台官员的编制、品秩和职能亦有所调整。[15]
二是唐初以来恢复和完善了御史台的基本架构，改以御史中丞为御史台副职，以后又用"御史里行"或"员外御史"等方式扩充御史构成和职能,但从当时各种使者频繁巡察各地的情况来判断,御史台对地方官的监察显然仍有问题。故武则天至玄宗都曾把御史台分为编制规模完全一致,又可互相纠察的左、右二台,左台主察京官和军旅,右台则按察各州,[16]其实还是想要通过扩充御史台编制来解决地方官的监察问题。到玄宗先天二年(713年)十月再罢右台,同时恢复诸道按察使建制,御史台组织结构直至唐末再未发生重大的变化。

在监察职能上,以上组织结构及其调整之况表明,隋唐御史台监察的重心,是放在朝廷各重大行政事务和京畿百官上的,同时兼顾对地方的监察。具体表现为御史大夫、中丞与三院御史[17],即侍御史、殿中侍御史和监察御史职能的相互补充和交叉。[18]

据唐玄宗开元年间确定下来的御史台职员[19],御史大夫和御史中丞作为台内正、副长官,可独立弹奏或与御史联名纠劾违法高官或要官,又可与宰相或尚书省刑部会同处理各种重大案件。侍御史六员,可独立或与大夫、中丞联名弹纠高级或重要官僚的违法情事,又可会同中书舍人、给事中或刑部郎官和大理寺官审理大案要案,其中二人又连同殿中侍御史二人分掌"东、西推"及其他监察事务,又一人分司东都洛阳监察省寺派驻机构及河南府官员。[20]殿中侍御史九员,监察各种殿庭侍从事务和仪制活动,其中二人与侍御史二人轮流监掌东、西推及仓库出纳事务,又二人分掌定期巡察京城内和城外雍、洛二州畿辅地区不法的"左、右巡"。监察御史十五员,其纠察范围在殿庭之外,广及铸钱、屯田、铨选、决狱等事,几乎无所不包,其中有特色的,包括按察州县不法、分察尚书六部、监督百官会议、出监军旅事务、监知馆驿邮传等项。以上职能可概括为弹劾百官、审理大案、巡视要务、分察庶政四大项。当然,御史台还要从事各项灵活多端的临时交办事务,并且履行大量的出使职能。可以看出,与日常行政监督的状态相类,作为专职监察机构,当时御史台的职能同样织成了一张严密的网络。

御史台的工作秩序最值得注意。隋文帝废止了北朝以来御史由御史台主选用之制,改由朝廷统一任免御史,台内开始形成了大夫到御史相对独立,且可互相弹纠的秩序。唐初特别是开元以来,御史常由皇帝亲择,同时强调了御史台内部的上下级关系，又为了保持御史台相对于宰相及其他行政机构的独立性，赋予了长官荐举御史人选之权，[21] 在此基础上建立了一整套体现了专职监察机构特色的工作秩序。

这套秩序的要点：一是台内上下级关系，主要体现在大案弹劾须报御史大夫和中丞联署，台内庶务由大夫、中丞、知杂侍御史节级裁决，各种公文由知杂侍御史下辖主簿和录事审核，且设专档（称"黄卷"）记录御史过失。[22] 除此之外，从大夫到监察御史皆"比肩事主，得各弹事"[23] "竞为官政，略无承禀"[24]。这种上下级之间相对独立和共同对朝廷负责的状态，保障了各种监察过程的不受干扰和依法展开。二是从长官到三院御史职掌多有交叉、协同和重合，而各院御史之间的分工，主要是由年资顺序来决定的。[25] 这不仅反映了御史台官员行事平等而独立的特点，同时也体现了防止情弊和加强牵制的用意。三是御史台有独立的监狱等设施和羁押权[26]，御史可以"风闻言事"，即其弹劾可以不指明上诉检举人的姓名，而"托以风闻"，这不仅保护了线索来源和监察权的行使，而且为御史台独立监察执法提供了条件。四是御史要纠察百司，原则上并不直接受理民间细务，亦不接收冤诉告讼，但若有关机构对之稽延屈滞，御史便得以访察和弹奏。[27] 这就明确了御史台工作的重点，也有利于御史集中精力注意大案要案。五是凡有重大违法而御史台不纠或其弹劾不当，由尚书省左、右丞及左、右仆射检察和弹劾；在举劾三品以上高官和要害部门重要官员时，须呈报皇帝及宰相裁处。在强调独立行使监察权的同时，这些由台外特定官员纠举其重大失职或渎职行为，举劾事关重大者又须呈报最高决策层的规定，意在堵住制度上的缺口，也强调了依法行使监察权而不得滥用的一面。不难看出，这套对外更加独立而内部相对松散的工作秩序与一般行政机构相当不同，体现了监察工作的规律和特色，尊重了御史必须搏击权贵的工作性质，保障了御史台职能的行使和效能，并且集中代表了我国古代监察制度所曾达到的极高水平。

第三节　使者巡察之制

御史台的监察重心既然是在京百官，地方官的监察就构成了新的问题。隋炀帝增设谒者台和司隶台，武则天至唐玄宗分置御史台，其实都是要大大扩充以往御史及其他朝官奉诏出巡的有关做法，以规范和强化朝廷对地方官的监察。但这种在御史台外再复制一个专职监察机构的做法看来并非良方，也都未能坚持下来。而地方官直接治理天下百姓，又天高皇帝远而易于腐败渎职，朝廷必须加强对其监察，绝无对之放纵之理。因而继续规范和改善使者巡察制度，仍是隋唐强化地方监察的主要着力点和发展方向，具体则呈现出三个阶段的演进。

一是隋初以来整顿地方行政制度，把州、郡、县三级制改并为州（炀帝时称郡）、县二级制，实质是拆解了南北朝时期纠结于各地，特别是集中于州一级长官头上的军、政、监察权合一之态，重新把军事和监察大权收归朝廷直接掌握。经此梳理以后，新的地方监察问题，大体是在州以上按具体情况而灵活划分大区，采取临事各遣御史或其他使者出巡督察的方式来处理。《隋书》中经常出现"东南道""河南道""西南道""扬州道""太原道""冀州道"等名目，以及"巡省河北""安抚山东、河南十八州""安抚泉、括等十州"之类，都是这种灵活分区巡察的体现。

二是在此基础上，唐太宗贞观元年（627年），按山河形胜把全国州县划分为十个大区，即关内、河南、河东、河北、山南、陇右、淮南、江南、剑南、岭南十道，使者出巡督察的分区之制从此有所归并。但当时遣使的名目和职责仍很灵活，常见于文献的，有"观风俗使""黜陟使""巡察使""安抚使""存抚使""按察使""简点使""覆囚使"等。其巡察内容亦广及赈给灾民、纠治狱讼、查核账籍、劝课农桑、观察风俗等事，不过其核心仍不外乎是审视地方政治得失，督察州县官吏以便任免和赏罚，因而也都具有纠治非法和惩恶扬善的强烈监察意味。

三是循此轨道继续演进，武周天授二年（691年）"发十道存抚使"；中宗神龙二年（706年）置"十道巡察使"二十人"廉按州部"，二年一替；[28] 睿宗景云二年（711年）改之为"十道按察使"各一人；[29] 玄宗开元八年（720年）"复置十道按察使"，又定以监察御史各一人定期巡按，以判官二人为佐；[30] 再到开元二十一年分十道为十五道[31]。各置采访处置使，其中京畿和都畿道采访使由御史中丞领使，关内道由京官遥领，其余各道采访处置使则已近乎正式官职而有了治所和印鉴。[32] 就这样，分道遣使巡察之制的陆续定型和演进，构成了隋及唐前期强化地方监察的基本制度；而隋炀帝另设谒者、司隶台和武周以来的御史分台之制，也可以看作是使者巡察地方之制发展过程中的一个波澜。

就使者巡察制度主干部分的发展来看：在使者人选上，除一般都要求具有熟谙治道和守正不阿的德才条件外，从隋及唐初往往出遣尚书、寺卿等朝廷重臣巡抚各地，到武周以来常由监察御史或御史台内外五品以上官员充使巡察，[33] 反映了遣使巡察的功能日益集中于监察的演变过程。在巡察职能上，围绕着纠举地方不法和扬清激浊的总纲，从隋及唐初使臣的事简权重，到武周时期台使以四十八条巡察州县，[34] 各道巡使监察细目多时竟达七十余条；[35] 再到玄宗开元三年规定以官人善恶等六个事目巡省州县，[36] 后来又赋采访使以"专停刺史务"的重权，天宝九载（750年）又明令十五道采访使"但察访善恶，举其大纲"，不得干预州县细务。[37] 这种纠察事目从繁察苛细到事简权重的归复，体现了统治者对遣使监察地方的认识及其有关制度的成熟过程。在出使方式上，从隋及唐初的灵活临事特遣，到武周以来的春发秋归，再到玄宗以来的常驻各道治所，定期巡察部内，反映了使者巡察之制的经常化、稳定化和开始向固定职务过渡的趋势。因而也才有开元后期采访使置印、例兼治所刺史、主管州县官考核、判官任期三年等制度的相继出台。

但唐代的使者巡察之制，其基干部分在玄宗开元年间刚刚发展到一个较为合理的状态，不久就因为安史之乱而进入了一个新的退化期。位低权重、职简事明，本是长期以来朝廷遣使巡察各地的一条最为重要的经验和教训。位低则敢于搏击而易于控制；权重则不畏显贵也才能收到实效；职简事明则监察重点突出和职责分明便于督责，尤其可以避免使者事事插手而实际形成又一个行政层级，从而破坏了原本精心设计的行政系统的效用。这些优点和长处，开元时期的按察和采访使之制都体现出来了，即便其有日渐固定化为正官和权力扩展的趋势，朝廷大体还是将之定位在监察制度上，使之与御史台一外一内织成了相辅相成的监察网络。但安史之乱爆发后，客观上要求军事和行政首长兼综多种权力，肃宗至德宗以来改各道采访使为观察处置使，这个使名的改换伴随的是一系列极为深刻的变化。[38]复杂而连绵不断的叛乱和平叛过程波及哪里，以往设于边镇的道一级设施就会建置到哪里，各道节度或观察使兼领该地军事、行政和监察权的态势就会出现在哪里。[39]位低权重变成了位高权重，职简事明演变而为无所不统，道已实际成为州县之上的又一行政层级，并且经常成为尾大不掉的地方权力中心，从而酿成了唐中后期至五代二百余年政局动荡不安的策源地。地方各种权力的再次拆解和地方监察体系的重建，成了宋初需要完成的要务。

第四节　其他有关制度

日常行政监督、御史台等专职监察机构的监察和使者巡察之制，组成了整个监察体系的基本框架，其各自建制和相互关系，集中代表了唐代监察制度所曾达到的水平和效用。与此同时，长期以来还有其他一些寓有明显监察或监督意味的制度，在防止重大行政过失和渎职犯罪行为时，在保障监察制度和整套行政体系的正常运行和效能时，同样起着重要作用，也提供了宝贵的经验或教训。由于隋代国祚过短，有关制度记载不详，以下仅就唐代这类制度中较有特色和重要者略作讨论。

在制度上保障下情的上达，开辟一般低级官员甚至普通百姓上书言事的多个通道，既是了解民情民意、争取民心而保持社会稳定的必要举措，又是反腐体制的重要组成部分，也是对高官要官的一种广泛的监督方式。唐代这类制度，也在长期以来"采听舆诵""击鼓鸣冤""诣阙上书""告变"举报，以及遇有灾变大事诏命百官各上"封事"，或制举天下"直言极谏之士"等做法的基础上，有了一定发展。[40]

唐初以来，于中书和门下省各设谏官多人，[41]许其参加御前决策会议，面奏政治得失。这个较前代大为扩充和规范化了的谏官系统，明显拓展了下情上达的渠道，也具有向皇帝转达一般官员和百姓意见的实际功能。谏官分属两个系统，显然寓有相互督促之意。御史台可以收受全国官民的告发举报之状，唐初御史虽不具体处理这些词讼，却可以略去告发者姓名，托称风闻而弹奏有关官员，这就是"风闻言事"的本来含义。开元十四年（726年）起，"受事御史"逐日轮值受状，明题告者姓名，据以弹劾不法。[42]前面提到殿中侍御史的"左、右巡"，除纠治巡内不法外，也须听察京畿舆情，并且负有转递或奏闻百姓赴京上书论政、讼冤或告发的责任。而且，三司受事之法，乃是由门下省、中书省和御史台有关官员联合受理天下"冤苦无告"之状的制度。具体即由门下省的给事中、中书省的中书舍人和御史台的侍御史各一人，逐日轮值于朝堂收受冤诉表状，并且联合处理其事；事大者则由这三个机构的长官：侍中、中书令、御史大夫或中丞会同审理。此外，武则天垂拱元年（685年）又取鉴以往的有关做法，在朝堂立匦，即在朝堂摆设一个密封而可四面投书的大箱子，由谏官一人知其事，每日清晨安置，日暮进入内廷，把所有投书直呈皇帝案前，"由是人间善恶事多所知悉"[43]。以后匦制虽不断有所调整，大体却一直延续了下来，成为下情上达的又一重要渠道。以上这些途径，都有规定官员或机构主理其事，相较于前代，已是制度化程度较高又较为可靠的上书言事或举报告讼途径，尤其三司受事之制专门审理冤狱，是富于唐代特色的制度。

最后还要着重说说比部牵头的籍账审计制度。上曾谈到，隋唐时期各机构办公部门对公文的全面审核，在举国上下织成了一张空前严密的行政监督网络。这些公文中，相当一部分是各机构的籍账，这些籍账记录了行政过程中人、财、物的出纳、耗用和调拨,对之的稽核和监督,重要性不言而喻。这些籍账本身及其对之展开的稽核都有其特点,与判辞、省符、诏旨等其他公文相当不同。而唐代在这方面的一个了不起的成就,就是在北朝以来尚书比部曹勾检有关文案籍账的基础上,[44]大大强化了尚书比部司的构成和职能,并且专门由之牵头勾检各地各部门行政机构的各类籍账,其实质是在尚书省内建立了一个全国行政系统的籍账审计中心,开始形成了一套完整的籍账审计系统。

较之南北朝的比部曹,唐代尚书比部司在构成、职能、性质、作用各个方面都有了发展:其一是以往比部"掌诏书、律令、勾检等事",籍账的勾检显然并不是其最重要的职能。[45]而现在比部则"周知内外之经费而总勾之",具体则"勾诸司百僚俸料、公廨、赃赎、调敛、徒役、课程、逋悬数物"及"仓库、出内、营造、佣市、丁匠……勋赏、赐与、军资、器仗、和籴、屯牧"等多种籍账,对之的勾检计核已是其唯一的职能。[46]其二是以往比部常属吏部尚书,隋以来确定为属于刑部尚书,也就是强调了比部勾检所寓有的司法意味。其三是以往比部通常只有郎官一人,令史、书令史共十余人;现在比部司包括了郎中、员外郎各一人,主事二人,令史十四人,书令史二十七人,计史一人和掌固四人,已是一个总计五十人的不小机构。其四是现在各种籍账分别由各机构办公部门勾检和初审后,在京各机构每季申报、天下各州年终申报,再由比部总勾。[47]说明在比部总勾的牵头和督核下,全国各种籍账已经有了系统而严密的审核层级和申报制度。[48]就是说,比部既然成为全国籍账的专职审计中心,以往在各办公部门与其他公文一并审核的籍账,也就不能不单列出来,以更为专业和精细的方式加以审计,从而实际形成了一个完整的全国审计系统。[49]这当然不是过去比部人员不多而职能不纯,各办公部门职员和整套籍账勾检制度尚未健全时所能够实现的。

籍账审计中心的建立及其审计制度的系统化,直接推动了反腐倡廉的深入进行。具体如行政成本的层级拨付和核销过程,其实就是比部牵头展开的层级审计过程。再以唐后期对各道观察等使的监督和控制来说,由于其通过多种兼职集诸军事、财赋、监察权于一身,又例兼治所刺史且多兼带御史台衔,以往监察体系对之的纠治作用已难落实。对之的监察,除由度支、盐铁等使派驻各地的场院分支机构加以"访察",[50] 偶亦特遣重臣巡察外,更多地还要依赖于各种籍账的审计来进行,以求通过对有关人、财、物流的查核来达到约束和控制的目的。各道观察等使的离任审计制度,就是在这样的背景下发展起来的。[51] 其内容则陆续包括:旧使去任之日,须留下包括各种钱物事项的"交割状";新使到任之日则须核对交割事项,"具见在钱帛、斛斗、器械数目分析以闻";由宰相协调各有关机构加以稽核,以定其赏罚。[52] 若有境内户口增加一千户者,"即与超迁";减少七百户以上者,"罢后三年内不得任使"。[53] 新旧使交代之间,使府及所属各州录事参军与长史亦须独立审核有关"钱物、斛斗、文簿",查明其有无"悬欠","具数申奏"。[54] 新旧交代之时,所有仓库钱物法理上皆属新使所有,不得用以填补旧任的悬欠缺额,若有以各种名义违法授受,由使府"勒知后判官及本曹官典,切加检举"[55]。当然,所有这些过程,包括"申奏"和"检举"后发生的过程,都是以比部牵头的籍账审计系统为基础而展开的。[56] 可以说,各道观察使离任审计制度的发展,很好地体现了籍账审计制度在唐后期反腐过程中的作用和地位,也典型地代表了唐代监察体系在复杂情况下的调整和变通能力。毫无疑问,唐代审计制度的长足发展,把反腐倡廉过程推到了一个新的水平,标志着整套反腐体制的进一步完善。

/注释/

1. 《唐律疏议》卷二十四《斗讼》篇监临知犯法条:"诸监临主司知所部有犯法,不举劾者,减罪人罪三等,纠弹之官,减二等。"是为长官见知下属违法而不纠者有罪。

2. 《隋书》卷七十《杨玄感传》:"初拜郢州刺史,到官,潜布耳目,察长吏能不。其有善政及赃污者,纤介必知之,往往发其事,莫敢欺隐。吏民敬服,皆称其能。"这也就是隋文帝抑制腐败的基本手段。

3. 《唐会要》卷三十九《议刑轻重》载贞观十一年太宗"问大理寺卿刘德威曰:'近来刑网稍密,何也?'对曰:'诚在君上,不由臣下。主好宽则宽,好急则急,律文失入减三等，失出减五等。今则反是，失入则无辜，失出则获大罪，所以吏各自爱，竞执深文。畏罪之所致耳。'太宗然其言，由是失于出入者，各依律文"。

4. 《隋书》卷七十五《刘炫传》。

5. 《北齐书》卷四十六《苏琼传》载其文襄时为南清河太守，其治尤异，"至于调役，事必先办，郡县长吏常无十杖稽失"。是知其时已有公事"十杖稽失"之制。

6. 《魏书》卷十九中《任城王云传》附《元澄传》载其肃宗初为尚书令多所匡益，"请取诸职人及司州郡县犯十杖已上百鞭已下收赎之物，绢一匹，输砖二百，以渐修造"。

7. 参见严耕望《中国地方行政制度史·秦汉地方行政制度》第二章《郡府组织》（二）《郡国佐官——丞、长史》，其述郡府组织处处与公府对照，故其述佐贰官并无实权之态，乃是汉代的普遍情形。

8. 严耕望《中国地方行政制度史·秦汉地方行政制度》第二章《郡府组织》专列"门下"之目，可参阅。严先生把"功曹"置于"纲纪"目中，强调了其重要性。但当时公府东、西曹既被归入"列曹"，功曹自亦不应例外。

9. 参见《通典》卷十四《选举二·历代制中》隋制部分的原注。

10. 唐代各办公机构大体皆由丞、长史等纲纪官加上主簿、录事或录事参军、录事等勾检官为主体，再下辖令史、府、史等胥吏而组成。

11. 左、右丞纠察非违之事，参见《隋书》卷六十六《郎茂传》、卷五十六《杨汪传》；《旧唐书》卷七十《戴胄传》。知杂御史之况，参见《唐会要》卷六十二《御史台下》杂录。

12. 参见《唐律疏议》卷九《职制》篇稽缓制书条及《唐会要》卷五十八《尚书省诸司中》左右司郎中条载贞元五年正月左司郎中严涚奏事。

13. 《唐律疏议》卷五《名例》篇同职犯公坐条疏议释"检勾之官同下从之罪"曰："检者，谓发辰、检稽失，诸司录事之类；勾者，署名勾讫，录事参军之类。"

14. 至于治书侍御史又改称御史中丞、御史台改称"宪台"或"肃政台"等，隋唐诸如此类的变化仍有不少。具体皆可参见邱永明《中国监察制度史》（华东师范大学出版社1992年版）第四章《隋唐五代时期封建监察制度的成熟》、胡沧泽《唐代御史制度研究》（台北文津出版社1993年版）第一章《唐代御史制度的变化》。

15. 炀帝增置御史台主簿二员，规范了其办公部门，稍后又降御史大夫为四品，与谒者、司隶台长官同级，如此等等，俱见《隋书》卷二十八《百官志下》。

16. 参见《唐会要》卷五十九《御史台上》及《旧唐书》卷四十四《职官志三》。

17. 据［唐］赵璘《因话录》（台北商务印书馆"景印文渊阁四库全书"本）卷五《徵部》御史台三院条，"三院"即以侍御史办公所在为台院，殿中御史所在为殿院，监察御史所在为察院。此"院"与太常博士所在的"礼院"、翰林学士所在的"学士院"义同，当时主要是办公屋所的称谓，寓有行政部门的内涵，并非法定的机构名称。

18. 参见徐连达、马长林：《唐代监察制度述论》，《历史研究》1981年第5期。

19. 参见《唐六典》卷十三《御史台》和《新唐书》卷四十八《百官志三》。

20. 唐以洛阳为东都，省台寺监皆有派驻机构，称"分司"；御史台亦然，称"东都留台"。

21. 参见《旧唐书》卷九十九《张九龄传》附《张仲方传》、卷一百一十七《崔宁传》、卷一百六十八《独孤郁传》附《独孤朗传》、卷一百七十一《高元裕传》。

22. 《通典》卷二十四《职官六》御史台主簿条。

23. 《唐会要》卷六十一《御史台中》弹劾条载长安四年三月监察御史萧至忠弹宰相苏味道事。

24. 《唐会要》卷六十《御史台上》御史大夫条。

25. 参见《唐会要》卷六十《御史台上》御史台条载元和十三年十月御史台奏事。

26. 参见王素《唐代的御史台狱》，载武汉大学《魏晋南北朝史资料》第十一辑。

27. 参见《唐会要》卷六十《御史台上》御史台条载御史台故事及贞元二年九月御史台奏事、贞元十年四月敕、大中元年四月御史台奏事及同书卷五十七《尚书省诸司上》尚书省条载开元二年四月敕。

28. 参见《旧唐书》卷七《中宗纪》神龙二年二月乙未条、《唐大诏令集》卷一百三《政事门·按察上》神龙二年《遣十使巡察风俗制》及《唐会要》卷七十七《诸使上》巡察按察巡抚等使条。又《唐会要》此处后文载中宗景龙三年置十道按察使分察天下，似是将十道巡察使改名为按察使。

29. 参见《通典》卷三十二《职官十四》州牧刺史条,并参《旧唐书》卷一百八十五下《阳峤传》。
30. 参见《唐会要》卷七十七《诸使上》巡察按察巡抚等使条、《新唐书》卷四十八《百官志三》。
31. 参见《新唐书》卷三十七《地理志一》载开元二十一年分贞观十道为十五道。
32. 参见何汝泉:《唐代前期的地方监察制度》,《中国史研究》1980年第2期。
33. 当然武周以来重臣出巡黜陟或宣抚的事例也还是有的,如《旧唐书》卷九《玄宗纪下》开元二十九年十月戊戌,"分遣大理卿崔翘等八人往诸道黜陟官吏";天宝五载正月丙子,"遣礼部尚书席豫、左丞崔翘、御史中丞王鉷等七人分行天下,黜陟官吏"。这里之所以要强调是"主干部分的发展",是因为同时还有御史临事出使和其他各种兼含监察意味的使职存在着。
34. 《唐会要》卷六十《御史台上》御史台条。
35. 《唐会要》卷七十七《诸使上》巡察按察巡抚等使条载万岁通天元年李峤上疏有曰"垂拱二年诸道巡察使科目凡四十四件,至于别作格敕令访察者,又有三十余条"。
36. 《新唐书》卷四十八《百官志三》载十道巡察,"其一,察官人善恶;其二,察户口流散,籍账隐没,赋役不均;其三,察农桑不勤,仓库减耗;其四,察妖猾盗贼,不事生业,为私蠹害;其五,察德行孝悌,茂才异等,藏器晦迹,应时用者;其六,察黠吏豪宗兼并纵暴,贫弱冤苦不能自申者"。《唐会要》卷七十七《诸使上》巡察按察巡抚等使条载其定于开元三年三月。
37. 参见《唐会要》卷七十八《诸使中》采访处置使条载天宝九载事及大历十二年五月宰相奏引开元故事。
38. 参见《通典》卷三十二《职官十四》州牧刺史条及都督条。
39. 《新唐书》卷五十《兵志》述藩镇"既有其土地,又有其人民,又有其甲兵,又有其财赋"。
40. 如《隋书》卷三《炀帝纪上》大业元年三月戊申,诏官民"有知州县官人政治苛刻,侵害百姓,背公徇私,不便于民者,宜听诣朝堂封奏,庶乎四聪以达,天下无冤"。又《资治通鉴》卷二百三《唐纪十九》垂拱元年二月条及胡注述唐制西朝堂前有登闻鼓，东朝堂前有肺石，有冤屈无告可挝鼓或立于石上。这类制度或设施皆承自前代，由来悠久。

41.《旧唐书》卷四十三《职官志二》载门下省设左散骑常侍二人，谏议大夫四人，左补阙、拾遗各二人；中书省设右散骑常侍二人，右补阙、拾遗各二人。《新唐书》载二省各置谏官十八人，当是德宗以来之制。

42.《唐会要》卷六十《御史台上》御史台条。

43.《旧唐书》卷六《则天皇后纪》载垂拱二年三月置匦，《唐会要》卷五十五《匦》载其置于是年六月。大体有告养民劝农之事者，投书于东面；有论时政之得失者，投书于南面；有自陈屈抑者，投书于西面；有奇计智策者，投书于北面。

44. 参见王永兴《唐勾检制研究》（上海古籍出版社1991年版）开篇语。

45.《隋书》卷二十七《百官志中》载北齐尚书比部曹之职。

46.《旧唐书》卷四十三《职官志二》，以下述唐制非特注出者皆然。

47. 据《唐会要》卷五十九《尚书省诸司下》比部员外郎条载贞元八年闰十二月事，唐制比部的审计只到州府一级，县一级由州府勾，年终送比部总勾。

48.《唐会要》卷三十九《定格令》："至垂拱元年三月二十六日删改格、式，加《计账》及《勾账式》，通旧式成二十卷。"自此唐式中已有专门针对籍账勾检的《勾账式》，审计过程的法律化程度大为提高。

49. 以上参见王永兴《唐勾检制研究》卷四《财务勾检系统的中央领导机构——比部》、卷五《财务勾检制度》。

50. 参见《唐会要》卷六十八《刺史上》太和七年七月中书门下奏事。

51. 唐前期地方各级长官的离任审计主要是通过考核制度体现出来的，后期节度使和刺史的离任审计或与观察使一起规定，或别制处理，其过程皆与比部牵头的审计活动密切相关。

52. 参见《旧唐书》卷十六《穆宗纪》元和十五年七月乙卯敕、《唐会要》卷七十八《诸使中》诸使杂录上条载长庆四年二月敕引元和十五年七月十五日故事。并参《旧唐书》卷十七上《文宗纪上》大和元年正月甲寅敕。

53.《旧唐书》卷十八下《宣宗纪》载其会昌六年五月诏。

54. 《旧唐书》卷十八下《宣宗纪》载大中二年十一月兵部侍郎、判户部事魏扶奏事。
55. 《唐会要》卷七十九《诸使下》诸使杂录下条载大中三年五月敕。并参李锦绣《唐代财政史稿》下卷第五章《地方收支》第三节《道、州支出》。
56. 参见《唐会要》卷五十九《尚书省诸司下》比部员外郎条载长庆元年六月及大和四年九月比部奏事、同书卷六十八《刺史上》大和四年九月比部奏事。

第十章

隋唐时期的反腐败思想

隋唐时期的反腐败思想，大量体现在前述各项制度和政策的立意中，这些立意显然是在一定思想指导下，经过深思熟虑而筛选淘洗出来，是当时反腐败思想中最为可贵的部分。除此之外，自隋至唐各时期，围绕反腐败的理论基础及现实问题，也有不少在前人基础上形成或进一步发展了的思想观念。现择其中要者简介如下。

第一节　隋文帝崇尚节俭

隋文帝对南北朝以来的腐败现象深恶痛绝，对此，他不仅采取了极为严厉的惩贪反腐措施，而且还处处崇尚节俭，视此为从根本上抑制腐败的重要思想和观念。

隋文帝崇尚节俭，有着强烈的针对性和现实意义。这是因为魏晋以来政治、经济、文化、社会各方面受士族影响甚深，从高门大族向社会各界扩散的奢靡之风，可以说是长期以来至南北朝后期而愈显其弊的社会痼症。从北朝的情况来看，北族汉化的过程，一方面加快了民族融合，另一方面也往往伴随着奢靡风气的扩张。如北魏末年高阳王雍，"贵极人臣，富兼山海，居止第宅，匹于帝宫。白殿丹槛，窈窕连亘，飞檐反宇，轇轕周通。僮仆六千，妓女五百，隋珠照日，罗衣从风，自汉晋以来，诸王豪侈，未之有也"[1]。生活上、物质上的无限追求，正是腐败之所以兴生的土壤，隋文帝登位以后强调移风易俗而厉行节俭，首先是与北魏迁洛以后奢靡之风愈盛而腐败迅速蔓延的形势联系在一起的。从南朝的情况来看,开皇八年(588年)隋文帝下诏伐陈而数陈后主之恶,即强调了其穷奢极欲:"驱蹙内外,劳役弗已。征责女子,擅造宫室,日增月益,止足无期,帷薄嫔嫱,有逾万数。宝衣玉食,穷奢极侈,淫声乐饮,俾昼作夜。"²陈后主的这些行径,实际上也是南朝积弊之所致。故开皇九年平陈之时,隋文帝下令毁其宝货重器,强调朝廷不爱子女玉帛,显然也是要转变南朝后期的奢靡风气,为本朝吏治特别是对江南的统治奠定良好基础。

正因如此,隋文帝崇尚节俭,不只是一种个人的为政风格或局部、短期的施政措施,而是从其登基到去世一直贯彻到底的基本为政理念。《隋书》卷二十四《食货志》载隋文帝"躬履俭约,六宫咸服浣濯之衣。乘舆供御有故敝者,随令补用,皆不改作。非享燕之事,所食不过一肉而已。有司尝进干姜,以布袋贮之,帝用为伤费,大加谴责。后进香,复以毡袋,因答所司,以为后诫焉。由是内外率职,府帑充实,百官禄赐及赏功臣,皆出于丰厚焉"。这是说他本人生活的节俭影响了内外百官,达到了国库充实和禄赐丰厚的效果。史又载其登位后即立长子杨勇为太子,"勇尝文饰蜀铠,上见而不悦,恐致奢侈之渐,因而诫之曰:'我闻天道无亲,唯德是与,历观前代帝王,未有奢华而得长久者。汝当储后,若不上称天心,下合人意,何以承宗庙之重,居兆民之上?吾昔日衣服,各留一物,时复看之,以自警戒。今以刀子赐汝,宜识我心。'"³以节俭来告诫太子,说明隋文帝认识到其已足以影响到国本。

在史书对隋文帝的总体评价中,也把其崇尚节俭放在重要地位,视之为促成开皇之治的原因之一。如《隋书》卷二《高祖纪下》赞其施政:"薄赋敛,轻刑罚,内修制度,外抚戎夷。每旦听朝,日昃忘倦,居处服玩,务存节俭,令行禁止,上下化之。开皇、仁寿之间,丈夫不衣绫绮,而无金玉之饰,常服率多布帛,装带不过以铜铁骨角而已。虽啬于财,至于赏赐有功,亦无所爱吝……自强不息,朝夕孜孜,人庶殷繁,帑藏充实。虽未能臻于至治,亦足称近代之良主。"事情很清楚,隋文帝的节俭化民,与他推行的其他重大措施是相辅相成的,特别是对反腐败来说,节俭化民作为隋文帝最富特色的为政理念,更有着直接和根本性的效应。

第二节 王通的"王道"观

王通[4]，字仲淹，绛州龙门人，隋代大儒。通生于隋初，卒于隋末，一度曾任蜀郡小吏及蜀王府侍郎，不久弃官归乡，著书讲学，门人数百，相传其中包括初唐名臣薛收、温彦博、杜淹等人，通死后门人谥之为"文中子"。在隋重开一统的形势下，王通倡导"王道"理念，力主推行"仁政"，重振纲常伦理，更化社会风气，是具有继往开来地位的一代大儒，且对唐初政治有着重要影响。

王通曾续撰儒家六经，续《书》以存汉、晋之实；续《诗》而备晋、刘宋、北魏、北齐、北周及隋六代之俗；续《春秋》而修《元经》，述晋惠帝至陈的历史，断南北之疑而加以褒贬；赞《易》道以明"十翼"之义，申先师之旨；正礼、乐以旌后王之失。其书大都亡佚，今存《元经》一书有真伪之疑，另有其门徒后人仿照《论语》而编成的《中说》，其中所存王通的言论，仍被公认为足以反映其思想面貌。

《中说》共十篇，首篇即为《王道》，其开篇自述其父祖皆精研历代治乱兴衰，而叹王道之久已不振。王通心目中的"王道"，是孔子学说的核心，是宇宙秩序在人间的体现，帝王为政的大道。[5]他认为周孔以后，战国之弊，亡秦之酷，不忍卒闻，唯一能够体现王道而与民更始的是汉政。魏晋以来，特别是晋惠帝以来三百年中，南北分裂，群雄割据，天下无共主，赏罚无尺度，可谓衰乱之极。他对隋政亦持严厉的批判态度，认为当今朝廷衮衮诸公，"言政而不及化，是天下无礼也；言声而不及雅，是天下无乐也；言文而不及理，是天下无文也。王道从何而兴乎？"从中可见，王通所说的"王道"，既是从历代治乱兴衰之理及相关学说中总结出来的为政大道，更是真正结束魏晋以来数百年乱局，重开尧舜之治的必由之途。它显然并不局限于政治层面，而是要端正整个社会各个领域的风气,从而包含了从根本上清除各种腐败,使政治机制和社会肌体健康发展的深刻意蕴。

王通认为行王道首先就要重建"皇极"。所谓"皇极",既是指天下一统局面的形成,更是指是非标准的统一。[6]这就需要进君子,黜小人,薄赋敛,行仁政,制礼作乐,移风易俗,使君、臣、百姓、万类各得其所。而其最要者,则为德的崇尚和践行。他说:"至德,其道之本乎!要道,其德之行乎!"[7]因此,王道之兴,势必要明确大是大非,树立至德要道,践行仁义公恕,方能让天下知道识德,辨别何为明主,何为暗主,何为美善,何为丑恶,据以褒贬赏罚,才能顺天应人,使王道不断推广流行而天下大治。

在《王道》以下各篇中,也处处反映了王通的王道观,也随处可见其对如何推行王道的反复论说。如他强调教化对于王道的重要性:"王道之驳久矣,礼乐可以不正乎?大义之芜甚矣,诗书可以不续乎?"[8]他讲到明辨是非对于王道的意义:"《春秋》《元经》于王道,是轻重之权衡、曲直之绳墨也,失则无所取衷矣。"[9]他认为王道须应时而变又不离其宗:"化至九变,王道其明乎!"[10]"通变之谓道,执方之谓器。""通其变,天下无弊法;执其方,天下无善教。故曰:'存乎其人。'"[11]他指出君纳谏和臣进谏对于维系王道的必要性:"古之明王,讵能无过?从谏而已矣。故忠臣之事君也,尽忠补过。君失于上,则臣补于下;臣谏于下,则君从于上。此王道所以不跌也。"[12]他认为行王道当自强调基本伦理做起:"贾琼、薛收曰:'道不行,如之何?'子曰:'父母安之,兄弟爱之,朋友信之。施于有政,道亦行矣。奚谓不行?'"[13]他又认为无私方能至公,然后可以行王道:"夫能遗其身,然后能无私;无私,然后能至公;至公,然后以天下为心矣,道可行矣。"[14]由此不难看出,王通关于如何推行王道的见解,仍遵循着正心诚意、修身齐家治国平天下的传统路径,其中的反腐败内涵及其对于提振社会风气的重视,是极其明显和强烈的。

另值得指出的是,王通所论述的王道,不以君臣之别、夷夏之辨为是非,唯以利天下、泽万民为是非,这说明其王道观在理论的彻底性上已超越了前人。他肯定霍光的废立之举:"古之大臣废昏举明,所以康天下也。"[15]又说:"不以伊尹、周公之道康其国，非大臣也；不以霍光、诸葛亮之心事其君者，皆具臣也。"[16] 他在所撰《元经》中黜南齐、梁、陈而帝北魏，其理由是："天地有奉，生民有庇，即吾君也。且居先王之国，受先王之道，予先王之民矣。"[17] 他褒扬北魏孝文帝之政："元魏之有主，其孝文之所为乎！中国之道不坠，孝文之力也。"[18] 这样的认识，一方面统一了至德要道和大是大非问题上的标准，另一方面也为时人总结南北朝各族政权的治乱兴衰和为政得失，提供了必要的理论基础。

王通门人薛收总结自古以来王道长存不绝之理："天子失道则诸侯修之，诸侯失道则大夫修之，大夫失道则士修之，士失道则庶人修之。修之之道，从师无常，诲而不倦，穷而不滥，死而后已；得时则行，失时则蟠。此先王之道所以续而不坠也。"[19] 这里把王道概括成了中华民族最为重要的政治传统，又以历代志士仁人生死以之的努力践行，而赋予了王道生生不息的无限活力。王通临终病重之时，听到隋末江都之变的消息，"泫然而兴曰：'生民厌乱久矣，天其或者将启尧、舜之运，吾不与焉，命也！'"[20] 他把推行王道的希望寄托给了下一个朝代。后来唐太宗所行之政，也可说是对王道理论的进一步完善和发挥，并在多个方面体现了王通学说的影响。

第三节　唐太宗的为君之道

唐太宗所达成的贞观之治，政治清明，经济发展，官员廉洁，社会风气得到了根本好转，长期以来一直被认为是治世的典范，也可以说是历代反腐败所曾达到的一种理想局面。在总结贞观之治形成的原因时，唐太宗本人曾从确立统治指导思想的角度，将之归结为"弃霸道而行王道"的成果。这是着眼于纲举目张的深刻见解，解决了统治指导思想的问题，对于全部国政来说，都具有根本的意义。但同时也要看到，再高明合宜的指导思想，也需要通过人的努力，才能化为具体的政策、制度和措施，也才能真正起到指引历史健康发展的作用。从这个角度来看,唐太宗本人的为君之道,在探究贞观之治形成的原因时,特别是对当时反腐败取得的显著成果来说,显然具有不次于其选择王道为统治指导思想并以此来决定政纲国策的重大意义。

为君之道即如何践行做一个好皇帝的理念和原则,由于皇帝在中国古代政治体制中的极端重要性,相关问题历来都备受重视,许多著述都以"君道""主术"为题,对此反复探讨和阐述。而唐太宗的为君之道,则在充分汲取其中营养,总结有关经验教训的基础上,将之提高到了前所未有的水平。

如太宗曾与侍臣谈到为君之道:"为君之道,必须先存百姓。若损百姓以存奉其身,犹割股以啖腹,腹饱而身毙。若安天下,必须先正其身,未有身正而影曲,上理而下乱者。朕每思伤其身者不在外物,皆由嗜欲以成其祸。若耽嗜滋味,玩悦声色,所欲既多,所损亦大,既妨政事,又扰生人。且复出一非理之言,万姓为之解体。怨讟既作,离叛亦兴。朕每思此,不敢纵逸。"[21]这段言论体现了太宗对君道的认识:一是须以民为本,二是须正身率下,三是须节欲自律,慎言谨行。太宗曾与魏征讨论何为明君和暗君的问题,结论是"兼听则明,偏信则暗",这又把人君纳谏提高到前所未有的水平上来看待了。太宗又多次与大臣讨论过"创业与守成"的难、易问题,而皆以"慎终如始"为基本结论,也就是为君须始终保持谦虚谨慎、不骄不躁的态度,方能一直保持君道的端正,以民为本、正身率下、节欲自律,从而做到任用贤能,虚心纳谏,确保国家的长治久安。也正是在这类讨论中,唐太宗明确了"天子者,有道则人推而为主,无道则人弃而不用,诚可畏也"[22]的看法,加深了对古语所说"君,舟也;人,水也。水能载舟,亦能覆舟"的认识。

唐太宗还曾与大臣讨论过隋文帝的得失,《贞观政要·政体》载:"贞观四年,太宗问萧瑀曰:'隋文帝何如主也?'对曰:'克己复礼,勤劳思政,每一坐朝,或至日昃,五品已上,引坐论事,宿卫之士,传飧而食,虽性非仁明,亦是励精之主。'太宗曰:'公知其一,未知其二。此人性至察而心不明。夫心暗则照有不通,至察则多疑于物。又欺孤儿寡妇以得天下,恒恐群臣内怀不服,不肯信任百司,每事皆自决断,虽则劳神苦形,未能尽合于理。朝臣既知其意,亦不敢直言。宰相以下，惟即承顺而已。朕意则不然，以天下之广，四海之众，千端万绪，须合变通，皆委百司商量、宰相筹画，于事稳便，方可奏行。岂得以一日万机，独断一人之虑也。且日断十事，五条不中，中者信善，其如不中者何？以日继月，乃至累年，乖谬既多，不亡何待？岂如广任贤良，高居深视，法令严肃，谁敢为非？'"可见唐太宗对君道的认识，又包含了对帝王心术和君臣关系的深刻理解。他认为人君不应多疑，而应正心诚意，任贤用能，严明法纪，总结了历代的相关论述和正反两方面的经验。

为君之道不仅是个认识问题，更是个实践问题。历代之所以极为推崇唐太宗的为君之道，根本原因在于其不仅认识高明，而且在践行上也超越了前人。他本是贵公子出身，又文武双全，智略盖世，功高一时，在践行君道上却能做得如此出色，其所付出的努力是常人难以想象的，也确是令人肃然起敬的。即以纳谏一事而言，历代为君多易知而难行，这是因为忠言逆耳，主易疑臣，而唐太宗在引导臣下进谏上可谓不遗余力。如贞观三年（629年），他要求宰相必须对政事之非提出异议："诏敕如有不稳便，皆须执论。比来惟觉阿旨顺情，唯唯苟过，遂无一言谏诤者，岂是道理？"贞观五年，他又要求近侍大臣说："今天下安危，系之于朕。故日慎一日，虽休勿休。然耳目股肱，寄于卿辈，既义均一体，宜协力同心，事有不安，可极言无隐。傥君臣相疑，不能备尽肝膈，实为治国之大害也。"贞观十九年，太宗又谓侍臣曰："朕自平定突厥、破高丽已后，兼并铁勒，席卷沙漠，以为州县，夷狄远服，声教益广。朕恐怀骄矜，恒自抑折，日旰而食，坐以待晨。每思臣下有谠言直谏，可以施于政教者，当拭目以师友待之。如此，庶几于时康道泰尔。"[23]至于唐太宗抑己从善的诸多自律功夫，更是脍炙人口，历代传为佳话，这里就不一一赘述了。

唐太宗的为君之道，既是开创贞观之治必不可缺的重大因素，又从特定侧面对中国古代政治理论作了提升和发展，同时也是唐代反腐败中一份极可宝贵的思想财富。《贞观政要·政体》对唐太宗的君道专门作过一番评介："太宗自即位之始，霜旱为灾，米谷踊贵，突厥侵扰，州县骚然。帝志在忧人，锐精为政。崇尚节俭，大布恩德。是时，自京师及河东、河南、陇右，饥馑尤甚，一匹绢才得一斗米，百姓虽东西逐食，未尝嗟怨，莫不自安。至贞观三年，关中丰熟，咸自归乡，竟无一人逃散，其得人心如此。加以从谏如流，雅好儒学，孜孜求士，务在择官，改革旧弊，兴复制度，每因一事，触类为善。初，息隐、海陵之党，同谋害太宗者数百千人，事宁，复引居左右近侍，心术豁然，不有疑阻。时论以为能断决大事，得帝王之体。深恶官吏贪浊，有枉法受财者，必无赦免。在京流外有犯赃者，皆遣执奏，随其所犯，置以重法。由是官吏多自清谨。制驭王公、妃主之家，大姓豪猾之伍，皆畏威屏迹，无敢侵欺细人。商旅野次，无复盗贼，囹圄常空，马牛布野，外户不闭。又频致丰稔，米斗三四钱，行旅自京师至于岭表，自山东至于沧海，皆不赍粮，取给于路。入山东村落，行客经过者，必厚加供待，或发时有赠遗。此皆古昔未有也。"所说虽不无溢美，但也反映了古代政治体制之中，君道对于世道人心起着尤为重要的作用。

第四节　韩愈和柳宗元的反腐败思想

韩愈和柳宗元都是唐后期的重要文学家、思想家。作为唐代古文运动的领袖人物，韩、柳极大地推进了当时文风的变革；作为杰出的思想家，韩、柳在古文运动中的作用和地位，都是与儒学复古运动联系在一起的，他们都适应当时社会的平民化趋势来重新诠释古代思想传统，对唐宋间观念思想的转折变迁产生了重要影响。而作为重要的官员，韩、柳又都提出过具有改新意义的政治主张，他们的为文论说，实际上也都针对着中唐以来政局动荡不安、腐败加速发展、观念领域较为紊乱的形势，具有鲜明的现实意义。以下谨依次概括韩、柳著述中有关反腐败的思想内涵，以为唐后期这方面情况的代表。

韩愈（768—824年），字退之，河南河阳（今河南孟州南）人。韩愈文名早著，做官的经历十分丰富，先后担任过文教官、县、州地方长官和朝廷部门大员，亦曾参与中枢决策。任文教官时他尊儒重教，学问文章甚受推重；他几次出任地方长官都有不错的政绩口碑，反映了他的政治才能；宪宗时他开始担任重要或高级官职，在政治上多有建树、建言。不过韩愈政治上、思想上、文学上的成熟，都是在唐政局、政策和制度发生重要变化的德宗时期。阐述其教育理念的《师说》、代表其文学观的《答李翊书》、代表其思想体系的《原道》等作品，都形成于贞元十八年（802年）前后。而贯穿于这些作品的一个核心，就是要净化动荡变化中的人心，以振起每况愈下的世局，也就往往都蕴含着抑制社会肌体腐败的内涵。

韩愈的反腐败思想，首先表现在对大量思想观念的正本清源上。如《原道》开篇即说："博爱之谓仁，行而宜之之谓义；由是而之焉之谓道，足乎己无待于外之谓德。"[24]这是对仁、义、道、德所作的一个晓畅明白和富于时代气息的解释，韩愈即是由此出发，把道德解释为践行和弘扬仁义的品格，以此来统合儒、道所述"道、德"的差异，说明儒、佛之间的同异，试图以仁义为轴心来建立统一的道德标准。又如《原性》开篇说："性也者，与生俱生也；情也者，接于物而生也。"[25]性、情与道德修养密切相关，韩愈这里同样是要以儒家先贤所说的性、情，来统合已被佛、道理论淆乱了的性、情说，以有助于世人的道德修养。韩愈的这类论述，都是要在新的形势下，借助古代以来的思想文化传统，来澄清和重新解释社会的核心价值观，其中的反腐败意蕴是相当突出的。

韩愈的反腐败思想，又表现为对人格修养及其修养方式的高度重视。他曾撰有《游箴》《言箴》《行箴》《好恶箴》《知名箴》，[26]即是要求自己及世人在各方面加强修养、谨言慎行的作品。在《答李翊书》中，他指出为文立言，根本在于品格学识的修养："古之立言者，则无望其速成，无诱于势利。养其根而俟其实，加其膏而希其光；根之茂者其实遂，膏之沃者其光晔。仁义之人，其言蔼如也。"[27]他写《原毁》这篇文章，针对的是人间的毁誉，也就是对己对人的评价问题，这种评价的风气正还是不正，对于人们向善向恶的世风趋向是有重大意义的。其文说道："古之君子，其责己也重以周，其待人也轻以约。重以周，故不怠；轻以约，故人乐为善……今之君子则不然，其责人也详，其待己也廉。详故人难于为善，廉故自取也少。"[28]通过这样的对比，韩愈不仅鲜明地表达了自己在评价人的问题上的态度,而且确立了毁誉之时必须严于责己、宽于待人的人格标准。他在《进学解》中说:"业精于勤,荒于嬉;行成于思,毁于随。"[29] 即是把学业与人格修养联系到一起加以讨论,认为学习的价值,不在于求得财货和官职,而在于增进知识技艺和完善自身。其论实际上抨击了当时学风不正的世态,明确了改善学风首先必须在观念上端正学习目的。

韩愈还在树立各行业的职业道德方面有过许多论述。如其《师说》指出的"师者,所以传道受业解惑也"[30],即是对教师职业道德的极好概括,至今仍有其借鉴意义。他又撰有《圬者王承福传》[31],其中说道:"君者,理我所以生者也;而百官者,承君之化者也。任有小大,惟其所能,若器皿焉,食焉而怠其事,必有天殃。"这实际上是借圬者(泥瓦匠)之口,阐述了社会分工的必要和敬业的重要性。特别值得注意的是,韩愈此文肯定了各种技艺之人不仅劳力、亦须劳心的特点,并指出:"人以有家为劳心,不肯一动其心以畜其妻子,其肯劳其心以为人乎哉?虽然,其贤于世之患不得之而患失之者,以济其生之欲,贪邪而亡道,以丧其身者。"这就是说,从事各种职业的人,以自己的知识技能劳心劳力来养家糊口,这是正当的,但若为其私欲而患得患失,甚至不顾道德而行贪邪之事,那就会引致严重后果,需要全社会引为鉴戒了。韩愈的这类论述,针对着当时各种职业分工越加专门和官员等职业腐败迅速蔓延的世态,是有强烈现实意义的。

韩愈有大量文字是直接抨击时政的。如德宗贞元十九年他在任监察御史时,曾上《御史台上论天旱人饥状》,指出当时关中因旱多绝收,"上恩虽弘,下困犹甚。至闻有弃子逐妻,以求口食,拆室伐树,以纳税钱,寒馁道途,毙踣沟壑,有者皆已输纳,无者徒被追征……此皆群臣之所未言,陛下之所未知者也"。这份表状直斥宰相失职,遂遭其所恶而被贬为连州阳山县令,这是韩愈仕宦生涯中的首度被贬。其最后一次被贬则在宪宗元和十四年(819年)从刑部侍郎黜至潮州刺史,直接原因是其上《论佛骨表》切谏宪宗之佞佛,其中指斥当时崇佛之弊有曰:"苟见陛下如此,将谓真心事佛,皆云天子大圣,犹一心敬信,百姓何人,岂合更惜身命?焚顶烧指,百十为群,解衣散钱,自朝至暮。转相仿效,惟恐后时,老幼奔波,弃其业次。若不即加禁遏,更历诸寺,必有断臂脔身,以为供养者。伤风败俗,传笑四方,非细事也……今无故取朽秽之物,亲临观之,巫祝不先,桃茢不用,群臣不言其非,御史不举其失,臣实耻之。"此表虽不得已对佞佛危害采取了虚拟语气,仍不失为对当时因此所致世风和政风败坏的一篇檄文。

柳宗元(773—819年),字子厚,河东解(今山西运城西)人。其生于代宗时期,仕于德宗朝,对时政的黑暗腐朽多有抨击,顺宗时曾参加"永贞革新",因此被贬,历任边远州刺史,宪宗元和十四年卒于柳州刺史任上。柳宗元与韩愈为同时期人物,两者的思想观念虽有所不同,而皆文名籍甚,影响颇大,特别是在反腐败的思想上多有相近之处。如柳宗元亦颇重视思想上或核心价值观上的正本清源,如其曾撰《四维论》[32],专门讨论和澄清管子所说国之四维"礼、义、廉、耻"的内涵,认为廉耻出于礼义,四维实为二维,着力解释了其现实意义。柳宗元也十分注意人格修养及其方式,他作有《说车赠杨诲之》[33],推崇外圆而内方的为人处世品格。又撰《诫惧箴》《忧箴》《师友箴》《敌戒》《三戒》等作品,均着眼于人格修养而针砭时弊,旨在振起世风。如《师友箴》之序曰:"今之世,为人师者,众笑之,举世不师,故道益离。为人友者,不以道而以利,举世无友,故道益弃。"《三戒》之序说:"吾恒恶世之人,不知推己之本,而乘物以逞。或依势以干非其类,出技以怒强,窃时以肆暴,然卒迫于祸。有客谈麋、驴、鼠三物,似其事,作三戒。"《黔之驴》即为其中之一。[34]柳宗元在职业道德的建设上也多有建树,如其《守道论》指出:"自天子至于庶民,咸守其经分,而无有失道者,和之至也。失其物,去其准,道从而丧矣。"[35]他也像韩愈一样为某些技艺之人作传,如其为长安西市药商所作的《宋清传》,赞许其药质优,又能应人之急而获利远大,合乎商人之道,并痛斥了当时士大夫行为同于市井小人的风气。他为擅种树者所撰的《种树郭橐驼传》,则誉其能顺从规律善养花木,文末发挥道:"吾问养树,得养人术,传其事以为官戒。"[36]至于抨击时弊政风,柳宗元也不逊于韩愈,著名的如其《捕蛇者说》[37]对当世"苛政猛于虎"的指斥,《愈膏肓疾赋》[38]对国症世病的针砭,皆为传世佳作。

从反腐败的角度来看,柳宗元较之韩愈有所不同的思想内容,大致可概括为下列两个方面：

一是柳宗元富于政治革新的理念。柳宗元并不像韩愈那样处处以捍卫传统而自居，他的思想观念确要比韩愈来得新鲜活泼，这也是他成为"永贞革新"核心人物的重要原因。如其被贬后作《非国语》六十七篇，以抒发其政治见解。他在《与吕道州温论〈非国语〉书》中自述此书"非《左氏》尤甚"，希望其"不悖于圣道，而有以启明者之虑"。[39]《春秋左氏传》乃是当时的正统学说，"非《左氏》"而寄托其政治革新的见解，这与韩愈作《原道》而阐道统相比，可说是一种激进的政治态度了。具体如其在《六逆论》中，即驳斥了《左传》隐公三年所载的"六逆"说，认为"少陵长，小加大，淫破义，是三者固诚为乱矣。然其所谓贱妨贵，远间亲，新间旧，虽为理之本可也，何必曰乱？"接着他指出：择嗣之时的身份贵贱，用人之时的新旧亲疏，都不能压倒贤能与否的标准，这才是"天下理乱之大本"。[40]这样的看法，显然适应了当时社会趋于平民化的根本趋势，同时也代表了"永贞革新"的重要方向，其对于反腐败的重要意义也是不言而喻的。

二是柳宗元非常重视腐败和反腐败的制度背景。他曾撰《断刑论》，指出："赏务速而后有劝，罚务速而后有惩。必曰赏以春夏，而刑以秋冬，而谓之至理者，伪也。使秋冬为善者，必俟春夏而后赏，则为善者必怠。春夏为不善者，必俟秋冬而后罚，则为不善者必懈。为善者怠，为不善者懈，是驱天下之人而入于罪也。"[41]柳宗元此论针对的是当时欲按《月令》规定来安排制度和行政的论调，其所揭示的是制度在化育人们行为和达到预期行政效果方面的重要影响。在其名作《封建论》中，柳宗元比较了封建诸侯与实行郡县制的利弊得失，指出两者都是适应时势而发展出来的制度。他认为对后世来说，封建诸侯，易使整个统治体系分崩离析，"失在于制，不在于政"；而实行郡县制虽亦有弊，但其"失在于政，不在于制"。[42]这种区分"政""制"，从制度与行政相辅相成的关系出发，来探讨国家长治久安之道的理论框架，不仅在古代政治理论发展史上具有重大意义，也给反腐败提出了新的理论命题和求索思路。

/注释/

1. 《洛阳伽蓝记》卷三《高阳王寺》。这并不是个别现象,如同书卷二《景宁寺》提到杨椿兄弟所居景宁里"制饰甚美,绮柱珠帘";卷一《修梵寺》提到里中有太傅录尚书长孙稚、尚书右仆射郭祚、吏部尚书邢峦、廷尉卿元洪超、卫尉卿许伯桃、凉州刺史尉成兴六人之宅,"皆高门华屋,斋馆敞丽,楸槐荫途,桐杨夹植,当世名为贵里"。
2. 《隋书》卷二《高祖纪下》开皇八年三月戊寅诏。
3. 《隋书》卷四十五《文四子列传·房陵王勇传》。同卷《秦孝王俊传》则载其因"奢纵"而免官,《庶人秀》载其因"奢侈,违犯制度,车马被服,拟于天子"而被治罪。
4. 王通《隋书》无传,其弟王绩《新唐书》有传,其孙为初唐诗人王勃,五世孙王质为文宗朝大臣,《旧唐书》皆有传,各附王通事迹片段。今通行本《中说》末附杜淹《文中子世家》等文献数篇,其中关于王通家世及生平事迹者甚多,而真伪莫辨。
5. 《中说》卷一《王道》称之为"稽仲尼之心,天人之事,帝王之道"。
6. 《中说》卷一《王道》:"圣人达而赏罚行,圣人穷而褒贬作,皇极所以复建而斯文不丧也。"
7. 《中说》卷一《王道》。
8. 《中说》卷二《天地》。
9. 《中说》卷三《事君》。
10. 《中说》卷一《王道》。
11. 《中说》卷四《周公》。
12. 《中说》卷五《问易》。
13. 《中说》卷六《礼乐》。
14. 《中说》卷八《魏相》。
15. 《中说》卷三《事君》。
16. 《中说》卷九《立命》。
17. 《中说》卷七《述史》。
18. 《中说》卷四《周公》。

19.《中说》卷九《立命》。

20.《中说》卷一《王道》。

21.《贞观政要·君道》。

22.《贞观政要·政体》。

23. 以上皆引自《贞观政要·政体》。

24.《新刊经进详注昌黎先生文集》卷十一《杂文》。

25.《新刊经进详注昌黎先生文集》卷十一《杂文》。

26. 俱见《新刊经进详注昌黎先生文集》卷十二《杂著·五箴》。

27.《新刊经进详注昌黎先生文集》卷十六《书》。

28.《新刊经进详注昌黎先生文集》卷十一《杂文》。

29.《新刊经进详注昌黎先生文集》卷十二《杂著》。

30.《新刊经进详注昌黎先生文集》卷十二《杂著》。

31.《新刊经进详注昌黎先生文集》卷十二《杂著》。

32. [唐]柳宗元:《柳河东集》卷三,上海古籍出版社2008年版。

33.《柳河东集》卷十六。

34. 俱见《柳河东集》卷十九。

35.《柳河东集》卷三《守道论》。

36. 俱见《柳河东集》卷十七。

37.《柳河东集》卷十六。

38.《柳河东集》卷二。

39.《柳河东集》卷三十一《与吕道州温论〈非国语〉书》。

40.《柳河东集》卷三《六逆论》。

41.《柳河东集》卷三《断刑论下》。

42.《柳河东集》卷三《封建论》。

第十一章

宋朝法律中有关反腐败的条文规定

唐末五代以来，武人擅废立之权，每每用倒戈的办法更换藩镇首领，害一帅、立一帅，类同儿戏。下凌上替，祸乱相寻，甚者以至于策动兵变，废立皇帝。兵变成功者，在赵匡胤之前就有后周太祖郭威、后唐废帝李从珂和后唐明宗李嗣源。至于兵变未遂者，更远不止此数。所谓历史的经验不难覆按，"陈桥兵变"只不过是此类闹剧的重演。

宋太祖赵匡胤通过"陈桥兵变"，从后周的孤儿寡母手中夺取了政权，其事虽属于"逆取"，但不论就宋太祖的主观愿望，还是当时的民心趋向而言，他都竭力想使自己的政权迅速巩固并进而恢复封建统治秩序，实现社会的安定。为了改变唐末五代篡窃成风、兵战不息的局面，避免使宋朝成为五代之后第六个短命王朝，宋朝的开国者们采取了一系列措施，以期巩固君主专制中央集权，实现长治久安。

治理腐败离不开法律，必须制定严密而完备的规章制度，使欲贪者无机可乘。一旦贪污，则严惩不贷，使欲贪者不敢以身试法。宋代为惩治腐败，制定了比较完备的法律和制度。

第一节　赃罪立法

宋代官员犯赃罪主要有以下形式：贪污；行贿受贿；卖官鬻爵；公款请客送礼，宋代谓之苞苴、馈送；侵吞羡余，中饱私囊；交相请托；经商。宋代统治者深刻认识到赃罪问题的危害,制定了一系列相关的法律法规。

一、《宋刑统》和《庆元条法事类》中有关赃罪的规定

宋太祖立国之初即令窦仪等人制定《宋刑统》,对赃罪作了详细的规定。"在律,正赃唯有六色:强盗、窃盗、枉法、不枉法、受所监临及坐赃。自外诸条,皆约此六赃为罪。"[1]

行贿罪,即以钱物贿赂官吏,请官吏利用职权违法帮助行贿人谋取利益的行为。《宋刑统·请求公事》明确规定,行贿与受贿同为犯罪主体,双方都要受到法律的制裁,只是双方因责任不同、贿赂钱物的多少及情节的轻重而受刑罚有异。"诸有所请求者,笞五十(谓从主司求曲法之事,即为人请者与自请同),主司许者与同罪。已施行者,各杖一百。所枉罪重者,主司以出入人罪论。他人及亲属为请求者,减主司罪三等,自请求者,加本罪一等。即监临、势要,为人嘱请者,杖一百。所枉重者,罪与主司同。至死者减一等。""诸受人财而为请求者,坐赃论,加二等,监临、势要准枉法论。与财者坐赃论,减三等。若官人以所受之财分求余官,元受者并赃论,余各依己分法。"又议曰:"受人财而为请求者,谓非监临之官,坐赃论,加二等,即一尺以上笞四十,一匹加一等,罪止流二千五百里。监临、势要准枉法论,即一尺以上杖一百,一匹加一等,罪止流三千里,无禄者减一等。与财者坐赃论,减三等,罪止徒一年半。若受他人之财许为嘱请,未嘱事发者,止从坐赃之罪。""诸有事以财行求得,枉法者,坐赃论,不枉法者减二等。即同事共与者,首则并赃论,从者各依己分法。"[2]

受贿罪,是官吏接收他人钱物贿赂而利用职权非法为他人牟取利益的犯罪行为。宋律区分为枉法赃和不枉法赃,即受贿枉法与受贿不枉法。《宋刑统·职制律》规定:"诸监临主司受财而枉法者,一尺杖一百,一匹加一等,十五匹绞。不枉法者,一尺杖九十,二匹加一等,三十匹加役流。无禄者各减一等,枉法者二十匹绞,不枉法者四十匹加役流。"[3] 按照宋律,无论有事无事、是否枉法,只要官吏收取当事人钱财,就是犯赃;即使事先没有得到许诺而事后收受当事人钱财,只要该事枉法,即以枉法赃论罪。也就是说,不论是否枉法,不论行贿人

的私利是否得到，不论是事前还是事后收取钱物，只要官吏收取他人的钱物，就要以赃论罪，即不影响犯罪的定性，而只是由于犯罪情节和后果的不同而具体量刑不同，即处罚的轻重不同而已。"诸有事先不许财，事过之后而受财者，事若枉，准枉法论。事不枉者，以受所监临财物论。"[4]

受所监临赃。《宋刑统》："诸监临之官受所监临财物者，一尺笞四十，一匹加一等，八匹徒一年，八匹加一等，五十匹流二千里。与者减五等，罪止杖一百。乞取者加一等，强乞取者准枉法论。""诸官人因使，于使所受送遗及乞取者，与监临同。经过处取者减一等。即强乞取者，各与监临罪同。""诸贷所监临财物者，坐赃论。若百日不还，以受所监临财物论，强者各加二等。若买卖有剩利者，计利以乞取监临财物论，强市者笞五十。有剩利者，计利准枉法论。即断契有数，违负不还，过五十日者，以受所监临财物论。即借衣服、器玩之属，经三十日不还者，坐赃论，罪止徒一年。""诸监临之官私役使所监临，及借奴婢、牛马驼骡驴、车船、碾硙、邸店之类，各计庸赁，以受所监临财物论。""即役使非供己者……计庸坐赃论，罪止杖一百。其应供己驱使而收庸直者，罪亦如之……若有吉凶借使所监临者，不得过二十人，人不得过五日。其于亲属，虽过限及受馈乞贷皆勿论。""营公廨借使者，计庸赁坐赃论，减二等，即因市易剩利及悬欠者，亦如之。""诸监临之官受猪羊供馈，坐赃论，强者依强取监临财物法。"又疏议曰："强取者依强取监临财物法，计赃准枉法论。其有酒食、瓜果之类而受者，亦同供馈之例，见在物征还主。若以畜产及米面之属馈饷者，自从受所监临财物法，其赃没官。""诸率敛所监临财物馈遗人者，虽不入己，以受所监临财物论。""诸监临之官，家人于所部有受乞、借贷、役使、卖买有剩利之属，各减官人罪二等。官人知情与同罪，不知情者各减家人罪五等。""其在官非监临，及家人有犯者，各减监临及监临家人一等。""诸去官而受旧官属士庶馈与，若乞取、借贷之属，各减在官时三等。""诸因官挟势及豪强之人乞索者，坐赃论，减一等，将送者为从坐。"[5]

监守自盗。《宋刑统》："诸监临主守自盗，及盗所监临财物者，加凡盗二等，三十匹绞。"[6]又按《长编》记载：大中祥符八年（1015年）以前，监临主守自盗及盗所监临财物者，"自五匹徒二年，递加至二十五匹流二千五百里，三十匹即入绞刑"；大中祥符八年改为"三十匹为流三千里，三十五匹绞"。[7]《庆元条法事类》："诸监临主守自盗财物，罪至流，配本州，三十五匹绞。"[8]

坐赃。《宋刑统》："诸坐赃致罪者，一尺笞二十，一匹加一等，十匹徒一年，十匹加一等，罪止徒三年。"又疏议曰："坐赃者，谓非监临主司，因事受财，而罪由此赃，故名坐赃"。[9]

馈遗。《庆元条法事类》："诸发运、监司、察访司，外都水丞，应制置提点、提举官并朝廷省、台、寺、监差官出外（以上属官同），若经略安抚、总管、钤辖司差本司官于所部干办，缘边安抚出巡，于所辖并干办处越等及例外受供给、馈送者，以自盗论。""诸监司不系置司去处，辄置买非日用供家之物者，徒二年。""诸监司、知州，非任满替移，虽有例册辄馈送罢任之物及受之者，并坐赃论。""诸帅司（监司守臣同）非法妄以犒设为名辄馈送及受之者，并以坐赃论。即兵官因按教而经由州军辄以馈送准折钱物并受之者，罪亦如之。""诸发运、监司巡历，随行吏人所在受例外供馈，以受所监临财物论。""诸帅臣、监司、守、令子弟及随行亲属、门客，于所部干托骚扰、收受馈送及非所处饮宴者，杖八十。""诸发运、监司，在路受排顿者，徒二年。""诸监司属官，辄离本司出诣所部若行移文书下州县，及差委干办公事不经诣所差处，并缘路见州县官若受馈送者，各徒二年。""诸朝廷遣使出外及专差体量公事官，所至辄受供给、馈送者，以自盗论。""诸品官以金缯珠玉、器用什物、果实醯醢之类送遗按察官及权贵若受之者，并坐赃论。""诸内外见任官，因生日辄受所属庆贺之礼（谓功德疏、放生之类）及与之者，各徒一年，诗、颂减一等；所守赃重者，坐赃论。""诸季点官，受所季点县镇寨官送遗者，徒二年。有公使而例外受者，准此。""诸内侍官，辄与见任主兵官交通，假贷馈送者，流二千里，量轻重取旨编置。其转归吏部内侍，辄往边守及有上文违犯者，除名勒停。""诸路帅臣，不因赏给将士将犒赏钱物妄作名目，馈送监司或属官机幕及受之者，以坐赃论。""诸发运、监司，若朝省所遣官至本路，辄以香药馈送，（非以香药，别为名目馈送者同。）徒二年，折计价直以自盗论。""诸缘边州及镇寨，于例外馈送，以违制论，受者准此。应干办官属唯听受到发、酒食，其余供馈及一季内再至，虽酒食各不得受，违者，杖一百，所送官司罪亦如之。朝廷遣使或监司于例外受者，奏裁。""诸州应供给、馈送监司（属官、吏人同），辄于例外增给及创立则例者，以违制论。""诸公使辄非法于额外营置钱物，或排顿若例外巧作名目馈送及受，并在任官月给有次而特送人，或以酒及应公使物馈送出本州界，各徒二年；若无名过有特送，减三等。即以公使见钱、金帛珍宝遗人，准盗论减一等。知而受之并非果实食物更相遗送而入己，或知州、通判于月支供给外受时新折送之类，坐赃论。"[10]

　　除惩赃之法外，宋代皇帝还多次诏令严惩官吏赃罪。太祖时严惩赃官，即使遇朝廷大赦，"十恶、杀人、官吏受赃者不原"[11]。建隆三年（962年）十一月诏：文武官员"今后奉命诸道，不得妄有请托，如违，重置其罪"[12]。开宝六年（973年）十一月诏："诸州长吏及监当官等无或隐庇得替人，事觉，当重置其罪。"[13]太宗时，"诸职官以赃致罪者，虽会赦不得叙，永为定制"[14]。即使遇朝廷大赦，"十恶、官吏犯赃至杀人者不赦"[15]。太平兴国二年（977年）七月庚午诏："诸库藏敢变权衡以取羡余者死。"[16]又规定："凡左藏及诸库受纳诸州上供均输金银、丝帛暨他物，令监临官谨视之。欺而多取，主称、藏吏皆斩，监临官亦重置其罪。罢三司大将及军将主诸州榷课，命使臣分掌。掌务官吏亏课当罚，长吏以下分等连坐。"[17]太平兴国三年六月已巳诏："自太平兴国元年乙卯以后，京朝、幕职州县官犯赃除名配诸州者，纵逢恩赦，所在不得放还，已放还者，有司不得叙用。"[18]真宗多次申严赃吏之法。大中祥符元年（1008年）诏："官吏犯赃，勿以赦原。"[19]大中祥符六年七月诏："屡降诏条，杜其请托。承宽渐久，为弊滋深。""起今后，文武官、诸色人，如复敢于诸处嘱求公事，保庇豪右者，并委所在官司具事以闻，文武官并行贬削，诸色人决配；情理重者，自从重法。官司不即觉察，与犯者同罪。"[20]大中祥符九年三月癸丑诏："官吏犯赃被劾，有故延岁月以俟赦宥者，自今法寺勿以赦原。"[21]天禧三年（1019年）九月甲戌诏："自今应犯赃注广南、川陕幕职州县官，委逐路转运使常切觉察，如更犯赃罪，永不得叙用。"[22]高宗建炎二年（1128年）正月丙申诏："自今犯枉法自盗赃者，中书籍其姓名，罪至徒者，永不录用。"[23] "犯枉法、自盗，罪至死者，籍其赀。"[24] 孝宗"诏戒兵将官交结内侍，公行苞苴，自今有违戾，必罚无赦"[25]。光宗时，"官吏赃罪显著者，重罚毋贷"[26]。理宗时，"诏严赃吏法"[27]。度宗咸淳七年（1271年）正月乙丑，"诏戒贪吏"。[28]

二、禁止官员经商的立法[29]

宋代商品经济高度发展，人们的思想发生了变化，而当一些官员"求利"之心不断膨胀，不再满足于正当的俸禄时，他们必然会选择利用手中的职权谋利。为官经商、与民争利这一在宋代官场中颇为流行的牟财手段，就是在这样的社会大环境下产生的。有的官员"托肺腑之亲，为井市之行；以公侯之贵，牟商贾之利。占田畴，擅山泽，甚者发舶舟，招蕃贾，贸易宝货，糜费金钱。或假德寿，或托椒房，犯法冒禁，专利无厌"[30]。将领们很会经营，为使自己获利而将本钱强行支付给士兵，逼迫其出外经商，官兵们"须往返三、五次，方得钱足"[31]。军队将领和一般官员都想方设法为己敛财，这种官员滥用权力的行为，必将导致国家财政收入的流失。官员经商，是利用其所掌握的公共权力来牟取私利，不但不能促进社会经济的健康发展，反而会严重破坏社会经济秩序，并最终危及统治。宋代统治者正是认识到了官员经商对维护其专制统治的危害，所以一开始就明令禁止官吏经商。

官吏经商引起封建统治者的高度重视。针对官员违法经商日益突出现象，宋太祖乾德四年（966年）五月曾下诏严禁官吏"于部内贸易，与民争利，违者论如律"[32]，明确禁止官员在自己管辖范围内经商。只不过宋太祖时禁止得还不够彻底，全面禁止官吏经商始于宋太宗期间。宋太宗即位不久即诏："中外臣僚自今不得因乘传出入，赍轻货，邀厚利，并不得令人于诸处回图，与民争利。有不如诏者，州县长吏以名奏闻。"[33] 至道元年（995年），太宗又诏："食禄之家，不许与民争利"，"内外文武官僚敢遣亲信于化外贩鬻者，所在以姓名闻"。[34] 真宗咸平四年（1001年）诏："京朝官、幕职州县官，今后在任及赴任得替，不得将行货物色兴贩。如违，并科违敕之罪。"[35] 神宗时规定："今朝廷所以条约官户，如租佃田宅，断买坊场，废举货财，与众争利，比于平民，皆有常禁。"[36]哲宗元祐三年（1088年）八月诏："官司毋以陕西路所给盐引回易规利，犯者，以违制论。"[37]后来宋徽宗、宋高宗、宋孝宗等都曾下诏重申此令。宋徽宗规定："如有收买，其知（州）、通（判）诸色官员并市舶司官并除名，使臣决配，所犯人亦决配。"[38]宋高宗改为"徒二年断罪"[39]。至于朝廷关于盐、茶、酒、矾等专卖的规定，官吏照样不能违反。宋仁宗时，淮南转运使张可久"自贩私盐"，被削职；[40]宋孝宗时，知秀州（治今浙江嘉兴）周极"酤卖私酒"，被免职。[41]南宋《庆元条法事类》规定："诸内侍官，因使私贩物者，徒二年。"[42]"诸发运、监司巡按，以所得酒卖易，杖一百。"[43]

对于官吏经营海外贸易，更是严加禁止。宋太宗曾下诏："市舶司监官及知州、通判等，今后不得收买蕃商杂货及违禁物色，如违，当重置之法。"[44]至道元年（995年）三月，诏广州市舶司曰："自今宜令诸路转运司指挥部内州县，专切纠察，内外文武官僚敢遣亲信于化外贩鬻者，所在以姓名闻。"[45]对此，孝宗也多次下令进行限制，"见任官以钱付纲首商旅过蕃买物者有罚"[46]。

而对于军队中私役士兵和迫使士兵经商的问题，也作出规定，"不许私役战士盖造私第营葺房廊，修筑园圃及兴贩工组等"，如有违犯，"重置典宪"，[47]"诸军不得令军人回易及科敷买物，克剥士卒"[48]。但是，由于为官经商在宋代已经成为普遍的社会问题，并且具有一定的隐蔽性，所以终宋一代始终没有得到根本性的解决，各项法令在执行中往往流于形式，成为一纸空文。

除最高统治者三令五申规限官吏经商行为外，宋朝对其他违法经商的规定，诸如不许擅自挪用公款，不许制造、出卖假冒伪滥商品，不许私造私贩禁榷专卖品，不许逃税抗税等制度。

宋代官员因违法经商而受惩治者多被处以贬降，严重者也有配隶、处死等。如：乾德四年（966年）六月丙午，"澧州刺史白全绍坐纵纪纲规财部内，免官"[49]。太宗时，"右千牛卫将军董继业前知辰州，私贩盐赋于民，斤为布一匹，盐止十二两，而布必度以四十尺，民甚苦之。有诣阙诉其事者，下御史狱鞫实，于是责继业为本部中郎将"[50]。太平兴国二年（977年），和岘为京东转运使，"好殖财，复轻侮人，尝以官船载私货贩易规利。初为判官郑同度论奏，既而彰信军节度刘遇亦上言，按得实，坐削籍，配隶汝州"。[51]太平兴国四年三月癸未，"引进使、汾州防御使田钦祚护石岭关屯军，与都部署郭进不协。贼兵奄至，钦祚闭壁自守，既去，又不追；月俸所入刍粟，多蓄之以俟善价而规其利，为部下所诉。诏鞫之，钦祚具伏，责授睦州团练使"[52]。太平兴国六年十一月丁酉，"监察御史张白弃市。白前知蔡州，假贷官钱，居籴粟麦以射利故也"[53]。

三、越诉法的创立

宋代统治者承继唐律精神，严禁越级诉讼。《宋刑统》规定："诸越诉及受者，各笞四十。""诸色词讼，及诉灾沴，并须先经本县，次诣本州、本府，仍是逐处不与申理，及断遣不平，方得次第陈状，及诣台省，经匦进状。其有蓦越词讼者，所由司不得与理，本犯人准律文科罪。"[54]乾德二年（964年）正月诏："设官分职，委任责成，俾州县以决刑，见朝廷之致理，若从越诉，是紊旧章。自今应有论诉人等，仰所在晓谕，不得蓦越陈状。违者，先科越诉之罪，却送本属州县，据所诉依理区分。"[55]

然而，对官员贪赃枉法，宋朝却许人越诉。端拱元年（988年）七月，依虞部郎中张佖所言，"自今除官典犯赃、袄讹劫杀，灼然抑屈，州县不治者，方许诣登闻院……自余越诉，并准旧条施行"[56]。徽宗政和七年（1117年）五月，以监司州县共为奸赃，"许民径赴尚书省陈诉"[57]。绍兴元年（1131年）十一月十三日诏："官员犯入己赃，许人越诉。其监司守倅不即究治，并行黜责。"[58]权贵及市舶官员利用职权非法和买藩商货物，许外商越诉。官吏假公济私，名曰和买，实则不给一分钱。宋王朝对此严加禁绝。宁宗开禧"三年正月七日，前知南雄州聂周臣言：'泉、广各置舶司以通蕃商，比年蕃船抵岸，既有抽解，合许从便货卖。今所隶官司择其精者，售以低价。诸司官属复相嘱托，名曰和买。获利既薄，怨望愈深，所以比年蕃船颇疏，征税暗损。乞申饬泉、广市舶司照条抽解、和买入官外，其余货物不得毫发拘留，巧作名色，违法抑买。如违，许蕃商越诉，犯者计赃坐罪，仍令比近监司专一觉察。'从之"[59]。为防止越诉人遭打击报复，绍兴十二年（1142年）五月六日诏："帅臣诸司州郡自今受理词诉，辄委送所讼官司，许人户越诉，违法官吏并取旨重行黜责"[60]。

南宋时期，内忧外患的局势，残破的社会经济，腐败的官吏制度，直接动摇着赵宋的"中兴大业"。南宋统治者知道"民心之向背，即天心之向背"，如果"权臣之末，货赂公行，诛求既广，民不堪命"[61]，就必然造成百姓的反抗。南宋统治者为了钳制州县官吏违法害民，在设立民事被罪法、强化监司职责的同时，又增置越诉之法，广开越诉之门。绍兴二十七年侍御史周方崇说：民间词诉，"苟情理大有屈抑，官司敢为容隐，乃设为越诉之法"[62]。宋孝宗乾道六年（1170年），权户部侍郎王佐也说："朝廷虑猾吏之为民害，故开冒役越诉之门。"[63]从这两个人所谈的情况可知，南宋统治者增设越诉之法的目的，是限制官吏的肆意刻民，达到宽恤民力，恢复生产，巩固中央集权。南宋法律规定："诸奉行手诏及宽恤事件违戾者，许人越诉。"[64]从这条法律规定来看，南宋准许越诉的范围很广泛，凡是官吏不奉行诏令，不依法办事，不重视民事，不宽恤民力，都准许越级诉讼。南宋越诉法的增设，越诉禁门的广开，是为其"以民事为急务""宽民力为大计"的治国理政方针服务的，是南宋统治者加强中央集权的一个重要手段。

第二节 渎职罪立法

一、滥用权力

官员本应依法正确行使自己手中掌握的公共权力，但实际上，专制王朝的官员往往将自己手中掌握的权力视为私有工具，以自己的喜怒哀乐和一己之私而滥用权力，为自己牟取不正当利益，并对专制王朝的统治造成一定的危害。因此，专制王朝对滥用权力行为也要予以惩治。宋代也不例外。

鉴于五代以来"州郡掌狱吏不明习律令，守牧多武人，率恣意用法"[65]的教训，宋代禁止滥施刑讯，具体体现在以下几个方面：

第一，《宋刑统》规定不得对七十岁以上老人、十五岁以下少年和残疾者进行拷讯，"违者以故失论"[66]。

第二，《宋刑统》规定，拷讯所用之杖"皆削去节目，长三尺五寸。讯囚杖大头径三分二厘，小头二分二厘。常行杖大头二分七厘，小头一分七厘。笞杖大头二分，小头一分半"，"诸决罚不如法者，笞三十，以故致死，徒一年。即杖粗细长短不依法者，罪亦如之"。[67]宋代还下令毁弃非法讯具。如宋真宗景德四年（1007年）诏令将"非法讯囚之具，一切毁弃，提点刑狱司察之"[68]。绍兴十一年（1141年）四月，高宗诏令各地将"讯囚非法之具并行毁弃，尚或违戾，委御史台弹劾以闻"[69]。

第三，规定不得由胥吏擅行拷讯。"诸应讯囚者，必先以情审察辞理，反覆参验，犹未能决，事须讯问者立案，同判然后拷讯，违者杖六十。"[70]"其当讯者，先具白长吏，得判乃讯之。凡有司擅掠囚者，论为私罪。"[71]太平兴国六年（981年）诏："自今系囚如证左明白而捍拒不伏合讯掠者，集官属同讯问之，勿令胥吏拷决。"[72]仁宗天圣八年（1030年）五月诏："大辟公事，自今令长吏躬亲问逐……违慢致有出入，信凭人吏擅行考决，当重行朝典。"[73]

第四，明确规定了拷讯程度和次数及对违反规定滥施刑讯的处罚。《宋刑统》规定："诸拷囚不得过三度，数总不得过二百，杖罪以下不得过所犯之数。拷满不承，取保放之。若拷过三度，及杖外以他法拷掠者，杖一百。（杖）数过者，反坐所剩。以故致死者，徒二年。即有疮病，不待差而拷者，亦杖一百。若决杖笞者，笞五十，以故致死者，徒一年半。""有挟情托法，枉打杀人者，宜科故杀罪。"[74]"诸监临之官，因公事自以杖捶人致死，及恐迫人致死者，各从过失杀人法。若以大杖及手足殴击，折伤以上，减斗杀伤罪二等。""虽是监临主司，于法不合行罚，及前人不合捶拷而捶拷者，以斗杀伤论，至死者加役流。即用刃者，各从斗杀伤法。"[75]太平兴国九年诏："自今诸道敢有擅掠囚致死者，悉以私罪论。"[76]仁宗景祐元年（1034年）六月诏："州县官非理科决罪致死，虽系公罪者，本处未得批罚，奏听裁。"[77]

除了滥施刑讯之外，对于擅自赋敛等滥用权力的行为，宋代也有相关的立法予以惩治。《宋刑统》："诸差科赋役违法及不均平，杖六十。若非法而擅赋敛，及以法赋敛而擅加益，赃重入官者，计所擅坐赃论，入私者以枉法论，至死者加役流。""如有两税合征钱物，数外擅加率一钱一物，州县长吏并同枉法赃论。"[78]

总之，宋代官员滥用权力的行为多种多样，受到的处罚也因情节轻重不同等因素而有所差异。

二、失职

失职是官吏对法律规范或行政命令规定其应该做的事而不做或者不按照规定做，即没有履行法律规范或行政命令规定应履行的职责，给国家、社会和行政相对人造成一定损失的行为。各级官吏都应忠于职守，尽职尽责，这是行政管理的基本要求，若失职，应受到相应的行政处分或刑事处罚。在宋代，官员失职行为如贡举不当、诸事应奏而不奏、监察官失察、司法官断案失误等均要受到一定惩罚。

官吏是统治者实现政治统治的必要工具，选荐官吏是人事管理的重要内容，选荐什么样的官吏，直接关系到行政效果及吏治清明与否。宋代高度重视选任官员，对官员考任不当规定了明确的处罚。

按《宋刑统·职制律》："诸贡举非其人，及应贡举而不贡举者，一人徒一年，二人加一等，罪止徒三年。若考校、课试而不以实，及选官乖于举状，以故不称职者，减一等（负殿应附而不附，及不应附而附，致考有升降者，罪亦同）。失者各减三等，承言不觉又减一等，知而听行与同罪。"[79]在实际执法时，多给以贬降处分。

宋代规定发生灾害时，官员应即时上奏并组织救灾，否则，要给予处罚。《宋刑统》规定："诸事应奏而不奏，不应奏而奏者，杖八十。应言上而不言上，不应言上而言上……应行下而不行下，及不应行下而行下者，各杖六十。"[80]

对于水旱灾害，《庆元条法事类》规定："诸水旱，监司、帅臣奏闻不实或隐

蔽者，并以违制论。"⁸¹

对于火灾，《宋刑统》规定："诸于山陵兆域内失火者，徒二年。延烧林木者，流二千里……其在外失火而延烧者，各减一等。""诸库藏及仓内皆不得然火，违者徒一年。""诸于官府廨院及仓库内失火者，徒二年。在宫内加二等。""诸故烧官府廨舍，及私家舍宅若财物者，徒三年。""诸见火起，应告不告，应救不救，减失火罪二等。其守卫宫殿、仓库及掌囚者，皆不得离所守救火，违者杖一百。"⁸²

《庆元条法事类》则规定："诸因烧田野致延烧系官山林者，杖一百，许人告。其州县官司及地分公人失觉察，杖六十。""诸在州失火，都监即时救扑，通判监督，违者，各杖八十。"⁸³

宋代的监察官主要包括台谏官、封驳官和监司。监察官本应"制奸邪之谋于未萌，防政令之失于未兆"⁸⁴。但实际上，监察官往往失于监察，以致不能预防官吏违法犯罪行为。

对于监察官失察，宋代明文规定要予以处罚。真宗景德四年（1007年）诏：提点刑狱官如对"刑狱枉滥不能摘举，官吏旷弛不能弹奏，务从畏避者，置以深罪"⁸⁵。大中祥符二年（1009年）十一月诏："诸路官吏蠹政害民，转运使、提点刑狱官不举察者坐之。"⁸⁶仁宗天圣四年（1026年）二月诏："官吏犯赃至流，而按察官不举者，并劾之。"⁸⁷宝元二年（1039年）八月丙寅诏："转运使副、提点刑狱至所部百日，知州、通判一月，而部吏犯赃者，始坐失按举之罪。"⁸⁸宝元二年闰十二月诏："自今转运、提刑，若部内知州军、通判、知县、兵马部署、都监、监押、幕职官一员，余官二员……犯赃至流而失于按察，以致朝廷采访、民吏诉讼或御史台弹劾者，方听旨施行。"⁸⁹皇祐元年（1049年）六月"诏转运使、提点刑狱，所部官吏受赃失觉察者，降黜"⁹⁰。神宗元丰三年（1080年）八月诏夔、利、成都路提刑司觉察转运司应副泸州军需时"勿取于民，毋致骚扰"，"失觉举者与同罪"⁹¹。宋徽宗时规定，地方有"魔教"传习，"州县官并行停废，以违御笔论；廉访使者失觉察，监司失按劾，与同罪"⁹²。高宗建炎二年（1128年）规定，官吏有犯赃而监司失察者，"并科违制之罪，不以去官原免"⁹³。建炎四年（1130年）规定，凡州县官吏犯入己赃罪，"其监司、守令不即按治，并行黜责"[94]。绍兴二年（1132年）十二月规定：监司部内有犯入己赃者，如果"不因按发，因事冒罣，每一人降一官，或展磨勘，三人加等"[95]。对于监司失按赃罪以外的犯罪的处罚则不同。绍兴五年四月诏："诸州违法，监司失按举而被按于台谏，各察治得实者，并减犯人罪五等；犯人系公罪，又减二等，并不以去官原免，著为令。"[96]

孝宗乾道九年（1173年）八月十四日规定，"凡州县守令辄因公事科罚百姓钱物者，许诸色人越诉，坐以私罪"；"赃入己者，官吏送监司根勘以闻。监司察州郡，州郡察县镇。监司不能觉察，御史台弹奏；若因事发觉，监司守臣并一等罪"。[97]光宗绍熙二年（1191年）四月十一日规定，对监司一任内"全无按刺，与一路之间官吏有不治之迹，因事自彰而失于按刺者，以不职之罪罪之"[98]。宁宗嘉泰二年（1202年）十一月十九日规定："今后台谏或论及所部守臣通及三名，许御史觉察，将本路监司量行责罚。"[99]从上述规定可以看出，宋代历朝都强调监察官的责任。从惩治方式看，监察官失察，多处以贬降、罚铜等。

徒法不足以自行。法律的执行关键在于司法官。"法官之任，人命所悬。"[100]"天下之患，莫深于狱；败法乱正，离亲塞道，莫甚乎治狱之吏。"[101]如何使司法官奉公执法，成为古代统治者绞尽脑汁要解决的问题。《礼记》曰："决狱讼，必端平。戮有罪，严断刑。""乃命有司，申严百刑，斩杀必当，毋或枉桡；枉桡不当，反受其殃。"[102]司法官在断决罪人时必须当值所犯之罪，严明公正，违法曲断，出入人罪，应重乃轻，应轻更重，要承担责任。出入人罪，是司法官在审理案件时故意或过失造成被告人在量刑上轻重失当，或者故意放纵有罪而冤滥无辜。出人罪指有罪判无罪或重罪轻判；入人罪指无罪判有罪或轻罪重判。故出入人罪是故意枉法行为，因受贿、受请托而故出入人罪是贪赃枉法，这在犯赃罪中已有论述。这里只论及失出入人罪。

有宋一代对失出入人罪规定有明确的处罚。太祖时始定制："应断狱失入死刑者，不得以官减赎，检法官、判官皆削一任，而检法仍赎铜十斤，长吏则停任。"[103]《宋刑统》规定："诸断罪应决配之而听收赎，应收赎而决配之，若应官当而不以官当,及不应官当而以官当者,各依本罪减故失一等。""诸断罪应绞而斩,应斩而绞,徒一年,自尽亦如之。失者减二等。即绞讫别加害者,杖一百。"[104] 神宗时规定:"失入死罪,已决三人,正官除名编管,贰者除名,次贰者免官勒停,吏配隶千里。二人以下,视此有差。不以赦降、去官原免。未决,则比类递降一等;赦降、去官,又减一等。令审刑院、刑部断议官,岁终具尝失入徒罪五人以上,京朝官展磨勘年,幕职州县官展考,或不与任满指射差遣,或罢,仍即断绝支赐。""官司失入人罪,而罪人应原免,官司犹论如法,即失出人罪;若应徒而杖,罪人应原免者,官司乃得用因罪人以致罪之律。"[105] 南宋时,《庆元条法事类》规定:"诸官司失入死罪,一名,为首者,当职官勒停,吏人千里编管;第二从,当职官冲替,事理重,吏人五百里编管;第三从,当职官冲替,事理稍重,吏人邻州编管;第四从,当职官差替,吏人勒停;二人,各递加一等,为首者,当职官追一官勒停,吏人二千里编管;三人,又递加一等,为首者,当职官追两官勒停,吏人配千里,并不以去官赦降原减。未决者,各递减一等。"[106] "诸官司失出入罪者,依因罪人以致罪法。""诸断罪应决徒、流而编配,应编配而决徒、流,各减出入罪二等。出入重者,计所剩以全罪论。"[107] 但实际执法过程中,对失出入人罪的惩处并不一定依法。

此外,宋代还有一些失职行为要受惩治。如《宋刑统》规定:诸强盗及杀人贼发,"主司不即言上,一日杖八十,三日杖一百。官司不即检校捕逐,及有所推避者,一日徒一年。窃盗各减二等"[108]。综上所述,有宋一代始终都存在官员失职行为,其表现形式多种多样,因失职而受惩处者也不绝于书,而官员实际受到的惩处与相关法令规定往往有出入。

三、旷职、越职、不称职

旷职、越职、不称职都是行政管理中不允许有的行为。在宋代,官员旷职、越职、不称职要受惩治。

旷职,即官员擅自离开本职岗位,致使职事废弛。按《宋刑统》:"诸刺史、县令、折冲、果毅私自出界者,杖一百。"[109] "诸在官无故亡者,一日笞五十,三日加一等，过杖一百，五日加一等。边要之官加一等。"[110]又，《庆元条法事类》规定："诸监司属官，辄离本司出诣所部者，徒二年。""诸在官无故亡（擅去官守，亦同亡法），计日轻者，徒二年，有规避或致废阙者，加二等；主兵之官，各加一等；缘边主兵官，又加二等。统辖官司知而听行者，减犯人一等。""诸主兵武臣，非公事出城者，杖一百。"[111]

对擅离职守，宋代皇帝亦有诏令。仁宗天圣七年（1029年）五月诏："诸知州军、通判、部署、钤辖、都监、监押、巡检、寨主，不俟诏而辄去官者，从监临擅离场务敕加二等；计日重者，从在官无故亡律。余官减敕条二等，即有规避及致废事，加一等。"[112]

高宗建炎元年（1127年）九月甲寅诏："行在及东京百司官，如擅离任所，并停官根捕，就本处付狱根勘。"[113]开禧二年（1206年）五月癸未，"禁边防官吏擅离职守"[114]。

宋代对旷职、擅离职守者的惩治，在实际执法过程中，因情节轻重而惩治程度不同，一般要处以降级、落职、降差遣等。情节严重者被判处刑罚，最重者甚至处以死刑。如太平兴国二年（977年）七月壬戌，"斩宦者周延峭，坐赍诏至宋州视官籴，擅离籴所出城饮酒，遗失诏书故也"[115]。雍熙四年（987年）十七日，刘廷让因任雄州兵马总管时"以疾上闻，不待报，擅离治所"，被"除削在身官爵，送商州安置"[116]。

越职，即超越自身职责范围行使权力，是侵犯他职的违法违规行政行为。越职行为，不符合各司其职的行政原则，影响他人正常行使自身职权，容易造成行政混乱。宋代明确规定这种行政行为违法，对越职者要予以一定的惩处。《宋刑统》规定："越司侵职者，杖七十。"又疏议："越司侵职者，谓设官分职，各有司存，越其本局，侵人职掌，杖七十。"[117]

宋代禁止越职言事。按《宋刑统》：诸事"不由所管而越言上"者杖六十。[118]仁宗景祐三年（1036年）五月诏"戒百官越职言事"[119]。宋神宗时也有台谏言事"毋得越职"的规定。[120]徽宗崇宁三年（1104年）六月二十四日诏："今后内外百官，不得越职论事、侥幸奔竞、不循分守。违者，仰御史台弹奏。"[121]官员因越职言事而被处罚者亦不乏其人。如，元丰八年（1085年）四月甲申，"水部员外郎王谔非职言事，坐罚金"[122]。宁宗时，谏官王居安因"御史中丞雷孝友论其越职，夺一官，罢"[123]。

宋代规定有权受理控告的机构非所统属不得直接受理，如果直接受理非所统属的狱讼，就是越职，要受到惩治。《宋刑统》规定："诸越诉及受者，各笞四十。"[124] 天圣三年（1025年）九月，洛苑使、知石州高继昇因受理延州菱村族军主李都咩等诉讼，法当追一官勒停，"上特宽之"，降为洛苑副使，仍知石州。[125] 如此等等，兹不一一举例。

不称职，即由于个人工作能力有限，不能胜任所担任的职务。官员不称职，严重影响行政效率，使得政府行政无法达到预期目的。因此，也应该受到一定的处分。宋代皇帝多次诏令查处不称职官员。

宋代官员不称职，多被降级、罢免等。如，太平兴国二年五月壬戌，"河南府法曹参军高丕、伊阙县主簿翟嶙、郑州荥泽县令申廷温皆坐罢软不胜任，惰慢不亲事，免官"[126]。真宗时，知制诰张茂直"晚年多疾，才思梗涩不称职。改秘书少监，出知颍州"[127]。仁宗时，"枢密使王德用、翰林学士李淑不称职，皆罢去"[128]。

绍熙元年（1190年），淮南运判兼淮东提刑许及之"以铁钱滥恶不职，贬秩，知庐州"[129]。

四、效率低下

效率就是人们为完成预定的任务，达到预定的目标，而所耗费的人力、物力、财力、时间等（投入）与获得的效果（产出）之间的比率。在宋代，官员办事效率低下，如制书稽缓、驿使稽程、赴任违限、公事稽留等，依法应受到惩治。乾德二年（964年）太祖诏：刑部和大理寺官有"善于其职者，满岁增秩，稽违差失者，重置其罪"[130]。《宋刑统》规定："诸稽缓制书者，一日笞五十，一日加一等，十日徒一年。其官文书稽程者，一日笞十，三日加一等，罪止杖八十。"[131] "诸驿使稽程者，一日杖八十，二日加一等，罪止徒二年。若军务要速，加三等，有所废阙者，违一日加役流，以故陷败户口、军人、城戍者绞。"[132]

宋代还规定，官员必须及时赴任，不得无故稽留，赴任违限要受处罚。按《宋刑统》："诸之官限满不赴者，一日笞十，十日加一等，罪止徒一年。即代到不还，减二等。"[133] 大中祥符七年（1014年）三月诏："在京授差遣及外州移任文武官，除驿程外，在道属疾者，所至遣官验视，给公据，俟达本任，委长吏验问，如设诈妄满百日者，不得放上，具名以闻，并用违制论。当任远官，托故不赴者，从本法。监军、巡检、监当使臣，自今除程限一月办装，其事缘急速驰驿者不在此限。代还者准上条罪减二等。"[134] 违制论即徒二年之罚。又据《庆元条法事类》："诸之官，限满无故不赴者，罪止杖一百。""诸下班祗应之官而无故违限者，一日杖六十，十日加一等，罪止徒一年。""诸副尉已授在外差遣，应起发而无故违程限者，杖一百。""诸之官限满不赴所属，不依限申尚书吏部者，杖一百。吏人三犯仍勒停，所委官奏裁。若故为隐漏，展磨勘二年，吏人依三犯法。即应再申而不申，若置籍销注于令有违者，杖一百。"对之官赴任的限期也有明确规定。"诸之官者，川、广、福建路，限六十日；余路，三十日。""诸之官限满不赴，每月终（一千里以上每季终），州委通判，帅守、监司委属官，实封差人赍申尚书吏部，当厅投下（京官、选人、大小使臣须各具状）。仍令所委官置籍销注，帅守、监司常切检察。""诸副尉受在外差遣，起发限十日，若河防军期及有定日立界开场之类，皆不给限。"[135]

宋代因稽缓、稽留之官违限而受惩治者时有所见。臧否所属郡守是监司、帅臣的重要职责之一，若监司、帅臣上奏臧否稽缓者要受处罚。

宋代对狱案审判有严格的期限规定。法官要严格执行有关规定，在规定的时间内完成判决，违者要负断狱稽违的责任。"诸公事应行而稽留，及事有期会而违者，一日笞三十，三日加一等，过杖一百，十日加一等，罪止徒一年半。即公事有限，主司符下乖期者，罪亦如之。若误不依题署，及题署误以致稽程者，各减二等。"[136] 太平兴国七年（982年）闰十二月规定，"诸州犯徒、流罪人等并配所在牢城，勿复转送阙下，仍不得辄以案牍闻奏，稽留刑狱，违者论其罪"[137]。实际上，宋代官员断狱稽违，多处以贬降、展磨勘、罚铜等。

第三节　行政处罚方式

宋代对违法违纪官员的行政处罚方式主要有除名、勒停、冲替、差替、放罢、削职罢、贬降、展磨勘、物质处罚、精神惩治，以及落职、削爵、削夺恩赐恩荫等。

一、除名

除名，即削除一切官籍，使之成为平民。对于犯赃罪、渎职罪的官员予以除名，是主要的行政处罚方式之一。《宋刑统》："诸犯十恶、故杀人、反逆缘坐。""狱成者，虽会赦犹除名。""即监临主守于所监守内犯奸盗略人，若受财而枉法者，亦除名。""其杂犯死罪，即在禁身死，若免死别配及背死逃亡者，并除名。"《宋刑统》："诸除名者，官爵悉除，课役从本色。""六载之后听叙，依出身法。"又议曰："若犯除名者，谓出身以来官爵悉除。"[138]《庆元条法事类》："诸除名者，出身补授以来文书皆毁。"[139]除名者，课役从本色，即有门荫者从门荫例课役，无门荫者同庶人，"编管以上，则必除名勒停，谓无官也"[140]。

除名可以单独适用，也可以与勒停、杖脊、编管、羁管、刺配、安置等惩治方式同时适用。

与除名相关的，宋代还有削官爵、除籍、削籍等行政惩处方式。在宋代史籍中，这几种惩治方式是与除名同一个含义上使用的，故应是同一种行政惩治方式。

二、勒停、冲替、差替、放罢、削职罢

勒停、冲替、差替、放罢、削职罢都是撤销现任差遣职务（元丰改制后的职

事官)的惩治方式,但惩治程度有所不同。

勒停,即勒令停职,也就是撤销官员担任的现任差遣。勒停可以单独适用。按照惩治程度的不同,有除名勒停、追官勒停,前者重于后者。除名勒停,即削除一切官籍,并撤销现任差遣。

冲替,即免去现任官员的差遣,另委任他人接替。冲替官员于诏令下发后,必须立即离任,不得等到任满,并由朝廷差人抵替交替罢任人。[141]官员被冲替后,闲居一定时间,一般是一两年,之后可以申请出任新的差遣;也有官员冲替后直接改差的,但新的差遣都要比原先所任级别有所降低。冲替的处分程度轻于勒停,但重于差替。这从宋代对司法官失入死罪的惩治规定中可以看出。按《庆元条法事类》:"诸官司失入死罪,一名,为首者,当职官勒停,吏人千里编管;第二从,当职官冲替,事理重,吏人五百里编管;第三从,当职官冲替,事理稍重,吏人邻州编管;第四从,当职官差替,吏人勒停;二人,各递加一等,为首者,当职官追一官勒停,吏人二千里编管;三人,又递加一等,为首者,当职官追两官勒停,吏人配千里,并不以去官赦降原减。未决者,各递减一等。"[142]给予违法乱纪的官员以冲替的处罚,也是宋代常用的一种处罚方式。

差替,即免去现任官员的差遣,差人抵替。被差替官员一般可以直接任新的差遣,但也要降低级别。差替与冲替类似,二者区别在于,被差替官员一般可以等替官到任后才罢任,不必立刻离任。但哲宗元祐四年(1089年)曾规定:"今后官吏差替,并即时放罢"[143]。

放罢,即罢免官员现任差遣,放罢之官必须即日离任。在宋代,被监察官劾奏论罢的官员,罪不至编管、刺配、安置者,多处以放罢。

削职罢,即削去职名,并罢去职事官(差遣)。

三、贬降

宋代官员因腐败行为会受到被贬降的处罚。宋代贬降官员的行政处分方式有降官、降差遣。宋代降官与降差遣区别明显,降官是行政级别的降低,降差遣是降低官员实际担任的职务。降官者,不一定降差遣。如太平兴国四年(979年)

三月癸未，"引进使、汾州防御使田钦祚护石岭关屯军，与都部署郭进不协。贼兵奄至，钦祚闭壁自守，既去，又不追；月俸所入刍粟，多蓄之以俟善价而规其利，为部下所诉。诏鞫之，钦祚具伏，责授睦州团练副使，仍护军"[144]。

降官，在宋代又称追官、夺官、削官、镌官、免官、免所居官、左迁等。这里的"官"指阶官，北宋前期为本官（即正官），元丰改制后为寄禄官。由于宋代以"官"定品秩，所以追官又称降秩。因选任依据资历升迁，故常称降资，即降官资、降官阶。降官没有规定具体的阶数，须从现有高官依次往下追夺，有追一官乃至降十几官者。作为行政处分，降官既可独立适用，又常与编管、安置、居住、勒停、冲替、放罢、落职、降差遣等结合适用。

追官，追即削夺、收缴。如仁宗初年，文思副使、勾当法酒库石元孙坐失察所部吏盗酒，追二官。[145]

镌官，即削官。宋代有关诏令和法令中有镌官的规定。如宝祐三年（1255年），"戒诸路监司、帅阃，不应辟而辄辟者，辟主及受辟之官，并与镌秩"[146]。绍兴五年（1135年）五月立《守令垦田殿最格》，规定"残破州县垦田增及一分，郡守升三季名次，增及九分，迁一官；亏及一分，降三季名次，亏及九分，镌一官"[147]。如高宗时，知德安府陈规坐失察吏职，镌两官。[148]

免官。"二官皆免"，"二官谓职事官、散官、卫官为一官，勋官为一官"。[149]《宋刑统》："诸犯奸盗略人及受财而不枉法，若犯流徒狱成逃走，祖父母、父母犯死罪被囚禁而作乐及婚娶者，免官。""议曰：二官谓职事官、散官、卫官为一官，勋官为一官。""臣等参详，其犯免官者，请依旧取见任及前任，计两任告身以为免官定例，其余并从律敕。"[150]又按《庆元条法事类》："免官者，免见任并历任内一高官。"[151]

削官。如淳化元年（990年）正月，"殿中丞清丰晁迥通判鄂州，坐失入囚死罪，削三任，有司以殿中丞、右赞善大夫并上柱国通计之"[152]。又如，太平兴国六年（981年），膳部郎中兼侍御史知杂事滕中正因所荐举监察御史张白知蔡州时假贷官钱二百贯籴粟麦以射利连坐，降为本曹员外郎，依旧知杂。[153]

降官。如宝庆元年（1225年），以广州安抚司水军大为兴贩，罢其统领尹椿、统辖黄受,各降一官。[154]又,乾道八年(1172年),以江州、兴国军铁冶额亏,守贰及大冶知县各降一官。[155]

免所居官。按《宋刑统》:"诸府号官称犯父祖名而冒荣居之","祖父母、父母老疾无侍,委亲之官","在父母丧生子及娶妾","兄弟别籍异财,冒哀求仕","若奸监临内杂户、官户、部曲妻及婢者,免所居官"。(谓免所居之一官,若兼带勋官者,免其职事。即因冒荣迁任者,并追所冒告身。)"议曰:府号者,省台府寺之类。官称者,尚书、将军、卿监之类。假有人父祖名常,不得任太常官,父祖名卿,亦不合任卿职。若有受此任者,是名冒荣居之。选司惟责三代官名,若犯高祖名者非。""议曰:在父母丧生子者,皆谓二十七月内而怀胎者。若父母未亡以前而怀胎,虽于服内而生子者不坐。纵除服以后始生,但计胎月是服内而怀者,依律得罪。其娶妾亦准二十七月内为限。""议曰:谓免所居官者,职事、散官、卫官同阶者,总为一官。若有数官,先追高者。若带勋官,免其职事。如无职事,即免勋官高者。"[156]又,《庆元条法事类》:"免所居官者,止免见任。其带职者,以所带职别为一官,(谓任见学士,待制,修撰,直阁,带御器械,阁门舍人,宣赞舍人,阁门祗候,入内内侍两省都知、副都知、押班。)或以官或以职,奏裁。"[157]即带学士等职名的官员可以削职名代替追降官资,但需要奏请朝廷裁决。

左降,亦称左迁,即降低行政级别。如,太平兴国七年(982年)春,王仁赡"掌计司殆十年,恣下吏为奸",会属吏陈恕持状奏其事而获罪,兵部郎中、判勾院宋琪及三司判官并降秩。"琪与恕等联事,始合谋同奏,至帝前而宋琪犹附会仁赡,故亦左降。"[158]

降差遣。在宋代,差遣是官员担任的实职。元丰改制后,职事官有职事、有执掌,"有执掌者为职事官"[159]。同时,知州之类职事官仍然习称差遣。

宋代降差遣主要有下列几种形式:1. 从中央官员降为地方官员。如,元祐元年(1086年),司农少卿范子渊因"修堤开河,糜费巨万,护堤压埽之人,溺死无数。元丰六年兴役,至七年功用不成。乞行废放。"于是黜知兖州,寻降知峡州。[160] 2. 地方差遣官从上往下降。仁宗时,益州路转运使明镐因未觉察知陵州楚应几所犯赃罪，被降为知同州。[161] 3. 由差遣官降为添差官或宫观官。添差即在正额官员之外"额外差充"，一般不许干预政务，即添差不厘务，少数许厘务；厘务者给全俸，不厘务者添支减半。添差法始见于神宗时期。最初是作为一种处罚方式来惩罚违法违纪的官员。

四、展磨勘

在宋代，磨勘是对到了叙迁年限的官员在转官、改官时进行的一种考核制度，选人磨勘应格，升为京官，即所谓改官；京朝官磨勘应格，称转官。作为惩治官员的一种行政处分方式，展磨勘年，即延期磨勘，即官员虽到了磨勘的年限，但因违法违纪等原因而不予按期磨勘，从而延长官员改官、转官的年限。这是对官员最轻的惩治方式之一。展磨勘作为惩治官员的一种行政处分方式，不管官员是否已经到了磨勘年限，都可以给予这种处分。

官员违法违纪处以展磨勘者，视情节轻重等因素，从展季磨勘到展数年磨勘不等，没有固定的展磨勘时限。如神宗熙宁四年（1071年）规定，刑部复核天下大辟狱案，如有审判不当而失复者，则采用累计失复大辟人数的办法来定罚，"每一人即展磨勘一年，累及四人即冲替"[162]。高宗绍兴二年（1132年）十二月规定：监司部内有犯入己赃者，如果"不因按发，因事冒罣，每一人降一官，或展磨勘，三人加等"[163]。孝宗隆兴元年（1163年），"命湖南、北路应守令增辟田畴，自一千顷以下转磨勘有差，亏者展磨勘、降名次。"度宗咸淳三年（1267年）规定，"凡文武官一是以公勤、廉恪为主，而又职事修举，斯为上等；公勤、廉恪各有一长为中等；既无廉声又多缪政者考下等。""中者无所赏罚，上者或转官、或减磨勘，下者降官、展磨勘，各有等差。"[164]

按《吏部条法》尚书考功格，犯罪经断等第展年磨勘：赃罪徒稍轻及轻，第一等，四年；赃罪杖重，第二等，三年三季；赃罪杖稍重，第三等，三年两季；赃罪杖稍轻及轻，第四等，三年一季；赃罪笞，第五等，三年；私罪流重，第六等，二年三季；私罪流稍重，第七等，二年两季；私罪流稍轻及轻，第八等，二年一季。私罪徒重，第九等，二年；私罪徒稍重，第十等，一年三季；私罪徒稍轻及轻，第十一等，一年两季。私罪杖重，第十二等，一年一季；私罪杖稍重，第十三等，一年；私罪杖稍轻及轻，私罪笞，第十四等，三季。公罪流重、稍重，第十五等，两季；公罪流稍轻及轻，得旨上簿两次，第十六等，一季。[165]

在实际执法中，官员被展磨勘有失职、善待被惩治官员等多种原因。如：

元丰三年（1080年）九月，中书比较元丰二年内有失入人死罪，审刑院详议官刘贺等展磨勘二年。[166]元丰五年四月"诏河东提点刑狱黄廉、知汾州周觉、晋州王说、平定军康昺各展磨勘三年。先是，追官勒停人余行之以谋逆伏诛，廉等坐尝遗酒及差人护送"[167]。元丰六年六月，"尚书刑部郎中杜纯罚铜八斤，展磨勘二年，以议狱不当故也"[168]。元丰七年，户部尚书王存等"请复开铜禁，各展磨勘年有差"[169]。元符元年（1098年），"雄州榷场输布不如样，监司、通判贬秩、展磨勘年有差"[170]。

宋代对官员的行政处分除了前面所述的几种形式外，还有物质处罚和精神处分。宋代对官员的物质处罚主要有罚俸（夺俸）、罚铜（罚金）、籍没家财等形式。对官员精神上的惩治主要是通过谥号来实现的。谥号用以惩恶劝善、激浊扬清，体现在官员惩治上，是对生前作恶多端，却又享尽荣华富贵者，通过立恶谥、改恶谥、夺谥等彰显其恶，警示后人。此外，还有落职、降爵、夺爵，以及剥夺恩赐恩荫等方式。

第四节　刑事处罚方式

刑事处罚是惩罚犯罪的另一种方式。《宋刑统》规定以笞、杖、徒、流、死刑为惩治犯罪的五种法定刑罚方式。建隆四年（963年），宋太祖制定折杖之法，以臀杖和脊杖代替原来的笞、杖、徒、流之刑罚，即以"决杖"作为笞、杖、徒、流四种法定刑罚的代用刑，原笞、杖、徒、流刑只是作为量刑的依据，实际不再执行，而只执行"决杖"。在实际执法中，宋代还创立了独立于五刑之外的编配、安置、居住等刑罚方式。此外，又在法外施行弃市、腰斩、枭首、磔、活钉、凌迟、夷族等酷刑。

宋代为施行宽仁之治，于建隆四年三月颁行折杖之法，由决臀杖和脊杖分别代替原五刑中的笞、杖、徒、流刑。

宋代杖具标准前后也有所变化。建隆四年折杖法规定了常行官杖的长短粗细。"常行官杖如周显德五年制，长三尺五寸，大头阔不过二寸，厚及小头径不得过九分。"[171]但没有规定杖具的重量标准。仁宗天圣七年（1029年）规定："凡所用杖，重无过十五两，施印其上，责所部常验视之。"[172]自此至南宋末，没有大的变化。按《庆元条法事类》："杖：重一十五两，长止三尺五寸，上阔二寸，厚九分，下径九分。"[173]

总之，折杖法施行后，宋代刑罚总体上有所减轻，趋向轻刑省罚。"流罪得免远徒，徒罪得免役年，笞杖得减决数，而省刑之意遂冠百王。"[174]但折杖法不是死刑的代用刑，因而出现了"死刑重，生刑轻，故犯法者多"[175]的情况。由是，"刑轻不能止恶，故犯法日益众，其终必至于杀戮，是欲轻而反重也"[176]。此外，法律条文是一回事，实际执法是另一回事，决杖不依法，肆意重罚或减免处罚在宋代并不鲜见。

宋代官员因犯赃罪而被处以决杖的情况也不少。如开宝七年（974年）十二月己巳，"左拾遗刘祺坐受赂，黥面、杖配沙门岛"[177]。大中祥符九年（1016年）三月乙丑，"著作佐郎高清以赃贿杖脊，配沙门岛"[178]。再如，奸佞朋附。绍熙二年（1191年）十二月甲辰，"庆远军承宣使、内侍省都知杨皓怀奸凶恣，刺面杖脊，配吉州；和州防御使、内侍省押班黄迈私相朋附，决杖，编管抚州"[179]。

在实际执法中，决杖多与行政处分及其他刑事处罚方式并用。如：开宝七年正月癸亥，"左拾遗秦宣、太子中允吕鹄并坐赃，宥死，杖、除名"[180]。绍兴五年（1135年）四月丙午，"贵池县丞黄大本坐枉法赃，杖脊、刺配南雄州"[181]。

死刑是刑罚中的极刑，是剥夺罪犯生命的刑罚。从剥夺生命的角度来说，无论采取何种执行死刑的方式，其终极结果都是一样的。但同样是死刑，由于执行方式不同，其残酷程度不同，在执行过程中犯人所受的痛苦程度也不同。在宋代,《宋刑统》规定的法定死刑执行方式为绞、斩,并听以赎铜一百二十斤[182]。在实际执法中,于法外施用的酷刑,如杖杀、弃市、腰斩、活钉、脔、凌迟、磔、醢、枭首、夷族等,主要适用于贪赃枉法、谋反谋叛、贼盗重罪等。其中,因赃罪被适用死刑,特别是适用法外酷刑的,只是在北宋初期。

杖杀,即决重杖一顿处死。《宋刑统·名例律》唐建中三年(782年)八月二十七日敕节文:"其十恶中恶逆以上四等罪,请准律用刑,其余应合处绞、斩刑,自今以后,并决重杖一顿处死,以代极法。"[183] 又,《宋刑统·诈伪律》后唐应顺元年(934年)三月二十日敕节文:"如有卖官、买官人等,并准长兴四年三月二十七日断魏钦绪犯买官罪,决重杖一顿处死敕处分。"[184] 从上述规定表明,"十恶"中除谋反、谋大逆、谋叛、恶逆四等罪依律用刑外,其余依法应处绞、斩刑者,改为决重杖一顿处死。此外,卖官罪当死者也改为决重杖一顿处死。《宋刑统》的这些规定,使杖杀这一酷刑成为绞、斩刑的法定代用刑。在实际执法中,适用杖杀的主要是犯赃当死罪等重罪。

在宋代,遇到国家"改元"等重大庆典时,国家都要实行大赦。但每次大赦时,宋太祖和宋太宗总是规定绝不赦免因贪污受贿致罪的官吏。开宝四年十月,宋太祖实行大赦时明确规定:"十恶、杀人、官吏受赃者不原。"[185] 雍熙二年(985年)九月,宋太宗实行大赦时,又规定:"死罪减降",但是,"十恶、官吏犯赃"除外。[186] 宋初官员因赃罪被处以杖杀者不少。比如,太平兴国七年(982年)二月,"杖杀长道县尉张俊,坐部下受赇,犯赃钱五百七十贯故也"[187]。真宗之后,惩赃之法日宽,杖杀不再适用于赃罪。

弃市,即将罪犯处死于市,与众共弃之。在宋代,弃市是法外死刑的一种。因犯赃罪而弃市者,只是在宋初适用比较多,真宗以后不复见。

宋代编配是五刑之外的刑罚,包括编管、羁管、配隶。它虽然不是专门针对犯官而设的刑罚,但是有宋一代许多官员因获罪而被编配远恶军州。宋代对编配人的情况进行详细的登记,编录名籍,以便监管。"诸编配人,备录年甲、犯状、以前过犯,若住家犯事之所及所引条制、断遣刑名,实封递报所隶州,置簿录元牒,仍付法司看详。有不当者,受讫具奏;若无不当,即连元牒申提点刑狱司,送检法官详覆。其应拣选移放者，以簿照验。"[188]

编管是将犯人编录名籍并进行监督管制、限制人身自由的一种刑罚。羁管与编管大同小异，在现存的宋代法律条文中往往并提，都是将犯官送远恶州军进行监督管制和人身自由上的限制，只是程度有轻重之别，羁管稍重，编管次之。编管法宋初即已施行。

宋代命官有因犯赃罪或失职而被编管、羁管者。如仁宗景祐四年（1037年），真定府路总管夏守恩"恃宠骄恣不法。其子元吉通赂遗，市物多不予直。定州通判李参发其赃，命侍御史赵及与大名府通判李钺鞫问得实，法当死，帝命贷之，除名连州编管"[189]。又如，绍兴二年（1132年）闰四月，"左朝奉郎孙觌坐前知临安府赃污，贷死除名，象州羁管"[190]。绍兴五年十一月戊子，"知衡州裴廪坐调夫筑城冻死二千余人，除名，岭南高州编管"[191]。淳熙二年（1175年）八月丙辰，江西总管贾和仲"以捕茶寇失律除名，贺州编管"[192]。

宋代配隶是独立于五刑之外的刑罚方式，宋初即已施行。如开宝二年（969年）十二月己亥，"右赞善大夫王昭坐监大盈仓，其子与仓吏为奸赃，夺两任，配隶汝州"[193]。太平兴国三年（978年）五月戊申，太宗"申戒中外臣庶，自今子弟有素怀凶险、屡戒不悛者，尊长闻诸州县，锢送阙下，配隶远处，隐不以闻，坐及期功以上"[194]。宋代配隶之法分为不刺面配和刺面配。按照宋代法律规定，杖以上犯罪情节严重者，有刺面、不刺面配本州牢城，并各分地里近远，有五百里、千里以上及广南、福建、荆湖之别；京城又有配窑务、忠靖六军等；亦有自南配河北屯田者；如免死者，配沙门岛、琼、崖、儋、万州，又有遇赦不许还者。[195]从惩罚轻重程度看，刺面配重于不刺面配。据《宋史·刑法志》载："《政和编配格》又有情重、稍重、情轻、稍轻四等。若依仿旧格，稍加参订，如入情重，则仿旧刺面，用不移不放之格；其次稍重，则止刺额角，用配及十年之格；其次稍轻，则与免黥刺，用不刺面、役满放还之格；其次最轻，则降为居役，别立年限纵免之格。"[196]

刺配之法宋太祖时即已推行，用于命官犯死罪而特予宽免者。宋代命官因腐败被处以配隶的主要有以下情形：1. 犯赃罪。如，开宝七年十二月己巳，"左拾遗刘祺坐受赂,黥面、杖配沙门岛"[197]。又如,绍兴五年四月丙午,"贵池县丞黄大本坐枉法赃,杖脊、刺配南雄州"[198]。再如,乾道二年(1166年)九月甲辰,"知上元县李允升犯赃贷死,杖脊刺面,配惠州牢城,籍其赀"[199]。2. 滥用权力。如建隆二年(961年),"军校尹勋董浚五丈河,陈留丁壮夜溃,勋擅斩队长陈琲等十人,丁夫七十人皆杖一百,耴其左耳……诏削夺勋官爵,配隶许州"[200]。又如元丰六年(1083年)十月,前权宁远寨主、东头供奉官翟士良因挟恨加杖决弓箭手李怀恭致死,被免真决,刺面除名配沙门岛。[201] 3. 违法经商。如,太宗时,京东转运使和岘"好殖财,复轻侮人,尝以官船载私货贩易规利。初为判官郑同度论奏,既而彰信军节度刘遇亦上言,按得实,坐削籍,配隶汝州"[202]。

安置,作为对违法犯罪命官的处罚方式之一,唐代已有之。在宋代,安置是将违法犯罪命官送到指定地方居住,限制人身自由的一种惩罚方式。宋人张端义认为:"安置待宰执、侍从,居住待庶官。"[203] 又据《宋史》记载,南宋末,"台谏徐直方等四人论(贾)似道误国之罪,乞安置岭表,簿录其家。丞相留梦炎庇护似道,止令散官居住,且谓簿录扰及无辜。(高)斯得谓'散官则安置,追降官分司则居住,祖宗制也'"[204]。

与安置、编管相关,宋代还有"编置"这一名称。根据《宋史》等有关宋代史籍的记载,宋代"编置"不是另外一种独立的刑罚方式,而应是与编管、安置通用,或是二者的合称。一是与编管通用。二是等同于安置。第三种情况是编管和安置的合称。如《庆元条法事类》规定:"诸内侍官,辄与外朝官非亲戚往还,或出谒接见宾客者,并流二千里,量轻重取旨编置。"[205] 此处"编置"应是编管与安置的合称。安置,多与行政处罚结合适用。从处罚程度轻重看,主要有除名安置、追官勒停安置、贬降安置。

宋代有不少因腐败行为而被处以安置的情形。如仁宗时,左千牛卫将军、知随州曹利用坐私贷景灵宫钱,贬崇信军节度副使,房州安置。[206] 孝宗时,江西总管邵宏渊责授靖州团练副使,南安军安置,仍征其盗用库钱。[207] 再如太宗雍熙四年(987年)十月,右骁卫上将军刘廷让因在任雄州兵马总管时擅离治所而被削去在身官爵,并送商州安置。[208]

居住，是宋代惩治犯官最轻的一种刑罚手段，主要适用于处罚百官臣僚。居住官员，一般是责授散官、分司官和提举宫观官，没有实际职权，不得过问政事，享受一定的俸禄。居住与安置相比，虽然同为限制人身自由的处罚方式，但居住的惩罚程度更轻一些。居住多与行政处分结合适用，按照处罚程度的轻重不同，主要分为除名居住、追官勒停居住、追官落职居住、落职居住、责授散官居住、责授分司居住和提举宫观居住等。

除名居住，即削除一切官籍，并限制在某一地居住。这是宋代居住法中最重的一种处罚，也是最少见的。如理宗嘉熙四年（1240年）三月辛未，四川安抚制置副使彭大雅削三秩；十二月丁丑，侍御史金渊言其"贪黩残忍，蜀人衔怨，罪重罚轻"，遂被除名，赣州居住。[209] 追官勒停居住，即追夺一定官资，勒停现任差遣，限在某地居住，非遇恩赦不得叙复。这种处罚，既降官阶，又罢差遣。如，孝宗淳熙元年（1174年），张荐因受贿而被追三官勒停，郴州居住。[210] 宁宗嘉定元年（1208年），朝奉大夫、提举隆兴府玉隆万寿宫李澄因奸滥赃污而被追三官勒停，送南康军居住。[211] 追官居住，即追降一定官资，并限居于指定地方。开禧三年（1207年），前知枢密院事张岩因"尸素听从，遂开边隙"，被降两官，并送徽州居住。[212] 落职居住，即罢去职名居住。责授分司居住，是居住法中处罚较轻的一种方式。

责授宫观官居住，是居住法中最轻的一种处罚方式。宫观官与其他现职官员一样享受俸禄，但没有实际职掌，不能干预政务。如蔡京当政时，为打击曾布，"加布以赃贿，令开封吕嘉问逮捕其诸子，锻炼讯鞫，诱左证使自诬而贷其罪"。曾布遂落职，提举太清宫，太平州居住。[213]

命官也有因失职而被处以居住的情形。比如咸淳七年（1271年）六月丙辰，前谷城县尉饶立因在发生灾害时"积米二百万，靳不发廪"，削两秩，武冈军居住。[214]

籍没家财，即将犯人家财没收充公，是惩治罪犯的一种财产处罚。宋代惩治罪人有财产籍没之法。在宋代犯赃罪是籍没家财的原因之一。如高宗建炎二年（1128年）二月辛未诏："自今犯枉法自盗赃罪至死者，籍其赀。"[215] 绍兴四年

（1134年）二月壬午，诏："赃罪至死者仍籍其赀。"[216]绍兴三十二年六月，孝宗受禅，八月诏："州县受纳秋苗，官吏多收加耗，肆为奸欺。方时艰虞，用度未足，欲减常赋而未能，岂忍使贪赃之徒重为民蠹？自今违犯官吏，并置重典，仍没其家。"[217]如乾道三年（1167年）二月戊戌，"直秘阁前广东提刑石敦义犯赃，刺面配柳州，籍其家"[218]。乾道六年五月丁丑，"知潮州曾造犯赃，贷命，南雄州编管，籍其家"[219]。宁宗开禧二年（1206年）正月辛亥诏："坑户毁钱为铜者不赦，仍籍其家，著为令。"[220]宁宗嘉定三年（1210年）二月丁卯，"前知昆山县徐提之、县丞范大雅犯赃，刺面配英德府、宾州，仍籍其家"[221]。宋代籍没犯人财产要依法进行，违者要受惩罚。"如有依法合行籍没财产人，并须具情犯申提刑司审覆，得报方许籍没；仍令本司常切觉察，如有违戾，按劾以闻；许人户越诉"[222]。籍没家财又是附加刑，一般附在主刑后适用。如靖康元年（1126年）正月，"赐翊卫大夫、安德军承宣使李彦死，并籍其家"[223]。

/注释/

1. ［宋］窦仪等：《宋刑统》卷四《名例律·赃物没官及征还官主并勿征》，中华书局1984年版。

2. 《宋刑统》卷十一《职制律·请求公事》。

3. 《宋刑统》卷十一《职制律·枉法赃不枉法赃》。

4. 《宋刑统》卷十一《职制律·枉法赃不枉法赃》。

5. 《宋刑统》卷十一《职制律·受所监临赃》。

6. 《宋刑统》卷十九《贼盗律·强盗窃盗》。

7. 《长编》卷八十五，大中祥符八年闰六月癸巳。

8. ［宋］谢深甫：《庆元条法事类》卷七《监司巡历》，《中国珍稀法律典籍续编》第一册，黑龙江人民出版社2002年版。

9. 《宋刑统》卷二十六《杂律·坐赃》。

10. 以上见《庆元条法事类》卷九《职制门六·馈送》。
11. 《宋史》卷二《太祖纪二》。
12. 《宋大诏令集》卷一百九十《戒饬百僚奉命诸道不得妄有请托诏》，中华书局2009年版。
13. 《长编》卷十四，开宝六年十一月丁卯。
14. 《宋史》卷四《太宗纪一》。
15. 《宋史》卷五《太宗纪二》。
16. 《宋史》卷四《太宗纪一》。
17. 《宋史》卷一百七十九《食货志》。
18. 《长编》卷十九，太平兴国三年六月戊辰。
19. [宋]陈均：《九朝编年备要》卷七，大中祥符元年五月，中华书局2006年版。
20. 《宋大诏令集》卷一百九十九《禁约不得嘱求公事保庇豪右仍贷今日以前诏》。
21. 《长编》卷八十六，大中祥符九年癸丑。
22. 《宋大诏令集》卷一百九十二《戒约犯赃官诏》。
23. 《宋史》卷二十五《高宗纪二》。
24. 《朝野杂记》甲集卷六《建炎至嘉泰申严赃吏之禁》，中华书局2000年版。
25. 《宋史全文》卷二十四（下），乾道三年八月乙未，台北商务印书馆"景印文渊阁四库全书"本。
26. 《宋史》卷三十六《光宗纪》。
27. 《宋史》卷四十三《理宗纪三》。
28. 《宋史》卷四十六《度宗纪》。
29. 参见张邦炜：《宋代官吏经济违法问题考察》，《社会科学研究》1986年第1期。
30. 《宋史》卷三百八十八《陈良祐传》。
31. 《文忠集》卷一百四十六《奏诏录一·与蔡戡咨目》。
32. 《长编》卷七，乾德四年五月乙丑。
33. 《长编》卷十八，太平兴国二年正月丙寅。
34. 《宋会要辑稿》职官四四之三。

35.《宋会要辑稿》食货一七之二○。

36.[宋]苏辙:《栾城集》卷三十五《制置三司条例司论事状》,中华书局1990年版。

37.《长编》卷四百一十三,元祐三年八月丙申。

38.《宋会要辑稿》职官四四之九。

39.《系年要录》卷一百六十三,绍兴二十二年十月辛巳,台北商务印书馆"景印文渊阁四库全书"本。

40.《包拯集编年校补》卷三《请赃吏该恩不得叙用》,黄山书社1989年版。

41.《宋会要辑稿》职官七二之二五。

42.《庆元条法事类》卷五《职制门二·奉使》。

43.《庆元条法事类》卷七《职制门四·监司巡历》。

44.《宋会要辑稿》职官四四之三。

45.《宋会要辑稿》职官四四之三。

46.《宋史》卷一百八十八《食货志下八》。

47.《系年要录》卷二百,绍兴三十二年六月戊寅。

48.《宋会要辑稿》刑法二之一五六。

49.《宋史》卷二《太祖纪二》。

50.《长编》卷十八,太平兴国二年三月壬申。

51.《宋史》卷四百三十九《文苑一·和岘传》。

52.《长编》卷二十,太平兴国四年三月癸未。

53.《长编》卷二十二,太平兴国六年十一月丁酉。

54.《宋刑统》卷二十四《斗讼律·越诉》。

55.《宋大诏令集》卷一百九十八《禁越诉诏》。

56.《宋会要辑稿》职官三之六二。

57.《宋史》卷二十一《徽宗三》。

58.《宋会要辑稿》刑法三之二五。

59.《宋会要辑稿》职官四四之三三至三四。

60.《宋会要辑稿》刑法三之二六。

61.《宋季三朝政要笺证》卷一。

62.《宋会要辑稿》刑法三之二九。

63.《宋会要辑稿》刑法三之三三。

64.《庆元条法事类》卷十六《文书门一·诏敕条制》。

65.《长编》卷二，建隆二年五月。

66.《宋刑统》卷二十九《断狱律·不合拷讯者取众证为定》。

67.《宋刑统》卷二十九《断狱律·决罚不如法》。

68.《长编》卷六十七，景德四年十月乙卯。

69.《宋会要辑稿》职官五五之二〇。

70.《宋刑统》卷二十九《断狱律·不合拷讯者取众证为定》。

71.《宋史》卷一百九十九《刑法志一》。

72.《文献通考》卷一百六十六《刑考五》。

73.《宋会要辑稿》刑法六之五四。

74.《宋刑统》卷二十九《断狱律·不合拷讯者取众证为定》。

75.《宋刑统》卷三十《断狱律·监临官捶迫人致死》。

76.《文献通考》卷一百七十《刑考九》。

77.《长编》卷一百一十四，景祐元年五月乙酉。

78.《宋刑统》卷十三《户婚律·差科赋役不均平及擅赋敛加益》。

79.《宋刑统》卷九《职制律·署置官过限》。

80.《宋刑统》卷十《职制律·误犯宗庙讳》。

81.《庆元条法事类》卷四《职制门一·上书奏事》。

82.《宋刑统》卷二十七《杂律·失火》。

83.《庆元条法事类》卷八十《杂门·失火》。

84.《长编》卷四百八，元祐三年二月条引刘安世疏。

85.《文献通考》卷一百六十六《刑考五》。

86.《宋史》卷七《真宗纪二》。

87.《长编》卷一百四，天圣四年二月甲寅。

88.《长编》卷一百二十四,宝元二年八月丙寅。

89.《宋大诏令集》卷一百九十二《诫约按察官诏》。

90.《宋史》卷十一《仁宗纪三》。

91.《长编》卷三百七,元丰三年八月甲辰。

92.《宋会要辑稿》刑法二之七九。

93.《系年要录》卷十三,建炎二年二月辛未。

94.《宋史全文》卷十七(下)。

95.《系年要录》卷六十一,绍兴二年十二月辛卯。

96.《系年要录》卷八十八,绍兴五年四月丙午。

97.《宋会要辑稿》职官四七之三七至三八。

98.《宋会要辑稿》职官四五之三五。

99.《宋会要辑稿》职官四五之四〇。

100.《长编》卷四十七,咸平三年六月。

101.《汉书》卷五十一《路温舒传》。

102.《礼记·月令》。

103.《宋史》卷一百九十九《刑法志一》。

104.《宋刑统》卷三十《断狱律·断罪不当》。

105.《宋史》卷二百一《刑法志三》。

106.《庆元条法事类》卷七十三《刑狱门三·出入罪》。

107.《庆元条法事类》卷七十三《刑狱门三·出入罪》。

108.《宋刑统》卷二十四《斗讼律·盗贼事发伍保为告》。

109.《宋刑统》卷九《职制律·刺史县令私出界》。

110.《宋刑统》卷二十八《捕亡律·征人防人逃亡》。

111.《庆元条法事类》卷九《职制门六·擅离职守》。

112.《长编》卷一百八,天圣七年五月辛巳。

113.《系年要录》卷九,建炎元年九月甲寅。

114.《续编两朝纲目备要》卷九,中华书局1995年版。

115.《长编》卷十八,太平兴国二年七月壬戌。

116.《宋会要辑稿》职官六四之六。

117.《宋刑统》卷十《职制律·出使不返制命》。

118.《宋刑统》卷十《职制律·误犯宗庙讳》。

119.《宋史》卷十《仁宗纪二》。

120.《宋史》卷三百四十四《孙觉传》。

121.《宋大诏令集》卷一百九十六《戒约内外官不得越职言事诏》;《宋史》卷十九,《徽宗纪一》。

122.《宋史》卷十七《哲宗纪一》。

123.《宋史》卷四百五《王居安传》。

124.《宋刑统》卷二十四《斗讼律·越诉》。

125.《长编》卷一百三,天圣三年九月辛巳。

126.《长编》卷十八,太平兴国二年五月壬戌。

127.《宋史》卷二百九十六《张茂直传》。

128.《宋史》卷三百一十六《赵抃传》。

129.《宋史》卷三百九十四《许及之传》。

130.《长编》卷五,乾德二年正月甲辰。

131.《宋刑统》卷九《职制律·制书稽缓错误》。

132.《宋刑统》卷十《职制律·驿使稽程》。

133.《宋刑统》卷九《职制律·刺史县令私出界》。

134.《长编》卷八十二,大中祥符七年三月丁未。

135. 以上见《庆元条法事类》卷五《职制门二·之官违限》。

136.《宋刑统》卷十《职制律·公事稽程及误题署》。

137.《长编》卷二十三,太平兴国七年闰十二月丁酉。

138. 以上见《宋刑统》卷二《名例律·以官当徒除名免官免所居官》。

139.《庆元条法事类》卷七十六《当赎门·追当》。

140. [宋] 赵升:《朝野类要》卷五《降免·勒停》,中华书局2007年版。

141. 参见《宋会要辑稿》职官七六之三〇。

142.《庆元条法事类》卷七十三《刑狱门·出入罪》。

143.《长编》卷四百二十九,元祐四年六月辛亥。

144.《长编》卷二十,太平兴国四年三月癸未。

145.《宋史》卷二百五十《石元孙传》。

146.《宋史》卷一百六十《选举志六·保任》。

147.《宋史》卷一百七十三《食货志上一·农田》。

148.《宋史》卷三百七十七《陈规传》。

149.[宋]沈括:《梦溪笔谈校证》卷十一《官政一》,上海古籍出版社1987年版。

150.《宋刑统》卷二《名例律·以官当徒除名免官免所居官》。

151.《庆元条法事类》卷七十六《当赎门·追当》。

152.《长编》卷三十一,淳化元年正月。

153.《宋史》卷二百七十六《滕中正传》。

154.《宋史》卷一百八十三《食货志下五·盐下》。

155.《宋史》卷一百八十《食货志下二·钱币》。

156. 以上见《宋刑统》卷二《名例律·以官当徒除名免官免所居官》。

157.《庆元条法事类》卷七十六《当赎门·定当》。

158.《宋史》卷二百五十七《王仁赡传》。

159.《庆元条法事类》卷四《职制门一·官品杂厌》。

160.《宋史》卷九十二《河渠志二·黄河中》。

161.《宋史》卷二百九十二《明镐传》。

162.《长编》卷二百二十四,熙宁四年六月壬戌。

163.《系年要录》卷六十一,绍兴二年十二月辛卯。

164. 以上见《宋史》卷一百六十《选举志六·考课》。

165.《吏部条法·磨勘门·文武臣通用》,黑龙江人民出版社2002年版。

166.《长编》卷三百八,元丰三年九月庚午。

167.《长编》卷三百二十五,元丰五年四月。

168.《宋会要辑稿》职官六六之二四。

169.《宋史》卷一百八十五《食货志下七·坑冶》。

170.《宋史》卷一百七十五《食货志上三·布帛条》。

171.《宋史》卷一百九十九《刑法志一》。

172.《长编》卷一百八,天圣七年八月戊戌。

173.《庆元条法事类》卷七十三《刑狱门三·狱具》。

174.《文献通考》卷一百六十八《刑考七》。

175.《长编》卷二百十四,熙宁三年八月戊寅。

176.《宋史》卷二百一《刑法志三》。

177.《宋史》卷三《太祖纪三》。

178.《宋史》卷八《真宗纪三》。

179.《宋史》卷三十六《光宗纪》。

180.《宋史》卷三《太祖纪三》。

181.《宋史》卷二十八《高宗纪五》。

182.《宋刑统》卷一《名例律·五刑》。

183.《宋刑统》卷一《名例律·五刑》。

184.《宋刑统》卷二十五《诈伪律·诈假官》。

185.《宋史》卷二《太祖纪二》。

186.《宋史》卷五《太宗纪》。

187.《长编》卷二十三,太平兴国七年二月。

188.《庆元条法事类》卷七十五《刑狱门五·编配流役》。

189.《宋史》卷二百九十《夏守恩传》。

190.《宋史》卷二十七《高宗纪四》。

191.《宋史》卷二十八《高宗纪五》。

192.《宋史》卷三十四《孝宗纪二》。

193.《宋史》卷二《太祖纪二》。

194.《宋史》卷四《太宗纪一》。

195. 参见《宋会要辑稿》刑法四之一。

196.《宋史》卷二百一《刑法志三》。

197.《宋史》卷三《太祖纪三》。

198.《宋史》卷二十八《高宗纪五》。

199.《宋史》卷三十三《孝宗纪一》。

200.《宋史》卷二百六十二《李涛传》。

201.《长编》卷三百四十,元丰六年十月庚寅。

202.《宋史》卷四百三十九《和岘传》。

203.《贵耳集》卷上。

204.《宋史》卷四百九《高斯得传》。

205.《庆元条法事类》卷四《职制门一·禁谒》。

206.《宋史》卷二百九十《曹利用传》。

207.《宋史》卷三十三《孝宗纪一》。

208.《宋会要辑稿》职官六四之六。

209.《宋史》卷四十二《理宗纪二》。

210.《皇宋中兴两朝圣政》卷五十三,淳熙元年九月丁未。

211.《宋会要辑稿》职官七四之二八。

212.《宋会要辑稿》职官七三之三九。

213.《宋史》卷四百七十一《曾布传》。

214.《宋史》卷四十六《度宗纪》。

215.《宋史》卷二十五《高宗纪二》。

216.《宋史》卷二十七《高宗纪四》。

217.《宋史》卷一百七十四《食货志上二·赋税条》。

218.《宋史》卷三十四《孝宗纪二》。

219.《宋史》卷三十四《孝宗纪二》。

220.《宋史》卷三十八《宁宗纪二》。

221.《续编两朝纲目备要》卷十二。

222.《宋会要辑稿》刑法二之一二一。

223.《宋史》卷二十三《钦宗纪》。

第十二章

宋朝监察制度的高度强化

宋朝统治者为了强化中央集权和君主专制统治，把"上下相维""内外相制"作为创制立法的根本原则。作为权力制衡重要力量的监察制度，理所当然地受到了充分的重视。《宋史》卷三百九十"传论"中说："宋之立国，元气在台谏。"一语道破了以台谏制度为代表的监察制度在宋朝政治生活中的重要地位。宋朝监察制度的高度发达对于约束官员行为、预防和打击腐败发挥了积极的作用。

第一节 "台谏合一"和中央监察系统的完善

与前代相比，宋朝的中央监察制度更为完善，形成了御史、谏官和封驳系统三位一体的体制。监察队伍进一步扩大，监察系统的地位、权限和独立性进一步提高，成为宋朝政治生活中一支举足轻重的力量。

一、台谏权力的急剧扩大

"台谏合一"（指御史台和谏官制度合而为一），是宋朝中央监察制度发展中一项极具时代特色的新内容。

在唐朝，御史负责弹劾官员，谏官负责谏诤言事，二者职司分明，井然有别。到了宋朝，不仅御史有弹劾百官的职能，谏官也可以奏劾百官。从宋真宗天禧二年（1018年）二月起，谏官可以论奏"官曹涉私"[1]，弹劾百官。仁宗以后，谏官常与御史联合起来弹劾宰执百官。所以，哲宗时王觌上疏说："谏官职事，凡执政过举、政刑差谬，皆得弹奏。"² 同时，御史也具有了谏诤的职能，常和谏官一起参议朝政，讽劝皇帝。他们不仅监察百官，而且监督天子；不仅是天子的耳目，而且是天子的谏官。由此形成了台谏合流的趋向。

与台谏合流相应的，是台谏权力的扩大。宋朝御史台的职权范围包括：谏诤皇帝，参议朝政，弹劾百官贪赃枉法、行贿受贿、不忠职守者，参与司法审判，监督司法审判活动，参与文武官员的举荐和管理等，并且打破了唐代御史不能监察宦官和军事的禁区。谏官的职能主要有：谏诤皇帝，奏劾宰相及百官，参议朝政，举荐官员，受理臣民的上奏章疏等。

跟前代相比，宋朝监察系统的独立性有了进一步的发展。当时有臣僚言："天下所恃以安者，朝廷之纪纲；纪纲所恃以立者，台谏之臣。若台谏有所畏忌，受制于人，必容奸于国，而纪纲已坏。是故人君惜之，事权不系于官长，不拘于大臣。养其志气，使不挫于权豪，不畏于彊御。虽其人未必皆贤，其言未必皆当，许以风闻，而贷其不实之愆；纳以虚怀，而开其敢言之路，岂徒然哉！"³

北宋初期，三院御史言事仍须"皆先白中丞"。宋仁宗即位后，御史中丞刘筠张榜公告："令台属各举纠弹之职，毋白丞、知杂。"⁴ 从此以后，御史台属官和台长"比肩事主"，履行弹劾之权时不再受长官干预，获得了相对独立的监察权。明道元年（1032年）七月，朝廷设置谏院，谏官正式从中书省和门下省中独立出来，言事不仅不受宰相干预，而且还动辄奏劾宰相。自此至南宋灭亡，谏官一直拥有相对独立的言事权。

谏官参与弹奏宰执百官，使中央监察队伍扩大，强化了对官员（特别是宰相和执政）行为的纠举监督和打击官员贪腐不法的力度。自宋仁宗明道年间始，台谏对宰相的牵制作用越来越大，与宰执"分为敌垒，以交战于廷"⁵，"天下是非，付之台谏，其所进退宰相，皆取天下公议"⁶。宋仁宗、英宗两朝和神宗即位之初，台谏与宰执的抗争情形为历代封建王朝所罕见。这表明台谏在当时政治舞台上所具有的重要地位，对于制约宰相擅权、巩固君主专制发挥了十分重要的作用。如毕仲游所云："听用台官、谏官之言者，所以存天下之公议，禁制大臣，使不得自放之术也。"⁷

台谏职权的扩大也有利于加强舆论监督，提高对皇帝的谏诤意识。从太祖时起，宋朝的历代皇帝基本都遵守了"不杀士大夫与言事之人"的誓约，形成了较为开明的政治氛围。这种政治氛围进一步鼓励了台谏官员勇于言事、敢于谏诤的精神。两宋时期，御史和谏官监察宰相百官，谏诤皇帝过失，共同议论朝政，已然成为社会的舆论监督中心。"台谏之论，每以天下公议为主。公议之所是，台谏必是之；公议之所非，台谏必非之。"[8]

二、封驳官的监察职能

唐末五代，封驳制度遭到破坏，封驳官的监察权无从谈起。淳化四年（993年），宋太宗下诏恢复封驳制度，封驳官由他官兼领，不再是宰相的属官，封驳奏事也不受宰相的干预。元丰改制后，封驳官隶属于中书后省和门下后省，其封驳论事不受宰执干预。南宋时，给事中成为门下后省的长官，不仅有独立的监察权，并且与中书舍人分治六房，参赞机务。

封驳官的职能主要体现在：1. 参议朝政，监督朝廷的决策；2. 规谏皇帝；3. 弹劾官员，审察百官奏章；4. 参与官员的举荐和管理。

朝政凡有缺失，两省封驳官俱可上疏指陈。"事有失当及除授非其人"，由中书舍人"论奏封还词头"，给事中"论奏而驳正之"。[9]具体而言，朝廷的财政决策、司法决策、人事决策，都在封驳官监察之列。

在两宋时期的政治生活中，封驳官监督朝廷财政决策权的事例甚多。至道元年（995年）正月，宋太宗诏令三司，凡有关"钱谷刑政利害文字，令中书、枢密院检详前后条贯同共进呈，每月编其应行条敕作策送封驳司。如所降宣敕重叠及有妨碍，并委驳奏"[10]。王禹偁知审官院兼银台封驳司，对包括财政方面在内的不便诏令"多所论奏"[11]。哲宗元祐元年（1086年），朝廷根据司马光的请求，下诏约束州县抑配，中书舍人苏轼"不书录黄"，上疏论奏并请求罢去这一诏令。[12]南宋建炎年间，朝廷"旨下礼部，取度牒四百充赐予"，给事中晏敦复坚决反对，宋高宗被迫收回了这道诏令。[13]绍兴年间，户部上奏请求将临安官田授给被淘汰的使臣。给事中黄祖舜上疏阻止说："使臣汰者一千六百余人，临安官田仅为亩一千一百,计其请而给田,则不过数十人。"[14]由于封驳官的及时阻止,户部这一请求才没能施行。

绍兴二年(1132年)九月,宋高宗下诏规定:"墨敕有不当者,许三省、枢密院奏禀,给事中、中书舍人缴驳,台谏论列,有司申审。"[15]从制度上规定了封驳官谏诤皇帝的职能。南宋光宗时期,涌现出一些敢于犯颜直谏的封驳官。如中书舍人楼钥,"缴奏无所回避。禁中或私请,上曰:'楼舍人朕亦惮之,不如且已。'"[16]

封驳官在封还词头、论奏驳正的同时,也积极参与到奏劾官员、纠举违失的行列中来。淳化年间,宋太宗对银台司、通进司和发敕司进行合并,整顿后的通进银台司既有封驳之任,又兼领审察百官奏章。真宗时,通进银台封驳司改名为门下封驳司,兼领审察百官奏章。元丰改制后,通进司和进奏院皆隶属于给事中,仍兼领审察百官奏章。[17]

北宋前期,封驳官多兼任知审官院和知三班院等人事机构的差遣,直接参与官员管理。同时负有举荐官员的职责,如参与荐举台谏官员、地方官甚至军队将领。这种职责贯穿于赵宋一朝。

对比封驳官和台谏官的职能,二者多有重叠之处,且互为补充。宋制规定:"给事中主封驳,台谏官主论列,交相检察,以补成政令"[18],封驳官"正于未然之前,台谏则救于已然之后"[19]。这也就是南宋吕中所说的:"给舍献替于先,台谏追救于后。"[20]

就两者在实际政治生活中的作用而言,台谏官在两宋的政治舞台上十分活跃,势力和作用都超过了封驳官。特别是当封驳官和台谏官意见不一致时,朝廷往往采用台谏官的意见。南宋时,高闶曾言:"政事之行,给、舍得缴驳,台谏得论列,若给、舍以为然,台谏以为不然,则不容不改。"[21]

三、中央监察官的任用和素质

在唐代,御史、谏官和封驳官的选任均未摆脱宰相的干预。御史的任命,不是宰相参与拟定人选,就是"进退从违皆出宰相"[22];谏官则是宰相的属官,其选任多由宰相左右；封驳官的选任也是由宰相"总其进叙"，吏部"参议可否"。[23]这种由宰相主导中央监察官选任的体制，使中央监察官很难有效地行使其监察职能。

两宋时期，随着君主专制的发展，在中央监察官的选任方面，逐渐建立了一套不受宰相和执政干预的制度，如确立了皇帝亲自选任御史、谏官和封驳官的制度，制定了谏官、御史和封驳官人选回避宰执的法规等。这些制度、法律的制定与推行，使宋代中央监察官的选任从制度上脱离了最高行政长官的干预。

由皇帝亲自任命御史台官在宋代以前已经出现，但真正作为一项制度则是在宋代。台谏官的升黜奖惩，决定权也归皇帝所有，所谓"祖宗故事，凡进退言事官，虽执政不得与闻，盖以杜绝台谏私于宰执"[24]。宋朝皇帝把选任御史"必由中旨"[25]作为祖宗之法来奉行，尤其是对御史台长官御史中丞的选任，更强调"当出圣意"[26]。北宋后期至南宋，任官方式虽几经变化，但皇帝亲擢御史台官长的制度始终未变。

宋代的台谏官多为侍从和执政的后备人选，在仕途上"最称要捷"，有自里行、正言"不十年而为近臣者"。[27]同时，台谏官不能无故贬出，必须"明示降黜"原因。谏官尤其不能"去就无名，仰累圣德"。[28]这从一个侧面反映了宋朝台谏官在政治舞台上的重要地位。

两宋时期，中央监察官的素质明显高于前代。太祖、太宗、真宗、仁宗、英宗、神宗、哲宗等七朝充任御史台长官的共计九十四人，其中进士出身者，占总人数的百分之八十二，诸科出身者占百分之五；仁宗朝五十一名谏官中，科第出身者占百分之九十八；哲宗朝四十六名封驳官中，进士出身者占百分之九十二。其文化修养之高，为以前任何时期所不及。

同时，宋朝统治者对中央监察官的政治和道德素养也提出了明确要求：一是"政治尤异"，"忠厚淳直，通世务，明治体"；二是"自来别无赃滥"，如果查出御史曾犯有赃滥之罪，举主要连坐受罚；三是"刚明果敢""公忠鲠切"。对谏官的人选则要求"沉默、端正、守节""安道守贫，刚而不屈"等。

北宋时期出现了一批重惜名节、敢于言事、不怕贬逐的台谏官，如孔道辅、包拯、韩琦、富弼、欧阳修、余靖、王素、蔡襄、唐介、赵抃等。其弹劾的对象官位越高，则台谏官的名气越大。如宋仁宗朝的监察御史里行唐介，因敢于弹劾宰相文彦博，"由是直声动天下，士大夫称真御史"[29]。殿中侍御史赵抃"弹劾不避权幸，声称凛然，京师目为'铁面御史'"[30]。

第二节　御史台司法职能的强化

唐朝的御史台不仅是中央最高监察机构，并且担负了十分繁重的司法职能，成为与刑部、大理寺并列的中央司法机关。其司法职能包括推鞫制狱，对大理寺、刑部、诸使、诸州府县以及监、巡院的司法事务进行检查，受理地方上诉案件，出使推按，巡察诸狱，监决囚徒，等等。同时形成了御史台监察权和司法权相互配合、同时并重，三司受事和三司推事相互衔接、各有侧重的格局。

经过唐末五代的变化，到宋朝时，御史台除具有监察职能外，其司法监督和对重大案件进行审判的职能也得到进一步加强。

一、御史台司法职能的加强

宋朝御史台在行使刑事审判权时，主要有权审理以下案件：一是北宋前期，凡是官员犯罪，事体重大者，多下御史台狱审理。二是复审大理寺、刑部、各路提刑司未能审判的疑难案件。所谓"事之最难者莫如疑狱。夫以州郡不能决而付之大理，大理不能决而付刑部，刑部不能决而后付之御史台，则非甚疑狱必不至付台再定"[31]。三是接受皇帝的意旨承办一些重要案件，此类案件也称为"诏狱"或"制狱"。

作为兼具司法权的中央最高监察机构，御史台还通过行使监察权监督中央司法机构的复审活动，对其他司法机构形成制约，在复审重大疑难案件中的作用比其他中央司法机构还要重要，成为防止刑事审判权滥用、确保刑事审判公正性的重要机构。

御史台对刑事审判的监督主要体现在以下方面：

一是对违法审判和刑狱滞留的官员进行举劾。如高宗绍兴四年（1134年）五月诏："今后吏部奏抄、刑部断案，每抄案上省，限次日报御史台。其间经涉日久，无故留滞，许本台弹劾。"[32]

二是弹劾非法用刑行为。如绍兴十年规定："应有刑狱去处，狱具违戾，令御史台弹劾以闻"[33]。

三是重新审理皇帝交办的其他审判机构的已判案件，纠正其违失，并追究原审官员的责任。如太祖时期的王元吉案，御史台在审清案情后，原审的相关官吏均受到追究，"推官及左、右军巡使等削任降秩；医工诈称被毒，刘母弟欺隐王氏财物及推吏受赃者，并流海岛；余决罚有差"[34]。

四是通过复审上诉案件，纠正错误判决。景德四年（1007年），真宗"诏以鼓司为登闻鼓院，登闻院为登闻检院"，"诸人诉事，先诣鼓院，如不受，诣检院，又不受，即判状付之，许邀车驾，如不给判状，听诣御史台自陈"。[35]由此，御史台开始受理申诉案件。神宗元丰五年（1082年）又规定："诉讼不得理，应赴省诉者，先诣本曹。在京者，先所属寺、监，依尚书省本曹，次御史台，次尚书都省，次登闻鼓院。六曹诸司、寺、监行遣不当，并诣尚书省。"[36]由此可以看出，御史台成为申诉案件复审过程中的一个法定环节。

五是按问地方刑狱，监督地方审判。宋朝御史受命巡察地方刑狱时，主要有两项使命：一是就地审理地方要案、疑案，二是监督地方审判活动。最初具有临时性质，从神宗元丰八年开始，成为三年一次的固定制度。[37]

同时，御史、谏官可以就司法审判中的一些制度性问题向皇帝提出建议，从而影响刑案的审判。例如："（元祐）五年，诏命官犯罪，事干边防军政，文臣申尚书省，武臣申枢密院。中丞苏辙言：'旧制，文臣、吏民断罪公案归中书，武臣、军士归枢密，而断例轻重，悉不相知。元丰更定官制，断狱公案并由大理、刑部申尚书省，然后上中书省取旨。自是断狱轻重比例，始得归一，天下称明焉。今复分隶枢密，必有罪同断异，失元丰本意，请并归三省。其事干边防军政者,令枢密院同进取旨,则事体归一,而兵政大臣各得其职。'六年,乃诏:'文武官有犯同按干边防军政者,刑部定断,仍三省、枢密院同取旨。'"[38]

此外,御史台官员还经常参与刑名议定,对案件的处理产生影响。如徽宗时,侍御史陈次升言:"祖宗仁政,加于天下者甚广。刑法之重,改而从轻者至多。惟是强盗之法,特加重者,盖以禁奸宄而惠良民也。近朝廷改法,诏以强盗计赃应绞者,并增一倍;赃满不伤人,及虽伤人而情轻者奏裁。法行之后,民受其弊。被害之家,以盗无必死之理,不敢告官,而邻里亦不为之擒捕,恐怨仇报复。故贼益逞,重法地分尤甚。恐养成大寇,以贻国家之患,请复行旧法。""……乃诏如旧法,前诏勿行。"[39]

二、对御史台所涉司法活动的监督

为了加强对开封府和御史台审判活动的监督,宋朝在真宗大中祥符二年(1009年)设置了纠察在京刑狱司。元丰改制后,纠察在京刑狱司与审刑院一起并入刑部。对于御史台勘断的刑狱,刑部、纠察在京刑狱司、诉理所等机构均有权进行督察。

北宋初期,开封府和御史台不仅行使审判权,而且还拥有羁押人犯的权力,其事务十分繁剧。"朝廷以京狱讼之繁,惧有冤滞,始置纠察在京刑狱司,以省冤滥,命知制诰周起、侍御史赵湘为之。凡在京师刑狱,御史、开封府皆得纠之。起虑抑屈者不能尽知,乞许令诣纠察陈状,从之"[40],"而御史台狱亦移报之"[41]。

纠察在京刑狱司的职责,主要是纠举在京审判机构所审理的案件。宋真宗时规定:"其御史台、开封府,在京应有刑禁之处,并得纠举。逐处断徒以上罪,于供报内未尽理及淹延者,并追取案牍,看详驳奏。"[42]其后又"诏应在京府刑狱司局,每日具已断见禁轻重罪人因由供纠察司"[43]。

其次,纠察在京刑狱司有权索取京师诸狱案卷进行审查。"其开封府应在京有刑禁之处,并仰纠察其逐处,据断遣徒以上罪人。旋具供报。内有未尽理及淹留延者,并须追取元按看详,举驳申奏"[44],"虽非徒以上而出入不当,许索文案点检"[45]。

此外，纠察在京刑狱司也有受理申诉的权力。如果申诉情况属实，原审判官员要承担相应责任；如果所诉不实，起诉者也要受到严惩。凡申诉的案件不经纠察司陈诉科察，不得赴登闻鼓院、登闻检院申诉。

作为慎刑恤狱的专职机构，纠察在京刑狱司有效地履行了对包括御史台在内的在京刑狱的监督，体现了宋朝司法和监察一体化的新进展，对于平反冤狱、疏通民情、惩治奸官污吏，都发挥了积极的作用。如吕陶所言："祖宗以来，虽极详慎，然犹恐有司失实而冤者无告，故祥符中诏置纠察一司以统制之，如诸路之有提刑、诸县之有提点也。特重其职，不令司他务，得以专意于决讼报囚之事。其访问则无宾客之禁，其巡省则无冬夏之限。耳之所闻，惟求冤抑；目之所见，惟审惨暴；刺伺防检，深得其要。凡大辟狱具，本处先已录问，乃申纠察司差官审之，倘有疑虑，并许驳勘。或留系之淹久，或处决之过滥，大则条奏辨明，小则移文戒督。而又广辟治舍，标榜其门，被枉之人知所赴诉，玩法之吏不肆奸欺。"[46]

宋朝还对御史台狱实行"虑问"制度，即凡由御史台审结的案件，朝廷仍委派其他官员加以复验审核。甚至在御史台审案时，皇帝还每每委派内侍省宦官监临。[47]此外，朝廷又规定：御史台推勘刑狱、定夺公事时有贪赃徇私、措置失当等行为的，许人陈情告发。[48]臣僚收到御史台指挥，"事有未便者，听实封论奏"[49]。这些措施对于监察御史台的司法活动、防范冤假错案都具有积极意义。

第三节　地方监察系统的发展

宋朝是继唐末五代藩镇割据后建立的政权，对地方势力的防范极为严密。为了防范藩镇割据局面的再现，宋朝统治者在地方监察制度方面采取了种种措施。

宋朝以前的地方监察机构不仅不固定，而且多为一级制。以唐朝为例，唐代中央对地方的监察，一般采取不定期派使的方式。其间所出现和实行的御史台官单独出使巡察，诸道大使（如巡察使、按察使、采访使、黜陟使等）以及出使郎官，均属此类。

在唐前期，派遣诸道大使巡察地方是地方监察制度的核心内容，台官单独出使则是这一制度的补充，并且还出现过设置右御史台专察州县的插曲。但派遣诸道大使巡察地方的制度也存在着种种弊端，对当时的封建统治产生了不少消极的影响。例如：1.巡察之际，难于委知。由于诸道大使都是临时纠集起来、受命出使的，这就决定了派遣诸道大使监察地方的制度不可能具有固定和持久的性质，其在巡察所部时很难做到精详细致，而往往容易浮于表面，甚至只是徒具形式。2.假借威权，滋扰州县。诸道大使多是奉制敕巡按州县，无所隶属，直接对皇帝负责，因而威权极重，不可避免地会给地方增添负担和骚扰。至于诸道大使本身假借权势，作威作福，鱼肉州县，更是不乏其例。3.职事规定不清，侵夺州县官权。诸道大使的巡察内容极为广泛。这固然可以起到委重大使、全面监察地方的作用，但也容易导致对大使的职能范围规定不清，因而在实际事务中经常出现诸道大使侵夺地方州县官职权的情况。

为了克服上述弊端，唐朝统治者试图撇开派遣诸道大使的制度，开始了建立经常性地方监察机构的尝试。其核心内容即是逐步将诸道监察大使的充任者落实到刺史身上，从而变巡行大使为坐镇大使，变临时差遣为驻地分察，以实现地方监察制度的常态化、固定化。开元二十一年（733年），置十五道采访使，规定"两畿以中丞领之，余皆择贤刺史领之"[50]。采访使各有治所，开始具备中央派出机构的性质。此后又赋予采访使"专停刺史务，废置由己"[51]的全权，使其干预和支配地方行政的权力大为增强。但这些措施非但没有达到一劳永逸地加强地方监察的目的，反而带来了更加严重的问题。将各道的监察大权赋予本道刺史，实际上就是将中央对地方的监察权下放到地方官自身手中。随着采访使（肃宗后改为观察使）的权力日益扩大，其本身即逐步转化成新的一级行政官员，并最终与节度使制度合流，从根本上改变了唐后期的地方政治格局。

到唐后期，诸道大使的核心部分（采访使及肃宗以后的观察使）已经转到地方监察制度的反面,即已由中央派出的监察官逐渐转变成一级行政官员,本身成了监察的对象。在这一时期,常驻地方的巡院和出使郎官则担负起了主要的地方监察任务。巡院为唐后期诸财政使的下属机构,由刘晏首创于代宗时期。它主要作为财政机构而存在,但在唐后期也逐步拥有了对地方的全面监察权。出使郎官则是唐前期不定期派使制度的延续,常常与出使御史并称,是在诸道大使不能担负起地方监察任务的情况下出现的一支新兴的出使监察队伍,也是唐后期台、省互兼制度的反映。随着藩镇割据势力的发展,巡院很难履行其独立司法权,甚至出现了与藩镇势力沆瀣一气、对抗中央的局面。出使郎官则仍属临时指派,只能作为地方监察制度的辅助内容,单靠这部分力量来实现对地方州县的有效和全面的监察显然是不可能的。所以,终唐之世,中央对地方的监察问题始终没有得到很好的解决。

为了克服唐朝地方监察制度的弊端,宋朝在地方监察制度方面做了许多重大的调整和改革,有不少新的收获,对此后元、明、清各朝产生了重要影响。

宋朝全面整顿地方行政机构,通过增设地方机构、分割地方长官职权,贯彻"强干弱枝"的方针,从而达到集权于中央的目的。宋太祖赵匡胤为改变唐末五代以来"方镇太重,君弱臣强"的局面,根据赵普的建议,制定了"稍夺其权,制其钱谷,收其精兵"[52]的策略,将地方的财、政、军之权收归中央。此后,这种策略又贯彻到了地方政权建设的全过程,形成了绵密细致、纵横交错、相互牵制的制度格局。新设立的地方机构和官员,大都直接或间接的与地方监察事务有关。

宋朝建立了路级和府、州、军、监两级监察体制,推动了地方监察体制的多元化和固定化发展。路级监察机构,包括转运司、提点刑狱司、提举常平司等,均负有对所辖区域实施监察的职能,统称"监司"。

太平兴国元年(976年)十一月,宋太宗将转运使的职权由理财扩大到监察,负责考察地方官员的政绩。淳化年间,又赋予转运使审理案件、管理治安的职权。至道元年(995年)八月,太宗明确规定,即使是执政大臣出任知州,也必须听从转运使节制。这样,转运使不仅是朝廷使臣,而且初步具有了地方长官的性质。与此相应的是完善路一级的机构和制度。至道三年（997年），将全国划分为十五路。路一级的主要长官是转运使。为了防止转运使专权，朝廷又在此后陆续设置了提点刑狱、提举常平、安抚使等路级官员，使之相互牵制，分割事权。需要指出的是，宋朝的知州既受监司管辖，又直属朝廷。因此，宋朝的路实际具有半行政区、半监察区的性质。

通判厅是府、州、军、监级监察机构，不仅要监察府州军监级官吏，而且还要按察本辖区的县级官吏。此外，宋朝还设有走马承受公事，作为皇帝派出的耳目，随时侦测地方官员的一举一动。同时，州级长官也有监察县令的职能，如南宋度宗朝明确规定："监司察郡守，郡守察县令，置籍考核，岁终第其治状来上"[53]，上报朝廷。

宋朝地方监察官监察的范围进一步扩大，上自曾任宰执，下至幕职官，凡充任地方官者，均在监司、通判的监察之列。

同时，地方监察官的职能进一步扩大，监察权和行政权呈现出一体化的趋势。在宋朝，无论是路级监察官监司，还是府、州、军、监级监察官通判，均有权参与地方财政、人事、司法等政务，在参与过程中随事监督。如监司官既参与一路财政管理，又监督地方财政，按劾地方官在税收中的违法乱纪行为；既参与荐举地方官吏，又按劾检举不守法、不称职的官员；既参与一路刑狱案件的审理，又监督地方刑狱；既参与赈灾，又按劾赈灾不力的官员。再如通判，既参与州郡的财政管理，又监督州郡财政；既参与州郡刑狱案件的审理，又监督州郡刑狱；既参与州郡官吏的选任与管理，又监督州郡人事权等。这种地方监察体制，更有利于分割并监督地方权力。

在这种制度格局下，为了防止地方任何一级监察官权力过大，宋朝又采取了化整为零、多头负责的措施。例如，路级的监察权与行政权由转运司、提点刑狱司、提举常平司等多种机构掌领，使路级监察官谁也不可能专权。府、州、军、监级的监察官通判，虽有行政、监察、司法等多种职能，但又无一项职权不被州郡长官和监司分割。这样做的目的，就是为了最终化零为整，使地方政务完全受中央控制。

宋代统治者十分重视路级监司的选任问题，有关监司的选任方式、资格资序等均形成了规范化的制度，对监司官的考课等级、时间、方法等也有详细的规定。

宋太宗认为，监司之官，是一路州县官的楷模，"所以不轻于用人也"[54]。为了使监司得其人，咸平元年（998年）六月，宋真宗制定了"监司举主赏罚法"，并对参知政事李至说："凡举官，宜先择举主，以类取人。"[55]庆历三年（1043年）十月，宋仁宗根据范仲淹、富弼等人的建议，"严监司选"[56]。南宋统治者仍比较重视监司的选任。淳熙十二年（1185年）二月，宋孝宗也对宰执们说："天下全赖好监司，若得一好监司，则守令皆好"，地方吏治应以"先择监司为要"[57]。

监司的选任方式主要有皇帝亲擢、臣僚荐举和宰执堂除等。北宋时的监司人选要求历职通判或知州。绍圣元年（1094年）十一月，宋哲宗颁布新的监司资序法，其中规定："初除转运判官、提举官须实历知县以上亲民人，提点刑狱以上须实历知州或通判人。"[58]到南宋时期，逐渐演变为"作县有声者"。绍兴元年（1131年）正月，宋高宗下诏："不历县令人勿除监司。"[59]嘉定十四年（1221年）六月，宋宁宗再次强调监司人选必须严守资序："并照内台体例，必曾作县有声者，然后除授。"[60]宋理宗朝以后，监司人选资序仍强调必须"作县有声者"才能充任。

这种强调监司必须历职亲民官的做法，是为了让监司"庶于州县事体，身曾亲历，不至于持未试之术，行偏见之私"[61]。这不仅有利于提高宋代监司官的整体素质，而且也有利于当时政治的发展。

为了保证监司官的政治素质，宋代对监司人选的政治品质也作了规定。监司人选首先必须廉洁奉公，品行端正，没有赃污记录。其次必须聪明干练，这里的"聪明"是指"知官吏贤不肖，公正则黜陟无私"[62]。此外，还要求"学行有闻"，精力充沛，规定"年及七十者不除授监司、郡守"[63]。

监司以下，朝廷对府、州、军、监级通判不仅确立了完整详细的选任方式，还制定了相应的资序法和回避制度。

第四节　互察机制的日益繁密

唐朝实行台省互监的制度：一方面，御史台作为中央最高监察机构，负责对包括尚书省官员在内的中外官员进行监察；另一方面，皇帝又将对御史台官的监察任务委派给尚书省左、右仆射和左、右丞。通过这一制度来使台、省相互牵制、相互监察，最终使监察大权集中到皇帝手中。[64]在实行台省互监制的同时，还通过台内互监的手段来加强对监察官的牵制。所谓"台内互监"，即指御史台官之间相互监察、相互纠弹。在唐朝，御史台长官和诸院院长负有督责、弹纠所属台官的责任。同时，台长与属官都是人君耳目，比肩事主，各得弹劾，彼此之间不相关白，在监察事务上几乎没有上下隶属关系。在这种情况下，御史台官之间的相互监察、相互弹纠也屡见不鲜。如武后时，监察御史萧至忠理直气壮地对台长说："设弹中丞、大夫，岂得奉谘耶？"[65]所谓"御史相憎"[66]，是唐代御史独立弹奏制度以及台内互监劾现象的生动写照。

宋朝监察制度在继承唐制的基础上又有了很大的发展，不仅把各级政权机构和官员置于严密的监察之列，而且把监察官自身也置于严密的监督之中。

天禧年间，宋真宗下诏整顿台谏，明确规定台谏每月须一员奏事。以"御宝印纸"给言事官书写弹章谏草，据以"知言者得失而殿最之"。[67]这是宋朝台谏官"月对"制度的开端。至和二年（1055年），仁宗又在禁中置台谏章奏簿，同时命中书亦置台谏言事簿，以台谏章奏的采用与否作为衡量其言事质量的考察标准。[68]元丰年间，神宗在尚书省内设置御史房，作为处理纠弹案件、对御史实行监督的专门机构，负责将御史台"所上弹劾文字"批转给有关部门纠正或重理，并"立为定限，无得稽违"。[69]同时实施"六察法"，由御史房主管六察殿最簿，命六察官"逐旬具弹奏过事件奏闻""以所纠官司稽违失职事多寡分为殿最，中书置簿以时书之,任满取旨升黜"。[70]南宋绍兴年间,确立了台谏月对制度:"台谏每月必一请对,察官每月必一言事""否则谓之失职"。[71]恢复设置了台谏官言事簿,以加强对御史和谏官的监督。宋代对封驳官虽没有设置专职监察机构,但其互察制度也为前代所不及。

在宋朝,台谏之间也实行相互监察。台谏官员的互相监督包括长官与属员之间的纵向监督、御史台与谏院之间的横向监督以及台谏内部官员之间的互相监督等。这种机制有利于实现皇帝对整个台谏系统的全面而严密的控制。为了有利于监察事权的独立性发展,朝廷还特别规定御史台长官中丞、知杂须"别取旨"方能监察下属。[72]这样可以避免长官意志,使监察权与行政权相分离,以便御史台官们充分履行其监察职能,包括对台长的监察。

枢密院对台谏系统也有一定的监控权。仁宗时,诏令中书须将台谏言事的情况录报枢密院,南宋时仍"遵依旧制"[73]。徽宗时还对枢密院取旨审量台谏言事作了具体规定。

台谏论事劾人的章疏付外施行时,也必须先经过封驳机构。给事中、中书舍人等封驳官均可在职权范围内,赞同则书行,反对则缴奏。南宋时,高闶曾说:"祖宗时有缴驳台谏章疏不以为嫌者,恐其得于风闻,致朝廷之有过举。"[74]这反映了封驳机构对台谏的监督作用。

在地方监察系统方面,宋朝在加强对地方官监察的同时,也建立了纠举和监督地方监察官的严密体制。诸路监司不仅要受到御史、谏官、察访使、廉访使者等的监察,而且还要互察。

为了强化对监司的监察,朝廷制定了监司互察法。其内容主要包括两个方面:一是诸路监司之间的互察。崇宁五年(1106年)六月,宋徽宗下诏"立诸路监司互察法,庇匿不举者罪之,仍令御史台纠劾"[75]。南宋宁宗朝的《庆元条法事类》中也规定了诸路监司互察法:凡监司"职事违慢"不互察者要严厉惩罚,有"犯赃私罪,庇匿不举者",要"以其罪罪之"。[76]二是同路监司官之间的互察。如绍兴二十八年(1158年)十一月,宋高宗下诏:"监司违戾,令诸司互察,御史台弹劾。"[77]《庆元条法事类》卷七对同路监司官互察法也作了具体的规定和说明。

由于监司一级官员和机构在治国理政中的重要作用，宋代对监司的监察极为严密，甚至超过了对州县官的防范。如南宋叶适评价的："国家本患州县之过失不得上闻，故置监司以禁切之，而今也禁切监司之法又甚于州县之吏。"[78]

至于府、州、军、监级长官，不仅要接受监司的监察，而且还要受到通判的举劾及同级长官之间的互察。县级长官不仅要接受监司、通判、知州的监察，且县级长官之间也要互察。宋代这种对地方监察官纵横交叉的监察体制，为元、明、清各代所沿用。

第五节　宋朝监察制度的利弊得失

宋朝统治者吸收唐末五代的历史教训，在监察制度方面实行了一系列以防弊和分权为宗旨的措施。同时因应社会经济的发展要求，强化了地方监察机构在监管财政事务方面的职能。从中央到地方，建立起了十分完备的监察体制。

在中央，御史、谏官和封驳官三个系统机构独立，职能广泛，其选任制度也更为规范。御史台成为和中央行政机构平行的最高监察机构，御史弹劾行为的准则有了明确规定，御史的选任及升迁比前代更加制度化；谏官机构从宰相机构中独立出来，职能比前代增多，谏官的选任、升迁由前代的无定制走向制度化；封驳机构从门下省中分离出来，封驳官的职能范围超过了前代，封驳官的选任制度也比前代更加完备。

服务于强化君主专制的需要，御史监察百官的职能受到空前的重视。谏官的职能也由谏诤皇帝转向奏劾百官，出现了台谏合流的趋向，监察职权的独立性较前代大为加强。台谏成为以宰相、执政为代表的行政系统之外的一股制衡力量，这两股势力虽然在不同的时期也有不同的消长，但毕竟给封建官僚政治注入了一种新的活力。特别是在北宋中期，台谏势力蓬勃发展，经常联合起来在朝堂上与宰相甚至皇帝抗争，一时出现了皇帝"与士大夫共治天下"[79]和"宰相，但奉行台谏风旨而已"[80]的说法，对革新吏治、推行改革、防止权臣专政、维护政局稳定等都曾发挥过重要作用。

地方上建立起路和府、州、军、监两级监察体制，实现了中央对地方监察的经常化和制度化，确保了中央对各项大权和资源的有效控制。地方监察官的选任、监督及考课制度也趋于完备。

此外，宋朝地方监察官的行政职能皆偏重于财政经济管理。如监司掌管一路财政事务，通判参与州郡财政管理。这个特征的出现，说明宋朝统治者比前代更重视对地方财政的监督管理，也反映了社会经济的发展对地方政务的新要求。

宋朝地方监察制度对杜绝藩镇割据局面的再现，起到了重要作用。地方监察官既有监察之职，又参与地方政务，加上监司体制的建立，不仅分割了地方官权力，强化了对地方官的监察机制，而且有利于杜绝地方割据势力的滋生，加强中央对地方的控制，克服地方离心力，协调中央与地方的关系。两宋三百多年间，无藩镇之患，与地方监察制度的重要作用是分不开的。

同时，地方监察官对官吏违法乱纪行为的弹劾和对冤假错案的处理，也有利于缓和统治阶级内部的矛盾，消除社会的不满情绪，维护地方统治秩序的相对稳定，对于缓和阶级矛盾与社会矛盾均有一定的积极作用。

此外，宋朝地方监察制度在强化地方财政管理、保证国家税收等方面也发挥了至关重要的作用。例如，自宋神宗设置了诸路提举司后，为朝廷创收了大量的财富，使国家"钱谷充足，不可胜校"[81]。

宋朝的监察制度对于预防和遏制腐败所发挥的作用也是十分显著的。

包括监察制度在内，宋朝全部制度的设计都贯穿了防弊的原则。这种原则不仅是为了加强君主专制中央集权，维护政局长治久安，而且对于规范和监督官场行为，制约官员权力，防治官员腐败也起到了积极的影响。

宋朝统治者为了加强对官吏贪腐不法行为的监察，不仅强化了御史的弹劾制度，还赋予谏官、封驳官以奏劾官吏的职能，使监察队伍空前壮大，对官吏违法行为的打击力度也相应增大。宋制规定，官员不论品级职位高低，只要有贪污渎职行为，均在监察官的监察之列。有关事例不胜枚举。在两宋的政治生活中，监察官异常活跃，动辄监察和检举官吏的违法行为，这对于维护封建统治秩序的稳定起到了重要作用。

但宋朝的监察制度也不可避免地存在着种种弊病。

以中央监察系统为例，宋朝的中央监察官虽比前代有了独立行使监察权的自由，但根本不可能摆脱人治的窠臼。台、谏的合流本身就说明言官对皇帝谏诤功能的缺失。由于君权居于独尊的地位，台谏的监察权便会失去最后的保证，使分权制衡的态势无法长久稳定的保持。当君主开明的时候，中央监察官尚能比较独立地行使监察权力，监察体制也能正常运作，并发挥重要作用。而在昏主统治时期，皇帝往往自毁法度，监察体制也无法运行。如北宋末期，宋徽宗动辄以"御笔"行事，不许台谏官置喙，致使政治昏暗，腐败横行。再以台谏月课制度为例，该制度本不失为考绩台谏、激励言事的一种手段。但从南宋光宗、宁宗以后，台谏章疏"泯于留中"几乎是司空见惯的现象，月课制度成了一纸空文。

君权的失误和旁落又最终为相权的膨胀并进而控制台谏系统开启了方便之门，甚至成为相权专权的工具。南宋洪迈在述及宰执不得插手台谏官的荐举时，也不得不承认："此制亦不能常常恪守也。"[82] 在履行台谏职能方面，从北宋中后期开始，"言事官多观望宰相意"[83] 成为普遍现象。如王安石当政时期任用的台谏官李定、舒亶等，多为察言观色、见风使舵之辈。新法名声的败坏，这些人负有不可推卸的责任。他们往往打着维护新法的旗号，干的却是排斥异己的勾当，由此使得台谏风气逐渐败坏。哲宗以后，宰执调整台谏班子的举措基本沦为统治集团内部派别斗争、利益斗争的工具。"力援党与，以为台谏"[84]，成了政治斗争的一种常态。正如魏了翁所总结的："祖宗盛时，给舍、台谏未有知而不言，言而不行，亦未有言之不行而不争，争之不胜而不去者。如论陈执中，论夏竦，论李定，论胡宗愈，论蔡确等事，至于十五、六疏，十七、八疏至二十余疏，不见于施行不已也。绍圣、崇宁以后，此风遂泯。"[85]

南宋时期，先后出现秦桧、韩侂胄、史弥远、贾似道等权臣当道的局面，台谏官的任用操控在宰相手里。台谏官员往往秉承当权者的意旨行事，成为当权者党同伐异、排斥异己的工具,独立性已经荡然无存。由此也造成了朝政的黑暗和吏治的败坏。朱熹曾说:"今日言事官欲论一事一人,皆先探上意如何,方进文字。"[86]秦桧当政后,为了排斥异己,安插党羽进入并控制台谏。只要他对某位官员不满,台谏就立即罗织罪名,予以弹劾。史弥远专权时,"台谏皆其私人,每有所劾荐,必先呈副,封以越簿纸书,用简版缴达。"[87]理宗后期,太学生刘黻上书揭露说:"祖宗建置台谏,本以伸君子而折小人,昌公论而杜私说。乃今老饕自肆,奸种相仍,以谄谀承风旨,以倾险设机阱,以溷涊盗官爵"。"宰相所不乐者,外若示以优容,而阴实颐指台谏以去之;台谏所弹击者,外若不相为谋,而阴实奉承宰相以行之"。[88]此时的台谏,已经沦为权臣打击和迫害异己的帮凶。

此外,由于台谏职掌风宪,能够左右舆情,臧否官吏,因此在历次党争中也起到了推波助澜的作用。庆历新政和熙宁变法,都是"成也台谏,败也台谏"的显著事例。

在地方上,由于监察权与行政权不分离,为地方监察官利用职权贪污受贿和勒索百姓提供了方便之门。徽宗朝时,各路监司"贪污苟贱,无所不至"[89]。监察官自身贪赃违法,与地方官吏沆瀣一气,加速了政治的腐败。北宋后期和南宋时期,监司一级监察官不仅对违法官吏"坐视漫不省察"[90],甚至与守令勾结起来,欺压百姓。"民诉某守,则执其人封其辞,以送某守;民诉某令,则下其牒以与某令,是为守令报仇也"。监司官渎职贪赃,其"不法不义反甚于州县"[91]。在政治腐败的南宋,通判已变为朝廷向农民摊派勒索的直接执行者,严重地扰乱了社会秩序。如一位南宋官员曾反映:"近日乃有以府威奇货者,上好下甚,民不聊生……见有十数人被监租之苦,锁缚拷掠,不啻重辟,恻然为之流涕,问其事,则皆系无辜平民,横被通判专人下尉上案,如此苦楚。"[92]

监察队伍中仍存在素质不一、良莠不齐的现象。以台谏官为例,北宋前期政治比较清明,台谏官员大都能自尊自爱,廉洁自守。宋神宗以后,政局逐渐败坏,台谏官中见风使舵、唯利是图者日增,杨畏是其中的典型代表。高斯得曾评论道:"小人反复莫如杨畏,利在王安石则附安石,利在吕大防、苏辙则附大防、苏辙,利在章惇、安焘、李清臣则附惇、安焘、清臣,天下之人谓之三变。"[93] 南宋光宗以后,社会上"贿赂盛行"。台谏因有荐举官员的职权,所以无耻之辈为了得到某一官职,"馈酒于宰执、台谏之门率以千计,久以恶其重,则又折以钱,故一为台谏者皆致富"[94]。宁宗以后,权臣当道,台谏"惟利是视,以慷慨敢言为卖直,以循默谨畏为当然,以清修自好为不情,以顽顿亡耻为得策"[95]。安贫守道、高风亮节的情操,此时已荡然无存。再以走马承受为例,其成员多为宦官和低级武臣,这些人文化修养低、素质差,一旦有了职权,就容易贪赃枉法,为所欲为。如崇宁四年(1105年)十月十九日,臣僚在给宋徽宗的上疏中就指出:走马承受"或不知分守,侵官紊法,辄受词状……喜怒任情,所至受弊"[96]。走马承受不仅有权察举监司,还参与军政、监察军队,实际是皇帝信用宦官的弊政,对社会的危害不亚于监司。徽宗时期政治腐败现象严重,与走马承受的职权太大不无关系。

官僚集团内部的重重关系网也影响了监察官职能作用的发挥。宋徽宗政和年间,就有臣僚上疏说:"今日官吏,其内外亲属之有权者,玩法如无法,视监司、长吏如无人。"[97]南宋地方监察官在行使监察职能时,往往多考虑自身利益和关系网,不轻易得罪他人。即使有些"达官贵人赃以万计"[98],也经常不了了之。

随着社会政治形势的日趋稳定,宋太祖以后的历代皇帝对官员的贪腐行为总体来说是比较纵容宽大的。宋太宗曾经说过:"幸门如鼠穴,何可塞之!但去其甚者,斯可矣。"贪官污吏只要"不妨公,一切不问"。[99]对那些敢于弹劾不法官吏的地方监察官,皇帝不仅不能妥善保护,反而常常轻信毁谤之言,将其降职贬官。庆历年间,江南东路转运使杨纮就因主张严惩不法官吏,"竟坐苛刻下迁"[100]。这种纵容贪腐、打击忠良的行为,使监察制度的作用受到了严重制约。

/注释/

1.《宋会要辑稿》职官三之五一。

2.《长编》卷三百八十九,元祐元年十月壬辰。

3.《宋会要辑稿》职官五五之一四。

4.《长编》卷九十九,乾兴元年十一月戊辰。

5. [清]王夫之:《宋论》卷四,中华书局点校本,2008年版。

6. [宋]王称:《东都事略》卷七十三《唐介传赞》,台北文海出版社"宋史资料萃编"第一辑。

7. [宋]毕仲游:《西台集》卷七《上门下侍郎司马温公书》,台北商务印书馆"景印文渊阁四库全书"本。

8. [宋]刘安世:《尽言集》卷三《论胡宗愈除右丞不当第十》,台北商务印书馆"景印文渊阁四库全书"本。

9.《宋史》卷一百六十一《职官志一》。

10.《宋会要辑稿》职官二之四二。

11.《宋史》卷二百九十三《王禹偁传》。

12. 见《宋史》卷一百七十六《食货志上四》。

13. 见《宋史》卷三百八十一《晏敦复传》。

14.《宋史》卷三百八十六《黄祖舜传》。

15.《宋史》卷二十七《高宗纪四》。

16.《宋史》卷三百九十五《楼钥传》。

17.《宋会要辑稿》职官二之二九、二之四六。

18.《长编》卷三百七十,元祐元年闰二月乙卯。

19.《宋会要辑稿》职官一之八三。

20.《类编皇朝大事记讲义》卷九《仁宗皇帝·给事中》。

21.《宋史》卷四百三十三《高闶传》。

22. [宋]洪迈:《容斋四笔》卷十一《唐御史迁转定限》。

23.《通典》卷十八《选举六》。

24.《长编》卷四百九十一,绍圣四年九月。

25.《类编皇朝大事记讲义》卷九《仁宗皇帝·台谏》。

26. ［宋］魏泰：《东轩笔录》卷三，中华书局点校本，1983年版。

27. ［宋］苏轼：《苏轼文集》卷十七《赵清献公神道碑》，中华书局点校本，1986年版。

28. 《长编》卷四百五十六，元祐六年三月癸亥；《朝野杂记》乙集卷六《台谏给舍论龙曾事始末》。

29. 《宋史》卷三百一十六《唐介传》。

30. 《宋史》卷三百一十六《赵抃传》。

31. 《长编》卷三百三十五，元丰六年五月丙戌。

32. 《宋会要辑稿》职官一五之二〇。

33. 《宋会要辑稿》职官五五之二〇。

34. 《宋史》卷二百《刑法志二》。

35. 《长编》卷六十五，景德四年五月戊申。

36. 《宋会要辑稿》刑法三之一九至二〇。

37. 参见《长编》卷三百九十五，元祐二年二月己未。

38. 《宋史》卷一百九十九《刑法志一》。

39. 《宋史》卷一百九十九《刑法志一》。

40. ［宋］王辟之：《渑水燕谈录》卷五《官制》，中华书局点校本，1981年版。

41. 《宋史》卷一百九十九《刑法志一》。

42. 《宋大诏令集》卷一百六十一《置纠察在京刑狱诏》。

43. 《宋会要辑稿》职官一五之四四。

44. ［宋］陆游：《家世旧闻》卷上，中华书局点校本，1993年版。

45. 《长编》卷三百二，元丰三年春正月辛未。

46. ［宋］吕陶：《净德集》卷二《奏为乞复置纠察在京刑狱司并审刑院状》，台北商务印书馆"景印文渊阁四库全书"本。

47. 《诸臣奏议》卷二十三《上仁宗论内降指挥差台官勘张怀恩等事》。

48. 《宋会要辑稿》职官五五之七。

49. 《庆元条法事类》卷四《职制门一·臣僚陈请》。

50. 《资治通鉴》卷二百一十三《唐纪二十九》玄宗开元二十一年条。

51.《唐会要》卷七十八《诸使》中。

52.《长编》卷二,建隆二年七月戊辰。

53.《宋史》卷四十六《度宗纪》。

54.《类编皇朝大事记讲义》卷四《太宗皇帝·转运使》。

55.《类编皇朝大事记讲义》卷七《真宗皇帝·监司》。

56.《类编皇朝大事记讲义》卷九《仁宗皇帝·馆阁》。

57.《皇宋中兴两朝圣政》卷六十二,淳熙十二年二月丁卯。

58.《宋会要辑稿》职官四五之二。

59.《皇宋中兴两朝圣政》卷九,绍兴元年正月壬子。

60.《宋会要辑稿》职官四五之四四。

61.《宋会要辑稿》职官四五之三五。

62.《诸臣奏议》卷六十七《监司·上哲宗乞罢提举官》。

63.《宋会要辑稿》职官四五之三七。

64. 参见《旧唐书》卷四十三《职官志二》。

65. [唐]刘肃:《大唐新书》卷四《持法第七》,中华书局点校本,1984年版。

66. [唐]李肇:《唐国史补》卷下,上海古籍出版社点校本,1979年版。

67.《宋会要辑稿》职官五五之八。

68.《宋会要辑稿》职官五五之七。

69.《宋会要辑稿》职官三之三九、四〇。

70.《长编》卷三百三,元丰三年四月庚申。

71.《续编两朝纲目备要》卷七。

72.《宋会要辑稿》职官五五之二、四。

73.《系年要录》卷一百,绍兴六年四月乙卯。

74.《系年要录》卷一百一十二,绍兴七年七月甲子。

75.《宋史》卷二十《徽宗纪二》。

76.《庆元条法事类》卷七《职制门四·监司知通按举》。

77.《宋会要辑稿》食货三七之三六。

78. [宋]叶适:《叶适集·水心文集》卷三《法度总论三》,中华书局点校本,1961年版。

79.《长编》卷二百二十一,熙宁四年三月戊子。

80.《苏轼文集》卷二十五《上神宗皇帝书》。

81.《宋会要辑稿》职官四三之一四至一五。

82.《容斋三笔》卷十四《亲除谏官》,台北新兴书局"笔记小说大观"本。

83.《宋史》卷三百一十一《庞籍传》。

84.《宋宰辅编年录》卷十。

85.《鹤山先生大全集》卷二十《乙未秋七月特班奏事》。

86.《朱子语类》卷一百一十二《论官》。

87. [宋]周密:《癸辛杂识》前集《简筴》,中华书局点校本,1988年版。

88.《宋史》卷四百五《刘黻传》。

89.《宋朝诸臣奏议》卷六十七《监司·上徽宗论监司不得人而走马奏事》。

90.《宋会要辑稿》刑法二之八二。

91.《水心文集》卷三《监司》。

92.《名公书判清明集》卷一《官吏门·禁戢摊盐监租差专人之扰》,中华书局点校本,1987年版。

93.《耻堂存稿》卷二《九月二十三日进故事》。

94.《续编两朝纲目备要》卷八,嘉泰三年五月戊寅。

95. [宋]真德秀:《西山先生真文忠公文集》卷二《戊辰四月奏札二》,商务印书馆"四部丛刊初编"本。

96.《宋会要辑稿》职官四一之一二八。

97.《宋会要辑稿》职官四五之七。

98.《朝野杂记》甲集卷六《建炎至嘉泰申严赃吏之禁》。

99.《长编》卷三十五,淳化五年二月己酉。

100.《长编》卷一百五十七,庆历五年九月甲辰。

第十三章

两宋时期的反腐败思想

为实现官僚队伍对天下众务的高效管理，中国古代对官吏采取两种途径：一是通过立法，建立起完善的责任制度，强制官吏尽职守责；二是通过规劝告诫，对官吏进行为官从政的思想道德教育。因此，以理服人，以情感人，于潜移默化中感化官吏的官箴，成为中国古代治官的一个重要内容和形式。

鉴于历史的教训和宋代的反腐败实践，宋代统治者形成了比较丰富的反腐倡廉思想。[1]

第一节　对于腐败危害性的认识

在宋代社会中，政治腐败的重要表现之一就是官吏贪污受赃、行贿受贿，以致贪赃成风。仁宗时期，与太祖、太宗时相比，北宋王朝的政治腐败现象已成蔓延之势，官吏贪污之风已愈刮愈烈，其危害性也越来越大，且日益凸显。

对此，以包拯为代表的有识之士，较全面地看到了贪污腐败的各种病态。包拯认为："今天下郡县至广，官吏至众，而赃污擿发，无日无之"[2]"黩货暴政，十有六七"，特别是地方"州县长吏等，其间不才、贪猥之尤甚"[3]。这表明，当时的官吏贪污已成为一种很普遍的现象。从贪污的官吏看，既有大官，也有小吏；既有京朝显宦，也有地方大员；既有行政长官，也有监察要臣。受到包拯弹劾或惩治的贪官或有贪污行为的，张尧佐、张方平、范宗杰、石待举、王逵、王涣、任弁、魏兼、张可久、张若谷等可为其代表。其贪污的表现也千奇百怪，多种多样。如包拯的奏议中即列举有贪污自肥、以权谋私、行贿受贿、违法经商、勒索"羡余"、馈送"苞苴"、监守自盗官府财物、恃势强买他人房屋田产等形形色色的贪污行为。他们"旦方受署，夕已望迁，广纳苞苴，交结势要，市恩售进，惟恐不及，其财利丰耗，馈运欺隐，未尝校视，则建明利害，裁制出入，岂暇留心哉？"[4]

包拯一生全力倡导廉政，自奉廉洁；反对腐败，惩治贪污。他认为，反腐倡廉就是要使廉吏得到鼓励和支持，使贪夫感到恐惧和害怕，从而使廉风大兴，减少和杜绝贪污行为的发生。他曾多次上疏，要求朝廷奖励"廉干中正之人"。同时，要求朝廷依法严惩贪赃枉法之徒，如此，"则廉吏知所劝，贪夫知所惧矣"[5]。他还在《请赃吏该恩未得叙用》一文中反复强调，贪官"既犯赃污，只可放令逐便，不可复以官爵""以赃滥致罪者，乞不一例录用，所贵赃吏稍知警惧"。在《请重断张可久》一文中重申："其诸色人等所犯，即依旧条施行，所贵贪猥之辈，稍知警惧"。因此，他甚至对颇有名望的三司使张方平因"身主大计，而乘势贱买所监临富民邸舍"之事，也斥为贪黩"无廉耻"之为；而且要求朝廷严肃法纪，严厉惩治这种以权谋私的贪赃行为[6]。他的这些言行，表明了他力主劝廉惩贪之见。

对于贪污腐败的危害，包拯也有清醒的认识。他认为，大大小小的官吏唯利是图，唯赃是求，枉法徇私，给赵宋王朝带来了各种严重的危害。其具体包括：

首先，大量官吏的各种贪赃枉法之举，造成了广大百姓生活更加贫困，伤害了国家的根本，从而使阶级矛盾更加激化，继而直接威胁到赵宋王朝统治的稳定，在本质上削弱了中央集权的统治基础。包拯说："民者，国之本也，财用所出，安危所系"[7]，"廉者，民之表也；贪者，民之贼也"[8]，"贪于宠利者，惟务聚敛，掊克于下，前后刻暴，竞以相胜，前者增几十万，以图厚赐，后者则又增几十万，以图优赏。日甚一日，何穷之有，而民力困且竭矣。所以疮痏天下，于今未息"[9]。

其次，贪官污吏的违法犯赃行为导致了宋王朝的财政亏空更加严重，使其财政危机有如火上浇油，严重地危害着宋王朝统治的物质基础及其基本职能与效率。本来，宋王朝的皇室之奢、兵众之费，冗官之禄、外患之忧与"赏赐"等早已使其入不敷出；而各级官吏贪污营私、或化公为私、或损公肥私，将国家大量的财税与实物收入归为己有，或侵占挪用、或行贿受贿等则进一步使其财政收支捉襟见肘。故包拯指出，贪官污吏"诛求于民，无纪极尔，输者已竭，取者未足，则大本安所固哉？臣以为，冗吏耗于上，冗兵耗于下，欲救其弊，当治其源"[10]。

再次，贪污腐败导致了宋王朝法制废弛，如同虚设。官吏执法不公，有法不依，违法不纠，且自身肆意枉法犯赃，舞文弄法，甚至以贿额钱财代法，以致法制既滥且乱，弊端百出。包拯认为，当时幅员至广，官员至众，"或横贷以全其生，或推恩以除其衅，虽有重律，仅同空文，贪猥之徒，殊无畏惮"[11]。

最后，许多官吏的各种贪污受贿行为，还必然会引起整个吏治的败坏与腐败之风的蔓延。正如宋人所说："夫贪吏临民，其损甚大，或则屈法，或则滥刑，或因公以逼私，或缘事以行虐，使民受弊甚于蠹焉。蠹盛则木空，吏贪则民弊。"[12]在这种情况下，"凡贿赂先至者，朝请而夕得；徒手而来者，终年而不获""举天下一毫之事，非金钱无以行之"[13]。贪污贿赂之风，盛行朝野，由此可见一斑。所有这些，都造成了广大百姓如遇强"贼"，深受其害。

南宋中期，文官武将贪污之风盛行。除上述朝中擅权奸臣结党营私大肆贪贿之外，官府向民间搜括所得财物，不少也被各级官员、将帅所侵占。有关文臣武将贪污的事实，史不绝书。南宋中期，军费被武将侵盗的情况尤为严重。淳熙十五年（1188年），朱熹在《戊申封事》中曾揭露说："内帑之积，将以备他日用兵进取不时之需……然自是以来二十余年，内帑岁入不知几何，而认为私贮，典以私人，宰相不得以式贡均节其出入，版曹不得以簿书勾考其在亡，其日销月耗以奉燕私之费者，盖不知其几何矣，而曷尝闻其能用此钱以易胡人之首，如太祖皇帝之言哉！"[14]

朱熹对奸臣窃权和官吏贪污的相互关系及其危害性有较深刻的认识。他曾多次向孝宗上疏指出："四海利病，系斯民之休戚，斯民休戚，系守令之贤否。监司者守令之纲……今之监司，奸赃狼藉，肆虐以病民者，莫非宰执、台谏之亲旧宾客。"[15]这就是说，地方官的贤良与否直接关系到百姓的利害，而当时的地方官大多是贪官污吏，是朝中当权派的关系户，是靠奉迎上司结党营私上台做官的。朱熹认为，如果不及时改变奸佞窃权结党营私的局面，"莫大之祸，必至之忧，近在朝夕"[16]。因为它必将使"纲纪日坏，邪佞充塞，货赂公行，兵怨民愁，盗贼间作，灾异数见，饥馑荐臻"[17]，造成社会的动乱。

朱熹还斥责那些靠阿谀贿赂当官的佞臣，都是变乱纲纪和败坏风俗的奸险小人。因为他们"大率习为软美之态、依阿之言，而以不分是非、不辨曲直为得计……甚者以金珠为脯醢，以契券为诗文，宰相可啖则啖宰相，近习可通则通近习，惟得之求，无复廉耻"[18]。至于那些通过搭克士兵、贿赂皇帝近臣而升为将帅之人，朱熹认为都是些毫无智勇才略的庸夫走卒，由他们去率领军队只会削弱边防，"望其修明军政，激劝士卒，以强国势，岂不误哉！"朱熹认为，当官的目的是为百姓办点好事，不是为了做官而做官。他指出，有些官迷"只爱官职"，表面上装作清廉的样子，实际上是私欲很强的人物。朱熹强调为官要公正，各尽其职。朱熹所谓的"公正"，是要杜绝亲友的私情求荐。朱熹曾对宁宗说："凡号令之弛张，人才之进退，则一委之二三大臣，使之反复较量，勿循己见，酌取公论，奏而行之。有不当者，缴驳论难，择其善者称制临决，则不惟近习不得干预朝权，大臣不得专任己私，而陛下亦得以益明习天下之事。"[19]朱熹这里所说的"公论"，是指"公议举人"，即从庶族士绅阶层中来"公议"人选，体现了任人唯贤的原则。他认为，从民间"公议"推荐出来的人，总比那些靠"交结权势"对之"献谀"而当官的人，要可靠得多。关于防止官吏贪污的主张，朱熹不仅见于言论，还贯穿在他为官施政的实践中。朱熹在当地方官时，每到一处，特别注意察访贪官污吏的劣迹，并不遗余力地加以弹纠和严惩。

朱熹积极反腐倡廉的主要目的是使国家得以长治久安，在封建制度尚处在鼎盛时期的宋代，朱熹要求维护皇权和统一政令，反对奸佞窃权和结党营私，是有其进步性的。尤其是朱熹要求官员勤政廉政，一心为公，反对贪官污吏，关心人民疾苦，不仅有利于当时社会的安定和生产力的发展，即便在今天，也仍有其积极的现实意义。

第二节 强调以法治理

宋代统治者深谙以法致廉的道理。宋太祖以优遇士大夫而闻名,但他"尤严贪墨之罪","独于治赃吏最严"。他指出:"吏不廉则政治削,禄不充则饥寒迫,所以渔夺小利,蠹耗下民,緜兹而作矣。"[20]因此,"王者禁人为非,莫先于法令"[21]。他多次公开告诫臣僚:"固不吝惜爵赏,若犯吾法,惟有剑耳"[22];尤其要"绳赃吏重法,以塞浊乱之源"[23]。宋太祖认为,治国安邦当以法律严格约束"无厌之求"者,并在诏令中把贪污受贿与严重危及封建统治的十恶重罪相提并论,规定当处死的会赦不原,该流放的逢恩不还。他雷厉风行,亲自抓了若干大案要案,并"用重法治之"。正如南宋史家李焘所说,其时"受赃弃市者多矣"。宋太祖下令处死的贪官,仅见于记载的就达二十余人。宋太宗继承了宋太祖的做法,他即位不久即下诏重申:"诸职官以赃致罪者,虽会赦不得叙,永为定制。"[24]宋真宗也提出:"列辟任人,治民为要,群臣授命,奉法居先。"[25]

宋代一些臣僚亦对以法治理腐败提出了很有见地的论断。

包拯十分强调法的地位和作用。他认为,法律是治理国家的重要工具,是涉及国家至治或至乱的关键要素,并多次强调法律、诏令等是"人主之大柄,而国家治乱安危之所系"。在他看来,法律在治理国家中的重要性还在于"法存划一,国有常格";有法必依,违法必究;立法行法,是整顿吏治、遏制腐败的必要手段。只有国家有常法,且认真贯彻执行,才能使国家达到大治的结果。他规劝宋仁宗说:"伏望陛下临决大政,信任正人。赏者必当其功,不可以恩进;罚者必当其罪,不可以幸免。邪佞者虽近必黜,忠直者虽远必收。法令既行,纪律自正,则无不治之国,无不化之民。"[26]

包拯曾上疏说:"欲乞今后应臣僚犯赃抵罪,不从轻贷,并依条施行,纵遇大赦，更不录用；或所犯若轻者，只得授副使、上佐。如此，则廉吏知所劝，贪夫知所惧矣。"[27] 贪污不但要受到国法的制裁，而且要受到家法的惩处。如包拯曾制定了这样一条家训："后世子孙仕宦有犯赃滥者，不得放归本家；亡殁之后，不得葬于大茔之中。不从吾志，非吾子孙。仰工刊石，竖于堂屋东壁，以诏后世。"[28] 包拯的子孙，也都一直恪守家训，为官清廉，深受世人的称赞。包拯清醒地看到，必须依法严惩贪污，以维护社会的长治久安。他指出："法令者，人主之大柄，而国家治乱安危之所系焉……朝廷法令行则易治。诚哉，治道之要，无大于此。"[29] 法律是反贪治贪的重要武器，在制定和运用法律上，既要有惩贪、除贪的治标之策，又要有防贪、禁贪的治本之举，使"廉吏知所劝，贪夫知所惧"[30]。

司马光说："王者所以治天下，惟在法令"，若治国无法，"虽尧舜不能以致治也。"[31] 叶适说："士人顾惜终身，畏法尚义，受财罴狱必大减少。"[32]

第三节　注重道德教化

宋代反腐败思想的另一重要方面是强调道德教化。宋太宗亲自书写《戒石铭》："尔俸尔禄，民膏民脂；下民易虐，上天难欺。"[33] 并刻石立于各州县衙门之南，用以警诫地方官戒贪奉廉。后来，真宗、仁宗都曾相继颁布《诫告贪污诏》。

作为国法重要补充的某些家规家训也有类似劝诫，如包拯的《家训》。总之，严惩贪官污吏在宋代初期可以说是既严格又认真的。

宋代官箴深受儒家思想的影响，强调万事有"先后缓急之序，须先立其本，方以次推及其余"，即为官从政者当首先修身正己。朱熹讲，修身的根本就是从"心上理会起"[34]，以达到正人的目的。可见，宋代官箴所谓修身实为修心。修心具体表现为"有公心，要尽心，能平心"。欲达到这一目的，就要不营私家，不言货利，不阿亲戚，不避仇嫌，忍所私而行大义，此之谓"公"。古人云：公生明，偏生暗，所以"官无大小，凡事只是一个公"[35]。"公"对官员来说既是严格的要求，又是严峻的考验。那么如何做到"公"呢？关键是要有一颗公心。而公心即为无心，"无心则公，有心则偏"[36]。公心的有无直接影响为官从政。"若公时，做得来也精彩，便若小官，人也望风畏服"，若无公心，"便是宰相，做来做去也只得个没下梢"。[37]为官尽心，就要"处官事如家事"，把在官场中接触到的各类人员视为自己的家人亲属，"事君如事亲，事官长如事兄，与同僚如家人，待群吏如奴仆，爱百姓如妻子"，既然对他们充满了亲人般的深厚感情，必然能够"尽吾之心"；在这种亲情般的人际关系中，"如有毫末不至"，则"皆心有所未尽"。[38]可见这种尽心是一种带有感情色彩而名副其实的尽心尽职。朱熹分析"人之仕宦不能尽心尽职"的根本原因是没有先其事而后其食之"心"[39]，依然是其"从心上理会起"思想的滥觞。此外，官员要平心，拥有一颗平静、平稳、平和的心则"物情无往不烛"，反之，如动辄发怒，牵连他人，则"吏民必将受其枉"。一烛一枉，说明官员"心不可不平"。[40]

修心应达到的标准具体表现为五字箴言："谦、和、廉、谨、勤"。这是对官员为官道德修养和基本操守最精确的概括，具备了这些优秀素质，"推而广之则达矣，写下定状则难乎？"[41]又何必"一切听可否于吏手"[42]。这样政务自然清明，必能实现"治国平天下"的理想。

吕本中在《官箴》一书中进一步指出："当官之法，唯有三事：曰清，曰慎，曰勤。知此三者，可以保禄位，可以远耻辱，可以得上之知，可以得下之援。"从此，"清、慎、勤"成为为官第一箴言，屡被后人论列。

一、为官要清廉

"廉"是历代官箴尤为重视的核心思想，为官应"廉"字当头，宋代亦不例外。"居官不言廉，廉盖居官分内事"，官、廉相伴而生，官要廉则是毋庸置疑、天经地义的"分内事"。如果"中无所主，则见利易动"，官吏极有可能陷于贪墨，造成严重后果："终身不可洗濯"，"终不能以善其后"。廉官虽过着"粗衣粝食，节澹度日"的艰苦生活，但"俯仰无愧，居之而安，履之而顺"，真可谓"其心休休，岂不乐哉"！甚之廉者，还会"必有垂报于后"。[43]

在我国封建社会重视伦理道德、家族观念深厚的传统思想影响下，一廉一贪所造成的截然相反的后果，不啻一声惊雷，在官吏耳边敲响了警钟，时刻提醒自己千万"心有所主，见利不动"，万事当以廉为先，既为保全自己的名节，又为了自己家族的荣辱。为此要洁己为廉，节用养廉，从两方面用实际行动真正做到"廉"。

宋代一些名臣亦提出诸多反腐倡廉的道德思想。包拯："廉者，民之表也；贪者，民之贼也。"[44] 罗大经："住世一日，则做一日好人；居官一日，则做一日好事。"[45] 杨万里："用宽不若用法，不若先服其心，天下心服然后法可尽行，赃可尽禁也。"[46] 这些思想对于净化官吏的头脑，促进廉政，有一定的积极作用。

《清明集》卷一《官吏门·申儆》记载了南宋名臣真德秀劝谕同僚，各以四事自勉。他说："士大夫者，万分廉洁，止是小善，一点贪污，便为大恶，不廉之吏，如蒙不洁，虽有他美，莫能自赎，故此以为四事之首。"特别是泉州之地，"蛮貊聚焉，犀珠宝货，见者兴羡，而豪民巨室有所讼愬，志在求胜，不吝挥金，苟非好修自爱之士，未有不为污染者。不思廉者，士之美节，污者，士之丑行。士而不廉，犹女之不洁，不洁之女，虽功容绝人，不足自赎，不廉之士，纵有他美，何足道哉！昔人有怀四知之畏而却幕夜之金者，盖隐微之际，最为显著，圣贤之教，谨独是先。故愿同僚力修冰蘖之规，各励玉雪之操，使士民起敬，称为廉吏，可珍可贵。此所当勉者一也"。

为官清廉，光明正大，才能不受蒙蔽，明察是非；一身清白，没有私心，才能够和敢于处事公正。罗大经说："杨伯子尝为余言：'士大夫清廉，便是七分人了。盖公忠仁明，皆自此生。'"[47] 为官清廉，才能治国安民，使天下太平。陆游在《春日杂兴》诗中云："但得官清吏不横，即是村中歌舞时。"吏治腐败，必然导致天下大乱，政权衰亡。岳飞更直截了当地说："文臣不爱钱，武臣不惜死，天下太平矣。"[48]

要做到清廉，首先，要深刻认识清正廉洁的意义，以及贪污腐败的危害，认识到清廉是居官者分内的事情，是最起码的为官道德。其次，要大力提倡清正廉洁，反对贪污腐败，形成一种"崇尚清廉，鄙视贪污"的社会风气。再次，要提倡节俭。只有节俭，才能养廉；奢侈必然导致贪污。陈襄说："仕宦有俸给之薄者，所得不偿所用。赀产优厚，犹有可逭。若赀产微薄，悉藉俸给，而乃用度不节，日用饮食衣服奴婢之奉，便欲一一如意，重之以嫁娶之交迫，必至窘乏。夫平昔奢侈之人，一旦窘乏，必不能堪，窥窃之心，繇是而起。猾吏弥缝其意，又从而饵之。一旦事露，失位辱身，追悔莫及。故欲养廉，莫若量其所入，节其所用，虽粗衣粝食，节澹度日，然俯仰亡愧，居之而安，履之而顺，其心休休，岂不乐哉？"[49]南宋何坦说："惟俭足以养廉。盖费广则用窘，盻盻然每怀不足，则所守必不固。虽未至有非义之举，苟念虑纷扰，已不克以廉靖自居矣。"[50]

朱熹对清廉的要求则主要体现在两个方面：一是不能贪财，二是重视自守。朱熹认为，"仕宦只是廉勤自守，进退迟速自有时节，切不可起妄念也"[51]。这当然不是"教人求退"，"只是要得依本分，识廉耻，不敢自炫自鬻，以求知求进耳"[52]，重要的在于做好自己分内之事，而不是计较个人的荣辱得失。

二、为官要谨慎

其一，要调查研究，深思熟虑。每遇到一件事情，都要进行详细的调查研究，掌握充分而全面的情况，反复思考，得出解决的办法，没有疑问，再付诸实施。正如陈襄所说："官司凡施设一事情，休戚系焉。必考之于法，揆之于心，了无所疑，然后施行。有疑，必反复致思，思之不得，谋于同僚。否则，宁缓以处之，无为轻举，以贻后悔。"[53]

其二，要尽职敬业。朱熹主张"一日立乎其位，则一日业乎其官"[54]，并对几种不良官风提出了尖锐批评。一是"不见吏民"。当时相当一部分官员为图省事，"以不见吏民，不治事为得策"，对百姓的呼声不理不睬，以致"民有冤抑，无处伸诉"。[55]朱熹认为这种官员是"不仁之人"，已丧失了最起码的怜悯之心。二是"不肯任事"。一些官员懒惰成习，苟且偷安，不求有功，但求无过。朱熹批评说："天下事所以终做不成者，只是坏于懒与私而已！懒，则士大夫不肯任事。有一样底说，我只认做三年官了去，谁能闲理会得闲事，闲讨烦恼！我不理会，也得好好做官去。"[56] 三是办事拖拉。朱熹针对当时官府往往文案积压，许多事情久拖不决的情况，主张一日了毕一日事。他说："当官文书簿历，须逐日结押，不可拖下。"四是贪图享乐。朱熹说："今之仕宦不能尽心尽职者，是无那'先其事而后其食'底心。"[57] 当官的首先想到的不是尽力职事，处理公务，而是如何吃喝玩乐，这与孔子"敬其事而后其食"[58] 的古训背道而驰。朱熹还认为："官所不比乡居，凡百动有利害，诸事切宜畏谨也。"[59] 要求为政者处处谨慎从事，"凡事须仔细体察，思量到人所思量不到处，防备到人所防备不到处，方得无事"[60]。

正身率下，修己治人。朱熹继承和发展了传统儒家由内圣而外王、"修身为本"的思想，十分重视主体的道德修养，及其与外在政令教化的联系。他说："治道必本于正心修身。"[61] 即当政者的自我道德修养是其治国安民的本原和基础。为此，朱熹要求为官者不仅要勤于具体事务，更要于"自家身己做本领"，经常检束身心，"使知为克己之学，以去其骄吝之私"。并通过不断地锤炼和提升自己的内心世界，来更好地应对和处理外在的人情世故，特别是日常政务。他对一官员说："暇时速须收敛身心，或正容端坐，或思泳义理，事物之来，随事省察，务令动静有节，作止有常，毋使放逸，则内外本末交相浸灌而大本可立，众理易明矣。"[62] 把克己自检与应事接物紧密联系，内外结合，本末相应，达到理想的为政目的。这种为政思想包含了正人先正己的主张。所以朱熹又说：为政"大要在于详审……又其大本，则欲正人者必先正己"[63]。他经常劝告为官者要把正己修身置于匡君治民之先，只有自我"身心安静，精神专一"[64]，方能真正实现经世济民的目的。

朱熹是中国封建社会后期最有影响的名儒，他的这些官德思想后来被不少官员倡导，甚至身体力行，一些官箴著作也吸收采纳，明人彭韶还专门择取其言论而成《朱文公政训》，从而对历代的官德建设和官员的自我约束产生了一定作用。在大力加强廉政建设、端正社会风气的今天，这些思想不无借鉴意义。

三、为官要勤政

宋代官箴多次提到官员要勤于职守。"当官之法,唯有三事:曰清、曰慎、曰勤"[65],"莅官之要,曰廉与勤"。"勤"是宋代官箴重要的思想内容之一,受到特别重视。"勤"的具体表现为:"鸡鸣听政,所谓一日之事在寅也;家务尽屏,所谓公而忘私",只有如此方能称之为"勤"。"勤"贵在持之以恒,是考验官僚耐性的高标准要求。要做到勤,"其要莫若清心"[66],心清则勤。心清则无旁骛,自然会一心一意扑在政务上,勤于职守,毫不懈怠。"廉与勤"思想,要求官僚当须"远嫌疑,罢张设,广闻见,杜谗佞,审情伪,察弊病,示信令,省追呼,戢人吏,抑豪强,拯孤危,奖孝友"[67],使理论思想成为实际从政的具体指南,把为官理论贯彻到从政实践中去。

真德秀说:"莅事以勤是也。当官者一日不勤,下必有受其弊者。古之圣贤,犹且日昃不食,坐以待旦,况其余乎?今之世有勤于吏事者,反以鄙俗目之,而诗酒游宴,则谓之风流娴雅,此政之所以多疵,民之所以受害也。不可不戒!"[68]欧阳修甚至说:"不材之人,为害深于赃吏。"因为"不材之人,不能驭下,虽其一身不能乞取,而恣其群下共行诛剥,更无贫富,皆被其殃,为害至深"。所以,他主张:"尽取老病缪懦者与赃吏一例黜之。"[69]

要早起问政,使事无积滞。"被底放衙,昔者尝以为戒。凡当繁剧,要须遇鸡鸣即起,行之有常,则凡事日未昃俱办,而一日优游闲暇矣。倦于起早,或遇宾客过从,往来迎送,夺其日力,则一日之事俱不办。一日之事不办,则明日之事益多。况凌晨神气清爽,心无昏乱,故起早亦为官第一策。昔鲁文伯母,言卿大夫一日勤事之节,曰朝考其职,然则古人亦审此久矣。"[70]"公事随日而生,前者未决,后者继至,则所积日多,坐视废弛……要当随日区遣,无致因循。行之有准,则政有条理,事无留滞,终于简静矣。"[71]

要摒除杂务,专心政事。官场庶事甚多,如送往迎来、游乐宴会等等。如果沉溺于此类事务之中,也就难以处理好政务。

以上这些官箴教育,正反对比,古今结合,谆谆告诫官僚为官从政应具备廉、仁、公、勤的道德品质修养，上可仰答朝廷之恩，下可抚慰士民之望。

/ 注释 /

1. 本章的编写主要参考了俞兆鹏《朱熹的反腐倡廉思想》（《江西社会科学》1995年第6期），萧伯符、汪庆红《包拯的吏治思想及其现代启示》（《华东政法大学学报》1999年第6期），章志远《略论包拯的惩贪思想与实践》（《社会科学》2000年第5期），张全明《包拯的反贪理论与实践探微》（《华中师范大学学报》2001年第1期）等。
2. 《包拯集校注》卷三《乞不用赃吏》。
3. 《包拯集校注》卷三《请先用举到官》。
4. 《包拯集校注》卷四《请令江淮发运使满任》。
5. 《包拯集校注》卷三《乞不用赃吏》。
6. 《长编》卷一百八十九，嘉祐四年三月己亥条。
7. 《包拯集校注》卷四《请罢天下科率》。
8. 《包拯集校注》卷三《乞不用赃吏》。
9. 《包拯集校注》卷三《论赦恩不及下》。
10. 《包拯集校注》卷三《论冗官财用等》。
11. 《包拯集校注》卷三《乞不用赃吏》。
12. 《长编》卷三十二，淳化二年九月庚子。
13. 《苏轼文集》卷八《进策别·课百官》。
14. 《晦庵先生朱文公文集》卷十一《戊申封事》。
15. 《宋史》卷四百二十九《朱熹传》。
16. 《晦庵先生朱文公文集》卷十一《庚子应诏封事》。
17. 《晦庵先生朱文公文集》卷十三《辛丑延和奏札二》。
18. 《晦庵先生朱文公文集》卷十一《戊申封事》。
19. 以上见《宋史》卷四百二十九《朱熹传》。

20.《宋大诏令集》卷一百七十八《幕职官置俸户诏》。

21.《宋大诏令集》卷二百《改窃盗赃记钱诏》。

22.《长编》卷十二,开宝四年十一月壬戌。

23.《宋史》卷三《太祖纪三》。

24.《宋史》卷四《太宗纪一》。

25.《宋大诏令集》卷一百九十一《政事·文臣七条》。

26.《包拯集校注》卷二《上殿札子》。

27.《包拯集校注》卷三《乞不用赃吏》。

28.《包拯集编年校补》卷四《家训》。

29.《包拯集校注》卷二《上殿札子》。

30.《包拯集校注》卷三《乞不用赃吏》。

31.《司马光集》卷四十八《乞不贷故斗杀札子》,四川大学出版社2010年版。

32.《叶适集·水心别集》卷十四《吏胥》,中华书局1961年点校本。

33.《容斋续笔》卷一《戒石铭》。

34. [宋] 朱熹:《朱文公政训》,台北新兴书局"笔记小说大观"本。

35.《朱文公政训》。

36. [宋] 李元弼:《作邑自箴·正己》,《官箴书集成》。

37.《朱文公政训》。

38. [宋] 吕本中:《官箴》,《官箴书集成》。

39.《朱文公政训》。

40. [宋] 胡太初:《昼帘绪论·尽己篇》,《官箴书集成》。

41.《作邑自箴·正己》。

42.《昼帘绪论·尽己篇》。

43. [宋] 陈襄:《州县提纲》卷一《洁己、节用》,《官箴书集成》。

44.《包拯集校注》卷三《乞不用赃吏》。

45. [宋] 罗大经:《鹤林玉露》甲编卷二《好人好事》,台北新兴书局"笔记小说大观"本。

46.《诚斋集》卷八十九《驭吏上》,台北商务印书馆"景印文渊阁四库全书"本。

47.《鹤林玉露》甲编卷四《清廉》。

48.《宋史》卷三百六十五《岳飞传》。

49.《州县提纲》卷一《节用养廉》。

50. [清] 陈宏谋:《从政遗规》卷上《何西畴常言》,《官箴书集成》。

51.《晦庵先生朱文公文集》卷六十四《答吴尉》。

52.《晦庵先生朱文公文集》卷五十九《答方若水》。

53.《州县提纲》卷一《疑事贵思》。

54.《晦庵先生朱文公文集》卷二十四《与陈丞相书》。

55.《朱子语类》卷一百八《论治道》。

56.《朱子语类》卷一百九《论取士》。

57. 以上见《朱子语类》卷一百一十二《论官》。

58.《论语·卫灵公》。

59.《晦庵先生朱文公文集》卷六十四《答吴尉》。

60.《朱子语类》卷一百六《总论作郡》。

61.《朱子语类》卷一百八《论治道》。

62.《晦庵先生朱文公文集》卷三十九《答范伯崇》。

63.《晦庵先生朱文公文集》卷二十八《答李诚父书》。

64.《晦庵先生朱文公文集》卷二十九《与赵尚书书》。

65.《官箴》。

66. 以上见《昼帘绪论·尽己篇》。

67.《作邑自箴·正己》。

68. [宋] 真德秀:《西山先生真文忠公文集》卷四十《潭州谕同官咨目》,台北商务印书馆"四部丛刊正编"本。

69.《欧阳修全集》卷一百六《再论按察官吏状》,中华书局2001年版。

70.《州县提纲》卷一《晨起贵早》。

71.《州县提纲》卷一《事无积滞》。

第十四章

辽金元朝反腐败的法律建设与制度建设

第一节　封建法律制度的建立与完善

一、辽金元朝政治制度的特色

辽金元朝都是边疆少数民族入主中原建立的王朝。它们的政治制度既有对中原传统王朝制度的继承与发展，又都带有本民族制度和习俗的鲜明特色。辽金元朝的政治制度突出体现了贵族专政的特点，以世袭、世选、世代担任要职为标志的政治特权，以投下（头下）分封、赏赐土地和奴隶为标志的经济特权，支撑着贵族专政体制的运转。

辽朝政治制度的最大特色是"官分南北，以国制治契丹，以汉制待汉人"[1]。北枢密院、南枢密院分别是北、南两面官的最高机构。北面官负责管理族账、部落、部族、群牧等有关北方各族的事务，以及军政事务；南面官负责处理汉、渤海族的州县事务。其次是源于草原游牧汗国的斡鲁朵（宫分）制度和捺钵制度。斡鲁朵是集皇室私产、属民、分地、奴隶于一体的社会组织，与直属国家的部落、州县鼎足为三，拥有强大的政治势力和经济实力。辽朝皇帝并不定居京城，而是游牧转徙于草原上，捺钵就是行营所在，四季各有较为固定的处所。四时捺钵才是朝廷所在，是真正的政治中心。再就是源于草原游牧汗国的贵族私属人制度与汉族管理流动人口办法相结合形成的头下军州制度。所谓"头下军州，皆诸王、外戚、大臣及诸部从征俘掠，或置生口，各团集建州县以居之。横帐诸王、国舅、公主许创立州城，自余不得建城郭。朝廷赐州县额。其节度使朝廷命之，刺史以下皆以本主部曲充焉"[2]。"不能州者谓之军，不能县者谓之城，不能城者谓之堡。"[3]除从征俘掠外，皇帝赏赐人口也是头下户的重要来源，许多公主的头下军州就是以陪嫁的媵臣户建立的。头下作为贵族的封建领地，具有二重性，在政治、经济上既依附于领主，又隶属国家。

金朝政治制度的最大特色是猛安谋克组织。猛安、谋克（千户、百户）最初是女真人的战时军事编制单位，金朝建立后，以猛安谋克改组原有的部落组织，使之成为一种集军事、行政职能于一体的新型的社会组织。迁往中原后，女真猛安谋克户分种屯田，成为区别于一般州县汉族民户的屯田军户，享受种种优待。其次是近侍参政。金朝殿前司下属有近侍局，职责为掌侍从，承敕令，转进奏帖，官员有局提点、局使、副使及直长，下有奉御（原名入寝殿小底）、奉职（原名不入寝殿小底）四十余人，从局提点到奉职通称近侍。近侍的禁密侍从身份，以及贵族出身的血统，使之成为参与内朝决策、以内驭外的特权小集团。再次是从三省制到一省制。金海陵王改革官制，罢中书、门下二省，只置尚书省，而且"职有定位，员有常数"[4]，改变了唐中期以来官、职分离，制度混乱，职掌不明，以及三省互相牵掣、事权分散的弊端，确立了尚书省的行政中枢地位。

元朝政治制度的最大特色是投下分封制度。王公贵族的投下分封包括草原兀鲁思领地封民与汉地五户丝封邑封户。元初人郝经说，本朝"既分本国（按：指草原地区），使诸王世享，如殷周诸侯；汉地诸道，各使侯伯（按：指汉人军阀世侯）专制本道，如唐藩镇；又使诸侯分食汉地，诸道侯伯各有所属，则又如汉之郡国焉"[5]。他的比照是很有见地的。后来汉人军阀世侯专制一道的特权被褫夺，而蒙古王公贵族在领地、封邑的特权却保留了下来。其次是忽里台制度与怯薛制度。忽里台即大聚会，是部落联盟时代议事会的遗制，蒙元时期则成为宗亲勋贵参决朝政的一种特权制度。怯薛原是大汗的亲兵组织，大蒙古国初创，怯薛实际承担起国家行政机构的职能。随着省、院、台等部门的建立以及侍卫亲军的组建，怯薛就转变成一个由官僚贵族子弟组成，专事给侍内廷、候补官员的特权集团。他们参与御前奏议决策、以内驭外，对朝政有很大影响。再就是行省制的确立。元朝在全国设置了十个行省，作为地方最高一级政区，行使中央对地方的管辖权，改变了长期以来的路（府）、州、县三级行政区划，对调整中央与地方的关系、加强中央集权发挥了重要作用。[6]

二、辽金元朝法律制度的继承与创新

契丹建国前，私有财产和贫富差别已经产生，部落首领和军事新贵为维护私产和秩序，用习惯法禁约部民的行为，已有断狱的记载。随着逐步掠入，以及日益繁多的诉讼，"犯罪者量轻重决之"的临时临事判决已不能适应客观形势，制订成文法的必要性日益凸显。辽太祖神册六年（921年），"乃诏大臣定治契丹及诸夷之法，汉人则断以律令"。太宗时规定渤海人适用汉法。"治契丹及诸夷之法"当是辽朝制订的适用于统治北方诸部族的成文法典，"律令"则是唐朝的法律。在社会发展、民族交流的基础上，辽圣宗时期对法律作了重要调整，大体包括三方面：一是对契丹、汉人分别量刑的平衡，如契丹、汉人相殴致死同法处置，契丹人犯十恶罪也断以唐律；二是减轻契丹法中刑罚过重的部分，如旧法规定盗窃赃满10贯，首犯处死，调整后增至25贯；三是根据形势的发展变化，对旧法进行必要的修订和补充。兴宗重熙五年（1036年），颁布经过修订的《重熙条制》，共547条，更多地吸收了唐律的精神。道宗想进一步使番汉法律整齐划一，下诏更定《条制》，原则上凡合于唐律的保留，不合唐律的删掉。由于客观条件的不成熟以及官吏、豪强的舞弊阻挠，道宗的法制改革没有成功，重新恢复《重熙条制》。[7]

"金初，法制简易，无轻重贵贱之别，刑、赎并行。"具体而言，就是部落联盟时代的习惯法，"旧俗，轻罪笞以柳葼，杀人及盗劫者，击其脑杀之，没其家赀，以十之四入官，其六偿主，并以家人为奴婢。其亲属欲以马牛杂物赎者从之。或重罪亦听自赎，然恐无辨于齐民，则劓、刵以为别。其狱则掘地深广数丈为之。太宗虽承太祖无变旧风之训，亦稍用辽、宋法。"金太宗时占领中原地区，用女真法处理封建经济关系发达的中原地区的矛盾纷争，显然是不合时宜的，援用辽、宋法是必然选择。熙宗皇统年间，"以本朝旧制，兼采隋、唐之制，参辽、宋之法，类以成书，名曰《皇统制》，颁行中外"。《皇统制》是金朝第一部成文法。海陵王正隆年间有《续降制书》、世宗大定初年有《军前权宜条理》《续行条理》颁行，与《皇统制》并行。大定十九年（1179年），在以上法律的基础上，"伦其轻重，删繁正失"，颁行《大定重修制条》，凡1190条。章宗大力推动修订法典的工作，指导原则是："用今制条，参酌时宜，准律文修定，历采前代刑书宜于今者，以补遗阙，取《宋刑统》疏文以释之，著为常法。"经过多年的修订，泰和元年底告成，定名《泰和律义》，同时完成的还有《泰和（律）令》《新定敕条》及《六部格式》，这标志着金朝建立起较为完备的法律制度。[8]

成吉思汗建立政权后，主要依据蒙古习惯法，随时颁布过一些被称作"大扎撒"的法令，重点是巩固汗权、遏制各部族对汗权及被征服民族对蒙古国统治的反抗，其次是确定对私有财产的保护。在征服西域、中原的过程中，根据形势的变化，接受各族上层人士的建议，因地制宜制定法令。如在汉族士人郭宝玉的建请下，成吉思汗"颁条画五章"，内容包括：出军不得妄杀；刑狱惟重罪处死，其余杂犯量情笞决；蒙古、色目、汉人各验丁、地签军；年十五以上成丁，六十破老等。[9]窝阔台汗时，契丹人耶律楚材"条便宜一十八事颁天下"，包括：州郡置长吏治民事，设万户总军事；存恤中原民户，州县非奉上命，敢擅行科差者有罪；贸易借贷官物者有罪；蒙古、回鹘、河西党项人种地不纳税者死；监主自盗官物者死；犯死罪者，申奏待报，然后行刑等。[10]这些法规都是为有效统治新征服地区，建立社会秩序而制定的。

成吉思汗统治时期，对各民族基本上是因俗而治。对蒙古族的治理主要适用"大扎撒"，对西域各民族的统治沿用回鹘、西辽等政权的法令，在原金朝统治区主要适用金朝的《泰和律》。当时的统一是松散的，各地各民族的军阀拥有较大的治权，中亚及今新疆部分地区的统治者逐渐脱离了大汗的控制。忽必烈继承汗位后，决心用包括法律在内的各种手段结束各地各自为政的混乱局面，建立大一统的中央集权国家。中统二年（1261年），颁行《中统权宜条理》，制文称："我国家以戎旃而开建，于禁网则阔疏。虽尝有所施行，未免涉于简略。或得于此而失于彼，或轻于昔而重于今。以兹奸猾之徒，得以上下其手。朕惟钦恤，期底宽平。乃姑立于九章，用颁行于十道。比成国典，量示权宜；务要遵行，毋轻变易。"[11]至元八年（1271年）以前，先后颁行的法令还有《中统条格》《至元新立条格》《科税条画》《恢办课程条画》《立总管府新定条画》《设立宪台格例》《尚书省奏定条画》等，内容广泛涉及行政、监察、经济、司法诸领域。至元八年，下诏禁行《泰和律》。[12]

　　禁行《泰和律》后，"大小之法，尚远定议"[13]，就是说元朝的立法工作还远不能适应现实的需要。直到至元二十八年（1291年），颁行《至元新格》，包括公规、治民、御盗、理财等"十事"[14]，但也不过"宏纲大法不数千言"[15]，与一部完整法典所要求的规模体例相去甚远。当时司法处于"有例可援，无法可守"的局面，"内而省部，外而郡府，抄写格例至数十册，遇事有难决，则检寻旧例，或中无所载，则旋行议拟，是百官莫知所守也。民间自以耳目所得之敕旨条令，杂采类编，刊行成帙，曰《断例条章》，曰《仕民要览》，各家收置一本，以为准绳。试阅二十年间之例，校之三十年前，半不可用矣。更以十年间之例，校之二十年前，又半不可用矣。是百姓莫知所避也。"[16]成宗、武宗、仁宗时期，都做过补充、修订法律的工作。截至武宗至大二年（1309年），太祖以来所行政令凡九千多条，缺乏统一的整理和修订，朝臣认为"累朝格例前后不一，执法之吏轻重任意"，亟须"删除繁冗，使归于一，编为定制"[17]。英宗至治三年（1323年），在仁宗朝纂集编修累朝格例的基础上，经过进一步审订，颁布了内容充实、体例完善、具有法典性质的《大元通制》。

　　《大元通制》由三部分组成，一是"诏制"94条，专载皇帝诏书；二是"条格"1151条，性质上与唐、宋、金之令、格、式大致相当，分祭祀、户令、学令、选举、宫卫、军防、仪制、衣服、公式、禄令、仓库、厩牧、田令、赋役、关市、捕亡、赏令、医药、假宁、狱官、杂令、僧道、营缮、河防、服制、站赤、榷货27门；三是"断例"717条，是判决例与法规的混合汇编，按唐律十二章编排，除总则性质的"名例"外，包括卫禁、职制、户婚、厩库、擅兴、贼盗、斗讼、诈伪、杂律、捕亡、断狱11门，内容大体上属于唐宋以来"律"所调整的范围。[18]顺帝时期，又以《大元通制》颁行以来"朝廷续降诏条，法司续议格例，岁月既久，简牍滋繁，因革靡常，前后衡决，有司无所质正，往复稽留，奸吏舞文"[19]，重新修订，至正五年（1345年）颁行，名为《至正条格》，包括"制诏"150条，"条格"1700条，"断例"1059条。

《大元通制》和《至正条格》包含了历代法律中律、令、格、式、敕的主要内容，在元朝具有高于其他法律渊源的效力，具有一代法典的性质。而其中的"断例"部分选编具体案例，供法官判决时参照，其判例、判词具有法律效力，这在中国法制史上是独特的。与前代唐、宋、金及后代明、清等王朝制订有统一的刑律不同，元代的法律体系主要是由以"条格""断例"形式颁发的单行法构成的。其实，元世祖、成宗时期，一再下令群臣讨论并制订律令，但长期修律未果。个中原委大概正如元世祖时的儒士胡祗遹所言："法之不立，其原在于南不能从北，北不能从南……以南从北则不可，以北从南则尤不可。南方事繁，事繁则法繁；北方事简，事简则法简。以繁从简，则不能为治；以简从繁，则人厌苦之。"[20] 这里说的"南"，指中原汉族地区，"北"指蒙古草原地区。除事有繁简外，蒙古贵族对采行汉地法律具有很强的逆反、排斥心理，"万世国俗，累朝勋旧，一旦驱之下从臣仆之谋，改就亡国之俗，其势有甚难者"[21]。与"律"文相比，"断例"具有因时因地因民族之不同善于变通的优点。但由于同一犯罪事实往往可以从不同的角度与不同的"断例"相比附，罪同罚异的现象很多。加之元朝官吏普遍素质低下，官场风气败坏，应用"断例"判案反倒给贪官污吏上下其手、因缘为奸提供了便利。"如甲乙互讼，甲有力则援此之例，乙有力则援彼之例，甲乙之力俱到，则无所可否。"[22] 故后来明太祖朱元璋总结说："唐宋皆有成律断狱，惟元不仿古制，取一时所行之事为《条格》，胥吏易为奸弊。"[23]

第二节　辽金元朝防治腐败的实践与法规

一、惩治腐败 立法反贪

辽中期，朝廷曾多次颁布法规整顿吏治。圣宗初年，诏谕京府州军之官员秉公执法，不得阿谀奉承；各县遇州官及朝使非理征求，不得畏怯徇情。[24]太平六年（1026年），圣宗下诏批评达官贵人恃权违法的行为，并立法予以防治："朕以国家有契丹、汉人，故以南、北二院分治之，盖欲去贪枉，除烦扰也；若贵贱异法，则怨必生。夫小民犯罪，必不能动有司以达于朝，惟内族、外戚多恃恩行贿，以图苟免，如是则法废矣。自今贵戚以事被告，不以事之大小，并令所在官司按问，具申北、南院覆问得实以闻；其不按辄申，及受请托为奏言者，以本犯人罪罪之。"同年，颁布制诏："大小职官有贪暴残民者，立罢之，终身不录；其不廉直，虽处重任，即代之；能清勤自持者，在卑位亦当荐拔；其内族受赂，事发，与常人所犯同科。"[25]兴宗重熙九年（1040年），诏令"诸犯法者，不得为官吏"；次年，诏令"诸职官私取官物，以正盗论"。[26]

金世宗重视整肃吏治。首先是颁诏倡导"廉平"，戒谕官吏贪墨；[27]其次是立法防贪反贪。大定三年（1163年），诏令胥吏犯贪赃罪，即使遇赦放免，也不得再录用。大定十八年规定，职官贪赃两次，无论赃数多少，一律免官，因为"始犯赃罪，容有过误，至于再犯，是无改过之心"[28]。尚书省奏顺州军事判官崔伯时受赃不枉法，准制当削官停职。世宗认为："受财不至枉法，以习知法律故也。所为奸狡，习与性成，后复任用，岂能自悛？虽所犯止于追官，非奉特旨无复录用。"[29]他还下令同僚互相监督。大定十二年（1172年），荆王完颜文在大名府任上不法事暴露，世宗颁诏："自今长官不法，僚佐不矫正，又不言上，并严行惩断。"[30] 二十六年，制订官员贪赃同僚互相检举法。[31] 再次，严惩腐败官吏。大定十年（1170年），安化军节度使徒单子温、副使老君奴，因贪赃伏诛；二十二年，寿州刺史、同知、军事判官、榷场副使等官员收受商人的贿赂，听任违禁货物出界，皆被处死。[32]

元朝初期，王公贵族在征服战争中肆意烧杀掳掠，中原各地军阀混战，社会处于混乱无序的状态。王公贵族、军阀世侯在自己的领地内拥有生杀予夺大权，他们任命的各级官吏有如鹰犬一般，媚上虐下，中饱私囊，这是一个政治上的黑暗时期。当时中原地区"州县之官或擢自将校，或起由民伍，率昧于从政。甚者，专以掊克聚敛为能，官吏相与为贪私以病民"[33]。如"东平将校占民为部曲户，谓之脚寨，擅其赋役，几四百所"，而"河南刘万户贪淫暴戾，郡中婚嫁，必先略之，得所请而后行，咸呼之为翁。其党董主簿，尤恃势为虐，强取民女有色者三十余人"。[34] 成吉思汗、窝阔台汗时期，耶律楚材奏请颁诏止贪暴、遏骄横，但随着他的失势，统治秩序再陷混乱。蒙哥汗时期，忽必烈奉命经营中原，着手整顿秩序，惩治贪官污吏。而政治法律制度的建立，社会秩序的安定，腐败现象受到一定程度的遏制，还是在元世祖忽必烈建立元朝以后实现的。

元世祖首先限制或剥夺王公贵族、军阀世侯生杀予夺的大权，确立皇帝的绝对权威，使地方置于中央政府的控制之下。禁止诸王、后妃、公主、驸马私自遣使招收民户，征收钱财，擅取官物，断决民间词讼。禁止诸王贵族、使臣、军人恃势扰民。改变以往由沿途百姓供应来往官僚贵族、军人食宿的惯例，规定官给，禁止他们擅入州县、市镇、乡村。[35]

其次，惩处贪官污吏。元世祖即位后，诏十路宣抚使劝课农桑，问民疾苦，惩处贪官污吏。[36] 至元元年（1264年）八月，太原路总管攸忙兀带坐藏甲匿户，罢职为民。至元二年正月，邳州万户张直等违制贩马被处死；真定路总管张宏任职济南时贪污公物，以告发李璮有功免死罪，罢职。至元四年七月，大名路达鲁花赤爱鲁、总管张弘范因贪污公款罢官。至元十三年正月，大名路达鲁花赤小铃部因贪赃伏法，籍没其家。至元十九年九月，诏谕官吏犯赃罪，轻者杖决，重者处死；台察官知而不纠，同罪。[37]

在惩贪的同时，元世祖十分重视对官员的教育和人才的培养，重视以史为鉴。他让名儒王思廉、赵璧等讲读《资治通鉴》《大学衍义》等给他和大臣们听，让窦默、姚枢、王鹗、许衡、王恂等给太子、诸王及其他官僚贵族子弟讲授儒家经典。他设立各级学校，让官僚贵族子弟入学受教，不仅掌握必要的文化知识，更重要的是接受三纲五常的礼教。[38]崇儒尚文的真金太子，虚心向宫师府的儒学侍从咨访古今治道，"每与诸王近臣习射之暇，辄讲论经典，若《资治通鉴》《贞观政要》，王恂、许衡所述辽、金帝王行事要略。"[39]元世祖强调风宪官所到之处肃清风俗，教化官民。如要求按察司官赴任后"宣明朕意，勿求货财。名成则货财随之，徇财则必失其名，而性命亦不可保矣"[40]。他还褒奖、酬赏清廉的官员，使官员们知荣辱，廉洁自律。[41]元世祖曾下诏求直言，开言路，凡政事之未便，人情之未达，朝廷得失，军民利害，官庶并得密封闻奏。[42]他还特别强调言者无罪，"其言可采，优加旌擢，如不可采，亦无罪责"[43]。这对肃贪也多少是有积极意义的。后来元朝的历代皇帝，特别是崇尚汉法、较有作为的仁宗、英宗、文宗，也都继承了世祖反腐倡廉、重视教育和防范腐败的做法。同时，元朝在反贪惩贪的法制方面也有可取之处。

赃罪条例。世祖至元二十年（1283年），颁布官吏赃罪法[44]，内容今已不详。至元二十九年三月，省、台共定赃罪十三等，枉法者五等，不枉法者八等。成宗元贞二年（1296年）六月，正式颁布施行。大德七年（1303年）三月修订为《赃罪十二章》。[45]具体内容是："诸职官及有出身人等，今后因事受财，依条断罪。枉法者除名不叙，不枉法官须殿三年，再犯不叙。无禄官减一等。以至元钞为则，枉法：一贯至十贯，四十七下，不满贯者，量情断罪，依例除名；一十贯以上至二十贯，五十七下；二十贯以上至五十贯，七十七下；五十贯以上至一百贯，八十七下；一百贯之上，一百七下。不枉法：一贯至二十贯，四十七，本等叙，不满贯者，量情断罪，解见任，别行求仕；二十贯以上至五十贯，五十七，注边远一任；五十贯以上至一百贯，六十七，降一等；一百贯以上至一百五十贯，七十七，降二等；一百五十贯以上至二百贯，八十七，降三等；二百贯以上至三百贯，九十七，降四等；三百贯以上，一百七，除名不叙。"[46]"枉法"就是"曲法受财","不枉法"是指"受有罪人钱,判断不曲者"。"除名"是"谓官除其品职吏名,其所役与民一体也","不叙"则"谓既犯赃私,职役已罢,虽有前资,再不叙用也"[47]。"殿"即"殿年",停职反省的年限。元朝法律对"枉法"的解释是:"一受讫为事无理人钱物,断令有理;一受讫有罪人钱物,脱放;一受钱买嘱,刑及无辜;一教令有罪人妄指平民,取受钱物;一违例卖官,及横差民户充仓库官、祗待头目、乡里正等,诈取钱物。"对"不枉法"的解释是:"一馈献、率敛津助人情,推收过割,因事索要勾事纸笔等钱,及仓库院务搭带分例、关津、批验等钱,其事多端,不能尽举;一与钱人本宗事无理或有罪,买嘱官吏求胜、脱免,虽已受赃,其事未曾枉法结绝,合从不枉法科断。"[48]职官坐赃罪,再犯者加本罪三等治罪,终身不叙。[49]

赃官自首减免处罚。贪赃官吏自首,如属初犯,并退出赃款的,可免予处罚,只在解由（按:类似官员的人事档案）内标注。再犯,官员即便自首,也依据情节轻重予以处罚,罢免或降职使用;吏员则不计赃物多少一律勒退。如是知道有人要告发而自首的,或闻知事发而退赃给行贿人的,减罪二等处罚。自首时交代问题不尽不实,据不尽之赃量刑定罪。台宪官吏受赃,不在准首之列。[50]

惩治官吏家属收受贿赂。元朝法律规定:"诸官吏家人受赃,减官吏法二等坐。官吏初不知,及知即首,官吏家人俱免;不即首,官吏减家人法二等坐,家人依本法。若官吏知情,故令家人受财,官吏依本法,家人免坐。官吏实不知者,止坐家人。"[51]文宗至顺元年十月起,家人受赃,一律依照《赃罪十二章》治官吏罪。[52]

造《赃滥册》。御史台、各道廉访司造册备案,记录赃官姓名、审讯供词、断罪、黜降缘由、追征赃款、罚款情况,并通报有关部门,"照会各官解由内明白开写"[53]。入《赃滥册》者,提拔任用会受限制。

二、元朝对行政、司法腐败的防治

责任连带。监临之官（上级部门或本部门的长官）知所部有犯法而不举劾,纠弹之官（监察官）知而不举劾者,减罪人罪五等治罪。任满官员,有关部门徇情滥给解由,一经查实,申台呈省追究其责任。[54]

圆押制度和公座圆问。中央、地方各级官府的官员"圆坐署事",集体讨论公事,作出的决定形诸文字,在场官员"圆押",以示集体负责。提审罪犯,府州司县长贰官、首领官"公座圆问",共同审讯,集体讨论,作出判决,并在判决书上"圆签文字"。[55]

官吏避籍。至元二十八年(1291年),中书省奏请"迁转官员,自己地面里休做官"[56],得到元世祖的批准。成宗大德三年(1299年),淮西江北道廉访使纥石烈卒等奉命"赍诏书前去江西行省等处开读"(即奉使宣抚),有感于江西行省所辖路、府、州、司、县司吏"假公行私,县吏暗分乡都,州吏分县,府吏分州,起灭词讼,久占衙门,败坏官事,残害良民",会同行省官员起草文件,拟定"州县司吏,于本路所辖州县内避籍迁转,路司吏于本省所辖路分避贯迁调",并建议"各道廉访司书吏、奏差避道迁调"[57],中书省、御史台同意他的意见,并在全国推行。

限制王公贵族的司法权。中统二年(1261年)九月,禁诸王、驸马私决民间词讼,悉听朝廷命官处置;次年四月,诏令贵族官僚之部曲犯重罪,经审问后,必须奏闻朝廷,才能裁决、处置。[58]至元后期,规定诸王投下民户的诉讼由王傅和达鲁花赤共审,没有达鲁花赤的,才由王傅审决。[59]成宗即位后,禁治诸王府擅决属下罪犯,擅治官吏罪。[60]

治安与司法分离。元代,"诉讼人,先从本管官司,自下而上,依理陈告。"[61]"本管官司"指的是县衙及县级的录事司(按:负责路、府治所城市行政事务),即司、县衙门。负责地方治安的巡检司、县尉等部门及弓手人员捕获盗贼,简略讯问即须牒发司、县衙门审讯,无权审讯或接受诉讼。[62]

重大案件逐级审理,中央终审。诉讼始自司、县衙门,一般的民事、刑事案件,司、县衙门即可作出判决。但对于比较重大的刑事案件,则须逐级审理,"司、县略问是实,即合解赴各路、州、府推问,追勘结案"[63]。按规定,"诸杖罪五十七以下,司、县断决;八十七以下,散府、州、军断决;一百七下以下,宣慰司、总管府断决;配流、死罪,依例勘审完备,申关刑部待报。申扎鲁花赤者亦同。"⁶⁴宣慰司、路总管府的判决结果，由廉访司审核，审核无异议，再将案卷移交宣慰司、路总管府，申报刑部或大宗正府。⁶⁵行省制度确立后，腹里（中书省直辖区）以外各宣慰司、路总管府的判决要经行省复核，再上报中央。刑部或大宗正府审核腹里宣慰司、路总管府、行省上报的案卷，主要是流刑、死刑这样的重大案件。特别是死刑，须由有司再三审理，上奏皇帝终裁。⁶⁶

设置登闻鼓院。至元十八年（1281年）三月，设置登闻鼓院。有冤者赴省、台申诉，对省、台裁决仍不满的，击鼓上报皇帝。⁶⁷

约会制度。在司、县的管辖范围内，除民户外，往往还居住着盐灶户、军户、站户、投下户等诸色户计。各种户都有本系统的管理机构，司、县衙门管辖的主要对象是民户，对其他人户只有部分的管辖权，有的甚至完全不能过问。当不同户计的人员发生纠纷时，民户以外的各色人户依仗自己不属地方行政机构管辖，往往逃避审讯。世祖至元二年（1265年）规定："投下并诸色户计，遇有刑名词讼，从本处达鲁花赤、管民官约会本管官断遣。如约会不至，就便断遣。"⁶⁸后来进一步扩大了司、县衙门对诸色户计的司法权，约会审讯的范围仅限于"斗殴、争驱良、婚姻、家财、债负等"，而且"三遍约会不来阿，管民官就便依体例归断者"。⁶⁹约会制度既保留了投下机构与其他诸色人户管理机构的一定司法权，又保证了地方司法权的集中统一。

会审制度。对重大案件的审理，元朝政府常常任命中央各机构的官员，分赴各地，与地方官如行省、行台、宣慰司、廉访等部门官员会审决囚。后来逐渐固定为"五府会审"制度。五府即中书省、枢密院、御史台、大宗正府、刑部，按规定，五府选派官员，每三年一次到各地会审要案、疑案、冤案。⁷⁰

三、元朝对军事、经济腐败的防治

至元二十九年（1292年），为防止军官非法敛财、役使军人，御史台制定了有关禁令，包括：军官除规定的勤务兵外，不得额外多占，不许役使勤务兵为自家从事修造、运输、经商等活动；不得私下向军人索要钱物，不得借生辰、送行、洗风接尘、婚礼等名义收受财礼、接受吃请；不得克扣下级军官、胥吏的俸禄；不得差占屯田军人及官牛官车耕种自家田地，运输私物。"[71]至元三十一年六月，成宗即位后不久，枢密院会同御史台制定了整治军官违法乱纪的条令：今后签补军人，由各行枢密院根据征兵数、距离远近，选差清廉精干军官赴各地签补。如果依旧不用心办理，只顾向军户索要钱物、债务，非法接受军户状子、审理案子，令各道廉访司监查，军户奥鲁官（专管军人家属）监督，报告枢密院依法治罪。奥鲁官监督不力，知而不举者同罪。[72]对军官放债取息，大德十年（1306年）五月诏令："管军官吏放债，照依通例取息，岁月虽多，不过一本一利。如有取利无度，番息作本，以致军户损乏者，追息回主，仍与治罪。"[73]仁宗即位后颁布《拯治军官军人条画》，针对签补军人中放富差贫、骚扰军户的弊端，提出"今后起补似此军人（按：指逃亡事故军人），明白开申各各军人花名籍贯，内则枢密院，外则行省，差廉干官员，与路府州县、奥鲁正官一同起遣。若有重役贫乏军人，磨勘是实，连衔具呈枢密院定夺存恤。如有受贿作弊者，依条断罪"[74]。

军官违规犯法依民官例处罚。元成宗大德五年（1301年），诏令军官受赃与民官同例处罚，"依着十三个体例里断罪"，即据"赃罪十三等"量刑，予以降职或罢黜；军官受命而托故不及时赴任、办完差事不及时回禀，准民官例处罚。[75]仁宗延祐四年（1317年），规定"各处奥鲁官与征取起发（按：军人盘缠）军官，妄作事故，欺诈盗用钞数，合将当该正官、首领官吏，取问明白，验赃依《十二章》枉法例论罪"[76]。

经济审计。各级监察官负有经济审计职责。此外，中央及地方各级行政、经济管理部门普遍设置有类似审计的官员，通称"照磨"或"管勾"。如中书省置照磨一员，"掌磨勘左右司钱谷出纳、营缮料例，凡数计、文牍、簿籍之事"。户部置都提举万亿宝源库等四库照磨兼架阁库管勾一人，掌磨勘四库钱帛出纳。将作院置照磨管勾一员，诸路金玉人匠总管府置照磨、管勾各一员，掌磨勘本院、本府手工业原料和成品的出纳。行省置照磨所。户部、工部置司计、司程官各四人，负责钱粮和工程项目的审计。[77]此外还不定期派遣官员"理算"，即审核行省、路府、茶、盐转运司、财赋府等部门的钱粮出纳。[78]桑哥当政时期，尚书省还曾置征理司，专门负责钩考（即审查）、追缴钱谷事；派遣省、院、台官"理算"江淮、江西、福建、四川、甘肃、安西六省钱谷。[79]元朝"考计财赋，自有常制；催办给授，各有等务"，如规定"诸钱粮等物，户部立式，其使诸处每季一报到部，委官检较。但有不应，随即追理。年终通行照算"，"各处置立文簿，编写收支体例，常加检举。另置收办乡贡出产、官房、田土、牛马、租课等系官之物文簿，仍呈行省照验"。[80]

仓库出纳法。《至元新格》规定：1."诸出纳之法，须仓库官面视称量检数，自提举、监支纳以下、攒典合干人以上，皆得互相觉察。有盗诈违法者，陈首到官，量事理赏。其有侵盗钱粮，并滥伪之物，若犯人逃亡，及虽在无财可追者，并勒同界官典、司库、司仓人等一体均赔（按：原文误作'陪'）。" 2."诸支纳钱粮、一切官物，勘合（按：指收支证明）已到仓库，应纳者经十日不纳，应支者经一月不支，并须申报元发勘合官司，随即理会。其物已到仓库，未得勘合者，亦如之。" 3."诸路收受差发（按：即科差，包括丝料、包银），自开库日为始，本路正官一员轮番检察，并要两平收受，随时出给官府（按：原误作'户'）朱钞，无使刁蹬停留人难。诸州置库去处并同。" 4."诸仓收受米粮，并要干圆洁净。当该上司各取其样，验同封记，一付本仓收掌，一于当司存留，仍须正官时至检校。其收支但与元样不同，随即究治。" 5."诸仓库钱物，监临官吏取借侵使者，以盗论；与者，其罪同。若物不到官（按：原误作'宫'）而虚给朱钞者，亦如之。仍于仓库门首出榜，常川禁治。" 6."诸仓库赤历单状（按：指出纳记录），当该上司月一查照。但开附不明，收支有差，随事究问。" 7."诸仓库官新旧交代，在都，本管上司委官监视；在外，各路正官监视；沿河仓分，漕运司官监视。凡应干收支文凭，合有见在官物，皆须照算，交点明白，别无短少、滥伪之数，旧官具数关发，新官验数收管。仍须同署，申报合属上司照会。既给交关之后，若有短少、滥伪之物，并于新官名下追理。"[81]

仓库官吏盗赃法。成宗元贞元年（1295年）颁布，主要内容是：1."仓库官吏人等盗所主守钱粮，一贯以下决三十七，至十贯杖六十七，每二十贯加一等，一百二十贯徒一年，每三十贯加半年，二百四十贯徒三年，三百贯处死。计赃以至元钞为则。"2."诸仓库官知库子、攒典、斗脚人等侵盗移易官物,匿不举发者,与犯人同罪;失觉察者,减犯人罪四等。"3."诸仓库大小官吏人等,皆得互相觉察。其有侵盗钱粮,即将犯人财产拘检见数,准折追理。若犯人逃亡及无可追者,并勒同界官典人等立限均赔。"[82]

官营手工业部门管理条例。《至元新格》规定:1."诸营造,皆须视其时月,计其工程,日验月考,毋使有废……其监造官仍须置簿常切拘检,当该上司时至点校,不致虚延月日,久占夫工。"2."诸造作物料,须选信实、通晓造作人员审较相应,方许申索。当该官司体覆(按:审核)者,亦如之。有冒破不实,计其多少为罪;已入己者,验数追偿。"3."诸造作官物,工毕之日,其元给物料,虽经覆实而但有所余者,须限十日呈解纳官。限外不纳者,从隐盗官钱法科。"4."诸局分造作,局官每日躬亲遍历巡视,工部每月委官点检,务要造作如法,工程不亏。违者,随即究治。"5."诸造作支破钱物,工毕之日,其亲临总司即须拘集当该官吏,一一照算完备,本司检勘无差,合除破者,依例开申除破,合还官者,从实解纳还官,毋使隔越岁时,致难理算。"[83]

第三节　辽金元朝的监察制度

一、监察机构

辽朝官分南北,监察机构亦分属南、北面官系统,即御史台(别称南枢密院中丞司)、北枢密院中丞司。御史台置于太宗时,设御史大夫、御史中丞等官。北枢密院中丞司设置稍晚,置左中丞、右中丞、知中丞司事、同知中丞司事,为长贰官。后来有亲王任过总领(北、南枢密院)中丞司事,点检北、南枢密院中丞司事。辽兴宗重熙二十年(1051年)十一月,"罢中丞记录职官过犯,令承旨总之"[84]。承旨即枢密院都承旨,以之总领纠察事务,似乎只是一时的。

金朝的御史台始置于太宗或熙宗时期，健全于海陵王的"正隆官制"。置御史大夫（从二品，与尚书省参知政事同品）、御史中丞（从三品，六部尚书为正三品）各一员，侍御史（从五品）、治书侍御史（从六品）、殿中侍御史（正七品）各二员，监察御史（正七品）十二员，此外有典事、检法、狱丞等官及吏员若干人。负责规谏讽喻的谏院置左、右谏议大夫（正四品），左、右司谏，左、右补阙，左、右拾遗等官员。金朝常常台谏并称，它们共同构成中央的监察机构。金章宗即位后，设置九个提刑司（后改称按察司）分路监察，"专纠察黜陟，当时号为外台"[85]。提刑司（按察司）置使（正三品）、副使（正四品）、判官、知事、知法等官员。御史大夫多由女真贵族担任，其他官员则以女真、汉人参用。各级监察官多任用进士，章宗时有人提出："监察乃清要之职，流品自异，俱宜一体纯用进士。"[86]关于监察官的选任，世宗时的吏部尚书梁肃上疏建议："台官自大夫至监察（御史），谏官自大夫至拾遗，陛下宜亲择，不可委之宰相，恐树私恩，塞言路也。"[87]世宗采纳其说。原来用人权在宰相，后来由皇帝任命重要官员，一般的官吏则"台官得自辟举"[88]。

元朝监察机构的设置始于世祖至元五年（1268年）立御史台，次年"立四道按察司"[89]。统一全国后，监察机构进一步完善。御史台之下，置江南、陕西两处行御史台（原来先后设置了江南、河西、云南三处行台，后撤销河西行台，迁云南行台于陕西），御史台（中台、内台）、行台（外台）分领全国二十二道提刑按察司。御史台置御史大夫（从一品，至元二十一年升，品同中书省平章政事、枢密院之长知院，仅次于正一品的左、右丞相）、御史中丞（正二品，大德十一年升，品同中书左、右丞、同知枢密院）、侍御史（从二品，大德十一年升，品同中书参政、枢密副使）、治书侍御史（正三品，大德十一年升，品同六部尚书）各二员。御史台下属机构有二：一是殿中司，置殿中侍御史（正四品）二员；一是察院，置监察御史（正七品）三十二员。御史台直辖山东东西道、河东山西道等内八道。江南诸道行御史台治建康（集庆路，今南京市），统江东、江西、浙东、浙西等十道；陕西诸道行御史台治京兆（奉元路，今西安市），统汉中、陇北、四川、云南四道。外台设官品秩同内台，也置察院，唯官吏员额不等。至元二十八年（1291年），改提刑按察司为肃政廉访司，每道廉访使（正三品）、副使（正四品）各二员，佥事（正五品）四员。以上正官（长、贰官）之外，内外台、廉访司都有数量不等的首领官（幕职、幕官）和吏员。

元朝不设谏院，御史台职兼谏议，故有台谏之称。"今朝廷不设谏官，御史职当言路，即谏官也"[90]。元朝内台外台、廉访司的长官主要由蒙古、色目贵族、功臣的后裔担任，而且多出身怯薛；贰官以下，参用汉人，而南人入选的机会则微乎其微。出身怯薛的监察官员由皇帝直接任命，而各投下主也有权保用监察御史。其他的监察官吏，主要是由御史台选用的。起初，监察官是从省选常调官内选用的，后来，"御史台用人止于本台举用人内互相调转。其肃政廉访司官、监察御史、首领官任满解由，台呈到省，或有不即迁转者，所以省、台之选，自分为二。"[91]至元十九年（1282年），在御史中丞崔彧的建议下，监察御史归由本台选任。成宗大德元年（1297年）整治台纲，规定监察官仍由省、台通选，但并未改变省、台各为一选的大趋势。大德十一年（1307年），御史台臣奏称"中书省、枢密院、御史台、宣政院得自选官，具有成宪"[92]。英宗至治二年（1322年）正月，御史台奏称，风宪官"难同有司选法，理算月日，给由铨注"，获准"今后若公事上不肯向前，风宪里不宜入来的，将他们的脚色呈与省家迁叙；肯向前行的，俺风宪里升用"。[93]进一步明确了省、台分选的原则。监察御史、各道廉访司官"结罪荐举"可任风宪官者，若保举不实或被保人任内违法乱纪，要连坐保举人。[94]御史台、行台官有权黜退违法乱纪的监察御史。[95]御史台或行御史台监察御史负责考核、监督廉访司官员，考察结果上报御史台，以备考绩黜陟。本司吏员违法乱纪，廉访使就便断决。[96]监察官员犯赃，比其他官府的官员加一等治罪，不因自首而免罪，不因大赦而赦，一律除名不用。重者籍没家产，流放远地。[97]

二、监察机构的运作

金代的御史台"掌纠察朝仪、弹劾官邪、勘鞫官府公事。凡内外刑狱所属理断不当，有陈诉者付台治之"，按察司"掌审察刑狱、照刷案牍、纠察滥官污吏豪猾之人、私盐酒曲并应禁之事，兼劝农桑，（使）与副使、签事更出巡案"。[98]按察司不仅监察州县，对猛安谋克也有纠举之责。金章宗训诫新任谏官说："国家设置谏官，非取虚名，盖责实效，庶几有所裨益。卿等皆朝廷选擢，置之谏职，如国家利害、官吏邪正，极言无隐。"[99]元代台谏合一，御史台、行御史台、肃政廉访司"专一弹劾百官奸邪非违，刷磨案牍，肃清风俗，审理冤滞"[100]。至元五年（1268年）七月颁布的《设立宪台格例》（《立御史台条画》）[101]，规定御史台的具体职责包括：

1.弹劾中书省、枢密院、制国用使司等内外百官奸邪非违，照刷（按：审核）诸司案牍文书，包括各总管府、统军司、转运司、漕运司及各负责管理财务、造作的部门，每季度照刷一次（后改为每半年一次）。

2.中书省、枢密院、制国用使司，凡有公事奏禀皇帝，与御史台官一同奏禀。

3.纠察刑名违错、赋役不均、擅自科差及造作不如法、和买不依时价、冒支官钱。

4.省部铨选任命官员，负责监选。官员任满不迁转，或不依法迁转，纠察改正。

5.纠察官吏侵吞、挪用、借贷公产公款及收受贿赂。

6.纠察税务、征榷专卖等部门违错。

7.纠察司法不公，平反冤假错案。

8.纠察贪官污吏、不称职的官员，奏举廉洁奉公、有才干的官员。

9.纠察官员禁治私盐私酒、缉捕盗贼不力，纠察沮坏钞法者。

10.纠察官员隐瞒灾情，不及时申报、治理蝗灾，不依法救济贫穷及孤老残疾。

11.纠察由于失职致使户口流散、籍账隐没、农桑不勤、仓廪减耗、黠吏豪强兼并纵暴的官员。

12.纠察求仕人、诉讼人奔走私第请谒拜托有关官员，纠察官吏出入茶坊酒肆。

13. 纠察军中违错，如私放军人，让人冒名顶替军人，虚报军功，边城不完等。

14. 上级主管部门明知所部有人犯法而不举报的，减罪人罪五等；监察官知而不纠弹的，亦减罪人罪五等。

15. 其他一切应当纠察的，并行纠察。有奏报禀告的事情，可就便闻奏。

可见御史台的监察范围十分广泛，几乎包含了元朝民政、财政、军政、吏治、司法等各个领域。以后又陆续颁布了《立各道提刑按察司条画》（至元六年）、《立行御史台条画》（《行台体察等例》）、《立江南提刑按察司条画》（以上至元十四年）、《廉访司合行条例》（至元二十九年）等法规，构成了有元一代监察系统的法律体系。[102] 行台、廉访司的职能与御史台基本相同，只不过监察对象限于行中书省、宣慰司及其下属各级机构。

按规定，职官犯罪，受宣官咨御史台闻奏，受敕官听行御史台裁决，受省札人员听廉访司（提刑按察司）裁决；行台、提刑按察司纠察行省以下各部门，行台监察行省，宣慰司以下由廉访司（提刑按察司）监察；违限者就便处分；死刑犯，路、府、州初审后移交廉访司（提刑按察司）复审，复审无冤，路、府、州申报行省，行省报送中书省（腹里路、府、州直接报送中书省），由皇帝终裁。[103] 大德五年（1301年），取消元贞元年（1295年）以来廉访司与上级行政部门官员会审下级行政部门官员的规定，廉访司依旧单独裁审。[104]

台察官履行监察职责，方式之一是定期照刷各官府案牍文卷。发现稽迟、违错的，随时追究责任。尤其对收支钱谷及蠲免差役等文书，须特别仔细审查。[105] 管民官与按察司官一度互相照刷文卷，至元二十八年（1291年）起管民官不再照刷廉访司文卷，由中书省、御史台直接派人查阅、审核。[106]

履行监察职责的另一主要方式是"出巡""按视"。内台、行台的监察御史每年都要赴各地巡按，除检查各级行政、军政部门外，还要"体覆廉访司官声迹"[107]。各道廉访司，"除廉使守司刷按置司去处，其副使、佥事分道出巡，所至词讼填塞，公务纷纭，推问不公，审断狱刑，照刷文卷，点视仓库，及体覆、体察一切公事"[108]。廉访使坐镇本司，直接负责廉访司治所的监察工作，并派副使、佥事分赴管内各州县。副使、佥事各有固定的巡视地区，每年八月中旬出巡，次年四月中旬还司。司官所到之处，还负责审理囚犯，析冤决罪，罪行轻的可就地裁决，罪行重的或有疑点不能决断的，申报御史台呈中书省审决。[109]

台察官有监选及保举之责。如金朝监选故事，"吏部将受除员数及拟定州县名职单目付之监察，本官但凭数临视而已。若中间或有资历先后、品从高下及不应等事，许本官陈告，御史即推究根因，与之改正。"[110]元朝圣旨条画规定："应合迁转官员，如任满不行迁转，或迁转不依格者，委监察纠察，仍令监选。"[111]台察官不仅纠察非违，还有举廉荐能之责，《立御史台条画》和《立行御史台条画》都有明确规定。

元朝的监察官负有言事之责。《设立宪台格例》有"应有合奏禀事理，仰本台就便闻奏"的条例，《立行御史台条画》明确规定："凡可兴利除害，及一切不便于民必当更张者，咨台呈省闻奏。"起初唯监察御史负有言事权，至元二十年（1283年）起，所有台察官都被赋予言责。[112]至元二十四年起，事关机密大事，监察官可实封言事（封章、封事），就是密封文字，不经省、台官开拆而直接上报给皇帝。[113]元顺帝至正七年（1347年）正月，有监察御史奏禀："钦惟世祖皇帝立御史台，以为耳目之寄、纪纲之托，不为不重。设监察御史三十员，振扬中外，纠劾奸邪，事关机密重事，许从上听，取自圣裁，实我皇元累朝之令典，载在方册，昭然有考。若以监察御史所言重事，令台臣开视，然后闻奏，不惟上下之情不通，恐负世祖皇帝始设谏官之美意……今后监察御史所言机密重事，必合上听者，遵依世祖皇帝旧制，仍复御前开拆，公道幸甚。"[114]皇帝批准恢复实封言事、御前开拆的旧制。同年七月，《作新风宪制》重申："三台中丞以下官员、监察御史、廉访司官，凡利害可以兴除，军民休戚、切于时政者，皆职分之所当言，各宜尽心敷陈，以备采择。御史台置建言簿，考其在任久近、所言事大而且多剀切忠尽者升擢。"[115]

朝廷根据需要不定期地向行省派出奉使宣抚，作为监察地方官员的一种补充形式。大德七年（1303年）的七道奉使宣抚共罢免贪官污吏18473人，平反冤狱5176件。泰定二年（1325年）九月遣使宣抚诏："今遣奉使宣抚，分行诸道，按问官吏不法，询民疾苦，审理冤滞，凡可以兴利除害，从宜举行。有罪者，四品以上，停职申请，五品以下，就便处决。其有政绩尤异，暨晦迹丘园，才堪辅治者，具以名闻。"[116] 从诏书看，不定期的奉使宣抚与常设的台察官的职能基本相同，但权威性更强，而且监察机构本身也在奉使宣抚的"按问"范围。次年十月，两浙江东道宣抚使马合某、李让（一作李处恭）劾浙西廉访使完者不花受赂，双方对簿，完者不花不服，有不逊语，诏遣刑部郎中唆住审讯他侮辱使者罪，受笞刑。[117]

第四节　官吏选拔及考核制度的改进

一、辽金元选官用人制度的特色

辽金元三朝的选官用人制度有着迥异于唐宋两朝的共同特色。这主要表现在：

贵族享有世袭或世选特权。这既是贵族的政治特权，也是他们的身份性标志。契丹人实行世选由来已久，至少从唐初起，契丹部落联盟的首长就从同一家族中世选产生。世选是从原始民主选举向世袭的过渡形态。先有"以功为北府宰相，世预其选""世为决狱官"的情况[118]。后有部落首领、军事新贵沿袭旧制，从南北府宰相、诸部节度使到石烈夷离堇、太医、客省使等官职，贵族之家均世预其选。[119] 在金初的对外战争中，女真部落首领、军功新贵被任命为统兵领民的猛安（千户）、谋克（百户）之长，并世袭其职，兄终弟及或父死子继。元制，"万户、千户死阵者，子孙袭爵，死病则降一等；总把、百户老死，万户迁他官，皆不得袭。是法寻废。今无大小皆世其官，独以罪去者否"[120]。世袭或世选而来的官员，普遍素质低劣，骄奢淫逸，腐败在所难免。辽金元朝也继承了中原王朝实行的荫补制度。

宫廷或宫帐祗候承应人是入仕的捷径。辽朝的祗候郎君、护卫、近侍小底，金朝的奉御、奉职（合称近侍）、护卫、符宝郎等宫中承应人，元朝的怯薛，主要来自官僚贵族子弟，构成一支特殊的官僚后备队伍。由于出身高贵，亲近皇帝，他们出职任官尽居显要之位，且迁转快速。尚书省（中书省）、枢密院、御史台的主要官员和封疆大吏，多出自他们。

吏员出职在官僚队伍中所占比重较大。由于辽金元朝长期不重视科举，举子数量少，录取名额有限，贵族官僚子弟以外的一般平民子弟、儒士，主要通过在各级官府担任吏员进入仕途。虽然他们的官位普遍不高，但数量不在其他出身的官员之下。辽兴宗时的枢密使马保忠说"今之授官，大率吏而不儒"[121]，金朝"南渡后，宣宗奖用胥吏，抑士大夫"[122]，元朝"自贵戚世臣、军功武将外，率皆以吏出身"[123]，反映的都是吏员出职授官的"盛况"。吏员有"刀笔吏"之称，虽不乏吏才者，但文化素养、个人修养普遍不高，一般来说难比科举出身的儒士。金世宗说："起身刀笔者，虽才力可用，其廉介之节，终不及进士。"[124] 总体上看，这话是客观的。辽金元三朝吏治败坏之甚，与吏员或吏职出身的官员舞弄权术，伙同武夫、近侍承应人排斥、打击士大夫，是有一定关系的。

军功补官是入仕的重要途径。辽金元三朝均为少数民族通过武力征服建立的政权，维持统治也离不开武力。契丹、女真、蒙古族基本是全民皆兵，军人集团在三朝始终受到重视和优遇，以武立国乃其特色。军功补官，对于激励士气，提高、保持军队的战斗力，巩固统治都是重要的，是以武立国的重要方面。三朝执政之初，都有一批军人因军功充实到新政权中来。在各时期的对外战争、镇压叛乱、统治阶级的内讧斗争中，军功补官屡见不鲜。金朝具体制定了考核军功的六条标准，对没有官品的下级年老军官，还有劳效补官制度。与世袭军官相比，靠军功补官无疑是进步的。

科举取士的重要性难比唐宋。自隋朝确立科举制，经过唐前期的改革完善，唐中期以来，科举取士已经成为选拔官员的主流渠道。辽金元三朝的少数民族统治者对科举取士重要性的认识是有个过程的，为防范本民族成员丧失尚武风气，防范本民族文化被同化矮化，统治者甚至排斥科举。如辽圣宗以前，贡举无定期，统和六年（988年）才正式确定科考制度，但录取人数每次仅数人，统和末增加到二十余人，兴宗时增至五六十人，直到道宗以后才增至一百数十人，但禁止契丹人参加科举。《金史》卷五十一《选举志一》谓："辽起唐季，颇用唐进士法取人，然仕于其国者，考其致身之所自，进士才十之二三耳。"元朝科举制的确立晚至仁宗时期，录取名额少，据统计，有元一代共计十六科，录取1139人，时人谓"由进士入官者仅百之一"[125]。与辽、元相比，金朝统治者比较重视科举取士，金人谓"国家官人之路，惟女直、汉人进士得人居多"[126]。但金代高官多出自女真贵族，尤其是近侍、护卫出身的贵族，进士出身者并不多见，而唐宋时期的高级官僚多出自进士。

二、元朝选拔与考核官吏制度的改进

实行迁转法。元世祖即位后，中书省平章政事廉希宪建言："国家自开创以来，凡纳土及始命之臣，咸令世守，逮今垂六十年。故其子若孙，并奴视所部，而郡邑长吏，皆其皂隶僮使。此在古所无。宜从更张，俾考课黜陟。"[127]其实，元世祖即位前，他身边的儒士幕僚们就一再提到改变这种世袭旧俗、实行官员迁转法的必要性。平息母弟阿里不哥的争位战争以及汉族世侯李璮的叛乱后，元世祖即着手罢世侯、行迁转。中统三年（1262年）十二月，罢免诸路总管子弟分管府州司县及管内工匠事务者。至元元年（1264年）八月，颁布条格定官吏员数，定官品，给俸禄，颁职田（三年十一月始给府州司县官吏俸禄及职田），计日月考绩。同年十二月，罢州县官世袭，实行迁转法。五品以上制授，六品以下敕授。[128]至元四年十月，定品官子弟荫叙格。[129]至元十七年正月，颁行迁转官员法。《至元新格》进一步完善了迁转法。[130]官员的人事档案——解由，是官员迁转铨调的重要依据。金制："凡内外官之政绩，所历之资考，更代之期，去就之故，秩满皆备陈于解由，吏部据以定能否。"[131]元朝官员的解由制度直接继承自金制，《至元新格》制定了更加详备的《解由体式》，并强调："诸官员解由已有定式，凡当该给由官司，并须依式勘会，别无不尽不实事理，方得保申。有诈冒不实并勘当未尽者，所由上司随即究问；察官刷卷日，更须加意检校。"[132]保申即"保结申覆所属上司",直至申部申省,具体做法是:"应有任满给由,并应叙定夺人员,须要依式勘会完备,召到知识保官,辨凭无伪,重行保结,书填勘合,申呈施行。"[133]

改进迁转法,提高官员的素质。官员铨调迁转法实行后,又出现只据岁月迁转,不认真考核官员品德才识的问题。真正优秀的官员无法得到提拔重用,结交权贵的庸碌贪鄙之辈反得升迁。不少靠世袭、荫补、军功进入官僚队伍的元朝官员,素质极差,甚至不识字,如"司县或三员或四员,而有俱不识一字者"[134]。成宗元贞元年(1295年)五月,命厘正选法;大德元年(1297年)三月,丞相完泽等"奏定铨调选法"[135]。武宗至大三年(1310年)七月,置亲民官《考功印历》,上级官府于年终考核实绩填写,廉访司、御史台、尚书礼部审核《考功印历》属实,据此决定官员的升黜。[136]吏部置《行止簿》,刑部置《过名簿》,台宪有《赃罚册》,铨调官员时,中书省、吏部要分别检照有无违法乱纪记录。不仅如此,"外任官员解由到吏部呵,为照过名,行移刑部;为照粘带俸月,行移户部;为辨验宣敕文凭,行移礼部",因为公文往来降低了铨选工作效率,大德元年,决定"吏部不须行移各部,为照过名,止行移刑部者。吏部里置立文簿(按:即行止簿),将各人历过月日,但有合关防的事,标附在簿子上,就照了定夺"。[137]

投下官员的迁转。元代"投下达鲁花赤,蠹政害民"[138]。自元世祖时期起,朝廷不断采取措施限制王公贵族任用投下达鲁花赤的权力。至元元年(1264年)十二月,罢投下达鲁花赤;次年,"诏以各投下总管府长官不迁外,其所属州县长官,于本投下分到城邑内迁转"。至元七年正月,敕投下官隶中书省。罢投下达鲁花赤的敕令遭到投下主的抵制而作罢。至元十九年四月,获准中书左丞耿仁奏请,"诸王、公主分地所设达鲁花赤,例不迁调,百姓苦之。依常调,任满,从本位下选代为宜"。投下达鲁花赤尽管仍由投下主提名,但须经朝廷批准,而且也有任期,"各投下长官,宜依例三年一次迁转"。至元三十年,规定"各投下州县长官,三年一次给由互相迁转,如无可迁转,依例给由申呈省部,仍牒廉访司体访"。[139]仁宗延祐二年(1315年)四月,敕诸王分地达鲁花赤由朝廷常调流官充，诸王自行任命副达鲁花赤。延祐四年六月，恢复投下主自行任命分地达鲁花赤的传统。[140] 泰定四年（1328年）五月，下令废除诸王分地州县长官世袭，依常调官例，每三年为一考。[141] 明宗天历二年（1329年，时明宗即位于漠北，文宗署事于大都）四月，规定诸王分邑达鲁花赤任满受代，不得命其子弟继任。同年七月，令诸王分邑达鲁花赤选本投下二十五岁以上、通达治体、廉洁无过之人充任，有滥充者罪及王府官。[142] 总的来说，中央对投下官的管理权是有限的。

贡儒贡吏，以儒补吏，实行吏员试补迁转法。至元十九年规定各路每年贡举儒士、吏员各一人。[143] 元贞元年（1295年），敕令各路总管府、各道廉访司贡举儒吏兼通者，省、台考试录用。[144] 元朝后期的许有壬说，仁宗实行科举之前，本朝"出官之制，大率由吏。而贡吏之法，必以儒通吏事，吏通经书，然后补用。在后奉行不至，试补之间，多不依法，遂使贤愚混淆，政事败阙。仁宗皇帝励精图治，痛惩其弊而一新之。由吏出身者，限以从七，不使秩高权重，得以纵恣。设立科举，取人以德行为首，试艺以经术为先，求贤之方，视古无愧。但科举未行之时，以吏取人，实学之士，亦未免由此而进。"[145] 这段话其实概括了元朝贡儒贡吏、以儒补吏、吏员出职补官等制度的大概情况。仁宗延祐元年十月，规定吏员出身转官限从七品，六年后恢复旧制，只有犯赃罪的限从七品。英宗即位后再限吏员转官从七品为止。泰定帝即位后，定为四品为止。[146]

国子生出贡与科举取士。元代国子监学，最早可追溯到至元八年由许衡主持的蒙古国子学，至元二十四年，国子监正式成立，分蒙古国子学、回回国子学和国子学三所。三所国子学学业各有侧重，都招收数量不等的蒙古、色目、汉人生员，但南人受到排斥。生员主要是贵族官僚子弟，同时招收民间学业优秀者为陪堂生员。入学若干年后，考试合格的生员可出贡入仕，陪堂生员可补吏职，由吏入仕。元世祖、成宗时期，针对选法的弊端，屡有举行科举的提议，但迟至仁宗皇庆二年（1313年）才最终确定了科举取士制度，并于次年正式举行。科举每三年一次开试，分乡试、会试、御试三级。乡试以行省为单位置11处，腹里置6处，共17处，选录三百人进京会试。会试由中书省主持，从三百人中取一百人，称为进士。进士在翰林国史院参加御试。三级考试，都将蒙古、色目与汉人、南人分开，考试内容与标准各不相同。录取名额则四等人均分。御试发榜，蒙古、色目为一榜，汉人、南人为一榜，每榜分三甲。中甲者，按甲级授品级和官职。落第者，授予各级教官之职。元顺帝时，国子生直接参加会试，并特留了录取名额。元代的科举，对汉人、南人显然是极不公平的；而由科举入仕的人数，与宋、金相比，也是很少的。但它对选官用人的积极意义还是应该肯定的。[147]

对"别里哥选"的限制。"别里哥选"是皇帝直接任命民官、军官、台察官的制度，人选多出自皇帝宠信的官僚贵族子弟，尤其是亲近的怯薛以及其他执掌宫中事务的人，更是近水楼台先得月，"两宫近侍迁叙，惟上所命。"其间有"应入常调者，夤缘骤迁；其已仕废黜及未尝入仕者，亦复请自内降旨"。怯薛近侍不仅"自择名分，从内降旨"，还接受请托替人求官，一概传旨令中书省、枢密院、御史台进用。"别里哥选"泥沙俱下，如大德十年（1306年）二月，近侍传旨中书省擢用150多人，中书省经核实，其中很多人属于"犯法妄进者"；次年，中书省接到的"内降旨与官"名单多达880多人。仁宗即位的当年春季，降旨除官一千多人，中书省以为"坏乱选法，莫此为甚"。不满内降旨滥授官的省、院、台臣要求严格"别里哥选"。大德八年三月，准中书省建请，抑制"自内降旨除官者"即"别里哥选"的官秩，只有长期承担宿卫任务的怯薛军官才可按照内旨授官，膺"别里哥选"的一般怯薛应根据各人散官阶授予相应官职。资级滥进的，降官二等。武宗即位后，准枢密院、御史台请，铨选军官、台察官听枢密院官、御史台官公议，近侍从内降旨者可以不执行。[148]

对省部外各衙门人事权的限制。元朝除中书省、吏部外，还有许多机构拥有任免官员的权力，选官用人政出多门。这不仅不便于对官员的统一管理，而且极易滋生贪赃枉法等腐败现象。如世祖时隶属东宫的江淮财赋总管府，"其官属皆从詹事院（东宫）奏授，不隶中书，往往为奸利，诛求无厌。"[149]大德七年，规定除枢密院、御史台、宣政院依旧奏选外，其他各衙门不得擅奏选用官员，一律通过中书省调选。但实际情况是，中政院、宣徽院、太禧院等机构相继获得用人权。如宣徽院"其所辖仓库、屯田官员，半由都省，半由本院用之"，仁宗皇庆二年（1313年），奉旨俱从省部选。[150]

军官制度的改进。元朝军将子承父职，多为不娴武艺、不读兵书、好逸恶劳的纨绔子弟。不得承袭原职，按功劳、能力授职、升迁成为改进的重点。至元十一年（1274年）正月，颁布军官以功升散官格。至元十五年五月，规定军官提升后，原来的职务授予有功人员，不得由其子孙承袭。[151]至元二十年二月，颁定军官选举法，"万户、千户、百户分上中下三等，定立条格，通行迁转。以三年为满，理算资考，升加品级。若年老病故者，令其子弟依例荫叙"，但大小军官"难与民官一体迁转荫叙"。至元二十四年，诏令："诸求袭其父兄之职者，宜察其人而用之。凡旧臣勋阀及有战功者，其子弟当先任以小职，若果有能，则大用之。"次年，规定"军官阵亡者，本等承袭。病故者，降二等。虽阵亡，其子弟无能，勿用。虽病故，其子弟果能，不必降等，于本等用之"[152]。仁宗延祐元年（1314年），袭职军官加试武艺。[153]

/注释/

1. 《辽史》卷四十五《百官志一》。
2. 《辽史》卷三十七《地理志一·头下军州》。
3. 《辽史》卷四十八《百官志四·南面方州官》。
4. 《金史》卷五十五《百官志一》。
5. 《郝文忠公陵川文集》卷三十二《河东罪言》。
6. 参见李治安：《元代政治制度研究》第一、二、三章，人民出版社2003年版；白钢主编，陈高华、史卫民著：《中国政治制度通史·元代卷》第二、四、五章，人民出版社1996年版。
7. 以上见《辽史》卷六十一、六十二《刑法志》上、下参见陈述：《辽代（契丹）刑法史论证》，载《辽金史论集》第二辑，书目文献出版社1987年版；白钢主编，李锡厚、白滨著：《中国政治制度通史·辽金西夏卷》辽代部分第五章，人民出版社1996年版。

8. 以上引文见《金史》卷四十五《刑志》。

9. 详见《元史》卷一百四十九《郭宝玉传》。

10. 详见《元史》卷一百四十六《耶律楚材传》。

11. 《秋涧先生大全文集》卷八十二《中堂事记（下）》。

12. 参见周良霄、顾菊英:《元代史》第八章第三节，上海人民出版社1993年版。

13. 《秋涧先生大全文集》卷九十《便民三十五事·立法》"定法制"条。

14. 《元史》卷十六《世祖本纪十三》至元二十八年五月。陈高华、史卫民《中国政治制度通史·元代卷》第八章第一节认为《至元新格》"十事"就是《吏学指南》"五科"（律、令、格、式、敕）中的十章格，即公规、选格、治民、理财、赋役、课程、仓库、造作、防盗、察狱，属于"百官有司之所常行者"，是一部行政法规，是对政府各部门的工作方式所作的规定。

15. 《滋溪文稿》卷六《至元新格序》。

16. ［元］郑介夫:《上奏一纲二十目·定律》，见《元代奏议集录》（下）。本篇奏议作于元成宗大德年间。

17. 《元史》卷二十三《武宗本纪二》至大二年九月。

18. 《元史》卷一百二《刑法志序》；［元］李术鲁翀:《大元通制序》，见《元文类》卷三十六。对条格、断例性质的认识，系据陈高华、史卫民《中国政治制度通史·元代卷》。

19. ［元］欧阳玄:《圭斋文集》卷七《至正条格序》，台北商务印书馆"四部丛刊正编"本。

20. 《紫山大全集》卷二十一《杂著·论治法》。

21. 《元史》卷一百五十八《许衡传》。

22. ［元］郑介夫:《上奏一纲二十目·定律》，《元代奏议集录》（下）。

23. 《明太祖实录》卷二十六，吴元年九月甲寅条，上海古籍书店，1983年影印本。本部分参考了姚大力:《论元朝刑法体系的形成》，见《元史论丛》第三辑，中华书局1986年版；周良霄、顾菊英:《元代史》第八章第三节；陈高华、史卫民:《中国政治制度通史·元代卷》第八章。

24. 《辽史》卷十《圣宗本纪一》统和元年十一月。

25. 《辽史》卷六十一《刑法志上》,《辽史》卷十七《圣宗本纪八》太平六年十二月。

26. 《辽史》卷十八《兴宗本纪一》重熙九年十二月,卷十九《兴宗本纪二》重熙十年七月。

27. 《金史》卷六《世宗本纪上》大定二年三月、八年十月。

28. 《金史》卷七《世宗本纪中》大定十八年七月。

29. 《秋涧先生大全文集》卷三十五《上世祖皇帝论政事书》。

30. 《金史》卷七十四《完颜文传》。

31. 《金史》卷八《世宗本纪下》大定二十六年十月。

32. 《金史》卷六《世宗本纪上》大定十年二月,卷八《世宗本纪下》大定二十二年九月。

33. 《元史》卷一百五十九《宋子贞传》。

34. 《元史》卷一百五十九《宋子贞传》《赵璧传》。

35. 《元史》卷四《世祖本纪一》中统二年四月、五月、六月、八月、九月,卷五《世祖本纪二》中统三年三月、十月。

36. 《元史》卷四《世祖本纪一》中统二年四月。

37. 以上见《元史》卷五《世祖本纪二》、卷六《世祖本纪三》、卷九《世祖本纪六》、卷十二《世祖本纪九》。

38. 《元史》卷一百五十八《窦默传》《姚枢传》,卷一百五十九《赵璧传》、卷一百六十《王思廉传》《王鹗传》。

39. 《元史》卷一百一十五《裕宗真金传》。

40. 《元史》卷十三《世祖本纪十》至元二十一年正月。

41. 《元史》卷一百二十六《廉希宪传》,卷一百六十三《张雄飞传》,《元史》卷十二《世祖本纪九》至元二十年十二月。

42. 参见 [元] 赵天麟:《畅八脉以鼓天下之正风·革副封》,《元代奏议集录》(上);[元] 郑介夫:《上奏一纲二十目·核实》,《元代奏议集录》(下)。

43. [元] 张养浩:《时政书》,《元代奏议集录》(下)。

44. 《元史》卷十二《世祖本纪九》至元二十年二月。

45. 《元史》卷十七《世祖本纪十四》，卷十九《成宗本纪二》，卷二十一《成宗本纪四》。

46. 《元典章》卷四十六《刑部卷八·诸赃一·取受》"赃罪条例"条。

47. 《吏学指南》"六赃""六色""赃私""考功"诸条。

48. 《元典章》卷四十六《刑部卷八·诸赃一·取受》"定拟给没赃例"条。

49. 参见《元史》卷十九《成宗本纪二》元贞二年十月，《元典章》卷四十六《刑部卷八·诸赃一·取受》"犯赃再犯通论"条。

50. 参见《宪台通纪》"官吏首赃"，《元典章》卷四十八《刑部卷十·诸赃三·首赃》"取受出首体例"条，《元史》卷一百二《刑法志一·职制上》。

51. 《元史》卷一百二《刑法志一·职制上》，参见《元典章》卷四十六《刑部卷八·诸赃一·取受》"职官妻属接赃"条。

52. 《元史》卷三十四《文宗本纪三》至顺元年十月。

53. 《元典章》卷四十八《刑部卷十·诸赃三·赃罚》"造赃滥册"条。

54. 《秋涧先生大全文集》卷八十九《乌台笔补·事状》"弹四州滥给解由事状"条。

55. 《宪台通纪·行台体察等例》、[元]刘孟琛等《南台备要·立江南提刑按察司条画》（《宪台通纪（外三种）》，浙江古籍出版社1998年版），《元典章》卷十三《吏部卷七·公规一·署押》"圆坐署事"条。

56. 《元典章》卷八《吏部卷二·官制二·选格》"自己地面休做官"条。

57. 《元典章》卷十二《吏部卷六·吏制·书吏》"书吏奏差避籍"条。

58. 《元史》卷四《世祖本纪一》中统二年九月，卷五《世祖本纪二》中统三年四月。

59. 《元史》卷十六《世祖本纪十三》至元二十七年五月。

60. 《元史》卷十八《成宗本纪一》至元三十一年七月，卷十九《成宗本纪二》元贞二年正月。

61. 《元典章》卷四《朝纲卷一·政纪》"省部减繁格例"条。

62. 《元典章》卷五十一《刑部卷十三·诸盗三·捕盗》"县尉巡检巡捕"条，《元典章》卷五十三《刑部卷十五·诉讼·听讼》"巡检不得接受民词"条。

63. 《元典章》卷三十九《刑部卷一·刑制·刑名》"重刑司县略问"条。

64. 《元典章》卷三十九《刑部卷一·刑制·刑法》"罪名府县断隶"条。刑部负责汉人、南人的司法,大宗正府札(扎)鲁花赤负责蒙古人、色目人的司法。

65. 《元典章》卷六《台纲卷二·体察》"察司体察等例"条。

66. 《元史》卷十四《世祖本纪十一》至元二十三年四月,卷十六《世祖本纪十三》至元二十八年七月。

67. 《元史》卷十一《世祖本纪八》至元十八年三月,卷十二《世祖本纪九》至元二十年正月。

68. 《元典章》卷五十三《刑部卷十五·诉讼·约会》"诸色户计词讼约会"条。

69. 《元典章》卷五十三《刑部卷十五·诉讼·约会》"投下词讼约会"条。

70. 以上参见陈高华:《元朝的审判机构和审判程序》,《元史研究新论》,上海社会科学院出版社2005年版。

71. 《元典章》卷三十四《兵部卷一·军役·军官》"禁军官齐敛钱物"条。

72. 《元典章》卷三十四《兵部卷一·军役·军官》"禁起军官骚扰"条。

73. 《元典章》卷二十七《户部卷十三·钱债·私债》"军官不得放债"条。

74. 《元典章》卷三十四《兵部卷一·军役·正军》"拯治军官军人条画"条。

75. 参见《元史》卷二十《成宗本纪三》大德五年七月、十月,《元典章》卷四十六《刑部卷八·诸赃一·取受》"军官取受例"条。

76. 《元典章》卷四十六《刑部卷八·诸赃一·以枉法论》"减征事故起发盘缠"条。

77. 俱见《元史·百官志》。司计、司程官置于至元二十八年五月,见《元史》卷十六《世祖本纪十三》。

78. 《元史》卷十二《世祖本纪九》至元十九年五月,卷十三《世祖本纪十》至元二十一年闰五月。

79. 《元史》卷十五《世祖本纪十二》至元二十五年九月、十月,卷十六《世祖本纪十三》至元二十八年二月。

80. 《元典章》卷二十一《户部卷七·钱粮·支》"考计收支钱物"条、"至元新格"条。

81. 《元典章》卷二十一《户部卷七·仓库》"至元新格"条。

82. 《元典章》卷四十七《刑部卷九·诸赃二·侵盗》"侵盗钱粮罪例"条。

83.《元典章》卷五十八《工部卷一·造作一·段匹》"至元新格"条。

84.《辽史》卷二十《兴宗本纪三》重熙二十年十一月，卷四十五《百官志一》。

85.《金史》卷九十八《完颜匡传》。

86.《金史》卷七十三《完颜守贞传》。

87.《金史》卷八十九《梁肃传》。

88.《金史》卷五十四《选举志四》。

89.《元史》卷六《世祖本纪三》至元五年七月、六年正月。以下关于元朝监察制度的论述，参见陈高华、史卫民《中国政治制度通史·元代卷》第七章，李治安《元代政治制度研究》第二章。

90.《元史》卷一百七十六《李元礼传》。

91.《宪台通纪》"整治事理"条；《元史》卷十二《世祖本纪九》至元十九年十二月。二十七年，诏令风宪之选依旧归御史台。可见，十九年以后御史台独选台察官的做法有过改变。见《元史》卷十六《世祖本纪十三》至元二十七年三月。《元史》卷十九《成宗本纪二》，大德元年四月，省、台臣合奏："乞依旧制，御史台不立选，其用人则于常调官选之……经省、台同选者，听御史台自调。"制曰："可。"

92.《元史》卷二十二《武宗本纪一》大德十一年八月。

93.《宪台通纪》"选用风宪官员"（至治二年条）。

94. 参见《南台备要》"保举官员蒙古色目汉人相参覆察"条。

95. 参见《宪台通纪》"风宪官矜束吏属"条。

96. 参见《宪台通纪》"廉访分司出巡日期""审理罪囚定例""行台体察等例""风宪官钤束吏属"条。

97. 参见《宪台通纪》"台察咨禀等事""台察官吏犯赃加重""作新风宪"（天历元年）条；[元]唐惟明：《宪台通纪续集》"赃污风宪"条，《宪台通纪（外三种）》。

98.《金史》卷五十五《百官志一》、卷五十七《百官志三》。

99.《金史》卷十《章宗纪二》。

100.《宪台通纪》"命伯忽脱欢答剌罕并为御史大夫制"条。

101. 参见《宪台通纪》"设立宪台格例"条，《元典章》卷五《台纲卷一·内台》"设立宪台格例"条。

102. 参见《宪台通纪》《南台备要》《元典章·台纲》。
103. 参见《宪台通纪》"行台体察等例"条，《元典章》卷五《台纲一·行台》"行台体察等例"条。
104. 参见《宪台通纪》"肃台纲"（大德五年）条。
105. 参见《宪台通纪》"照刷文卷"条。
106. 参见《宪台通纪》"更提刑按察司为肃政廉访司制"条。据《元史》记载，至元三十年十一月，真定路达鲁花赤建议民官检查廉访司文卷，上从之；次年成宗即位后，再度废止。见卷十七《世祖本纪十四》至元三十年十一月，卷十八《成宗本纪一》至元三十一年五月。
107. 《宪台通纪续集》"作新风宪制"（至正七年）条。
108. 《至正集》卷七十四《公移·风宪十事·远道阙官》。
109. 参见《宪台通纪》"廉访分司出巡日期""审理罪囚定例"条。
110. 《秋涧先生大全文集》卷六十六《乌台笔补》"论监选典故事状"条。王恽在"论监选事状"条引亡金故事，"监视注定名数，其间公事若有违错，即告监察与之改正。"故知本条所谓监选典故是指金朝制度。
111. 《秋涧先生大全文集》卷六十六《乌台笔补》"论监选事状"条。
112. 参见《元史》卷十二《世祖本纪九》至元十九年十二月。
113. 参见《元史》卷一百七十三《叶李传》。实封言事出自叶李的建议。
114. 《宪台通纪续集》"御前开拆"条。
115. 《宪台通纪续集》"作新风宪制"（至正七年）条。
116. 《元史》卷二十九《泰定帝本纪一》泰定二年九月。
117. 《元史》卷三十《泰定帝本纪二》泰定三年十月。
118. 《辽史》卷八十五《萧塔列葛传》，卷七十三《萧敌鲁传》。
119. 详见陈述：《契丹世选考（附表）》，《中央研究院历史语言研究所集刊》第八辑（1939年）；姚从吾：《论辽朝契丹人之世选制度》，台湾大学《文史哲学报》第六辑（1954年）。

120. [元] 赵世延等:《经世大典序录·政典总序·军制》,《元文类》卷四十一。

121. 旧署 [宋] 叶隆礼:《契丹国志》卷十九《马保忠传》,上海古籍出版社1985年版。

122. [金] 刘祁:《归潜志》卷七。

123. [元] 吴澄:《吴文正公全集》卷十四《赠何仲德序》,清乾隆万氏刻本。

124.《金史》卷八《世宗本纪下》大定二十六年十一月。

125.《元史》卷一百八十五《韩镛传》。统计数字见《中国政治制度通史·元代卷》第九章第二节。

126.《金史》卷五十一《选举志一》。

127.《元朝名臣事略》卷七《平章廉文正王》。

128. 参见《元史》卷五《世祖本纪二》,卷六《世祖本纪三》,《元朝名臣事略》卷七《平章廉文正王》。

129.《元史》卷六《世祖本纪三》,具体内容见《元史》卷八十三《选举志三》。

130. 参见《元史》卷十一《世祖本纪八》。《元典章》卷八《吏部卷二·官制二·选格》"循行选法体例"条系时于至元十四年八月。《至元新格·选格》详见《通制条格校注》卷六《选举》"选格"条,《元典章》卷八《吏部卷二·官制二·选格》"至元新格"条。

131.《金史》卷五十五《百官志一》"吏部"。

132.《元典章》卷十一《吏部卷五·职制二·给由》"至元新格"条。

133.《元典章》卷十一《吏部卷五·职制二·给由》"任满勘合给由"条。

134.《紫山大全集》卷二十一《杂著·铨词》。

135.《元史》卷十九《成宗本纪二》。

136. 参见《元史》卷二十三《武宗本纪二》。

137.《元典章》卷十一《吏部卷五·职制二·给由》"整治给由事理"条。

138.《元史》卷一百八十五《李稷传》。

139. 参见《元史》卷五《世祖本纪二》,卷七《世祖本纪四》,卷十二《世祖本纪九》,卷八十二《选举志二》"铨法·凡诸王分地与所受汤沐邑"。成宗大德八年三月,重申分邑达鲁花赤三年依例迁代。见《元史》卷二十一《成宗本纪四》。

140. 参见《元史》卷二十五《仁宗本纪二》延祐二年四月,卷二十六《仁宗本纪三》延祐四年六月。

141. 参见《元史》卷三十《泰定帝本纪二》泰定四年五月。

142. 参见《元史》卷三十三《文宗本纪二》天历二年四月、七月。

143. 参见《元史》卷十二《世祖本纪九》至元十九年九月。

144. 参见《元史》卷十八《成宗本纪一》元贞元年七月。

145. 《至正集》卷七十五《公移·吏员》。

146. 参见《元史》卷二十五《仁宗本纪二》延祐元年十月,卷二十六《仁宗本纪三》延祐六年十二月,卷二十七《英宗本纪一》延祐七年三月,卷二十九《泰定帝本纪一》至治三年三月。据卷一百八十三《李术鲁翀传》,仁宗时从翀请,吏进者官止五品,著为令。

147. 以上见《元史》卷八十一《选举志一》。

148. 详见《元史》卷二十一《成宗本纪四》大德八年三月,卷二十二《武宗本纪一》大德十一年六月、八月、九月,卷二十四《仁宗本纪一》至大四年十二月。

149. 《元史》卷一百七十《郝彬传》。

150. 《元史》卷八十二《选举志二》。卷二十九《泰定帝本纪一》至治三年九月,敕谕百司:"凡铨授官,遵世祖旧制,惟枢密院、御史台、宣政院、宣徽院得自奏闻,余悉由中书。"

151. 参见《元史》卷八《世祖本纪五》至元十一年正月,卷十《世祖本纪七》至元十五年五月。

152. 《元史》卷八十二《选举志二》。

153. 参见《元史》卷二十五《仁宗本纪二》延祐元年十月。

第十五章

元代吏制中的反腐败思想

第一节　改革用人制度，严格考选和管理

辽金至元初，选官用人无章程。军阀世侯各自为政，任用私人，往往父死子承。贿赂公行，优无赏、劣无罚，用非其人的情况普遍存在。元世祖即位前后，延用文士，推行汉法。官僚士大夫普遍要求实行官员迁转铨调法，举行科举，使官员的选拔、任用、黜陟有章可循。刘秉忠上疏请改变"官无定次，清洁者无以迁，污滥者无以降"的情况，禁治"百官自行威福，进退生杀惟意之从"，认为"宜从旧制，修建三学，设教授，开选择才，以经义为上，词赋论策次之，兼科举之设，已奉合罕皇帝圣旨，因而言之，易行也。开设学校，宜择开国功臣子孙受教，选达才任用之"。[1] 畏吾儿族儒士廉希宪进言："国家自开创以来，凡纳土及始命之臣，咸令世守，逮今垂六十年。故其子若孙，并奴视所部，而郡邑长吏，皆其皂隶僮使。此在古所无。宜从更张，俾考课黜陟。"[2] 宋子贞上疏陈便宜十事："官爵，人主之柄，当自朝廷出，一命以上，并付吏部，以为永制……临民官皆相传以世，非法赋敛，困苦无告，亦宜迁转，以革其弊。又立国学，教胄子，敕州郡提学课试诸生，凡三年一辟贡举，中第者入仕，则人材辈出矣。"[3] 蒙古族儒学生不忽木等也于至元十三年（1276年）上疏请兴办学校、培养人才："臣等闻之，《学记》曰：'君子如欲化民成俗，其必由乎学！玉不琢，不成器，人不学，不知道。故古之王者，建国君民，教学为先。'……臣等向被圣恩，俾习儒学。钦惟圣意，岂不以诸色人仕宦者常多，蒙古人仕宦者尚少，而欲臣等晓识世务，以任陛下之使令乎？然以学制未定，朋从数少。譬犹责嘉禾于数苗，求

良骥于数马，臣等恐其不易得也。为今之计，如欲人材众多，通习汉法，必如古昔遍立学校然后可。若曰未暇，宜且于大都弘阐国学。择蒙古人年十五以下、十岁以上质美者百人，百官子弟与凡民俊秀者百人，俾廪给各有定制。选德业充备足为师表者，充司业、博士、助教而教育之……数年以后，上舍生学业有成就者，乃听学官保举，蒙古人若何品级，诸色人若何仕进。"[4]

官员铨选迁转法实行后，贤愚、勤惰无别，一听岁月迁调，出类拔萃者坐淹岁月，很难脱颖而出。而铨选中舞弊之风仍然很严重。胡衹遹指出："即今调选，立法似严，而实无定法。是以吏因缘而为奸，侥幸无资给者有时而得迁，循资历级以廉耻自律者龃龉而不得进。"考核官员的"引验有名无实"，铨选"循资格而无黜陟，东移之于西，南徙之于北，功过无别，贤不肖混淆"，"英伟之才老死下僚，庸庸之徒不失其资级"[5]也就不足为奇了。魏初认为迁转官员不能仅仅是"通算月日，抑其资品而已"，应严格"通考五事之殿最而升黜之"[6]。事实上，考绩流于虚文，"各官解由之内，无有不备五事者，皆是满替之后，巧装饰词，私家填写。上司更不推问，但辨凭无伪，俸月无差，便给半印，依本抄连。到选之日，真伪无别。实备五事而无力者，止于常调。虚称五事而有力者，则引例升等。"[7]王恽批评"今州郡之官品流淆杂，既无选举甄别，止循常资，纷纷藉藉聚散于吏部，例得一官，鲜不因循苟且，以岁月养资考而已"[8]，他主张由吏部统一制作州县官吏的《空行簿》，交给考察地方官的按察司官员，"所至州县，先暗行体察，然后遍见官吏，一一询考政绩。得其公廉勤干者，明注实状于簿；其衰老无能，显有不治之迹者，以朱书书之；其有中人之才，虽别无奇效，亦不至败阙者，以墨书书之；又有虽是常才，能专长一事，亦以朱书别之。还台，具奏以闻，然后付之吏部，使升黜补充之际，可以坐见群吏贤愚能否，不遗一人，则天下之才昭然可得矣"[9]。程钜夫请置《考功历》，"照前朝体例，应诸道府、州、司、县，下至曹掾等，各给出身印纸历子一卷，书本人姓名出身于其前，俾各处长吏联衔结罪保明，书其历任月日、在任功过于后。秩满，有司详视而差其殿最，则人之贤否一览而知，考核得实，庶无侥幸"。同时置《贪赃籍》，"内外诸路官员有以贪赃罢者，置籍稽考，未许收用；其吏人犯赃者重置于法，永不叙用"[10]。

实行保举法，视被保人的表现赏罚举官。元代以来，"府、州、司、县官例多阿权通贿，侥幸而得"[11]，入仕者唯知奔走奉承，随时俯仰，不以政务为念。元世祖即位后，一些官僚士大夫主张让内外官入状保举官吏，并对其臧否负责。陈祐认为"人材治本，选举之方宜审"，选拔人才应贡举与科举并用，"内则将相、公卿、大夫各举所知，外则府尹、州牧岁贡有差，进贤良则受赏，进不肖则受罚。"[12]王恽也认为行品官保举法，"其法品量举主与所保者资历相应，果皆两可，复精加磨勘，无谬妄私意，然后许令入状，相大小之才，授繁简之任，限以岁月（原注：如唐制厘务出二百日者是也），课其殿最升黜。举主得人者受知贤之赏，不职者坐不当之罚。"[13]被保人"任内污滥不职，保官亦行坐罪"[14]，这样举官就会认真举荐贤才，庶几克服行贿受贿、任用私人、因循苟且之弊。

提高官吏素质，用儒士充实吏职，通过考试选拔合格的吏员。早在蒙古国时期，耶律楚材就奏请用儒臣治国，并通过考试选拔有真才实学的儒士。[15]胡祗遹呼吁"精选县令"，他说当时的县令"大半不识文墨，不通案牍，署衔书名题日落笔，一出于文吏之手。事至物来，是非缓急，闭口不能裁断，袖手不能指画，颠倒错谬，莫知其非"，根本不称职。吏员也多是"不识字，不解书算，不通刑名案牍，止以勾当年深，县升之州，州升之府，府升之部，部升之台院都省，出职为品官当要职"。[16]魏初认为"府州司吏习虽既熟，能卓然自立者有几？一旦处清要之地，掌进退与夺之权，所以哄招物议者多本于此"，故"各道按察司书吏不宜止于府州司吏内选取，宜兼用儒生之通达事物者"。[17]王恽主张经过考试录用吏员："为今之计，莫若将合岁贡吏人以吏员法试之，中选者仍许上贡，补充随朝身役，外州府郡见役者从廉司以校法试验，庶几激之积渐肯学。"[18]郑介夫说如今州县小吏、朝中之吏率皆游惰无知无耻之辈，而吏员之外选官用人别无他途，故主张"今后州县吏员，当尽取之儒学子弟"，认为"必儒吏兼通，而后可以莅政临民"。[19]文人士大夫们也呼吁改革军官世袭制，令军官子弟学习兵法武艺，设立武举，军官子弟考试合格才能承袭。有的主张根据各人武艺才能大小授予相应的军职，不应一律承袭原职。布衣子弟也可以参加武举，择优录用。[20]

去冗官冗吏，以俸养廉。郝经请"罢冗官以宽民力""减吏员以哀良民"，认为"诸路及州县吏员不限数目,把持官府,结为党与,苦刻良民,纵横为害。合明降一诏旨,大小州县限员数,必令保举。尤污暴者,重罪而黜之",而冗官中又以乐人、打捕鹰房、诸色工匠官、诸路宣课、盐铁官、常平仓官等急需罢去。[21]布衣儒士赵天麟请削罢京师不急之司院,无用之局署,撤并行省、宣慰司、廉访司及路、府、州、县、仓库、局、监(手工业管理部门)、(税)务等衙门,精简各衙门冗官冗吏,认为"官不用多,而在乎得贤,政不在烦,而贵乎省事也"[22]。胡祗遹说:"职员太冗,俸给不足,员冗则论议纷纭而事不集,俸薄则生理不给而生贪污。以今观之,每一司分莫若减员之半而倍其俸。"[23]程钜夫反映:"江南州县官吏自至元十七年以来并不曾支给俸钱,真是明白放令吃人肚皮,椎剥百姓。欲乞自今并与支给各官合得俸钱,其有贪赃者重罪不恕,人自无辞。"[24]后来虽然有了俸禄,但"江南官吏多是北人,万里携家,钞虚俸薄",中书省下令依腹里体例给职田,而行省只让拨荒闲田地作职田,结果能得到职田的官员只是少数,其他官员"不能自赡,故多贪残"。[25]程钜夫认为不必限于荒闲田,应依照腹里体例统一从各地官田中划拨职田。郑介夫说"近来贪官污吏习以成风"[26],与俸禄不均有很大关系。有的地方和部门既有俸钞又有职田,俸禄过厚;有的却既无俸钞又无职田,俸禄过薄,不足养廉。如随朝官没有职田,三品、四品官的俸禄反不如有职田的外任九品官。没有职田的外任官,六品以下反不如有职田的小吏,九品官一月之俸仅够数日之食。因而要责官之廉,就须均禄,国家统一调配俸钞、俸米、职田,既无此厚彼薄之怨,又无俸禄不足、忍受饥寒之忧,然后严格赃贪之法,才有望扭转赃贪之风。

赏罚分明、奖优黜劣,加大惩赃力度,是元代官僚知识分子主张加强官员管理制度的重要内容。胡祗遹认为"欲断贿赂,莫若赏廉罪贪"[27]。王恽以为"责廉能无如明黜陟"[28],对赃贿不法的官员仍降级任用于边远地区的"降远格例",王恽认为"非惩恶劝善之道"[29],应依据罪过轻重,数年之内停职不用。赵天麟也说"计贿之多寡商决之,而复任之",只能是使"彼习知被决而复获守职,则益无所顾矣",因而"被笞杖复官者,例皆无耻之类",对赃官应"停锢其身"。[30]郑介夫说国家对赃官的惩处,枉法的除名不用,不枉法的停职三年,对赃官并无威慑力,那些"不顾名节,纵意侵渔,大小民讼,商贾纳贿"的官吏,已经捞足了钱,成为巨室富翁,即便一次赃贿事发被定罪,除名停职也在所不惜,有的就干脆"挈家而去,不知所之"。他建议"今后无分内外大小官吏,但是赃状明白者,吏则刺面配役,官则免刺流徙,所有家财、田宅、奴婢,并令尽数没官,庶赃吏知惮而犯者鲜矣"。[31]再就是元朝的滥赦问题,文人士大夫认为肆赦之频无异于"有罪不刑,有恶不除"[32],"徒以长奸贪,资盗贼"[33],因而反对滥赦。又近臣或佛门以做好事(做佛法)为名,屡屡奏请赦宥罪犯,儒士们对此十分反感,请朝廷"自今臣有犯法,止左右毋得祈请好事"[34]。

第二节　完善法制,加强监察制度

入主中原初期,按蒙古习惯法颁布的大扎撒很难适应统治新征服广大地区的需要,统治者在各族文士的建议下,随时制定新的法令,其中就包括预防和惩治官吏违法乱纪的条文。但直到元世祖时期,还没有一部较为详备的成文法。许多领域处于无法可守、无法可依的混乱状态,给行政管理、吏治带来很大不便,官吏因缘为奸现象比较普遍。至元时期,不少官僚士大夫主张制定成文法,完善法制。宋子贞上疏称:"律令,国之纪纲,今民所犯,各由所司轻重其罪,宜早刊定,明颁天下,使官知所守,民知所避。"[35]王恽认为朝廷励精图治,最要紧的就是"定法制":"自古图治之君,必立一定之法,君操于上,永作成宪,吏行于下,视为准式,民知其法,使之易避而难犯,若周之《三典》,汉之《九章》,一定不易,故刑罚省而治道成。今国家有天下六十余年,大小之法,尚远定议。内而宪台,天子之执法,外而廉访,州郡之刑司也。是有司理之官而阙所守之法。至平刑议狱,旋旋为理,不免有酌量准拟之差,彼此重轻之异。合无将奉敕删定到《律》《令》,颁为《至元新法》,使天下更始,永为成宪,岂不盛哉!若中间或有不通行者,取国朝《扎撒》,如金制别定《敕条》。如近年以来,审断一切奸盗,省部略有《条格》者,州县拟行,特为安便,此法令当亟定之明验也。如此则法无二门,轻重当罪,吏无以高下其手。天下幸甚。"[36]无法可依,官吏便可以随心所欲,上下其手。只有有法可依,且法令能适应时代变化,才能使官民知法守法,国家太平。和他同时期的胡祗遹也持同样的观点:"法者,人君之大权,天下之公器。法立则人君之权重,法不立则人君之权去矣。何以言之?国之立法曰杀人者当某刑,伤人及盗者当某刑,使为恶者畏法而不敢犯,犯之则必当以法,虽有奸臣老吏,不能高下其手。据罪举法,或失之轻,或失之重,则官吏抵罪。是以善人有法可倚,良吏有法可守,奸恶有法可恐可怖可杀。小大贵贱,惟法之是视而不敢干越……法不立则权移于臣下,小则一县一邑,大则一州一郡,无法可守。选官择吏既不精粹,多非公清循廉之人,民有犯罪,漫无定法,或性情宽猛之偏,或好恶不公之弊,或惑于请谒,或徇于贿赂,或牵于亲戚故旧之情,或逼于权势,或为奸吏之执持恐逼舞智弄文,或为佞言之说诱欺诈。暧昧之间,固不胜其屈抑,公明之下,亦鲜有不失其平者也。今既无法,邑异政,县异法,州异文,郡异案,六曹异议,三省异论,冤枉之情无所控诉,生杀祸福一出于文深之吏,比获叩九重而申明,则枉死者已十九矣。民知畏吏而不知畏法,知有县邑而不知有朝廷,故曰法不立则权移于下吏,而人君之权去矣。"[37]

完善行政、司法制度的建议。元朝诸色户计各有所司管理,东宫、中政院、宣政院、宣徽院、怯薛、王府、诸投下机构等衙门纷杂,政出多门,严重干扰着政务、监察部门的正常运作。鉴于"近侍诸衙门往往奏事干预朝政,省台未免沮抑,事致纷庞",儒士们请颁旨"戒饬近侍及诸衙门,除本管职务外,凡关系有司一切合行政事,毋得干预陈奏"。[38]诸色人户互讼,法律规定须各管衙门约会审理。有时涉及三四个衙门,文案往来数月之久,难得会齐开审。审理过程中,各家往往偏袒、包庇所属人员,严重干扰司法工作。有的士大夫便主张取消约会审判制,由统一的司法机关审理,"以望政归一体,狱无久淹"[39]。

士大夫们普遍希望建立健全监察制度。元世祖即位后,深知"今任职者多非材,政事废弛,譬之大厦将倾,非良工不能扶"。张雄飞建请设置御史台为天子耳目,进言政事得失,民间疾苦,纠劾百官奸邪贪贿,"如此,则纪纲举、天下治矣。"⁴⁰宰执传旨命张德辉参议御史台条例,他上奏请先颁行律法,然后再设置御史台,因为"御史执法官,今法令未明,何据而行"？御史执法,若无法可依,监察工作缺乏足够的权威,对奸贪无震慑力,不如不设御史台。过了几天,元世祖召见他,说已考虑成熟,一定要设置御史台。他奏对说:"若必欲行之,乞立宗正府以正皇族,外戚得以纠弹,女谒无令奏事,诸局承应人皆得究治。"皇族、外戚、宫嫔、怯薛等特权集团违法乱纪现象严重,御史台是否有权弹劾、究治他们,关乎整个监察工作的成败。听了他的话,"上良久曰:'可徐行之。'"⁴¹大概元世祖自己也知道,要约束那些皇亲国戚谈何容易！御史台、按察司设立后,士大夫们呼吁"重御史、按察之权,严纠弹、考核之任,使贤者日进,不肖者日退"⁴²。张养浩说:"省有宰执,为朝廷股肱；台有言官,为朝廷耳目。夫人必先聪耳明目,然后乃能运用股肱。若耳目有所蒙蔽,股肱虽能运动,讵得如其意哉！以是论之,则人主苟欲保全宰相,莫如精选言官。言官得人,则宰相必恒恐惧,修省不至颠危。言官不得其人,则宰相必肆行非度,卒与祸会。"⁴³故台纲重乃宰相之福、国家之福,台纲弱乃宰相之祸、国家之祸。风宪官既然是监察百官的,如果由中书省、吏部铨调迁转,就可能受制于彼,御史中丞崔彧请由御史台负责风宪官的选用、迁转⁴⁴。这一建议被采纳。武宗即位后,将御史台铨调选用台察官吏的权力收归新设置的尚书省,文人士大夫对此持强烈的反对态度,后来很快改了回来。省台各自铨选官员,经常发生"撞车","今宪台选用官员,所至之处,吏属尚未尽识,而省部论择,复与改除。其省用者,台亦如之。遂使一人之身一岁数迁"⁴⁵。许有壬认为各级台宪官频繁调动是造成纪纲不振的原因之一,建议任期未满之前,省部不得调动他用。

广开言路,广求直言,采议得失。刘秉忠对潜邸中的忽必烈说:"君子不以言废人,不以人废言,大开言路,所以成天下、安兆民也。天地之大,日月之明,而或有所蔽。且蔽天之明者,云雾也；蔽人之明者,私欲佞说也。常人有之,蔽一心也；人君有之,蔽天下也。常选左右谏臣,使讽谕于未形,忖画于至密也。"⁴⁶元世祖忽必烈诏令官庶上书,言民间利弊、时政得失。但百官却瞻前顾后,敢上书者"万无一二"。有人建议皇帝策问百官,鼓励百官奏对,言之可行的，迁转考课时加官进阶，不可行的，言者无罪。⁴⁷赵天麟还上书元世祖请"革副封"，就是说不让地方官吏以留存副本为名过目百姓所上书："今国家诏令上书陈言者，实封呈献闻奏，未有绝追照副封之明文，窃恐外路诸司因缘作弊。夫上书言者，非言朝廷之得失，即言军民之利害；非言军民之利害，即言官吏之情纵。设如官吏恶其直笔，挟愠于内，托名校勘，迁延岁月，迷而争辩，则非盛德之所宜，退而自止，则盛事弗达乎上。"⁴⁸只有禁止地方官司留存副本，密封上书才有意义，才会保证言路无壅。

第三节　限制贵族权力，取消民族等级

元武宗时，张养浩批评"今国家为制宽大，所以诸王宗室皆有生人、杀人、进退人之权。夫庆赏刑威，当出于上，久假不归，则飞扬跋扈之势成"，"厥今藩王宗室，左右大臣，侈肆尤甚"。⁴⁹他呼吁政柄归一，严格约束诸王、驸马、左右大臣。再就是呼吁取消或限制"别里哥选"。元制，"以省部除授之官指为常选，以天子委用之人指为别里哥选。""别里哥选"主要是优待皇帝近臣如怯薛的。成宗时，郑介夫上书非议这种"一朝省而自分为两途"的做法扰乱选法，请清理怯薛之冗滥，制定怯薛出职入官条例，"今后宜限以名数，择其人品，又以所职贵贱高下，定其出身之例，遇有名阙，方许选补"，怯薛"既有出身定例，则别里哥选不禁自无"。⁵⁰

元朝法令"时有蒙古人不在此限之文"，就是说蒙古人的法律地位高于其他民族。布衣儒士赵天麟对此提出异议："臣窃以九州四海，一札十行，大仁覃于邃远而不之遗也，大义及于灭亲而不敢私也。天子者，天之子也；民者，天之所阴骘也。彼群方庶类，形异音殊，在天子视之虽有亲疏，而天溥视之则无彼此之疏也。人君代天理物，当合天意以行之，若独爱蒙古人，则既非公道之坦夷，又异皇天之溥视也。且凡明诏之文，其究归于丰化、节财、壮本、卫生之理尔，若

独以蒙古人不在例，则爱之适所以使之不丰、不节、不壮、不卫以害之也。"[51] 皇天之大仁大义，对各民族一视同仁，天子也不应该有厚此薄彼之分。元末文人叶子奇在元朝灭亡后说："治天下之道，至公而已尔。公则胡越一家，私则肝胆楚越。此古圣人所以视天下为一家，中国为一人也。元朝自混一以来，大抵皆内北国而外中国，内北人而外南人。以至深闭固拒，曲为防护，自以为得亲疏之道。是以王泽之施，少及于南，渗漉之恩，悉归于北。"[52] 这种治天下以公、视天下为一家的思想，在元朝文人士大夫中是普遍存在的。

元代官僚队伍中，南人始终处于最劣势。中央省、台、院，地方行省、行台的主要官员，路、府、州、司、县达鲁花赤，多由蒙古族、色目人担任，其次是汉人，而南人官员不仅职位低，而且数量少。[53] 如前所述，"江南官吏多是北人"，南人在北方任职的更是寥若晨星。元世祖时，程钜夫上疏请"通南北之选"，取消对汉人、南人官员的区别对待政策，疏曰："圣主混一车书，兼爱南北，故北南之人皆得入仕。惜乎北方之贤者间有视江南为孤远，而有不屑就之意，故仕于南者，除行省、宣慰、按察诸大衙门出自圣断选择，而使其余郡县官属指缺，愿去者半为贩缯、屠狗之流，贪污狼藉之辈。南方之贤者列姓名于新附而冒不识体例之讥，故北方州县并无南方人士。且南方归附已七八年，是何体例难识如此？欲乞令省部刷具北南府、州、司、县官员脚色，参对今后北南选房流转定夺。若以南人为未识体例，则乞于北方州郡每处且与参用一二人，一任回日却与通行定夺。其北人注南缺而不赴者，重与罪过。庶几吏称民安，可以上副圣主兼爱南北之意。"[54] 程钜夫认为各级监察机构不用南人，而北人不谙江南人情、风俗、利弊，这是江南盗贼不绝、吏治败坏的一个重要原因，因而内外各级监察机构都应"公选南方晓事耆旧及清望有风力人员"[55] 参用。

第四节　重视教育教化的作用

　　有的官僚士大夫指出，官场歪风邪气肆虐，奔竞逐利，唯利是图，淫奢极欲，虚伪无信，致使腐败之风日益严重，也严重腐蚀了社会风气。胡祗遹指出："即今观之，上自执政，下及州县，以掊克聚敛为通才，以苞苴邀结为得计，不究己之才不才，甫沾一命，即望台司，金玉满堂，愈怀贪冒。出忧国之一言，众指以为妖讹；举爱民之一事，咸皆以为狂妄。虚文具于督责，实效堕于杳茫。败事者无罪，成算者无功。廉公谨饬者反谓之好名，赃污贼蠹者反谓之才干。驵侩曳青紫，倡优佩章印。夺攘矫虔布满中外，长舌利口变是为非，婢膝奴颜进阶增秩。甚至鬻女而货妻，奚音吮痈而舐痔。言语煦煦相取下，而戈戟伏于中心；同仕数年再相遇，则白眼若不相识。小人同恶相济，结为朋党，此千古之常情也，今则不然。相誓指天日非诚也，刺血为盟言非诚也，握手出肺肝非诚也，出妻见子非诚也，升堂拜父母非诚也，通才纳贿非诚也。面誉而背非，朝诺而夕畔。虽蛇蝎虎狼不食其类，乃甘心而忍为；虽鬼蜮倡优不欺其徒，乃面谩而无耻。诡谲不测，变诈无穷。人心之恶，一至于此，内外同风，不以为怪……示己之才，陷人于罪，归功于己，嫁祸于人，欺天罔上，具文无实，交结权贵，增秩迁官，谄媚士夫，沽名钓誉。民困瘵而不恤，忧私财之不足，致紊乱而反喜，得纵恣而为奸。加之常宪宽弛，恶不必罚，善不必褒，以不公之毁誉，定人才之黜陟，以风闻之是非，为功过之实迹，苟且灭裂，贪污日甚一日。"[56]

　　他们主张加强对官员及官员后备队伍的思想教育，弘扬儒家思想，兴学重教，反对奢侈之风，以提高社会的道德风尚和官吏的道德素质，预防腐败的滋生。辅弼元世祖建立宏纲大政的儒臣们对此多有论述。窦默说："三代所以风俗淳厚、历数长久者，皆设学养士所致。今宜建学立师，博选贵族子弟教之，以示风化之本。"[57] 姚枢请"修学校，崇经术，旌节孝，以为育人才、厚风俗、美教化之基"[58]。胡祗遹说圣人防范私欲膨胀、引导人性朝着良性发展靠的是"礼乐教化之功"，"设庠序学校以训诲教养之，熏陶以诗书礼乐，以成德焉"，"教而不从，董之以威"，[59] 就是说，教化是防患于未然，惩治是救恶于已然，应教化先行。王恽呼吁科举取士，为国家选拔有真才实学的人，认为"若科举事行，必须先立学校，使人人力学。学校者，国家之化原人材之大本也，但自教育中来人，终是通古今，解公事，知廉耻，识忠义，鲜过犯，如此，岂非好人欤？由是观之，庠序科举，以之育材取士，最为急务，理合举行……如此，则上可以副圣主求贤致理之心，下庶几多得人材，大补铨选内外百官之用。不然，人情急于进用，势利所在，侥竞成俗。若此风一煽，治道无由而隆，风俗因之而靡，尚何选法之有成？故时政所先，莫此为重"[60]。布衣儒士赵天麟请"导宗室以学问"，官宦之家不令子孙就学的听台宪官纠举，以促其修身养性，克服骄奢淫逸之恶习，使国家得有用之才。[61] 许衡希望"自都邑而至州县，皆设学校，使皇子以下至于庶人之子弟，皆入于学，以明父子君臣之大伦"。元世祖任命他为集贤大学士，兼国子祭酒，并亲自选择蒙古贵族子弟，交给他立学授业。在朝廷上遭到权臣阿合马挤对的许衡欣然听命，高兴地说："此吾事也。国人（按：指蒙古人）大朴未散，视听专一，若置之善类中涵养数年，将必为国用。"[62] 后来，许有壬追述世祖时期设置学校培养人才的经验，呼吁国家应加强对蒙古官僚贵族子弟的培养教育，而"培养之道无他，在乎学校而已。世祖皇帝用许鲁斋（按：许衡）为国子先生，当时蒙古生员教育成材者何限！至于集赛（按：即怯薛）、鹰房皆知所谓三纲五常。今之学者，不过粗识文字，又复废之，使乳臭之子骤膺重任，礼义廉耻视为何物？惟欲保其富贵，又安知君臣之义？隳事陨身，乃其宜也。今后拟合令蒙古人员子孙弟侄必须入学，培养教育，使之有成，而后量材授职"[63]。士大夫认为，要政治清廉，礼乐教化与法制禁令应相辅相成，"既兴礼乐以教民，又严法制以惩恶。盖礼乐兴则教化洽，法制严则奸贪惧"[64]，二者之中礼乐教化是根本，学校教育又是礼乐教化的关键。

"以道德政事名于天下"[65] 的张养浩，身体力行儒家修身治国之理想，并结合自己的仕宦实践，著有《牧民忠告》《风宪忠告》《庙堂忠告》，向贵族官僚地主们倡导儒家的政治思想。勤政爱民、反腐倡廉是其中最重要的内容，如《牧民忠告》卷上《拜命》篇"戒贪"条："普天率土，生人无穷也。然受国宠灵，而为民司牧者，能几何人！既受命以牧斯民矣，而不能守公廉之心，是不自爱也，宁不为世所诮耶？况一身之微，所享能几，厥心溪壑，适以自贼。一或罪及，上辜国恩，中贻亲辱，下使乡邻朋友蒙垢包羞。虽任累千金，不足以偿一夕缧绁之苦。与其戚于已败，曷若严于未然！嗟尔有官，所宜深戒。"《上任》篇"禁家人侵渔"条说："居官所以不能清白者，率由家人喜奢好侈使然也。中既不给，其势必当取于人。或营利以侵民，或因讼而纳贿，或名假贷，或托姻属，宴馈征逐，通室无禁。以致动相掣肘，威无所施。己虽日昌，民则日瘁；己虽日欢，民则日怨。由是而坐败辱者，盖骈首骊踵也。"张养浩认为台宪官首要的是自律，其次就是警示、教育官员廉洁奉公，教育官员、防范腐败比惩治、纠弹犯罪更重要，而且台宪官的警示教育具有其不可替代的作用。《风宪忠告》第二"示教"篇说："甚矣，人之不可无教也！生知如圣人，犹胥教诲，胥训告，况不能圣人万一者，可忽焉而不务哉！大抵常人之情，苟非其所惮，虽耳提面命，则亦不足发其良心。何则？非所素服素畏故也。今夫庶司之职为众所畏服者，莫如风宪，诚因监莅于彼，或始上之日会所属而勖之曰：'彼之官，重者廷授，次者省授，又次则吏部授，大小虽殊，无非国家臣子。为人臣子，奸污不法，人孰汝容！夫纳贿营私，所得甚少，所丧甚多。与其事败治汝，曷若先事而教之为愈哉！吾之此言虽曰薄汝，实厚汝也；虽若毒汝，实恩汝也。'苟能如是谕之，吾知退而必有率德改行，易凶恶为善良者矣。且刑罚不足致治，教之而使不犯，为治之道莫尚焉。"[66]

一本由元代士绅编著的日常生活百科全书《居家必用事类全集》，其仕宦门首引《文公小学书嘉言篇》，是朱熹等理学家有关当官处事的行为守则的语录，接下来引述南宋学者真德秀等人的议论，总结出"律己以廉、抚民以仁、存心以公、莅事以勤"的"四事箴"，以及"断狱不公、听讼不审、淹禁囚系、惨酷用刑、泛滥追呼、招引告讦、赋役不均、重叠催科、吏辈下乡、低价买物"的

"十害箴"。其谨身门"劝善录"援引历史上的人物故事，依据因果报应论列举了"受财枉法""贪饕罪戾""剽窃公帑""享用太侈""财物去留不常"等劝人勤廉行善的道理。这种说教内容反映了一般官僚地主、士大夫重视通过日常家庭教育培养清廉官员的政治理想。元代还有一本专供各部门吏胥及想做吏胥的人阅读的手册，书名《习吏幼学指南》，或简称《吏学指南》，《居家必用事类全集》照录此书全文。其内容主要是对官府行政文书、法律术语的名词解释，但也有对吏胥行为准则的道德说教。如引录宋太宗颁行天下、南宋以来州县衙署所立的"戒石铭"："尔俸尔禄，民膏民脂。下民易虐，上天难欺。"还记录了本朝浙西提刑司所立的"戒石铭"："天有昭鉴，国有明法。尔畏尔谨，以中刑罚。"其中"诸箴"引录唐宋及本朝的官箴言，"诸说"是历代有关为政清廉、修身律己的说教，最后收录的是官箴性质的《为政九要》。[67] 有的士大夫主张在官衙"颁降戒谕圣训，书之屏风，使朝夕仰视，知所惩劝"，时刻起到警示作用。[68]

官僚士大夫提倡以史为鉴。元世祖时，儒士们借侍从讲读的机会，给皇帝、太子、大臣们讲解《资治通鉴》《贞观政要》等史书。王恽类编历代史事，进呈《承华事略》给真金太子，内分广孝、立爱、进学、择术、崇儒、听政、亲贤、去邪、从谏、尚俭、戒逸等二十目；成宗即位后，又献《守成事鉴》一书。[69] 元末名儒李好文，奉命于端本堂教授皇太子。他认为欲求古圣帝贤王之道，必须尊崇儒学。他摘录儒家经典，选录史传，参考先儒论说，尤其是有关治国理乱的思想，加以自己的学术见解，仿照南宋真德秀著名的《大学衍义》的体例，编著《端本堂经训要义》一书，作为太子学习的教材。他又收集历代帝王事迹及古史有关治乱兴衰的记载，编纂成书，供太子参阅。[70]

/注释/

1. 《元史》卷一百五十七《刘秉忠传》。奉合罕皇帝圣旨开科举，指窝阔台汗对儒生的考试。

2.《元朝名臣事略》卷七《平章廉文正王》。

3.《元朝名臣事略》卷十《平章宋公》。

4.《元史》卷一百三十《不忽木传》。

5.《紫山大全集》卷二十一《杂著·铨词》。

6. [元]魏初:《论官吏考绩黜陟》,《元代奏议集录》(上)。

7.《上奏一纲二十目·核实》,《元代奏议集录》(下)。

8.《秋涧先生大全文集》卷三十五《上世祖皇帝论政事书》。

9.《秋涧先生大全文集》卷八十六《乌台笔补》"论置官吏空行簿"条。

10.《雪楼集》卷十《奏议存稿·吏治五事》"置考功历""置贪赃籍"。

11.《秋涧先生大全文集》卷九十《便民三十五事·选官·议保举》。

12. [元]陈祐:《三本书》,《元文类》卷十四。

13.《秋涧先生大全文集》卷三十五《上世祖皇帝论政事书》。

14.《秋涧先生大全文集》卷九十《便民三十五事·选官·选参佐》。

15. 参见《元史》卷一百四十六《耶律楚材传》。

16.《紫山大全集》卷二十三《杂著·精选县令》《杂著·试典史策问》。

17. [元]魏初:《奏陈御史台事理》,《元代奏议集录》(上)。

18.《秋涧先生大全文集》卷三十五《上世祖皇帝论政事书》。

19.《上奏一纲二十目·任官》,《元代奏议集录》(下)。

20. 参见[元]马祖常:《石田文集》卷七《建白十五事》;[元]赵天麟:《宣八令以达天下之恩威·试嗣将》,《元代奏议集录》(上)。

21.《郝文忠公陵川文集》卷三十二《便宜新政》。

22. [元]赵天麟:《论绝冗官三弊》,《元代奏议集录》(上)。

23.《紫山大全集》卷二十三《杂著·民间疾苦状》。关于冗官冗员,参见《紫山大全集》卷二十一、卷二十二《杂著》"论除三冗""论沙汰""即今弊政"。

24.《雪楼集》卷十《奏议存稿·吏治五事·给江南官吏俸钱》。

25.《雪楼集》卷十《奏议存稿·民间利病》。

26.《上奏一纲二十目·俸禄》,《元代奏议集录》(下)。

27.《紫山大全集》卷二十三《杂著·民间疾苦状》。

28.《秋涧先生大全文集》卷七十九《元贞守成事鉴·明赏罚》。

29.《秋涧先生大全文集》卷八十九《乌台笔补》"论州县官经断罚事状"条。

30. [元] 赵天麟:《杜利门策》,《元代奏议集录》(上)。

31.《上奏一纲二十目·刑赏》,《元代奏议集录》(下)。

32. [元] 赵天麟:《请无肆赦》,《元代奏议集录》(上)。

33.《因地震论治道疏》,《元代奏议集录》(下)。

34.《时政书》,《元代奏议集录》(下)。又据《元史》卷一百七十五《张珪传》,元世祖末年醮祠佛事之目计一百零二项,成宗大德年间增至五百多项,"僧徒又复营干近侍,买作佛事,指以算卦,欺昧奏请",可见怯薛近臣往往与僧徒勾结,以作佛事为名谋取私利。

35.《元朝名臣事略》卷十《平章宋公子贞》。

36.《秋涧先生大全文集》卷九十《便民三十五事·立法·定法制》。

37.《紫山大全集》卷二十一《杂著·论治法》。

38. [元] 刘敏中:《奉使宣抚回奏疏》,《元代奏议集录》(下)。

39.《上奏一纲二十目·定律》,《元代奏议集录》(下)。

40.《元史》卷一百六十三《张雄飞传》。

41.《元朝名臣事略》卷十《宣尉张公》。

42. [元] 许衡:《论生民利害疏》,《元代奏议集录》(上)。

43.《时政书》,《元代奏议集录》(下)。

44.《元史》卷一百七十三《崔彧传》。

45.《至正集》卷七十四《公移·风宪十事·廉使频除》。

46.《元史》卷一百五十七《刘秉忠传》。

47. 参见《畅八脉以鼓天下之正风·采公议》,《元代奏议集录》(上);《元史》卷一百七十三《崔彧传》。

48.《畅八脉以鼓天下之正风·革副封》,《元代奏议集录》(上)。

49.《时政书》,《元代奏议集录》(下)。

50.《上奏一纲二十目·怯薛》,《元代奏议集录》(下)。

51.《太平金镜策·请颁法典》,《元代奏议集录》(上)。

52.《草木子》卷三上《克谨篇》。

53. 参见《草木子》卷三上《克谨篇》。

54.《雪楼集》卷十《奏议存稿·吏治五事·通南北之选》。

55.《雪楼集》卷十《奏议存稿·公选》。

56.《紫山大全集》卷二十三《杂著·县政要式》。

57.《元史》卷一百五十八《窦默传》。

58 [元] 姚燧:《中书左丞姚文献公神道碑》,见《元文类》卷六十。

59.《紫山大全集》卷二十三《杂著·县政要式》。

60.《秋涧先生大全文集》卷八十七《乌台日事》"请举行科举事状"条。元成宗即位后,王恽上书陈十五事,其一"选士",以为"选取人材,最为方今切务",而"科举取士,历代讲究,既公且当,无逾于此"。见《秋涧先生大全文集》卷七十九《元贞守成事鉴》。

61. 参见 [元] 赵天麟:《请导宗室以学问》,《论清阀阅》,《元代奏议集录》(上)。

62.《元史》卷一百五十八《许衡传》。

63.《至正集》卷七十七《公移·正始十事》。

64.《滋溪文稿》卷二十六《章疏·论不可数赦》。

65. [元] 贡师泰:《牧民忠告序》,见《牧民忠告》,《吏学指南(外三种)》。

66. [元] 张养浩:《牧民忠告》《风宪忠告》,见《吏学指南(外三种)》。

67.《居家必用事类全集》,书目文献出版社"北京图书馆古籍珍本丛刊"本。

68.《秋涧先生大全文集》卷八十六《乌台笔补》"论州县阙廨宇事状"条。

69. 参见《元史》卷一百一十五《裕宗真金传》,卷一百六十七《王恽传》。

70. 参见《元史》卷一百八十三《李好文传》。

第十六章

明清时期惩治腐败的律法准绳

明清时期腐败现象的泛滥，不仅破坏了政治机器的正常运转，而且对社会的稳定和发展也造成了不可弥补的损失。这一局面的存在，既背离了君权独尊趋势的专制需求，也破坏了官僚体系整体结构的均衡，更阻碍了社会共同体利益的合理化发展。一句话，无论就政治体系、权力结构、行政效率，抑或社会稳定、经济发展、世风民俗，腐败皆是不得人心的一大毒害。明清统治者尽管身陷其中，但对其危害还是有一定程度的清醒认识，特别是那些奋发有为之君和心系世运民瘼的正直官员，无不在努力寻求消除腐败之道。其中，律例、法规的制定和不断增补，是他们借律法以威慑、惩治腐败的一条重要途径。

第一节　明清律例对腐败的威慑

作为引导、规范、纲维社会的基本骨架，律法的作用无疑是必需的，也是社会有所遵循的内在需求。而能否制定一套适合社会需要的法度，则体现出一个社会文明发展的程度，至于能否被社会上下遵守，就属于另外一个层面的问题了。就明清时期来看，统治阶层在这方面的努力还是颇有建树的。无论明代的《大明律》《大诰》四编、《问刑条例》，还是清代的《大清律例》等，都是应对时势发展的需要，而不断加以制定、修改的。其中涉及腐败问题的条文规定，不仅反映出统治者对腐败问题的重视，而且为作相应惩治提供了明确的律法依据。明清社会之所以得以维系、绵延，在很大程度上得力于这些大法大规。

一、明初律令制定与《大诰》四编

明王朝建立之前，朱元璋于元至正二十四年（1364年）即吴王位时，即鉴于"元氏主荒臣专""元政弛极，豪杰蜂起，皆不修法度以明军政"的弊病，提出"建国之初，先正纲纪，纲纪先礼"的思路。[1] 不过，当此兵荒马乱之际，"纲纪先礼"一时难以施行，而"先正纲纪"才是当务之急。在翌年平定武昌后，朱元璋便着手律令的制定。至正二十七年（1367年）建立吴政权后，律令的制定正式提上政治日程。是年冬十月，朱元璋本着"法贵简当，使人易晓。若条绪繁多，或一事两端，可轻可重，吏得因缘为奸，非法意也"[2]的精神，命左丞相李善长率同杨宪、傅瓛、刘基、陶安等人，主持律令的议定，而且还亲自参与其间，在西楼与诸臣从容议论律义。至十二月书成，依吏、户、礼、兵、刑、工分类，凡为令一百四十五条、律二百八十五条（准唐之旧而增损之），即于洪武元年（1368年）正月颁行[3]，成为明代开国之初的基本法典。

然而，李善长等人的此次议定律令，虽然顺应了建立新王朝体制建设的需要，但因成书仓促，故不免因陋就简，还不完善。因此，该书颁行之后，明太祖又不断地命臣僚加以厘定、调整和增补。其中，有几次大的更定：其一，洪武六年冬，明太祖命刑部尚书刘惟谦"重会众律，以协厥中"，并对"近代比例之繁，奸吏可资为出入者，咸痛革之"，经始于是年十一月，竣工于翌年二月。本次更定，一反前此律令篇目结构，而改从唐律十二类之法，计分：名例、卫禁、职制、户婚、厩库、擅兴、贼盗、斗讼、诈伪、杂犯、捕亡、断狱。至其条目，则计有："采用已颁旧《律》二百八十八条，续律百二十八条，旧《令》改律三十六条，因事制律三十一条，掇《唐律》以补遗一百二十三条，合六百有六，分为三十卷。"[4] 即此可见，本次更定无论就体例还是内容都有大幅度的变动。其二，洪武二十二年，明太祖接受刑部"比年条例增损不一，以致断狱失当。请编类颁行，俾中外知所遵守"的建议，"遂命翰林院同刑部官，取比年所增者，以类附入"。[5] 书成仍为三十卷，但改十二类为六部名目（适应废丞相制而改六部行政的体制变化），而"析篇目为十九，约条为四百六十"[6]，且置《名例律》于篇首。其三，经过几次更定之后，洪武三十年，明太祖在"命刑官取《大诰》条目，撮其要略，附载于律"的基础上，成《大明律诰》。至此，"草创于吴元年，更定于洪武六年，整齐于二十二年，至三十年始颁示天下"[7]的《大明律》，遂为有明一代之定制。而不同于律的不断更定，《大明令》则自成书后，"未见复修，所行乃洪武元年修者"[8]。

与明太祖以重典治吏的统治思想相应，《大明律》中有不少篇目即针对官员违法乱纪行为而设置的。如《名例律》中的"文武官犯公罪""文武官犯私罪""同僚犯公罪""公事失错"，《吏律》中的"大臣专擅选官""滥设官吏""举用有过官吏""擅离职役""交结近侍官员"，《户律》中的"私役部民夫匠""任所置买田宅""多收税粮斛面""那移出纳"，《礼律》中的"禁止迎送""服舍违式"，《兵律》中的"失误军机""私卖军器""多支廪给"，《工律》中的"擅造作""带造缎匹"等，皆规定了相应的处罚措施。而《刑律》中的《受赃》一项，更以专篇的形式，对官员贪污、受贿严加惩治。该篇计有"官吏受财""坐赃致罪""事后受财""有事以财请求""在官求索借贷人财物""家人求索""风宪官吏犯赃""因公擅科敛""私受公侯财物""克留盗赃""官吏听许财物"等十一条。如"官吏受财"规定："凡官吏受财者，计赃科断。无禄人，各减一等。官追夺除名，吏罢役，俱不叙。说事过钱者，有禄人，减受钱一等；无禄人，减二等；罪止杖一百，各迁徙。有赃者，计赃从重论。有禄人：枉法，赃各主者，通算全科。一贯以下，杖七十……八十贯，绞；不枉法者，赃各主者，通算折半科罪。一贯以下，杖六十……一百二十贯，罪止杖一百，流三千里。无禄人：枉法，一百二十贯，绞；不枉法，一百二十贯以上，罪止杖一百，流三千里。""坐赃致罪"规定："凡官吏人等，非因事受财，坐赃致罪。各主者通算，折半科罪。与者，减五等。一贯以下，笞二十……五百贯之上，罪止杖一百，徒三年。"[9]对于职事风宪的科道等官，其受财"及于所按治去处求索借贷人财物，若卖买多取价利及受馈送之类"，则"各加其余官吏罪二等"[10]。其他如《贼盗》篇中的"监守自盗仓库钱粮"，《诈伪》篇中的"伪造印信历日等"，《犯奸》篇中的"官吏宿娼"等，于官吏不同情况的犯罪，皆有比较严厉的处治规定。值得注意的是,《吏律一·职制》中的"奸党"条规定:"凡奸邪进谗言、左使杀人者,斩。若犯罪律该处死,其大臣小官,巧言谏免、暗邀人心者,亦斩。若在朝官员,交结朋党、紊乱朝政者,皆斩。妻子为奴,财产入官。若刑部及大小各衙门官吏,不执法律,听从上司主使出入人罪者,罪亦如之。若有不避权势,明具实迹,亲赴御前执法陈诉者,罪坐奸臣。言告之人,与免本罪。"[11]这一规定,反映出明代对言论、朋党为害的重视。

与《大明律》不断更定和最终成为一代法典的命运不同,《大明令》作为律典成型过程中的一种过渡,一度在明初发挥一定的法律效力。但随着《大明律》的定型和《明会典》等的出台,其作用则趋于衰微。这是因为:其一,当洪武六年更定律时,曾将三十六条令改为律,其中有不少条目入于《名例律》;其二,"明令的法规因后出条例、诸法典或单行法令而被修改或废除的情况也很多"[12]。这一变动,一方面抬高了某些令的法律地位,另一方面则使作为单行法规的《大明令》失去了独立的价值。然而,若从明初稳定政局的角度来看,《大明令》的作用亦不可忽视,尤其是与律并行的格局,体现出其地位的重要。其中,刑令中的许多条目,即被《大明律》所吸收,尽管名称稍有不同,内容亦有繁简之别,但对官员赃私之罪予以严惩的主导精神则是一致的。

介于洪武元年颁布律令和《大明律》成型之间,明太祖鉴于贪官污吏泛滥的形势,还曾于洪武十八年至二十年间,连续发布了《御制大诰》《御制大诰续编》《御制大诰三编》和《大诰武臣》,以期收明刑弼教、惩戒奸顽之效。四编《大诰》由案例、峻令、训戒组成,共计二百三十六条,其中,很大一部分是针对官吏贪污和豪强作恶的。在《御制大诰序》中,明太祖指出:"今将害民事理,昭示天下诸司,敢有不务公而务私,在外赃贪,酷虐吾民者,穷其原而搜罪之。"[13]基于此一主导意向,明太祖以近期发生的案件为例,一方面揭示官吏诸如贪赃枉法、科敛害民、肆虐舞弊等不法行为;另一方面则反复告诫臣民应以此为戒,家藏户诵,以免蹈于刑辟。而从相关条目来看,明太祖对贪官污吏的惩治是十分严厉的,其中的律外用刑,如"族诛、凌迟、极刑、枭令、弃世、斩、死罪、墨面文身挑筋去指、墨面文身挑筋去膝盖、刹指、断手、刖足、阉割为奴、斩趾枷令、常枷号令、枷项游历、重刑、免死发广西拿象、人口迁化外、迁、充军、徒、全家抄没、戴罪还职、戴罪充书吏、戴罪读书、免罪工役及砌城准工等三十余种，皆较明律为严，又多为明律所未设"[14]，而像剥皮实草之类的酷刑，更是惨不可睹。至于某些案件株连之广，更以数百、数千甚至万以上计。这些举措虽然产生了一定的负面作用，如一些官员"以禁网严密，朝不谋夕，遂弃廉耻，或事掊克"[15]等"治愈重而犯愈多"的恶性循环，但在当时亦对官吏贪墨起到了很大的威慑作用。整体而言，四编《大诰》尽管有其局限性，而且至洪熙、宣德时已搁置不用，但作为由初颁律令到《大明律》定型的过渡，其于明初皇权的强化，特别是吏治的相对澄清，还是发挥了一定的积极作用。

二、《问刑条例》的修订及其局限性

随着时代的推移，继《大明律》、四编《大诰》之后，明中后期条例的制定和颁行则趋于主导地位，其中的《问刑条例》更发挥了几乎与《大明律》相等的作用。其实，早在明初酝酿律令、《大诰》的过程中，为补律诰之不逮，条例的制定即已出现。百余年后，一方面由于在实施过程中因中外巧法吏或借便己私，致使律浸格不用，另一方面则出现了如《会定见行律》等轻重失宜不正规律文对《大明律》的冲击。而一些随意性较大的条例的制定，更给奸吏舞弊以可乘之机。所有这些，皆不利于政治的稳定和对社会的规范，有待加以整顿。正是基于这一混乱状况，自弘治朝始，开启了对条例进行划一的努力。

弘治五年（1492年），刑部尚书彭韶等采纳鸿胪寺少卿李鐩的建议，着手删定《问刑条例》。十一年十二月，孝宗诏称："法司问因，近来条例太多，人难遵守。中间有可行者，三法司查议停当，条陈定夺。其余冗琐难行者，悉皆革去。"[16]遵照孝宗这一指示，在白昂的主持下，对相关条例展开了讨论。至十三年，"增历年问刑条例经久可行者二百九十七条"，是为第一次大规模的修例活动，即弘治《问刑条例》。"自是以后，律例并行，而网亦少密"[17]。其后，嘉靖朝保定巡抚王应鹏曾请新增问刑条例四十四款，刑部尚书胡世宁亦曾请编断狱新例，然皆格而不行。至二十七年，刑部尚书喻茂坚再次呼吁增修和对此前废除者加以斟酌。在诸臣的一再申请下，世宗遂命顾应祥主持详议定奏。两年后成新例三百七十六条，加上三十四年续增九条，嘉靖《问刑条例》共计三百八十五条。此次重修，较弘治时有所提高，但轻重失宜者亦复不免。故至万历初年，在诸臣不断呼吁和张居正改革的影响下，神宗于万历十三年（1585年）对前此《问刑条例》又进行了一次大修。本次修订，除各例妥当，相应照旧者，共一百九十一条，其应删、应并、应增者共一百九十一条，总计三百八十二条。其体例以律文为正文，例附于各相关刑名之后，律例合刊，颁行于世，到明末而未改。

作为明中后期的重要律法，三部《问刑条例》的修订，在实际行政司法中无疑发挥了主导作用，有着一定的积极意义："三次删定的《问刑条例》，均贯彻了'革冗琐难行''情法适中''立例以辅律''必求经久可行'的指导思想，对《大明律》和前一《问刑条例》的过时条款予以修正，针对当时出现的社会问题，适时补充了许多新的规定。《问刑条例》的修订和颁行，突破了'祖宗成法不可更改'的格局，革除了明王朝开国百年来因事起例、轻重失宜的弊端，使刑事条例整齐划一，对维护明王朝的统治起到了重要的作用。"[18]"明代三部《问刑条例》的修订是'度势立法'的结果，它表明明代君臣经过长期的立法实践，到明代中叶时已对'依律以定例，定例以辅律'的律例关系及例的作用有了明确的认识。由于《问刑条例》较好地解决了律例关系，技术性地处理了累朝杂例，并成功地增入了适于当代发展所需的新定例，为当时法制的划一作出了贡献，也为后代提供了可供借鉴的立法经验。"[19]而从篇目设置和惩治腐败的主体精神来看，《问刑条例》与《大明律》可谓是一脉相承的。尽管刑律中的受赃篇较《大明律》减少，仅有"官吏受财条例""因公擅科敛条例"两条，但综观其他各条，不难发现，《问刑条例》对官员监守自盗、枉法舞弊诸不法行为还是甚为重视的。所有这些，体现出《问刑条例》积极的一面。

但也应看到，在宦官乱政、权臣擅权、厂卫滥刑，以及阁臣互争、各派系相互倾轧的氛围下，《问刑条例》是不可能得到很好实施的。而条例的不断更改、前后矛盾、轻重失宜等，在客观上亦损害了其自身的权威性，官吏的有法不依、因缘舞弊，即与此有关。清人曾指出："始，太祖惩元纵弛之后，刑用重典，然特取决一时,非以为则。后屡诏厘正,至三十年始申划一之制,所以斟酌损益之者,至纤至悉,令子孙守之。群臣有稍议更改,即坐以变乱祖制之罪。而后乃滋弊者,由于人不知律,妄意律举大纲,不足以尽情伪之变,于是因律起例,因例生例,例愈纷而弊愈无穷。初诏内外风宪官,以讲读律令一条,考校有司。其不能晓晰者,罚有差。庶几人知律意。因循日久,视为具文。由此奸吏舞法,任意轻重……英、宪以后,钦恤之意微,侦伺之风炽。巨恶大憝,案如山积,而旨从中下,纵之不问;或本无死理,而片纸付诏狱,为祸尤烈。"[20] 就明中后期政局动乱、官场腐败泛滥的情形而言,这一评价还是有一定道理的。

三、《大清律例》对腐败的遏制

在承继关外传统和借鉴前代特别是明代法制的基础上,清廷于律例法规亦颇多制作,其中《大清律例》经顺治、康熙、雍正三朝的不断酝酿和修订,至乾隆朝遂臻于系统和定型。

清代的律法建设,自入关之前已初露端倪,而至世祖入关后始正式纳入轨道。在世祖于顺治元年(1644年)十月入北京即帝位之前,摄政王多尔衮即于六月下令"问刑衙门,准依《明律》治罪",以作为入关之后施法的过渡。八月,多尔衮采纳刑科给事中孙襄"定刑书"的建议,遂有命"法司会同廷臣详绎《明律》,参酌时宜,集议允当,以便裁定成书,颁行天下"之令。不过,世祖入京后仍然采纳了刑部左侍郎党崇雅"暂用《明律》"的建议。直到次年,接受刑科都给事中李士焜奏定律法的建议,遂有命"修律官参稽满、汉条例,分轻重等差"以修律的谕旨,从而拉开了有清一代纂修本朝律法的序幕。[21] 此次修律活动,"经始于二年,校定于三年(康熙九年疏内有'顺治三年内院校定译发'之语——原注),刊成则在四年"[22],其成果为《大清律集解附例》。此后,又对律例再加修订,并于顺治十二年"颁行满文《大清律》"[23],以使满汉臣民皆有遵循。

继世祖之后,圣祖于律法之制续有兴作。大体而言,圣祖做了以下三方面的工作:一是于康熙九年(1670年)命大学士管理刑部尚书事对哈纳等将《大清律集解附例》再加校正；二是于十八年颁谕刑部，将定律之外所有条例，应去应存，会同九卿、詹事、科道详加酌定具奏，遂定更改条例，别自为书，名之曰《现行则例》；三是于二十八年采纳台臣盛符升应将律例归于一贯的疏请，准将《现行则例》附入《大清律》条，而诸臣又以律文辞简义赅易致舛讹，遂于每篇正文后增用总注，以疏解律义。其后，于三十四年先成《名例》四十六条缮写进呈，三十六年发回刑部，命将奏闻后更改之处补入，嗣于四十六年六月辑进四十二本，但留览未发。圣祖之所以经营许久而留览未发，一方面出于审慎制刑的目的，另一方面，则与其兴教化、以礼乐导民的"有治人，无治法"的为政取向大有关系。

世宗即位之后，赓续顺、康以来的修律活动。雍正元年（1723年），世宗采纳巡城御史汤之旭"将康熙六十一年以前之例并《大清会典》，逐条互订，庶免参差"之奏，任命朱轼等为总裁官从事纂修之责。经过一番析异归同、删繁就约的整饬排比，对律文及律注颇有增损改易，于例则分别订定为"原例"（累朝旧例）、"增例"（康熙间现行例）、"钦定例"（世宗上谕及臣工条奏），而成《大清律集解》（自元年经始，至"三年书成，五年颁布"[24]）。

雍正朝修订律例颁行之后，随着形势的发展，在具体施政过程中不断产生新的问题，出现了某些律文不能适应现实需要的情况。为解决这一难题，高宗继位之初，即采纳刑部尚书傅鼐"将雍正三年刊行律例，详加核议，除律文、律注仍旧外，其所载条例有先行而今已斟酌定议者，改之。或有因时制宜，就行斟酌而未逮者……酌照旧章，务期平允……俾知遵守，以照划一之会则"[25]的奏请，遂简派大臣三泰、徐本等总领纂修之事，至乾隆五年（1740年）冬成《大清律例》。就条例的变化而言，乾隆律"在编排上取消了雍正律的原例、增例、钦定例的区别，统一把条例附于相关律文之后""条例中不再登载谕旨""条例不再收录行政处分"；[26]在内容上，则删除了"总注"，并收入《过失杀伤收赎》一图。至此，无论就内容抑或体例，遂成为定制（乾隆朝所定由三年一修改为五年一修，及五年一小修、十年一大修的原则，亦成为此后的惯例）。而自乾隆朝《大清律例》颁行之后，于律文大体上不再修改（其间个别律文也有小小的改动），而将主要精力放在具有灵活性的例文的修订上,"嘉庆以降,按期开馆,沿道光、咸丰以迄同治,而条例乃增至一千八百九十有二"[27]。但时移世易,《大清律例》随着专制王权的由盛而衰,其效用亦随之而见绌。

由上可见,有清一代对律典的制作是相当重视的。虽然就律文主体而言,《大清律例》定型后的四百三十六条较《大明律》四百六十条有所减少,但前者例文的不断扩大,则体现出清代因时制宜变通性的增强。而《大清律例》律与例一体化的设置、例文由以时间为序向以内容和性质分类的转变,亦体现出清代在处理律、例关系方面较明代更为成熟。尽管《大清律例》继承了《大明律》的架构设置,但由于时势移易和所面临问题的不同变化,以及统治者施政取向的异趣,总体来看,清律在量刑惩治力度上较明律有所减弱。"与前代法律相比,清代法律的残暴和严苛性稍逊一筹,但是,清代的立法者却宁愿原封不动地保留旧的严酷的法律条款,这不但表明了中国人尊重传统的态度,而且也表明了他们这样一种企望,即以刑罚条款中严厉可怖的字眼,令违法者望而却步……在清代,'绞刑'常转换为'流刑','军流刑'实际上只是一种较为温和的处罚方式,而'杖一百'的实际执行量已减少为四十",这一立足于"清代立法者对古代威慑主义刑罚原则的沿袭"[28]的评判,是有一定道理的。但也应看到,清代统治者立法量刑取向的改变,在很大程度上也反映出随着清代君主专制集权的极大强化,他们关注的重点已稍异于明初侧重加大惩治官员贪残的立法意向,而在于从整体上规范臣民,强调律法的"明刑弼教"功能,以适应政治一统、经济发展、文化繁荣等新的时代形势。清高宗尝言:"古先哲王所为设法饬刑,布之象魏,悬之门闾,自朝廷达于邦国,共知遵守者,惟是适乎义,协于中,弼成教化,以洽其好生之德,非徒示之禁令,使知所畏惧而已。"[29]此一立法意趣,亦即"宽严相济"为政思想在修订律例层面的体现。

不过,清代法律残暴和严苛性的稍逊一筹,仅是一个大的趋势,并非所有律条皆是如此,如其中对官员贪污腐败行为的惩治规定,即较《大明律》加重。"明、清律的'六赃'规定基本相同,其区别主要有二:一是加重了处罚,明律'监守盗''枉法赃'所犯斩绞均是杂犯死罪,可免死改徒的,清律'枉法赃'则改为实犯绞，'监守盗'三犯亦绞；二是清律增多了附例，明律（至万历年间）'监守盗''官吏受财'附例不足十条，清律则有二十余条之多。"雍正朝大力整顿、惩治府库亏空，乾隆朝中后期对封疆大吏等高官经济犯罪的严厉打击等，即体现出这一变化的用意所在。"清朝统治者没有把惩贪仅作为一般的政策号召，而是将其法律化。在清初加速制定的基本法典《大清律》中，继承了明律有关的惩贪条款，并且以后又陆续纂修了许多附例，使清朝的惩贪法律更加系统和完整，反映了清廷试图严厉惩贪，以求国家长治久安的立场。"[30] "综观清律的惩贪条款，可以看到它是集古代有关法律之大成，从古代法律体系本身讲，这些条款是非常严密的了，组成了一张令贪官污吏望而生畏的法网。当然不会有谁认为由此清代的吏治就一定清明，当官为宦者必是廉政，事实上正是由于制定有这样严厉的法条，才说明清朝官场上恰恰是苞苴盈路，贿赂公行。"[31] 尽管清代特别是中后期官场腐败现象愈演愈烈，然而从大的方面来说，在中央专制集权的强大威势下，清廷防范、惩治官员腐败的立法努力还是取得了很大成效的，"康乾盛世"局面的形成，与《大清律例》的定型和颁行即有着一定的内在关联。

第二节　监察法规与职官考绩

明清律例的制定，在纲维、规范社会秩序方面，无疑发挥了基本大法的功能。然而，随着时代的推移，以及各种新问题的不断涌现，律例的适用性又不可避免地会遇到困境。这是因为：一是作为基本大法的律例不可能无限制地加以扩大和变更，否则就失去稳定性，不利于各级官吏的遵行；二是律例的适用范围是有一定针对性的，主要在于控制官吏和民众对皇权、政府的威胁与违法乱纪等犯罪行为，不可能凡事都加以规范。而就政治运作来看，对官吏的不法行为予以事后惩治固然重要，但如何在平时进行防范、引导和制约以发挥官僚体制的有效功能，则更为重要。针对这些问题，明清统治者从加强官吏管理的角度，在监察和行政法规方面，进行了新的尝试。

一、《宪纲》与《钦定台规》的制定

作为百司仪表、职事监察的科道官，对维护统治机器的有效运转起着举足轻重的作用，而其自身能否廉洁自律、严格执法，更直接关系到官僚队伍的整体精神风貌。因此，如何对风宪官加以规范，以发挥其监察职责的效能，便成为制度建设中不可或缺的一项要务。明清两代在借鉴前代监察制度建设经验的基础上，更在监察法规专门化立法方面取得了新的突破。

明朝建立之初，御史台即于洪武四年（1371年）拟进宪纲四十条，明太祖亲加删定后，颁给诸臣。其后，洪武二十六年（1393年）成书的《诸司职掌》，对设官分职之务进行了厘定，其中对都察院的规定，即对前此《宪纲》多有吸收。此一努力，为监察法规的立法奠定了基础。其后，随着形势的发展，以及风宪官舞弊行为的出现，对宪纲加以重新规范，愈益成为不可忽视的一大问题。宣德后期，宣宗鉴于"《宪纲》之书，肇于洪武，厥后官制不同，所宜因时改书，而中外宪臣，往往有任情增益者"，"遂敕礼部同翰林儒臣，考洪武旧文而申明之。并以洪武、永乐以来，祖宗所定风宪事体著在简册者，悉载其中，永示遵守，而益之以训戒之言。凡出臣下所自增者，并削去之"。可惜的是，书成未及颁行，宣宗即去世。英宗继起，采纳臣下之请，于正统四年（1439年）对《宪纲》又作了一番厘整。其谕礼部、都察院称："朕今于先朝所考定中，益以见行事宜，尔礼部即用刊印，颁布中外诸司遵守。尔都察院其下各道御史及在外按察司官，钦遵奉行。其洪武以后《宪纲》，凡系臣下自增者不用。敢有故违，必罪不恕。"[32]此番厘整，确立起明代监察法规的规模。至嘉靖年间，张璁又"奏行宪纲七条，钳束巡按御史"，左都御史胡世宁"条上宪纲十余条"[33]。而王廷相亦上《再拟宪纲未尽事宜疏》，申明"臣等窃惟御史之官，朝廷耳目，纲纪之寄，行止语默纤毫有违，则人人得而非议之，而寄斯忝矣。《宪纲》一书，垂示九十五条，盖亦周为之防，必欲宪臣之无忝其寄而后已也。但法行既久，人心易弛，故臣等不揣一得之愚，用陈六事之奏：防其因循也，则曰除革奸弊；防其苛刻也，则曰伸理冤枉；防其偏私也，则曰激扬清浊；防其淹滞也，则曰完销勘合；防其扰也，则曰清修简约；防其傲也，则曰抚按协和"[34]，并奏上巡视仓库、巡察盗贼、抚恤军士三事。由此可见，继洪武、正统之后，《宪纲》又得到了一定的增补。但总体而言，正统时所修《宪纲》基本上代表了明代监察法规的主体和水准。

正统《宪纲》计分：《宪纲》三十四条，《宪体》十五条，《出巡相见礼仪》四条，《巡历事例》三十六条，《刷卷条格》六条，总九十五条，合为《宪纲事类》。《宪纲》中约三分之一条目，乃针对中外风宪官违法不职等行为的处罚规定。如规定："凡都察院官及监察御史、按察司官吏人等，不许于各衙门嘱托公事。违者，比常人加三等。有赃者从重论"（"嘱托公事"）；"凡都察院并监察御史、按察司，纲纪所系，其任非轻。行事之际，一应诸衙门官员人等，不许挟私沮坏。违者，杖八十。若有干碍合问人数，敢无故占怪不发者，与犯人同罪"（"沮坏风宪"）；"凡监察御史、按察司官分巡去处，如有陈告官吏取受不公等事，须要亲行追问，不许转委。违者，杖一百"（"亲问公事"）；"若知善不举，见恶不拏，杖一百，发烟瘴地面安置。有赃者，从重论"（"巡按失职"）；"各衙门官吏不许出郭迎送。违者，举问如律。若容令迎送，不行举问者，罪同。如有规避者，从重论"（"禁约迎送"）；"其照刷之际，务要尽心，若有狱讼淹滞，刑名违错，钱粮埋没，赋役不均等项，依律究问"（"照刷文卷"）；"凡都察院、按察司堂上官及首领官，各道监察御史、吏典，但有不公不法及旷职废事、贪淫暴横凌虐，皆当纠劾，毋得徇私容蔽……其有挟私妄奏者抵罪"（"互相纠劾"）。[35]由此可见，明代对风宪官违法乱纪、旷职废事、贪赃嘱托等腐败行为的处罚是相当严厉的，而所有这些条文规定，在一定程度上对风宪官亦起到了警戒作用。

清朝建立后，吸取明朝《宪纲》的经验，在监察法规制定方面，渐趋完整。顺治十八年（1661年）颁行的《都察院拟监察职权条例》，是"针对都察院设立后有关监察的职责范畴，监察条例、监察官反监与监察人员互监所作的具体规定。它对监察法典的制定起到了奠基作用"[36]。其后，经康熙、雍正两朝努力，至乾隆朝建立起第一部较为完整的监察法规——《钦定台规》，嘉庆、道光、光绪三朝又进行了续修，合称"四朝台规"。《钦定台规》"始成于乾隆八年，为目二十有二";嘉庆七年(1802年)重修时,"于原书门类有删有并,为目十有八",计二十卷,于嘉庆九年(1804年)颁行;道光六年(1826年),松筠等又奉命重修,鉴于"编纂之例,尚有宜分而合、宜合而分者",因"就本书稍加厘次,旁稽《会典》,参定成编,为总目八卷,卷各有子目",计四十卷,于翌年颁行;光绪朝时,由延煦领修,遂将前此所修增至四十二卷,都察院于光绪十六年(1890年)正式公布。[37] 就四朝台规的体例来看,道光朝所修最称完备,它不仅将嘉庆朝八项标准予以细化,而且门类设置亦多有调整,为光绪朝所遵循。

道光朝续修《钦定台规》共分八大类,类下又分若干子目。第一类为训典,包括圣制、圣谕和上谕三个子目,即清朝各代皇帝关于监察机构、监察事件等所颁布的诏令。第二类为宪纲,下分序官、陈奏、典礼、考绩、会谳、辩析六个子目,对都察院机构设置及其权限、御史上奏事宜、稽察官仪、考核官吏、监察司法等,作了详细规定。第三、四、五类,分别对六科、各道、五城察院的职掌进行了界定。六科自雍正初改隶都察院后,在形式上就失去了独立性,故乾隆、嘉庆朝所修台规对其记载甚略;而于各道常行坐办之事,旧书亦将其散于各门,本次续修认为如此处理不太确当,故将它们分别单立门类。第六、七类为稽察、巡察,前者凡涉京通十六仓、户部三库、八旗、宗人府等衙门,以及考试、铨选,后者主于漕粮、盐政和游牧,皆御史奉命差使的具体规定。第八类为通例,即对御史考选、升转、仪注,以及公署的相关规定。由此八类可见,《钦定台规》所规定的是行政监察的基本纲要,类似监察总则的性质。此一监察法规的出台和不断修订,不仅对整个行政体制的运作起到了监察作用,而且对职事监察者的责任、权限、行为方式等,亦具有法律规范作用,一旦违反这些规定,就会受到应有的处罚和惩治。清代风宪官之所以较明代清明,不能不说与监察法规的不断完备有关。

值得指出的是,除四朝《钦定台规》外,清朝还制定了《五城巡城御史处分例》和《都察院则例》。前者制定于嘉庆五年(1800年),意在对五城察院御史的违法失职行为加以规范;后者是都察院的部门行政条例,即《钦定台规》的实施细则。这两种条例的制定,进一步丰富了监察法规,与《钦定台规》一起构成了较为完整的监察体系，对官僚行政的有效运转发挥了重要作用。

二、官员考核与惩处

与监察制度相辅而行，明清两朝又定期对官员进行考核，品评优劣，以定其升降、奖惩。由于明清时代的差异，两朝对官员考核的名目略有不同，而其制度化的定型亦皆经历了一个过程。

明代对官吏的考核，主要分为考满、考察两大类。考满是针对官吏行政能力与政绩的常规考课，而考察则是针对官吏风纪进行的行政处罚。考满的目的在于"论一身所历之俸"，其评定结果分为称职、平常、不称职三种，每种又分为上、中、下三等。具体施行办法为："三年给由，曰初考，六年曰再考，九年曰通考。依《职掌》事例考核升降。诸部寺所属，初止署职，必考满始实授。外官率递考以待核。杂考或一二年，或三年、九年。郡县之繁简或不相当，则互换其官，谓之调繁、调简……又以事之繁简，与历官之殿最，为等第之升降。"此一制度至洪武二十六年（1393年）基本定型，其后虽略有变动，但大体框架一直被遵循。与考满不同，考察则是"通天下内外官计之"，根据察核情况，定性为八类：贪、酷、浮躁、不及、老、病、罢、不谨。考察分京察、外察两种情况，而外察又分为巡视考察和朝觐考察，此外尚有因执政有所驱除非时一举的闰察。考察之法为："京官六年，以巳、亥之岁，四品以上自陈以取上裁，五品以下分别致仕、降调、闲住为民者有差，具册奏请，谓之京察。自弘治时，定外官三年一朝觐，以辰、戌、丑、未岁，察典随之，谓之外察。州县以月计上之府，府上下其考，以岁计上之布政司。至三岁，抚、按通核其属事状，造册具报，丽以八法。而处分察例有四，与京官同。明初行之，相沿不废，谓之大计。计处者，不复叙用，定为永制。"察核之后，"去留既定，而居官有遗行者，给事、御史纠劾，谓之拾遗。拾遗所攻击，无获免者"。由于考察直接关涉处罚，故各级官吏对察典甚为在意，"弘、正、嘉、隆间，士大夫廉耻自重，以挂察典为终身之玷。至万历时，阁臣有所徇庇，间留一二以挠察典，而群臣水火之争，莫甚于辛亥、丁巳，事具各传中。党局既成，互相报复，至国亡乃已"[38]。也就是说，作为澄清吏治的一项重要举措,考察在明朝前期执行得还算有成效,但到了后期,随着政局的纷争,考察则沦为政治斗争的工具,失去了其应有的功能。

明代考满、考察制度的施行,从对官员的考核、监察方面而言,应该说有其积极意义。不过,由于时势的变化,以及权力结构的不平衡性,此一制度又有其局限性。于此,有学者指出:"虽然有比较规范的考察制度,但与考课一样,其特点也可归纳为二宽二严。一是考察京官宽、考察外官严,考察高级官员宽、考察中下级官员严……二是前期严,后期宽。"不唯如此,因考察能决定官吏的前程,在实施过程中则不免产生诸如因缘请托、党同伐异、借机报复、巴结权贵等弊端,其病根即在于:"只有自上而下的监督、考察,而缺乏自下而上的监督、制约。"[39]

清朝对官员的察核也相当重视。其初,由于各项制度建设尚处于起始阶段,故对明代考满、考察制度多有因循。顺治朝依照明代惯例,实行考满法,但在时限上则改为一年一考,三考为满。其后,随着形势发展的需要,至康熙四年(1665年),考满法被废止,止行顺治朝实行的六年一次的京察。康熙二十四年(1685年),京察亦被停罢,雍正元年(1723年)始行恢复,并改为三年举行一次。此后,京察、大计就成为考核京官、地方官的定制。

京察于子、卯、午、酉年举行,考核形式分为三式:一是列题,指三品以上大臣自陈后由吏部开列具题,然后由皇帝作出简裁;二是引见,指吏部或有关衙门对三品以下官员开列履历清单,然后带领入见皇帝;三是会核,指四品以下京官先由各衙门拟出考语,吏部会同大学士、科道官等加以复议,定其等次,然后缮册进呈。通过三式的考核,官员被评定为三个等次,即称职、勤职和供职。根据考核等次,皇帝将分别予以升降和奖惩。

大计是针对外官的考课,于寅、巳、申、亥年举行。其程序自州县官至府、道、布、按,各察其属员贤否,申报督抚,布、按两司则由督抚出具考语,经督抚核实后呈送吏部,再经都察院复审,然后上呈皇帝。大计方式有二:督抚对布、按的考核为考题;自州县依次上报督抚者为会核。其考核等次,则分为卓异、供职,凡被评为卓异者,按规定应符合无加派、无滥刑、无盗案、无钱粮拖欠、无亏空仓库银米等条件。

与明代考核官员标准杂乱而模糊的情况不同，清代的"四格八法""四格六法"，则简便易行，利于比照。"四格八法"实行于清前期，四格为才（长、平、短）、守（廉、平、贪）、政（勤、平、怠）、年（青、中、老），八法为贪、酷、罢软、不谨、年老、有疾、才力不及、浮躁，其中"贪、酷革职提问，罢软、不谨革职，年老、有疾休致，才力不及、浮躁者酌量降调。虽有加级纪录，不准抵销。大计处分官员，不准还职"[40]。至嘉庆八年（1803年），这一标准被改为"四格六法"，此后成为定制。嘉庆朝定四格为：才（长、平）、守（清、谨、平）、政（勤、平）、年（青、壮、健）；六法为：不谨、罢软无为、浮躁、才力不及、年老、有疾。其中，不谨、罢软者革职，浮躁者降三级调用，才力不及者降二级调用，年老、有疾者勒令休致。基于此一评定标准，京察、大计后，官员还将受到相应的罚俸、降级留任、降级调用、革职留任、革职等惩处。

综观有清一代的京察、大计，除康雍乾三代较有成效外，道光以降则逐渐流于形式，已不能收澄清吏治之实绩。

除京察、大计外，清朝还制定了一些处分则例，针对官员的违法乱纪行为作出相应的处分。如《钦定六部处分则例》，即是针对六部行政章程和官员违制、不法行为而制定的惩治职务犯罪的法规。其中的"营私"篇，对内外官员交结、违例送迎供应、官员到任科敛、因事嘱托馈送、借端勒索科派、收受陋规、子弟亲友滋事等腐败现象，分别制定了轻重不等的惩治规定。[41] 又如《吏部处分则例》，"根据成案、通行和钦准的条奏，把各部官吏办事违制应受的处分，按六部定制，共分四十九项"，"同刑律中的吏律相配合，对职官行使职责中的犯罪行为及其违法违纪行为形成了一套系统的惩罚规定"。[42] 其他如乾隆朝制定的《京察滥举处分条例》《侵贪犯员罪名》《侵亏案条例》《职官犯罪脱逃治罪例》《议处官员以公私罪为断例》等，皆对官员的贪污、失职行为起到了惩戒作用。

/注释/

1. 《明史纪事本末》卷十四《开国规模》。
2. 《明史》卷九十三《刑法志一》。
3. 洪武元年正月十八日钦奉圣旨曰:"朕惟《律》《令》者,治天下之法也。《令》以教之于先,《律》以齐之于后……今所定《律》《令》,芟繁就简,使之归一。直言其事,庶几人人易知而难犯……天下果能遵《令》而不蹈于《律》,刑措之效,亦不难致。兹命颁行四方,惟尔臣庶,体予至意。钦此。"(见《大明律》"附录")
4. [明]刘惟谦等:《进大明律表》,见《大明律》卷首。
5. 《明史》卷九十三《刑法志一》。
6. 《春明梦余录》卷四十四《刑部一》"大明律令"。
7. 《明史》卷九十三《刑法志一》。
8. 《春明梦余录》卷四十四《刑部一》"大明律令"。
9. 《大明律》卷二十三《刑律六·受赃》"官吏受财"条。
10. 《大明律》卷二十三《刑律六·受赃》"风宪官吏犯赃"条。
11. 《大明律》卷二《吏律一·职制》"奸党"条。
12. [日]内藤乾吉:《大明令解说》,见刘俊文主编,姚荣涛、徐世虹译:《日本学者研究中国史论著选译》第八卷《法律制度》,中华书局1992年版,第395页。
13. 明太祖:《御制大诰序》,见《御制大诰》卷首。
14. 杨一凡:《明大诰研究》,江苏人民出版社1988年版,第61页。
15. [明]叶居升:《万言书》,见《皇明文衡》卷六《奏议》,台北商务印书馆"四部丛刊正编"本。
16. [明]白昂等上奏:《问刑条例》卷首,见刘海年、杨一凡总主编《中国珍稀法律典籍集成》乙编第二册,科学出版社1994年版,第217页。
17. 《明史》卷九十三《刑法志一》。
18. 杨一凡、曲英杰:《明代条例·点校说明》,《中国珍稀法律典籍集成》乙编第二册,第5、6页。

19. 赵姗黎:《〈问刑条例〉考》,载杨一凡总主编:《中国法制史考证》甲编第六卷,中国社会科学出版社2003年版,第161页。

20. 《明史》卷九十三《刑法志一》。

21. 参见《清史稿》卷一百四十二《刑法志一》。

22. [清]沈家本:《寄簃文存》卷八《跋·顺治律跋》,上海古籍出版社"续修四库全书"本。

23. 《清世祖实录》卷九十六,顺治十二年十二月乙丑条。

24. 《清史稿》卷一百四十二《刑法志一》。

25. 《傅鼐奏请修定律例疏》,见田涛、郑秦点校:《大清律例》卷首,法律出版社1999年版。

26. 郑秦:《清代法律制度研究》,中国政法大学出版社2003年版,第52—54页。

27. 《清史稿》卷一百四十二《刑法志一》。

28. [美]D.布迪、C.莫里斯著,朱勇译:《中华帝国的法律》,江苏人民出版社1998年版,第94页。

29. 清高宗:《御制大清律例序》,见《大清律例》卷首。

30. 郑秦:《清代法律制度研究》,第257页。

31. 郑秦:《清代法律制度研究》,第269页。

32. 明英宗:《敕谕礼部、都察院》,《宪纲事类》卷首,《中国珍稀法律典籍集成》乙编第二册,第31页。

33. [清]龙文彬:《明会要》卷三十三《职官五·都察院》,中华书局1998年版。

34. [明]王廷相:《浚川奏议集》卷八《再拟宪纲未尽事宜疏》,见王孝鱼点校《王廷相集》第四册,中华书局1989年版。

35. 《宪纲事类》之《宪纲》,《中国珍稀法律典籍集成》乙编第二册,第36—44页。

36. 张晋藩主编:《清朝法制史》,中华书局1998年版,第182页。

37. 参见[清]松筠等:《钦定台规凡例》,《钦定台规》卷首,清道光七年刻本。

38. 《明史》卷七十一《选举志三》。

39. 白钢主编,杜婉言、方志远著:《中国政治制度通史·明代》,人民出版社1996年版,第441—443页。

40.《清朝文献通考》卷五十九《选举考十三》"考课"条。

41. 参见文孚等纂修:《钦定重修六部处分则例》卷十五《营私》。

42. 张晋藩等主编:《清朝法制史》,第172—173页。

第十七章

明清时期遏制腐败的监察机制

官僚群体作为政治体制的行政主体，对维系国家稳定和社会发展有着举足轻重的作用。他们能否廉洁自律、实心从政、心系民瘼，在很大程度上决定着世风国运。因此，如何加强对官僚队伍的管理和规范，以防止其腐化变质，是统治者不得不花大力气去加以妥善解决的一大问题，也是一大难题。于此，明清统治者曾制定律法、实行考绩来加大对官吏的惩治和核查。然而，律法的惩治毕竟有其滞后性，而考绩亦存在时限间隔的不足，皆难以发挥预防和经常督促的长效功能。为弥补这一缺陷，明清统治者另辟蹊径，从监察机制的建立和不断完善着手，以强化对各级官吏的监控。

明清时期的监察机制，主要分为中央和地方两个部分。其机构：中央设有都察院和六科衙门（清雍正时改隶都察院），地方上则设有按察司；而执行者，中央机构为御史和六科给事中，地方衙门为按察使及下属道员。这两套机构分别对中央和地方官员行使监察、督促职能，以协助皇帝对臣僚进行掌控，从而发挥其作为朝廷耳目的功能。

第一节　科道双轨与台省合一

一、明代的科道双轨制

明政权建立前夕，朱元璋即于吴元年（1367年）依元制设御史台，下辖殿中司和察院，置从一品左右御史大夫、正二品御史中丞、从二品侍御史、正三品治书侍御史、正五品殿中侍御史、正七品监察御史等官职事监察。朱元璋曾谕邓愈、刘基等人说："国家立三大府，中书总政事，都督掌军旅，御史掌纠察。朝廷纪纲尽系于此，而台察之任尤清要。卿等当正己以率下，忠勤以事上，毋委靡因循以纵奸，毋假公济私以害物。"[1]此谕一则表明了朱元璋对御史监察制度的重视，一则传达了其对身任监察者忠君爱国、立身行政所寄予的厚望。明立国伊始，即延续了此一思路。

然而，随着政治形势的发展以及权力机构的调整，明太祖不断对御史台制进行改组，最终撤销了御史台。先是，洪武九年（1376年），明太祖裁革了侍御史和治中、殿中侍御史。十三年（1380年）胡惟庸案发，明太祖因对御史台加以整顿，而专设正二品左右中丞、正四品左右侍御史。至十五年（1382年），改御史台为都察院，设都御史八人，而秩仅正七品，又分监察御史为十二道（浙江、河南、山东、北平、山西、陕西、湖广、福建、江西、广东、广西、四川），各道御史或五人，或三四人，秩正九品。翌年，都察院被升为正三品衙门，设左右都御史各一人（正三品），左右副都御史各一人（正四品），左右佥都御史各二人（正五品）。十七年（1384年），再次抬升诸都御史品秩，依次为正二品、正三品、正四品，而十二道监察御史亦升为正七品。惠帝继位，再次对都察院改组，先于元年（1399年）省都御史为一人，革佥都御史。翌年，又将都察院改为御史府，设御史大夫，而改十二道为左、右两院，止设御史二十八人。成祖登基后，恢复洪武更定后的旧制，"其后，移都察院于北京，而留者曰南京都察院，略如六部矣。其以左、右都御史而下，总督、提督、参赞、巡抚各镇者，初自本院出，曰公差，事完或得代，则回理院事。其后不胜多，则往往自部佐、卿、寺、藩、臬迁转，亦不复归院"[2]。十二道于永乐年间小有变更，"元年改北平道为北京道。十八年罢北京道，增设贵州、云南、交阯三道"。后宣德十年（1435年）又"罢交阯道，始定为十三道"，遂为定制。尽管嘉靖中以清屯增副都御史，隆庆中以提督京营增右都御史各三人，然事属权宜，皆不久即罢，非为常制。

都御史作为都察院的行政长官，不仅统领整个衙门的事务，更为关键的是，他们肩负着极其重要的监察职责。"都御史职专纠劾百司，辨明冤枉，提督各道，为天子耳目风纪之司。凡大臣奸邪、小人构党、作威福乱政者，劾。凡百官猥茸贪冒坏官纪者，劾。凡学术不正、上书陈言变乱成宪、希进用者，劾。遇朝觐、考察，同吏部司贤否陟黜。大狱重囚会鞠于外朝，偕刑部、大理谳平之。其奉敕内地，拊循外地，各专其敕行事。"也就是说，大凡正纲肃纪、监督不法、整饬官风、考察官吏、平理刑狱、纠察官仪、奉旨出使等，皆为都御史分内职掌。作为都御史的下属，十三道监察御史则职在"察纠内外百司之官邪，或露章面劾，或封章奏劾"。其差使又分为两种：其一，"在内两京刷卷，巡视京营，监临乡、会试及武举，巡视光禄，巡视仓场，巡视内库、皇城、五城，轮值登闻鼓。后改科员"；其二，"在外巡按（北直隶二人，南直隶三人，宣大一人，辽东一人，甘肃一人，十三省各一人）。清军，提督学校（两京各一人，万历末，南京增设一人），巡盐（两淮一人，两浙一人，长芦一人，河东一人），茶马（陕西），巡漕，巡关（宣德四年设立钞关御史，至正统十年始遣主事），赞运，印马，屯田。师行则监军纪功，各以其事专监察……凡朝会纠仪，祭祀监礼。凡政事得失，军民利病，皆得直言无避。有大政，集阙廷预议焉。盖六部至重，然有专司，而都察院总宪纲，惟所见闻得纠察"。而代天子巡狩的巡按，更是职责綦重，"所按藩服大臣、府州县官诸考察，举劾尤专，大事奏裁，小事立断。按临所至，必先审录罪囚，吊刷案卷，有故出入者理辩之。诸祭祀坛场，省其墙宇祭器。存恤孤老，巡视仓库，查算钱粮，勉励学校，表扬善类，剪除豪蠹，以正风俗，振纲纪"。此外，十三道还各自负责"协管两京、直隶衙门；而都察院衙门分属河南道，独专诸内外考察"。而值得指出的是，都御史（包括副都御史、佥都御史）作为都察院的行政长官，虽然对监察御史拥有一定的管辖和考核权，如御史"出按复命，都御史复劾其称职、不称职以闻"[3]，但二者又非纯上下级关系，如明人张萱曾指出："虽与都御史相涉，而非其属官，直名某道，不系之都察院，事得专达，都御史不得预知也。"[4]由此可见监察御史在行使职责时有很大的独立性。

与都察院并称"台省"的六科，是明代在中央设立的另一监察系统。一如都察院之设置沿革，六科的建置也经历了一个不断调整的过程。先是，洪武初年

（1368年），仅统设给事中，秩正五品。当省臣以所定官制班次图呈进时，明太祖曾说："至于绳愆纠谬，拾遗补过，谏诤之臣，尤难其人。抗直者或过于矫激，巽懦者又无所建明，必国尔忘家、忠尔忘身之士，方可任之。不然，患得患失之徒，将何所赖。"⁵可见其对给事中职责的重视。至洪武六年（1373年），六科之名始定，每科设给事中二人，秩正七品。九年（1376年）裁为十人。其后，六科曾一度于十年（1377年）、十二年（1379年）改隶承敕监、通政司。复于十三年（1380年）置谏院（设正七品左右司谏各一人、从七品左右正言各二人），二十二年（1389年）改给事中为源士，多至八十一人，未几恢复旧称。二十四年（1391年），再次更定科员：每科设都给事中一人，正八品；左、右给事中二人，从八品；给事中四十人，正九品。建文朝，升都给事中为正七品，给事中为从八品，而裁左、右给事中，增设拾遗、补阙。永乐初，裁革拾遗、补阙，恢复左、右给事中，改为从七品。宣德八年（1433年），又增设户科给事中一人，专理黄册。作为留都，南京亦设六科给事中各一人。

与都察院职司监察稍异，六科的主要功能是"侍从、规谏、补阙、拾遗、稽察六部百司之事"。具体而言，其职能可分为如下几项：一是"凡制敕宣行，大事复奏，小事署而颁之；有失，封还执奏"；二是"凡内外所上章疏下，分类抄出，参署付部，驳正其违误"；三是"凡日朝，六科轮一日立殿左右，珥笔记旨"；四是"凡题奏，日附科籍，五日一送内阁，备编纂。其诸司奉旨处分事目，五日一注销，核稽缓。内官传旨必复奏，复得旨而后行"；五是"乡试充考试官，会试充同考官，殿试充受卷官"；六是"册封宗室、诸蕃或告谕外国，充正、副使"；七是"朝参门籍，六科流掌之。登闻鼓楼，日一人，皆锦衣卫官监莅"；八是"受牒，则具题本封上。遇决囚，有投牒讼冤者，则判停刑请旨"。此外，"凡大事廷议，大臣廷推，大狱廷鞫，六掌科皆预焉"；"而主德阙违，朝政失得，百官贤佞，各科或单疏专达，或公疏联署奏闻"。当然，除某些共同职责外，六科还各有专门的事务，如吏科，"凡吏部引选，则掌科即都给事中，以掌本科印，故名，六科同，同至御前请旨。外官领文凭，皆先赴科画字。内外官考察自陈后，则与各科具奏。拾遗纠其不职者"。⁶总之，凡政令之封驳、政务之稽察、大政之决策、得失之言谏、朝仪之纠劾、典礼之封赠、科考之监督等，六科皆有权参与其间。

作为中央监察系统的两套班子，都察院与六科虽然具体职责各有偏重，"一是整肃纲纪、澄清吏治，维护封建专制主义中央集权统治和封建法制；一是推行政令，维护国家机器的正常运转和提高国家行政效率"，但二者的归宿点又是一致的，即"共同为加强君主专制服务"[7]。基于这一目的，明代科道官确实发挥了一定的积极作用。兹略举数端：

其一，不理朝政、怠政现象，是明代不少皇帝的一大弊病。清人赵翼曾指出："统计自成化至天启一百六十七年，其间延访大臣，不过弘治之末数年，其余皆'廉远堂高，君门万里'，无怪乎上下否隔，朝政日非！"[8] 于此，一些科道官从国家安危的角度，对不理朝政、怠政的皇帝提出中肯的规谏或言辞激烈的批评。如御史陈祚、给事中魏时亮、御史马经纶等，即分别对宣宗、穆宗、神宗的怠政予以规劝。不唯怠政，其他如皇帝之违礼逾制、奢侈挥霍、贪恋女色等，科道官们亦常常据理力争。如成化中慈懿钱太后去世，在祔葬英宗陵还是别葬（宪宗以生母周太后意，主此意见）问题上，给事中魏元偕同官三十九人、御史康永韶亦偕同官四十一人疏争祔葬，未得应允，给事中毛弘又倡言大小臣工伏阙力争，祔葬之议遂得成功。又嘉靖朝"大礼议"之争中，都御史王时中、给事中张翀、御史王时柯等加入了反对世宗称其父兴献帝为皇考的行列，虽未成功，但也反映出了他们作为监察、言谏官敢于履行职责的气魄。[9] 由此可见，科道官之于皇权，在一定程度上还是发挥了制衡作用的。

其二，与皇帝怠政或独断相关联，宦官乱政（如王振、汪直、刘瑾、魏忠贤）、权臣擅权（如石亨、严嵩、桂萼）是明代政治的两大弊端[10]。面对皇权旁落的混乱政局，臣僚中为一己私利依草附木者有之，慑于权势随波逐流者亦有之，其中即包括一些科道官在内。但是，也有不少科道官，不畏宦官、权奸之淫威，敢于正直立言，甚至不惜性命地与之对抗，即使遭打击、被贬谪、下诏狱、砍头颅，亦义无反顾、前仆后继。相关事例，不胜枚举。总之，宦官、权奸乱政被遏制，科道官的作用是不可忽视的。

其三，官吏贪污不法等腐败行为，是明代官场的一大痼疾，严重扰乱了正常的政治秩序。作为职司监察、稽察的科道官，在澄清吏治、整肃官风方面，表现出强大的"去污剂"作用。如洪武时御史陶垕仲弹劾枉法贪赃的刑部尚书开济至死，直声动天下；永乐时监察御史周新查办锦衣卫指挥纪纲贪赃，虽被搒掠无完肤，但被时人誉为"当代第一人"；宣德时有"顾独坐"之称的都御史顾佐，于大臣贪墨不法，铁面纠黜，朝纲为之肃然；正统时御史韩雍巡按江西，黜贪墨吏五十七人，又右佥都御史王翱镇江西，其惩贪抑奸，大为吏民畏爱；景泰时的御史左鼎、练纲，由于正直敢言，而有"左鼎手，练纲口"之称；天顺时御史李纲历按南畿、浙江，劾去浙江赃吏至四百余人；嘉靖时严嵩父子赃私累累，桑乔、胡汝霖、谢瑜、王晔、沈良才、何维柏、王宗茂、叶经、周冕、吴时来等科道官，先后相继，不屈不挠地对严氏父子的大奸大贪罪行加以揭露、疏参和挞伐，直至严氏父子得到应有的惩罚。凡此刚直无畏、忠于职守、铁面无私、安贫乐道之士，于维护统治机器一定程度的有效运转，皆发挥了积极的作用。[11]

当然，在官僚群体普遍腐败的恶劣环境下，一些科道官难免不受其影响，屈于权势、甘为鹰犬者有之，纳贿贪污、徇私枉法者有之，身陷党争、朋比伐异者有之。诸如此类之腐败行为，在相当程度上也加剧了官场腐败的恶化和泛滥，而丧失了其作为监察百司、澄清吏治的应有职能。[12]

二、清代的台省合一

明清更迭，满洲权贵入主中原，掌控了对广大汉族地区民众的统治权，从而确立起满汉地主联合执政的政治体制。在监察制度方面，清入关前后对明制多有继承。清太宗皇太极执政时期，于崇德元年（1636年）设都察院，置承政、参政各官，翌年遂定承政一人，左、右参政及满、蒙、汉理事官各二人。顺治元年（1644年），世祖改左都御史掌院事，满、汉各一人，以左副都御史满、汉各二人协理院事，又设汉左佥都御史一人（先用汉军，后参用汉人，乾隆十三年裁），而外省督抚皆系以右衔（乾隆十三年停右都御史衔）。除这些长官外，都察院下设十五道，各设满汉监察御史有差（康、雍、乾三朝时有增减），而以河南道参治院事（乾隆二十年后改为京畿道）。十五道中，先唯河南、江南、浙江、山东、山西、陕西六道授印信（其掌印者为掌道，余为协道），而湖广等八道分隶之，不治事，至乾隆十四年（1749年）改按道定额，各道皆有印信，遂为定制。后光绪三十二年（1906年）又增辽沈、甘肃、新疆三道，析江南道为江苏、安徽，湖广道为湖北、湖南，遂成二十道，然时移势易，其职掌已非昔日之旧。监察御史之中，明代巡按一职，在顺治朝得到延续，至顺治十七年（1660年）始罢。又巡漕御史、巡视京通各仓御史、巡视屯田御史、督理陕甘洮宣等处茶马御史等，也都各自在一定时期内存废不一。十五道外，五城察院（顺治朝设）、稽察内务府御史处（雍正四年设，十三年裁，乾隆三年复设）、稽察宗室御史处（雍正五年设），亦属都察院下属机构。

值得注意的是，六科于顺治初承明之旧，自为一独立机构，给事中无定员，而增置汉军副理事官。至顺治十八年（1661年），裁副理事官，定满、汉都给事中，左、右给事中各一人，汉给事中二人。康熙三年（1664年），六科仅设满、汉各一人，五年（1666年）以都给事中为掌印。其后，雍正元年（1723年）以六科改隶都察院，台省遂合二为一。光绪三十二年（1906年），更省六科之名，而别铸给事中印，定员为二十人。

清代监察系统，不仅官职、人员时有变动，其品级有的亦先后有升有降。如左都御史初设时满员一品、汉员二品，顺治十六年（1659年）皆改为二品，康熙六年（1667年）复满员一品，九年（1670年）又皆为二品，雍正八年（1730年）再升为从一品。十五道掌印监察御史满洲、汉军三品，顺治十六年（1659年）改为七品；康熙六年（1667年）升四品，九年（1670年）复为七品；雍正七年（1729年），依进身资格不同，分定为正五品（编修、检讨、郎员）、正六品（中书、行人、评事、博士）；乾隆十七年（1752年），皆定为从五品。六科掌印给事中初满员四品、汉员七品；康熙二年（1663年）改满员七品，六年（1667年）复旧，九年（1670年）皆为七品；雍正七年（1729年）升为正五品；光绪三十二年（1906年）又升为正四品。给事中则初为七品，雍正七年（1670年）升为正五品。其无变动者，左副都御史为正三品，非掌印监察御史为从五品。

作为都察院的长官，左都御史职司"察核官常，参维纲纪。率科道官矢言职，率京畿道纠失检奸，并豫参朝廷大议。凡重辟，会刑部、大理寺定谳。祭祀、朝会、经筵、临雍，执法纠不如仪者"；左副都御史佐之。十五道掌"弹举官邪，敷陈治道，各核本省刑名"，"其祭祀、监礼、侍班纠仪，科道同之"。各道除通掌外，又各有分掌，如京畿道"分理院事，及直隶、盛京刑名，稽察内阁、顺天府、大兴、宛平两县"。具体而言，大凡稽察部院政务，参与京察、大计，监督司法刑名，监察文武各项考试，纠察祀典朝仪，奉差巡视漕、仓、盐诸务，十五道监察御史皆有权进行监察。至于职掌京城治安、厘剔奸弊的五城御史，以及职司宗人府、内务府事务稽察的各御史处，也都有专门的职责。六科给事中则掌"言谏，传达纶音，勘鞫官府公事，以注销文卷……有封驳即闻"。一如监察御史，各科亦分为通掌、分掌两类，如吏科"分稽铨衡，注销吏部、顺天府文卷"。[13] 但随着科道的合并，监察御史与六科给事中的权限已非泾渭分明，特别是六科言谏职能的大大萎缩，其职责与监察御史大体趋于一致。六科职能的这一变化，虽然使中央监察机构得到简化，但同时也大大降低了对君权约束或制衡的效能，本就微弱的言谏权更加有名无实，而皇帝乾纲独断的威势却因之得到强化和巩固。另外，清代科道官的监察范围虽然很广，但军机处则不在其稽核权限之内。[14]

从总体上来看，清代对科道官的地位和作用是相当重视的。圣祖所制《台省箴》曰："台省之设，言责斯专。寄以耳目，宁取具员。通明无滞，公正无偏。党援宜化，畛域宜捐。洞达政体，斯曰能贤。古昔诤臣，风规凛然。讦谟谠论，垂光简编。朕每览绎，如鉴在悬。居是官者，表里方直。精白乃心，充广其识。国计民生，臧否黜陟。凡所敷陈，敬将悃愊。风霜之任，以惩奸慝。抨击之威，以儆贪墨。毋摭细务，苟塞言职。毋纷成宪，妄逞胸臆。书思入告，当宁对扬。沽名匪正，营私孔伤。或藏嫌怨，谬为雌黄。受人指嘱，尤为不臧。形诸奏牍，有玷皂囊。职司献替，亟宜审详。敬尔在公，风纪岩廊。箴词用勖，诞告联常。"[15] 这一思想意向，代表了清代最高统治者对科道官职守重要性的认识。清廷不唯在思想上有此认识，还从调整风闻言事权（随形势需要时开时禁）[16]、赋予密折奏事权、纠弹有失（出于公心）亦不反坐、不次擢拔等方面，进一步完善监察保障机制，以发挥科道官的监察效能。而随着监察机制的不断完善，科道官于整纲饬纪、澄清吏治确实起到了重要作用，诸如纠正行政失误、抑制朋党、弹劾权臣、惩治不法等。其中，科道官对官吏贪污腐化行为的揭参，于整肃官风尤为功不可没，如顺治朝张煊等弹劾吏部尚书谭泰，康熙朝彭鹏、满晋等疏参顺天乡试中学政之贪赃，乾隆朝刘吴龙揭参浙江巡抚卢焯贪赃枉法，嘉庆朝王念孙等参劾大贪官和珅等。其他如顺治时的李之芳、杨雍建、秦世祯、王继文，康熙时的魏象枢、魏裔介、李元直、郭琇、郝浴，雍乾时的李慎修、孙嘉淦、谢济世、陈洁、曹锡宝、钱沣，嘉道时的苏廷魁、陈庆镛、朱琦、金应麟，清末的朱一新等，亦皆有佳绩可称。[17]清代皇权的极大强化，以及统治秩序的相对稳定，与这些勤于职守的科道官的努力和付出是分不开的。

当然，在肯定清代科道官发挥积极意义的同时，我们也不应忽视其制度本身的不足。粗略而言，其表现为：其一，身为天子耳目的风宪官，科道官的权限只能在皇权许可的范围内行使，其纠察、弹劾官吏能否奏效，完全由皇帝来裁决，裁决是否得当，则要视皇帝之清明抑或昏庸了。其二，满汉复职的人事设置，一方面虽有利于满、汉官员之间的制衡，但另一方面，在"首崇满洲"的政治导向下，汉科道官的地位实质上是低于满科道官的（品级低；满官多掌印信），这就影响了汉官积极性的发挥，而满官文化素质的相对低下，更降低了监察队伍的行政水平。其三，自明代以来，科道官的职责就有相浑的趋势[18]，至清雍正朝实行台省合一，二者的监察范围愈加浑而为一。此一局面，削弱了科道官彼此独立能动性的发挥，在客观上降低了监察的有效性。至于科道官自身的执法犯法、徇私舞弊、贪赃招贿，以及为一己官位而苟且塞责、避重就轻、因循无为、尸位素餐，则不唯于官箴有亏，更大大腐化、侵蚀了监察群体正常功能的发挥。

第二节　地方监察机构

一、明代按察司的建置

明朝之前，为加强对所控制地区的管理，朱元璋在借鉴元肃政廉访司的基础上，就开始着手监察机制的建立。元至正十六年（1356年），龙凤政权置江南行中书省后，朱元璋即设提刑按察使司，任命王习古、王德芳为佥事，拉开了设立地方监察官员的序幕。其后，随着统治区域的扩大，地方监察机构亦随之增加，如至正二十四年（1364年）十一月，置湖广各道提刑按察司。至吴元年（1367年），由于胜利大局基本确定，朱元璋在积极筹备中央政权的同时，更普遍建立起各道按察司，设正三品按察使、正四品副使、正五品佥事，从而确立起地方监察机制的规模。明初即延续了此一设置。

提刑按察司建立之初，还不具备地方监察机构的性质，而是属于中央监察系统在地方的派出机构，即奉命监察地方。其后随着政局的变化，以及地方权力机构的调整，行中书省于洪武九年（1376年）被废除后，按察司始作为三司（其余两司为布政司、都指挥司）之一正式成为地方监察机构。翌年，当各道按察司官朝觐时，明太祖对他们说："朕以天下之大，民之奸宄者多。牧民官不能悉知其贤否，故设风宪官为朕耳目。激浊扬清，绳愆纠谬，此其职也。国家法律必务精详，奸民犯法，吾所甚恶，当亟除之，不可贷也。有司以抚治吾民为职，享民之奉而不思恤民，惟以贪饕掊克为务，此民之蠹也。宜纠治其罪，毋姑息纵其为害。"[19]也就是说，按察司之设，意在加强对广大民众和地方临民之官的监控。基于这一目的，为使按察司的功能得到更好的发挥，明太祖于洪武十四年（1381年）又设置各道按察分司，翌年再置府州县按察分司，但不久即罢，至二十九年

（1396年）改置按察分司为四十一道。建文时，一度将按察司改为十三道肃政按察司，永乐初恢复其旧。其后，经过不断增废调整，至宣德时，除两京不设外，地方上共设十三个按察司，而按察分司则定为五十八个。至此，地方监察机构的框架基本确定下来。

定制后的按察司，设按察使一人，其职责为："掌一省刑名按劾之事。纠官邪，戢奸暴，平狱讼，雪冤抑，以振扬风纪，而澄清其吏治。大者暨都、布二司会议，告抚、按，以听于部、院。"按察使下设副使、佥事，"分道巡察，其兵备、提学、抚民、巡海、清军、驿传、水利、屯田、招练、监军，各专事置"。[20] 由于按察使及其属官拥有了察官治吏、惩贪除暴的权力，故其"巡历所及，贪墨之吏伏首受法，民困为之一苏"。可以说，明初百余年吏治之所以大有起色，按察司职能的正常发挥是起到了很大作用的。然而，随着地方权力结构的不断重组，此一局面则发生了很大变化。孙承泽曾说："迨后抚按之权重，而宪司仅为承行之官，此吏职所以日隳也。"[21]

按察司官之所以成为"承行之官"，原因即在于巡按御史制度的确立。早在洪武年间，明太祖在加强地方监察机制的同时，由于对按察司的职能并不完全放心，故不时地派遣公侯、大臣、新进士，特别是监察御史等出巡地方。但此时御史出巡的职责是配合按察司官加强对地方的监察。明太祖于洪武十六年（1383年）曾谕佥都御史詹徽说："今有司受牧民之寄者岂皆举职，宜有以考察之。其令御史及按察司官巡历郡县，凡官吏之贤否、政事之得失、风俗之美恶、军民之利病，悉宜究心。"[22] 而相对来说，按察司官无论在品秩还是地位上，都较出巡御史为高。[23] 从性质上来说，按察司官仍是地方监察的主体和核心。但是，明成祖登基伊始，于永乐元年（1403年）二月遣御史分巡天下，御史巡按遂成定制。这一变动，使地方监察主体由原先以按察司官专司，演变为与巡按御史共同负责的双重体制。在此双重监察体制下，按察司官与巡按御史共同执行巡历郡县、察劾有司、受理词讼等职责，二者不仅可以颉颃行事，互不统摄，而且可以彼此监督和纠弹。宣德以后，随着巡抚制度的普遍推行，地方监察权发生了一点微妙变化，即在双重监察体制下，巡抚亦拥有一定的监察权，这就产生了抚、按之争的问题。至嘉靖朝,二者权限始发生转折:"在嘉靖以前,巡抚代表中央监控地方的职责仍很明显,且其级别较高,权力较大,故抚按发生争执时,巡抚往往占优。在嘉靖以后,巡抚节制三司,成为总领一方的封疆大吏的趋向已大大加强,而原有的代表中央监控地方的职能则相对减弱,因而朝廷便有意通过巡按对巡抚实行牵制,以防止巡抚在地方上专擅。"[24]

但"大约从弘治以后,地方监察制度发生了明显变化,其趋势是巡按御史权力越来越大,按察司的监察之权越来越小,以致名存实亡,双重监察体制遭到破坏"[25]。这一权力结构的转换,带来了一系列的变化,如按察司监察权趋于萎缩,凡事大多仰承巡按鼻息;而巡按权力的扩大,不仅拥有了对按察司官的考核权,而且原先的双向监督亦随之变为巡按对按察司官的单向监督,"至于审刑议事,考核官吏之际,与夺轻重,皆惟巡按出言,而藩臬唯唯承命,不得稍致商榷矣"[26]。更为严重的是,巡按权力的膨胀,不仅打破了制约机制的平衡,而且其自身的腐化,如不问官吏是否贪廉、举劾惟贿是视等,更加剧了吏治的腐败。"巡按御史本应成为地方吏治的'去污剂',如今却成了吏治腐败的'催化剂',地方监察制度也随之彻底败坏了"[27]。

二、清代的地方监察机制

清代的地方监察制度,基本承继了明代的体制。按察司总一省之监察,按察使"掌一省刑名、按劾之事,以振风纪,而澄吏治。三年大比为监试官,大计为考察官,秋审为主稿官",与"掌一省之政,司钱谷之出纳"[28]的布政使,合称两司。按察使所属有经历、知事、照磨、司狱各一人,其中知事掌勘察刑名,司狱掌检察系囚。初设知事时,福建、山西、广东、广西各一人;又设检校,福建、山西、陕西亦各一人,均于康熙三十六年(1697年)裁。先是,直隶不设按察使,署大名巡道兼河南按察使衔,雍正二年(1724年)始改直隶巡道为按察使。按察使副贰官副使、佥事,因事酌置,巡道并兼副使、佥事衔,至乾隆十八年(1753年),取消各省巡道兼按察使副使、佥事衔。

按察使外,道作为介于省与府之间的行政机构,亦具有监察职能。明景泰时，各直省即设有守道、巡道。清朝继承了此一设置，"设布政使左右参政、参议曰守道，按察使副使、佥事曰巡道。无定员，类因事因地而设之。乾隆十八年裁去参政等衔，定为正四品，职分乃专"[29]。道的职责为："各掌分守、分巡，及河、粮、盐、茶，或兼水利、驿传，或兼关务、屯田；并佐藩、臬核官吏，课农桑，兴贤能，励风俗，简军实，固封守，以帅所属而廉察其政治。"[30]在众多政务中，职司风宪、综核官吏是道的一项主要任务。因此之故，雍正年间，道被赋予封章奏事的权力，以强化中央对地方吏治的监控。乾隆朝后期一度对此加以限制，只有署理布政司、按察司的道员才有资格封奏。嘉庆四年（1799年），仁宗鉴于"各省道员职司巡察，与在京科道有言责者相等。况科道之条陈纠劾，尚多得自风闻，何如监司大员身任地方，目击本省政务、民情者，较为真知灼见耶"，因命"嗣后除知府以下等官仍不准奏事外，其各省道员，均着照藩、臬两司之例，准其密折封奏，以副兼听并观、集思广益至意"[31]。以道员与科道官相提并论，足见地方监察体制中道员的重要性。

此外，还有几点需要注意：一是作为明清更迭的过渡，顺治朝保留了巡按御史制度，执行对地方的监察。但随着地方体制的改进，以及鉴于明代巡按御史势大、舞弊之病，清廷遂于顺治十七年（1660年）将其裁革。二是与明代按察使作为省一级最高监察机构不同，清代因将总督、巡抚定为省级最高军政、行政长官，按察使遂降为其辖官。尽管总督专重兵治，巡抚专重吏治，但二者也拥有察举官吏、考核群吏的职责，亦即有一定的监察权，但并非其主要职能。三是顺天府、奉天府作为特别行政区域，其监察体制相对独立，由府尹执掌；而负责京师治安的五城察院，其巡城御史"兼有监察吏治之职，即不时督令属下的司、坊官员对外省来京的官吏'时加访缉'，以防其在京'钻营嘱托''交通贿赂'"[32]。

最后，有必要指出的是，明清时期的监察体制，除前面论及的外，还有一些非常规的机构，如明代的锦衣卫、东厂、西厂、内行厂，清代雍正朝专司侦伺的缇骑等[33]。这些特务机构虽然便于君主专制或独裁，并在一定范围内对臣僚起到了威慑作用，但其负面影响更为恶劣。特别是明代宦官长期把持厂卫的局面，其黑暗统治极大地扰乱了正常的政治秩序，不少正直官员深罹其祸。明隆庆中，刑科给事中舒化曾说："朝廷设立厂卫，原以捕盗、防奸细，非以察百官也。驾驭百官，乃天子之权；而奏劾诸司，责在台谏，朝廷自有公论。今以按访之权归诸厂卫，万一人非正直，事出冤诬，是非颠倒，殃及善良，陛下何由知之？且朝廷既凭厂卫，厂卫必委之番役。此辈贪残，何所不至。人心忧危，众目睢眦，非盛世所宜有也。"崇祯四年（1631年）五月，给事中许国荣亦论厂卫之为害曰："臣以厂卫缉事，旧制所载，为巨奸大逆偶一行之，至变而为事件，则失立法本意，而近于告密。告密非盛世风也……皇上或以为事件设而天下无遁情，臣窃谓天下从此政多隐情。皇上或以秘访所致，得于独闻，不知若辈正借此为招摇之榜样、纳贿之便门……况止有厂卫缉事之人，而无缉事厂卫之人。彼能颠倒人之是非，而人不敢操其是非，何惮而不恣所欲为。或准贿之有无以绘人之妍媸，或因贿之多寡以装事之轻重……然今日肆毒无忌者，不尽在真厂卫，而在假充厂卫之人……总之，真厂卫之坏事，厂卫之臣得而惩之；唯疑真疑假，触处设阱，被害者吞声饮恨，而举朝又畏言发祸随，姑俟其自败。"[34]即此一斑，已可见厂卫特务政治弊端之大、为害之烈。因此，从建立、健全正常的监察机制来看，非常规的特务政治是要不得的。

/注释/

1.《明史》卷七十三《职官志二》。

2.《春明梦余录》卷四十八《都察院》。

3.《明史》卷七十三《职官志二》。王世华《略论明代御史巡按制度》一文指出："明代御史巡按制度经历了一个草创、发展完善和逐步败坏的过程。洪武朝是御史巡按制度的草创阶段……从永乐到弘治，是明代御史巡按制度进一步发展和完善时期……大约从弘治以后，御史巡按制度发生了变化，其基本趋势是巡按御史的权力越来越大，攫取了不少行政、军事大权，以致实际上取代了按察司，原来的双重监察体制遭到破坏。"（《历史研究》1990年第6期）

4. 《西园闻见录》卷九十三《台省·前言》"李学曾"条。

5. 《春明梦余录》卷二十五《六科》。

6. 《明史》卷七十四《职官志三》。

7. 张德信:《明朝典章制度》卷五《监察制度》,吉林文史出版社2001年版,第283页。

8. [清] 赵翼:《陔余丛考》卷十八《有明中叶天子不见群臣》,上海古籍出版社"续修四库全书"本。

9. 参见《廿二史札记》卷三十四《成化嘉靖中百官伏阙争礼凡两次》。

10. 赵翼《有明中叶天子不见群臣》曰:"倦勤者即权归于奄寺嬖幸,独断者又为一二权奸窃颜色、为威福而上不知。"(《陔余丛考》卷十八)

11. 顾炎武曾言:"明代虽罢门下省长官,而独存六科给事中,以掌封驳之任。旨必下科,其有不便,给事中驳正到部,谓之科参。六部之官无敢抗参而自行者,故给事中之品卑而权特重。万历之时,九重渊默;泰昌以后,国论纷纭,而维持禁止往往赖抄参之力。"(《日知录》卷九《封驳》)

12. 沈德符《万历野获编》卷十九《台省之玷》、《补遗》卷三《御史墨败》中,对明代科道官腐败行为多有揭露。而清人赵翼曾说:"统观有明一代建言者,先后风气亦不同。自洪武以至成化、弘治间,朝廷风气淳实,建言者多出好恶之公,辨是非之正,不尽以矫激相尚也……正德、嘉靖之间,渐多以意气用事……万历末年,帝怠于政事,章奏一概不省,廷臣益务为危言激论,以自标异。于是部党角立,另成一门户攻击之局……今则权珰反借言官为报复,言官又借权珰为声势,此言路之又一变而风斯下矣。崇祯帝登极,阉党虽尽除,而各立门户,互攻争胜之习,则已牢不可破,是非蜂起,叫呶蹲沓,以至于亡。"(《廿二史札记》卷三十五《明言路习气先后不同》)

13. 以上见《清史稿》卷一百十五《职官志二》。关于监察御史、六科给事中的具体职掌,可详参《大清会典事例》卷一千七十四至卷一千四十一;两者通掌、分掌情况,可详参《钦定台规》卷十二至卷十六。

14. 嘉庆五年,仁宗鉴于军机处办事纪律松懈、闲杂人等就军机处打探消息之弊,曾谕派"每日都察院科道一人,轮流进内,在隆宗门内北首内务府官员直房监视,军机大臣散后，方准退直"。但科道官的这一职责仅限于行政性的纪律监察，其对军机处所办事务则无权过问。因此，科道官对军机处实质上是不具约束力的。至嘉庆二十五年，稽察军机处御史被裁撤后，就连这一形式上的纪律监察亦不复存在。参见《大清会典事例》卷一一七《都察院二〇·各道》。

15. [清]陈廷敬等编，张廷玉等续编：《皇清文颖》卷首四《台省箴》，台北商务印书馆"景印文渊阁四库全书"本。

16. 关于清代风闻监察的变化及特征，参见刘长江：《清朝风闻监察述论》，《临沂师范学院学报》2004年第5期。

17. 参见陈彬、阜元：《论清代监察制度的两个问题》，《四川师范学院学报》1997年第3期；刘战、谢茉莉：《试论清代的监察制度》，《辽宁大学学报》2001年第3期。

18. 孙承泽指出："昔言官、察官截然二项，如宋时亦尚如此。监察御史初亦言事，后惟察事。至谏院左右谏议大夫、左右司谏、左右正言，此专为拾遗补阙之官，凡奏疏涉弹击，上即戒谕而不纳。故观唐、宋言官奏疏，绰有可观，后世有纠劾而鲜规正，盖以言官、察官浑之为一也。"（《春明梦余录》卷二十五《六科》）

19. 《明会要》卷四十《职官十二·按察司》。

20. 《明史》卷七十五《职官志四》。

21. 《春明梦余录》卷四十八《都察院》"各差建置"条。

22. 《明太祖实录》卷一百五十六，洪武十六年八月甲戌条。

23. 孙承泽曰："明初置提刑按察司，谓之外台，与都察院并重，故大明令按察司、都察院并列，不视之为外官也。"（《春明梦余录》卷四十八《都察院》"提刑按察使"条）

24. 关文发、颜广文：《明代政治制度研究》，中国社会科学出版社1995年版，第62页。

25. 王世华：《论明代地方监察制度的演变》，见《明史研究》第二辑（黄山书社1992年版），第117页。又其《略论明代御史巡按制度》一文，对此亦有论析，详见《历史研究》1990年第6期。

26. [明]胡世宁：《胡端敏公奏议》卷四《守令定例疏》，见《明经世文编》卷一百三十六，中华书局1962年版。

27. 王世华:《论明代地方监察制度的演变》,见《明史研究》第二辑,第120页。
28.《清朝文献通考》卷八十五《职官考九》"直省官员"条。
29.《清朝续文献通考》卷一百三十四《职官考二十》。
30.《清史稿》卷一百十六《职官志三》。
31.《清朝续文献通考》卷一百三十四《职官考二十》。
32. 郭松义、李新达、李尚英:《清朝典制》,吉林文史出版社1993年版,第415页。
33.《啸亭杂录》卷一《察下情》曰:"雍正初,上因允禩辈深蓄逆谋,倾危社稷,故设缇骑,逻察之人四出侦诇,凡闾阎细故,无不上达……故人怀畏惧,罔敢肆意为也。"
34.《春明梦余录》卷六十三《锦衣卫》。

第十八章

明清时期的反腐败思想

从稳定统治秩序、有效治理社会的角度来说，统治者是不希望出现腐败现象的，但在对权、利无穷欲望的驱使下，无论是最高统治者还是各级官吏，其中的不少人又深陷腐败泥沼不能自拔，成为阻碍、危害社会进步和发展的毒瘤。明清时期以律法为准绳对腐败的大力惩治、为遏制腐败对监察监督机制的不断完善，以及对倡廉树清的积极引导，客观地看还是起到了一定的成效，尤其是基层社会对腐败现象的大力揭露和挞伐，更成为抵制腐败的一道兼具舆论、监督、抗衡作用的重要防线和力量。

第一节　权力层对腐败危害的认识

与腐败的泛滥相对，明清时期亦有许多有作为、心系民瘼、以天下为己任的皇帝、各级官员，比较清醒地认识到腐败对政权、社会、民生所造成的危害，并对如何预防、消除腐败，做了积极探索，提出了一些有针对性的思路。这些思想认识，无疑为应对腐败产生了积极的推动效应。

一、皇帝反腐败思想

在对元朝灭亡的反思中，明太祖曾指出："彼之君臣，不思祖宗创业之难，骄淫奢侈，但顾一身逸乐，不恤生民疾苦，一旦天更其运，非特不能保其富贵，遂致丧身灭名"[1]，"昔在民间，时见州县官吏多不恤民，往往贪财好色，饮酒废事,凡民疾苦视之漠然"²。正是这一亲身感受,使他意识到"丧乱之后,法度纵弛,当在更张,使纪纲正而条目举,然必明礼义、正人心、厚风俗以为本也"³。为达到这一目的,则需以"养民"为重,而高度重视"欲"的克制。在他看来,所谓"欲",并非仅指男女、宫室、饮食、服饰等,凡是"求私便于己者",都属于"欲"。那么,如何克制"欲"呢?他提出了这样一个理念,即"惟礼可以制之",因为"先王制礼,所以防欲也,礼废则欲肆。为君而废礼纵欲,则毒流于民;为臣而废礼纵欲,则祸延于家。故循礼可以寡过,肆欲必至灭身"。⁴

为防止腐败的发生,明太祖十分注重君主自身的修养。在他看来,君与民,就像人之心与百体的关系,如果"心得其养,不为淫邪所干,则百体皆顺令矣。苟无所养,为众邪所攻,则百病生焉"。他因此强调:"为君者,能亲君子,远小人,朝夕纳诲,以辅其德,则政教修而恩泽布,人固有不言而信、不令而从者矣。若惑于憸壬,荒于酒色,必怠于政事,则君德乖,而民心离矣。天下安得而治?"⁵而"谨好尚",则是预防"君德乖"的一大关键。在与儒臣詹同的对话中,明太祖说:"声色乃伐性之斧斤,易以溺人,一有溺焉,则祸败随之,故其为害甚于鸩毒。"并感慨地说:"盖为君居天下之尊,享四海之富,靡曼之色,窈窕之声,何求而不得?苟不知远之,则人乘间纳其淫邪,不为靡惑者几人焉?况创业垂统之君,为子孙之所承式,尤不可以不谨。"⁶当然,要想完全杜绝好尚,也不大可能。怎么办呢?明太祖认为:"要当慎之。"鉴于"好功则贪名者进,好财则言利者进,好术则游谈者进,好谀则巧佞者进。夫偏于好者,鲜有不累其心",所以他主张,与其好功、好财、好术、好谀,则不如好德、好廉、好信、好直,如此才是"好得其正",而"未有不治",反之则乱起,故"不可不慎也"。⁷

明太祖不唯有以上认识,而且也确实能以勤俭、恤民为表率。如洪武三年(1370年),他在阅内藏后,颇有感慨地对臣下说:"此皆民力所供,蓄积为天下之用,吾何敢私。苟奢侈妄费,取一己之娱,殚耳目之乐,是以天下之积,为一己之私也。今天下已平,国家无事,封赏之外,正宜俭约,以省浮费。"九年,明太祖对中书省臣说："惟俭养性,惟侈荡心。居上能俭,可以导俗;居上而侈,必至厉民。"又十六年,对侍臣说："自古王者之兴,未有不由于勤俭;其败亡,未有不由于奢侈。"正是出于对前代得失的镜鉴,他强调："大抵处心清净则无欲,无欲则无奢纵之患。欲心一生,则骄奢淫逸无所不至,不旋踵而败亡随之矣。朕每思念至此,未尝不惕然于心。故必身先节俭,以训于下。"[8]

明太祖不仅严于律己,对子孙亦谆谆以效法古之圣帝哲王、勿蹈骄奢淫逸之君覆辙为戒。洪武九年,他教导太子诸王说："能修德进贤,则天下国家未有不治;不知务此者,鲜不取败。夫货财声色为戕德之斧斤,谗佞诌谀乃杜贤之荆棘,当拒之如虎狼,避之如蛇虺。苟溺于所好,则必为其陷矣。汝等其慎之!"十一年,又训诸子说："昔有道之君,皆身勤政事,心存生民,所以保守天下。至其子孙废弃厥德,色荒于内,禽荒于外,政教不修,礼乐崩弛,则天弃于上,民离于下,遂失其天下国家。"并告诫他们："为吾子孙者,当取法于古之圣帝哲王,兢兢业业,日慎一日,鉴彼荒淫,勿蹈其辙,可以长享富贵矣。"[9]而考虑到"人情易至于纵恣",他还命臣下编成《昭鉴录》《祖训录》(凡涉箴戒、持守、严祭祀、谨出入、慎国政、礼仪、法律、内令、内官、职制、兵卫、营缮、供用)等书,"立为家法",以为子孙遵守的凭依和警诫。

奢侈、贪污是腐败的主要表现,于此,明太祖曾屡屡对官员予以训诫。洪武元年正月,他对御史中丞章溢、学士陶安等说："丧乱之源,由于骄逸。大抵居高位者易骄,处逸乐者易侈。骄则善言不入而过不闻,侈则善道不立而行不顾。如此,未有不亡。"[10]四年十一月,针对将士居京卫闲暇以酣饮费赀不良习气,强调："勤俭为治身之本,奢侈乃丧家之源……夫习奢不已,入俭良难,非保家之道。"[11]对于贪污,明太祖更是深恶痛绝。洪武二年二月,他对臣下说："但遇官吏贪污、蠹害吾民者,罪之不恕。"[12]十八年十月初一日,在所撰《御制大诰序》中,他更强调："今将害民事理,昭示天下诸司,敢有不务公而务私,在外赃贪、酷虐吾民者,穷其原而搜罪之。斯令一出,世世守行之。"[13]二十五年八月,更颁布《醒贪简要录》于内外诸司,以为各级官员之儆鉴。此外,明太祖还鉴于胡惟庸案,特命儒臣检历代史书,将杀身权奸事汇编成《相鉴奸臣传》,以为大臣弄权者戒。

明太祖曾表示："朕之任官，所用惟贤；举廉兴孝，惟欲厚俗；崇德劝善，惟欲成化"，并希望官员们不要伪为慈祥、伪为恺悌，却无仁爱之实、乐易之诚，而"宜勉修厥职，广施惠政"。[14] 由此可见他对腐败虚伪的痛恨、清廉为治的引导。所以史称："明太祖惩元季吏治纵弛，民生凋敝，重绳贪吏，置之严典……一时守令畏法，洁己爱民，以当上指，吏治焕然丕变矣。下逮仁、宣，抚循休息，民人安乐，吏治澄清者百余年。"[15] 尽管明中后期的情况越来越糟，未能像明太祖希望的那样，但他对腐败为害的思想认识，以及大力惩治腐败的努力，则仍不啻为后世树立了一个标杆。

清王朝建立之后，当社会上下对明亡教训进行反思时，明中后期的统治、吏治腐败问题，便成为人们批判的一大罪魁祸首。而基于这一反思，清前期诸帝皆能对腐败的危害保持较为清醒的认识，提出了不少有益的反腐败思想。

清世祖亲政后，对吏治腐败甚为关注。在他看来，贪官蠹国害民，最为可恨；而安民之本，则首先在于惩贪。由此认识出发，他不仅在立法上对贪官作了严厉的惩治规定，如对凡问罪应至死的大贪官员，即使遇恩赦也不宽宥；而且还采取种种举措以预防、警戒官员贪污腐败。由大学士王永吉编纂、世祖钦定的《御定人臣儆心录》，就是一个典型代表。该书计分八论：植党、好名、营私、循利、骄志、作伪、附势、旷官。此八端，已基本上涵盖了官员腐败的主要致因和路数。而此种种腐败，既是对历史教训的总结，也是对当时官员腐败表现的揭露。在所撰御制序中，世祖不无痛心地指出："奸邪之流，树党营私，怙权乱政，卒至身名俱丧，为国厉阶。"究其因，乃在于其"居恒无正心之功，一当势利，遂昏迷瞀乱，狂肆骄矜，上昧王章，下乖臣谊，或作威而联羽翼，或比匪而效奔趋"。所以，为防官员蹈此诸弊，编此书以作为其"儆心之训"。不唯如此，世祖更从正面为官员树立一持身范型，即"人臣立身制行，本诸一心。心正则为忠为直，众美集焉；不正则为奸为慝，群恶归焉。是故心者，万事之本，美恶之所由出也"[16]。也就是说，唯有官员们能端正思想、为公为善、为国为民，才不致陷入腐败的泥沼。世祖"惩贪救民"之取向，为其后继者奠定了重要基础。

清圣祖康熙执政期间，不唯力行宽仁之治，对官场腐败痼疾深表痛恨，且倡为勤俭、廉静之说。在他看来，"民为邦本，必使家给人足，安生乐业，方可称太平之治"[17]。而为达到这一目的，则需政尚宽仁。这是因为，"物刚则折，弦急则绝，政苛则国危，法峻则民乱；反是者，有安而无危，有治而无乱"。历史上的治乱成败，就是明鉴。所以，圣祖表示："朕抚绥元元，期以纯王之道，化民成俗。凡束湿之政弗敢庸也，苛察之明弗敢尚也，恐恐焉日虑其刑之重而德之薄，夫宁忍从事于猛欤？"[18]此一取向，乃基于其对王道与民关系的体认。他强调："古圣人致治无他道也，惟在因民之心而已矣……合圣贤诸说推之，总不外因民之心以为准。然则，易简者，近民之实；而近民者，王道之旨欤！"[3]

然而，现实的吏治不容乐观，官僚系统并非像圣祖希望的那样能"君臣一体"。康熙十六年（1677年），给事中徐旭龄曾揭示官场腐败弊相说："试观今日之池馆园亭，歌舞宴会，视顺治初年，不止数倍。此等财力，何从得来？非舞弄国法而多纳赃私，即酷虐小民而巧通贿赂，一家之锦衣玉食，一路之卖男鬻女也。虽惩贪罪在不赦，而彼迫于费用，走死地如鹜矣。"尽管"皇上宽于用法，无非使人易遵之意。实则奢侈已沦于骨髓，僭越反视为故常"。[20]

面对理想与现实的差距或张力，圣祖自然不能一味求宽，事实上他对腐败危害的认识是甚为深刻的。康熙十一年，他在谕礼部时说："近见内外官员军民人等，服用奢靡，僭越无度，富者趋尚华丽，贫者互相效尤，以致窘乏为非，盗窃诈伪，由此而起，人心嚣凌，风俗颓坏，其于治化所关非细。今应作何分别，务行禁止，着九卿科道会同严加确议，定例具奏。"二十六年，谕大学士等："朕观今时之人，不敦本务实、轻浮奢侈者甚多……若不禁止，则渐至于放纵。或身为大臣，沉湎之色形于颜面者，实非人类矣！着严行禁止。"[21]对于官吏贪鄙，圣祖更是屡申严饬。他指出："向因地方官员滥征私派，苦累小民，屡经严饬，而积习未改，每于正项钱粮外，加增火耗，或将易知由单不行晓示，设立名色，恣意科敛，或入私囊，或贿上官，致小民脂膏竭尽，困苦已极……此等情弊，深可痛恨。"针对浙江百姓生计不仅未因豁免旧欠钱粮得以改善，反而大不如前的状况，圣祖剖析其中弊由，认为"皆因府州县官私派侵克，馈送上司，或有沽名不受，而因事借端索取更甚者。至微小易结案件，牵连多人，迟延索诈者甚多。此等情弊，督抚无有不知，乃不厘剔察参，反将行贿官员荐举、廉正官员纠劾，以至民生失所，殊失朕爱养元元至意"！为挽此颓风，他遂屡次表明对奢纵、贪鄙官员的态度："凡别项人犯，尚可宽恕，贪官之罪，断不可宽""服官污浊，朘削小民，殊为可恨。此等贪官，不加诛戮，众不知儆""侵蚀河工帑金，殊属不堪……仍循故辙，经朕察出，必不姑宥。"并强调说："治天下以惩贪奖廉为要，廉洁者奖一以劝众，贪婪者惩一以儆百。"希望"官以清廉为本""大小有司，当洁己爱民，奉公守法，激浊扬清，体恤民隐"。[22]

　　与惩治、警诫官员奢纵、贪鄙相应，圣祖还从正面提出、论证了勤俭、廉静的必要性。他指出："夫崇宫室、丰饮食、美衣服，此人心也，其几易溺；敬天地、孝祖宗、拯民生，此道心也，其几易怠。溺则侈，侈则嗜欲日荒；怠则逸，逸则理道日远。发于一心，见诸天下，而盛衰治乱之途判矣。"因此，奢不可不戒，而俭与勤不可不砥砺。不然，"人心危而道心微，苟侈泰之私中于几微，势必形于家国，其弊有不可遏者"，而"慎修思永，尤执中之要道也欤"！[23]对官吏们来说，廉静尤为重要。圣祖就此强调，所谓"廉"指"有所不取"，"静"指"有所不为"，"廉则有所不取，有所不取则有所不为，凡无礼、无义、无耻者，皆所不为者也。吏苟廉矣，则奉法以利民，不枉法以侵民。守官以勤民，不败官以残民，民安而吏称其职矣；吏称其职，而天下治矣"。如果官吏不能做到"凡利于民者行之必力，病于民者除之亦必力"，而徒"优游自私，保利禄而不恤民事"，则非"真廉吏""真安静"。由此，圣祖认为，廉静乃"立身行己之大端，制事理物之要道"，"凡为学者，皆宜然也。况人臣之策名委质、任职临民者乎？"[24]

　　圣祖之所以常常萦怀于官风吏习，乃希望大大小小的官员们，能"返朴还淳，恪循法制"，从而实现他心目中的"敦本务实，崇尚节俭"的为政为治理想。[25]尽管此一理想事实上难以真正实现，但他对奢纵、贪鄙的惩戒，和对勤俭、廉静的倡导，应该说于扭转官场腐败之风还是发挥了积极的作用。此后，世宗、高宗二帝，或主于严猛，或注重宽严相济，亦在大力整治腐败上颇见成效。

清朝之所以出现"康乾盛世"的局面，其中的一个因素，即在于清前期诸帝对腐败问题给予了很大关注。道光以降，最高统治者虽然也对惩治、预防腐败有一些举措，但内忧外患接踵而至，加上腐败痼疾积重难返，整个形势已是江河日下，也只有徒唤奈何了。

二、官员对腐败的认识

明清时期的官场，尽管腐败现象大有泛滥之势，但官僚队伍中亦不乏正直清廉之人，他们或洁己自好，不与贪官污吏为伍，或心系国家苍生，敢于与腐败抗争，凡此皆体现出传统士大夫弘扬正气、激浊扬清的志节与魄力。明清之所以能绵延五百四十余年，在很大程度上与这些有良知、敢担当官员们的努力是紧密相连的。

历仕嘉靖、隆庆、万历三朝的"海青天"海瑞，在其官宦生涯中，不仅敢于逆龙鳞而直陈明世宗种种"过错"，而且孜孜以惩贪厘弊为念。嘉靖四十四年（1565年）十月，海瑞刚出任户部云南清吏司主事不久，就上了一道"为直言天下第一事，以正君道、明臣职、求万世治安"的奏疏。在这篇《治安疏》中，他一反"大臣持禄而外为谀，小臣畏罪而面为顺"的陋习，而"不容悦，不过计，披肝胆"地直言世宗为君之不足："陛下则锐情未久，妄念牵之而去矣，反刚明而错用之，谓长生可得而一意玄修。富有四海，不曰民之脂膏在是也，而侈兴土木。二十余年不视朝，纪纲弛矣。数行推广事例，名爵滥矣。二王不相见，人以为薄于父子；以猜疑诽谤戮辱臣下，人以为薄于君臣；乐西苑而不返宫，人以为薄于夫妇。天下吏贪将弱，民不聊生，水旱靡时，盗贼滋炽，自陛下登极初年，亦有之而未甚也。今赋役增常，万方则效，陛下破产礼佛日甚，室如悬磬，十余年来极矣……严嵩罢相之后，犹之严嵩未相之先而已，非大清明世界也，不及汉文帝远甚……若夫服食不终之药，遥兴轻举，理之所无者也。理所无而切切然散爵禄、竦精神玄修求之，悬思凿想，系风捕影，终其身如斯而已矣。求之其可得乎！"[26]海瑞的此番"激烈"言辞，无疑点中了世宗的病痛。故世宗看后，愤怒地将这道奏疏扔到地上，并让人赶快去捉拿海瑞，不要让他跑了。但此时在一旁的宦官黄锦进言道："此人素有痴名，闻其上疏时，自知触忤当死，市一棺诀妻子，待罪于朝，僮仆亦奔散无留者，是不遁也。"世宗听后默然。过了一会儿，他又拿起海瑞的奏疏读了读，不禁"感动太息"，遂"留中者数月"。[27]世宗虽然承认海瑞所谏是对的，但受不了其如此"诟詈"自己，所以第二年手批海瑞奏疏"詈主毁君"，并"送锦衣狱究主使者"；不久，又移交刑部，论罪当死，然世宗仍留中。过了两个月，世宗去世，遗诏复海瑞原官。[28]海瑞大难得免，无疑值得庆幸，但更值得庆幸的是，他敢于对皇帝不当行为的直言无隐精神，而这恰恰体现出其心系国运、民生的情怀。神宗在谕祭海瑞文中，如此评价道："惟尔高标绝俗，直道褆躬。视斯民由己饥寒，耻厥辟不为尧舜。矢孤忠而扣阙，抗言争日月之光；出百死而登朝，揽辔励澄清之志……岩石具瞻，卓尔旧京之望；素丝无染，褎然先进之风。综铨务而议主惩贪，领法台而政先厘弊。"[29]此可见海瑞一生为官持身之取向。

无独有偶，与海瑞同时为官的吕坤，于万历二十五年（1597年）五月，向神宗皇帝上了一道《忧危疏》。在疏中，他不仅对"今日之政，皆拨乱机而使之动，助乱人而使之倡"的种种弊象，如苍生之困顿饥馑、国家之财用耗竭、防御疏略、官风吏习之颓坏病民等，做了大胆揭露，而且还将针砭的锋芒直指神宗本人。他强调说："陛下数年以来，疑深怒重，殿庭之内，血肉淋漓；宫禁之中，啼号悲惨……今环门守户之众，皆伤心侧目之人，外表忠诚，中藏险毒……陛下卧榻之侧，同心者几人？……陛下不视朝久矣，人心之懈弛极矣，奸邪之窥伺熟矣……章奏不批，先朝间有，未如今日，强半留中……天下民穷财尽，未有甚于此时者矣。陛下织造烧造日增，采取收取益广，敛万姓之怨于一宫，结九重之仇于四海，臣窃痛之。"而从"君身之安危，社稷之存亡，百姓操其权"的认识角度，他强烈呼吁神宗能"移宫中之勤以勤庶政，推利国之念以利烝民"，以达到收人心、厘弊政、安民情之效。然而，疏入不报，吕坤遂乞休返乡。[30]

在所著《实政录》中，吕坤还就明职（自吏承、仓官至督抚）、民务（养民之道、教民之道、治民之道）、乡甲约、风宪约、狱政、安民实务、督抚约等，做了详细申说，以表明自己为官施政之取向，以及对官场腐败的厌恶。他指出，

"今天下无一事不设衙门,无一衙门不设官,而政事日隳,民生日困,则吾辈溺于其职之故也",希望大小职官能"子夜点检,自慊自愧"[31],而警醒奋起。不然的话,"反先王之道,背昭代之训,玩愒日月",唯富贵之腥膻是逐,而置民生利病于不顾,则"人品卑卑甚矣","何足齿于士君子之林?"[32]吕坤不惟以"经世安民"之念对僚属屡屡劝诫,更亲身表率。其《身箴》曰:"朝廷法度是该遵守底,圣贤言语是该听信底,鬼神阴谴是该恐惧底,乡邦公议是该畏忌底……扩那浅狭底心,定那浮躁底心,降那骄傲底心,止那贪求底心。"《仕箴》曰:"植节概于两间,流仁恩于万姓,委荣华于中路,贻清白于后昆。是谓仕途四美,君子务之。"又《官扇铭》曰:"民害如暑,民利如风。尔职如扇,尔除尔兴。无日勿蔽,有风勿扇。兴利除害,惟民之使。"《座右铭》曰:"堂有嘉宾,座无俗话。不言性命身心,则言家国天下。士君子口,当出好言。非法不道,思昔圣贤。"[33]凡此,无不体现出其律身、勤职、为民、淑世、疾恶如仇的情怀,非无病之呻吟,实有为、疾时弊之"呻吟"。而此种"呻吟",是官场中所甚为缺乏的。

东林党人也提出了许多关切时弊的改救思想。在他们看来,吏治是关系国家危亡的关键,而整饬吏治的办法,在于严惩贪官。赵南星曾指出,干进、倾危、州县、乡害是官场的"四害",如果不除此"四害",国家就不能得到治理。李应升认为,与其言兴利而利未必能兴,不如先从"除害"着手,凡徭役繁重、奸胥欺隐、长吏贪残、酷罚重耗、俗吏妨农等,皆在所除之列。而针对当时为害甚烈的矿监税使的贪暴行径,东林党人不唯予以大力揭露和抨击,而且敦请皇帝去"欲心"、罢弊政、恤穷民,以挽颓风。有学者评论东林党人的为政立身旨趣说:"东林党人政治主张的根本特点是立足于调节和缓和社会矛盾,在维护明王朝根本利益的前提下,兼顾君、民各方的利益和要求……表现在政治实践中,东林党人大多能爱护百姓,惩治贪吏,为政清廉……东林党人既忠于君主,又能得到民众拥护,是典型的'清官'形象,亦即封建统治阶级自我政治调节机制的典型表现。"[34]

有清一代,尤其是清前期,虽然君主专制、中央集权达到顶峰,然官员队伍中亦不乏忧国忧民、揭露和抨击腐败者。如康熙二十四年(1685年),左都御史陈廷敬曾上疏呼吁"劝廉祛弊"。他痛言当时风气之弊坏说:"外官之任者,或拥仆从数十百人,衣轻策肥,车马阗咽,震惊道路。泥沙之用不惜,贪饕之行易成。由是则富者黩货无已,贫者耻其不如。冒利触禁,妄冀苟免。幸不罹于法,则以高赀夸耀闾里。愚民无知,见其如此游末趋利,多离农亩,弃其本业。"如此风气,不唯有损为官之道,而且对社会造成很坏的影响。为扭转这一风气,陈廷敬强调:"贪廉者,治理之大关;奢俭者,贪廉之根柢。欲教以廉,当先使俭。然而不能遽致者,则积习使之然也。"他的这一思想,乃基于这样一种认识:"国家久安长治之基,关于风俗;风俗盛衰之故,系乎人心;正人心、厚风俗之机,存乎教化。故品节度数,必有定制,所以辨上下、定民志,使天下移风易俗、回心向道,尤教化之急务也。"[35]

康熙年间被誉为"天下第一清官"的张伯行,更以廉洁、拒贿、却陋规、禁奢华、解民困、激励士子、倡导正学为表率,体现出"嫉邪崇正"的为官取向。他曾作《自勉诗》曰:"强仕年逾八,居然一老翁。白驹愁迅疾,青简费研穷。寡过思蘧相,勤修羡武公。遗徽犹未远,努力在人功。"[36]此一志向,有件事很好地做了注脚。康熙四十年(1701年),张伯行督修黄河,很见成效,有人进《德政歌》,并欲为其立碑,但张伯行拒绝了。此人甚是不解地说:"先生催工年余,上不食朝廷之俸,下不受分官之馈,日用饮食取之家中,夫役居民并加体恤,感恩颂德出于至诚,何辞为?"张伯行回答:"所言皆某职分应尔者,奚颂之有?"那人说:"职分固应如是,然在工多人,谁能如先生之勤劳王事、清苦自甘者乎?"张伯行应道:"若子言,则更不可。我方以职业未尽为忧,而子乃谓在工数十百人皆不如我。以我之长,形人之短,人纵不忌我,心何安?"此人乃叹息而去。[37]而在任江苏巡抚时,张伯行不仅禁属官馈送之恶习,讽励他们"一铢一黍,尽民脂膏。宽一分,民受一分之赐;受一文,身受一文之污。虽云交际之常,于礼不废,试思仪文之具,此物何来……务期苞苴永杜,庶几风化日隆"[38];而且,还与贪残的总督噶礼作了不屈不挠的斗争。在弹劾噶礼的上疏中,他痛斥其恶劣行径说:"皇上待督臣高爵厚禄,何等隆重!而督臣竟忍负皇上,擅作威福,卖朝廷之官,卖朝廷之法,复卖朝廷之举人,恶贯满盈,贪残暴横!

两江之人知之，在朝之人知之，天下之人亦无不知之，只缘督臣权势赫奕，莫敢撄其锋以贾祸。"在处理这起事件上，圣祖表明态度说："朕以张伯行天下第一清官，不可参他。"并声明："朕自幼读书，研穷性理，如此等清官朕不为保全，则读书数十年何益？而凡为清官者，亦何所倚恃以自安乎？如萧永藻、富宁安、张鹏翮、赵申乔、施世纶、殷泰、张伯行、李陈常，此数人皆清官，朕皆爱惜保全……清官固所当惜，而其言之不可行者，朕亦不行。"[39]正气终究压倒了邪风。

蔡世远与朱轼共同主持编纂的《历代循吏传》，为当官者提供了一个镜鉴。蔡世远认为：亲民之官，应"以廉为基，以仁为本。引而近之欲其亲，格而禁之欲其严，理之欲其明，措之欲其简。虑民之不给也，为之课农桑、训节俭、轻徭役、广积蓄，遇有故则赈贷之，又加详焉；虑民之不戢也，为之教孝弟、敦睦姻、惩诬黠、息讼争，以事至者诲谕之，又加详焉"。凡"根于中而不徇乎外者，贤守令也"，而"结欢上官而不体下情者，民之蠹也；自恃无他而张弛不协者，诚不足、识不充也；视犹传舍，因为利薮者，本心既失，殃及其身者也"。[40]这一正反两方面的告诫，无疑对为官为吏者具有重要启示意义。

明清时期大量官箴书的流行，更显示出官僚系统中对为官道德、从政经验的弘扬，以及对腐败行为的抵制和警醒。其中，既有皇帝御制、钦颁的，也有地方官及州县名幕佐职所撰的。如明代宣宗《御制官箴》、汪天锡《官箴集成》，清代世宗《钦颁州县事宜》、陈宏谋《从政遗规》、徐栋《牧令书》、刚毅《牧令须知》，以及汪辉祖《学治臆说》《学治续说》《学治说赘》《佐治药言》《续佐治药言》，等等。而在形式上，或为训诫格言，或为政绩实录，或为公牍文集，或为三者的综合。这些"牧民宝鉴""宦海指南"，"既有为官者强取豪夺、明哲保身、惟上为是、权力崇拜的'经验'总结，又有牧民者为民请愿、洁身自律、严格执法、身体力行的人生体会，同时也有历代士子以自身的亲历过程对官场入木三分的观察和见彻见悟的分析，以及所提出的诸多有助于补弊救败的见解"，而"反躬自省者读之，可以知运命；心系天下者读之，可以成大事；淡然自处者读之，可以明清浊；游戏人间者读之，可以正进退"。[41]清世宗曾指出："牧令为亲民之官，一人之贤否，关系万姓之休戚，故自古以来，慎重其选。"而他寄望于地方官的,则是"慎守官方,勤恤民隐,兴利除害,易俗移风"。[42]而这也正是官箴书的意旨所在。

在一些官员所撰衙署联或诗中,也有不少洁身反腐思想的表现。如明代吏部尚书王恕自署衙联:"仕于朝者,以馈遗及门为耻;仕于外者,以苞苴入都为羞。"南安府知府张津题海宁县谯楼联:"宽一分,则民多受一分赐;取一文,则官不值一文钱。"清代刑部尚书魏象枢作对联:"欺人如欺天,毋自欺也;负民即负国,何忍负之。"无锡知府武承谟衙联:"罔违道,罔弗民,真正公平,心斯无怍;不容情,不受贿,招摇撞骗,法所必严。"杭州知府薛为农衙联:"为政戒贪,贪利贪,贪名亦贪,勿骛声华忘政事;养廉惟俭,俭己俭,俭人非俭,还从宽大保廉隅。"晋州知州陈景登衙联:"头上有青天,做事须循天理;眼前皆瘠地,存心不刮地皮。"桂林知府赵慎畛衙联:"为政不在多言,须息息从省身克己而出;当官务持大体,思事事皆民生国计所关。"明代于谦的诗句:"名节重泰山,利欲轻鸿毛……苟图身富贵,朘削民脂膏。国法纵未及,公论安所逃"(《无题》),"大节还须咬菜根"(《题画》),"要留清白在人间"(《石灰吟》);清代沈德潜的《吏胥》诗:"吏胥如虎狼,秉性在吞噬。遇虎狼可逃,遇吏胥难避。狰狞奉官符,到处肆怒奰。鸡狗不得宁,全家受锋刺。无计鬻儿女,聊以供饱醉。牵累及里邻,拘絷同嬉戏。虎狼不能飞,此更添两翅。虎狼不成群,此更千百辈。官能吏亦能,如指臂使器。谁云是虎狼,快比千里骥。民俗渐凋伤,天心自仁爱。驺虞得天心,仁风被草莱。不须用殄戮,久久化丑类。虎狼亦回心,共庆民攸墍"[43];等等,无不是官员们持身处世、痛恨腐败的真情流露。这些反腐败思想,不仅是他们自励的真实写照,在客观上也对其他官员具有讽鉴意义,从而发挥了激浊扬清的效用。

第二节　基层对腐败现象的揭露与挞伐

反对、遏制腐败，官员自身的警醒固然重要，而社会大众的监督舆论更具有不可忽视的强大力量。在这方面，明清时期无论是有志之士的忧患意识，还是小说、歌谣等，对腐败现象的揭露和挞伐，都呈现出相当的自觉，其锋芒所至，对腐败之危害刻画得入木三分。而这皆反映了社会大众对腐败的极大痛恨，以及对社会有序、政清国安的强烈渴望和憧憬。

一、有志之士的忧患意识

明中后期腐败的愈益泛滥，引发了不少具有忧患意识的有志之士的沉痛反思。在反思中，他们围绕时弊作了积极努力。其中，崇祯十一年（1638年）几社成员陈子龙、徐孚远、宋征璧发起编辑的《明经世文编》，就是一个典型表现。

许誉卿为该文编撰序，批评时弊说："学士大夫半生穷经，一旦逢年，名利婴情，入则问舍求田，出则养交持禄，其于经济一途，蔑如也。国家卒有缓急，安所恃哉？……人材自逆竖摧折之后，正气甫伸，邪氛未净，小人当国，灾害并至。于是奴寇交讧，兵饷两诎……而士大夫俯仰自若，转展推避，急则首鼠两端，缓则泄沓一意……亦士大夫经济阔疏，积渐使然耳。"[46] 陈子龙指出，国家之所以不振，士大夫之所以不能有大的作为，乃因"三患"，即"朝无良吏""国无世家""士无实学"。[47] 徐孚远亦认为："今天下学士大夫无不搜讨细素，琢磨文笔，而于本朝故实，罕所措心。以故剞藻则有余，而应务则不足。"[48] 如此种种，说到底，是士大夫们十分缺乏"济世安邦"的精神和能力，而惑于利禄，不是无所作为，就是趋于贪腐之途。因此，基于"浮文无裨实用，拟古未能通今"的认识，陈子龙等乃搜集了有明一代"非名教所裨，即治乱攸关"[49]的言论，以人为纲,以时代为次,编辑成五百零八卷的《明经世文编》,以为"救时"的镜鉴。此编不唯彰显了"一代兵农礼乐刑政"的大端,而且"于忠佞是非之际,尤凛凛致辨焉"[50]。吴晗先生曾评价说:"《明经世文编》是一部从历史实际出发,总结明朝两百多年统治经验,企图从中得出教训,用以改变当前现实、经世实用的书。这部书的编辑、出版,对当时的文风、学风(即后揭:空疏、不学)是一个严重的挑战,对稍后的黄宗羲、顾炎武等人讲求经世实用之学,也起了先行者的作用。"[51]

明清鼎革之后,在家国之痛的刺激下,以黄宗羲、顾炎武、王夫之、唐甄等为代表的学人,不仅对社会弊病作了较深刻的揭露和批判,而且还用心良苦地提出了为治大法的设想。在《原君》篇中,黄宗羲痛斥"后之为人君者"的所作所为说:"以为天下利害之权皆出于我,我以天下之利尽归于己,以天下之害尽归于人,亦无不可。使天下之人不敢自私,不敢自利,以我之大私为天下之大公。始而惭焉,久而安焉,视天下为莫大之产业,传之子孙,受享无穷。"这显然与"有生之初……有人者出,不以一己之利为利,而使天下受其利;不以一己之害为害,而使天下释其害"的取向,有着天壤之别。而之所以会如此,乃缘于"古者以天下为主,君为客,凡君之所毕世而经营者,为天下也;今也以君为主,天下为客,凡天下之无地而得宁者,为君也。是以其未得之也,荼毒天下之肝脑,离散天下之子女,以博我一人之产业,曾不惨然,曰'我固为子孙创业也';其既得之也,敲剥天下之骨髓,离散天下之子女,以奉我一人之淫乐,视为当然,曰'此我产业之花息也'"。由此比较,黄宗羲大胆指出:"为天下之大害者,君而已矣!向使无君,人各得自私也,人各得自利也。呜呼,岂设君之道固如是乎!"[52] 除将矛头指向君主外,黄宗羲还对赋役、胥吏、宦官等弊端作了针砭,并希望通过置相、取士、兴学校、复井田、重工商、寓兵于农等,来达到治的境地。

唐甄倡言:"自秦以来,凡为帝王者皆贼也。"之所以如此说,是因为在他看来,"杀一人而取其匹布斗粟,犹谓之贼,杀天下之人而尽有其布粟之富,而反不谓之贼乎!……大将杀人,非大将杀之,天子实杀之……官吏杀人,非官吏杀之，天子实杀之。杀人者众手，实天子为之大手……天子者，天下之慈母也，人所仰望以乳育者也，乃无故而杀之，其罪岂不重于匹夫！"[53] 在《止杀》篇中，他更表示："周秦以后，君将豪杰，皆鼓刀之屠人；父老妇子，皆其羊豕也！处平世无事之时，刑狱冻饿，多不得毕命；当用兵革命之时，积尸如山，血流成河，千里无人烟，四海少户口，岂不悲哉！岂不悲哉！"[54] 不唯如此，"一代之中，十数世有二三贤君，不为不多矣。其余非暴即暗，非暗即辟，非辟即懦，此亦生人之常，不足为异。惟是懦君蓄乱，辟君生乱，暗君召乱，暴君激乱，君罔救矣，其如斯民何哉！"因此，他强调说："治天下者惟君，乱天下者惟君。治乱非他人所能为也，君也。"[55] 此一将天下治乱系于君主一身的认识，固然有其局限性，不过也具有对君主进行规范或制衡的积极意义。唐甄还对结党问题提出了自己的看法。他认为："党者，国之危疾，不治必亡。"而所谓的"党"，不仅有"邪党"，也有"正党"，"凡人之求显名厚禄者，不入其党，不得也"。究其根源，"名者，党之招也；势者，党之帅也"。那么，如何避免"党"的产生呢？唐甄指出关键在"绝其缘"，若能做到"绝其缘，则邪党不伐而自破，正党不解而自散"。而"绝其缘"的办法在于："无招则党不聚，无帅则党不立，百官有司，救过保位之不暇，何党之能为！"[56] 换句话说，要想"除党"，就要严格控制名和势。

顾炎武则从"明道救世"的高度，提出了这样一种"天下观"："有亡国，有亡天下，亡国与亡天下奚辨？曰：易姓改号谓之亡国。仁义充塞，而至于率兽食人，人将相食，谓之亡天下……是故知保天下，然后知保其国。保国者，其君其臣，肉食者谋之；保天下者，匹夫之贱与有责焉耳矣。"[57] 而想"保天下"，"知耻"乃一大关键。在顾炎武看来，"礼义廉耻""四者之中，耻尤为要"，因为"人之不廉而至于悖礼犯义，其原皆生于无耻也"。而尤其重要的是，"士大夫之无耻，是谓国耻"。阎若璩曾就此评论说："今人动称廉耻，其实廉易而耻难。如公孙弘布被脱粟，不可谓不廉，而曲学阿世，何无耻也！冯道刻苦俭约，不可谓不廉，而更事四姓十君，何无耻之甚也！盖廉乃立身之一节，而耻乃根心之大德，故廉尚可矫，而耻不容伪。"[58] 而为"明学术，正人心，拨乱世以兴太平之事"[59]

和"拨乱涤污，法古用夏，启多闻于来学，待一治于后王"[60]，顾炎武乃著《日知录》一书。潘耒揭示其师著书之旨说："凡经义史学、官方吏治、财赋典礼、舆地艺文之属，一一疏通其源流，考正其谬误。至于叹礼教之衰迟，伤风俗之颓败，则古称先，规切时弊，尤为深切著明。"[61]此可见顾炎武的用世之思之志。

戴震曾强调："夫所谓理义，苟可以舍经而空凭胸臆，将人人凿空得之，奚有于经学之云乎哉？惟空凭胸臆之卒无当于贤人圣人之理义，然后求之古经。"[62]在他看来，所谓"理"，只不过是就天地、人物、事为求其不易之则，是事物之条理，而非"'理无不在'，以与气分本末，视之如一物"[63]。不唯如此，他还将"理"与"杀人"联系在一起，认为"后儒不知情之至于纤微无憾，是谓理。而其所谓理者，同于酷吏之所谓法。酷吏以法杀人，后儒以理杀人，浸浸乎舍法而论理死矣，更无可救矣！"[64]戴氏此解，无疑是对宋明儒所倡之"理"的极大挑战。有学者指出："戴震一派公然指责理学'杀人'，实前无古人，在当时一片崇汉抑宋的呼声中，算得上是独树一帜，令人瞠目……既然宋学空论，字且不识，其所谓义理相距圣学远矣。故而以戴震为代表，重订'理'之内涵，重申理欲之辨，重树'孔学之义理'，意在恢复数百年来被扭曲淹没的真权威。戴氏并非真心反对官学，被斥曰'杀人'的理学不过是违背了圣道正统的异端，故而偏颇同于酷法，必欲贬损之、痛责之而后快。"[65]戴震的此一思想，当然不只具有学术意义，其中亦隐含对当时政治弊端的批评。

龚自珍批评所处之世的官场弊象说："今政要之官，知车马服饰言词捷给而已，外此非所知也。清暇之官，知作书法赓诗而已，外此非所问也。堂阶之言，探喜怒以为之节，蒙色笑获燕闲之赏……如是而封疆万万之一有缓急，则纷纷鸠燕逝而已，伏栋下求俱压焉者鲜矣。"而导致此一可叹可悲、畸形心态的，是这些人不知耻。龚自珍剖析其病根道："历观近代之士，自其敷奏之日，始进之年，而耻已存者寡矣。官益久则气愈媮，望愈崇则谄愈固，地益近则媚亦益工。至身为三公、为九卿，非不崇高也，而其于古者大臣巍然岸然师傅自处之风，匪但目未睹、耳未闻，梦寐亦未之及。臣节之盛，扫地尽矣！"由此，他感慨地说："士不知耻，为国之大耻！"反之，"士皆知有耻，则国家永无耻矣"。为使士大夫知耻，龚自珍开了一剂"药方"："厉之以礼出乎上，报之以节出乎下。非礼无以劝节，非礼、非节无以全耻。"⁶⁶正是鉴于当时上行下效的种种弊端，龚自珍不仅发出"九州生气恃风雷，万马齐喑究可哀。我劝天公重抖擞，不拘一格降人材"⁶⁷的呼吁，更大胆倡言"一祖之法无不敝，千夫之议无不靡。与其赠来者以勍改革，孰若自改革"⁶⁸！这一大声疾呼，不啻为当政、当权者提供了一剂"清凉散"。

学人们不仅表现出对国家民生的忧虑和寻求挽救之道的努力，还对为害尤烈的贪蠹之徒深表痛恨。明代严嵩、严世蕃父子的种种贪赃劣迹，在籍没册中曾有详细登载，并有刻本行世。后来，因年久刻本出现残缺，雍正五年（1727年），周石林据残本重抄，且取陈维崧《箧衍集》内吊严嵩诗"太阳一出冰山颓"意，改题为《天水冰山录》。是录在学人间颇为流传，如吴翌凤即曾弆藏，鲍廷博向之借录，并以之示友人汪辉祖；晚清的平步青在其所撰《霞外攟屑》一书中，设有"天水冰山录"专条；等等。《天水冰山录》所载虽然并非严嵩父子赃私之全貌，但观此亦足以令人震惊：仅金即高达一万三千一百七十余两，净金并器皿首饰等项共重三万二千九百六十余两，净银二百零一万三千四百七十余两，净银并器皿首饰等项共重二百零二万七千零九十余两，其他玉器服玩、字画图籍、良田甲第等亦数量惊人、价值不菲。如此贪渎，自然引起世人强烈的反感和憎恨。虽然京师之人畏于严嵩的淫威，只能"道路以目"，但边远地区的军民，却找到了一条泄愤的方式，即用"藁"扎成严嵩以及唐代李林甫、宋代秦桧的样子，作为靶子，射之以为快。⁶⁹权奸之不得人心，由此可见一斑。

汪辉祖曾评论说："展卷若有余腥，何足污目。虽然，录此者有深意焉……自班氏以来诸史所载黩货之臣，罔不亡其家以及其身，而覆辙相寻，不可计数……大臣贿败，固历历不爽；小臣不廉，幸免者亦复有几？悖入者悖出，岂谋之不臧，盖有天道矣。观是录能不悚然惕乎？"⁷⁰赵怀玉亦感慨道："夫财犹脂也，以脂涂地，履之鲜不至于倾跌，况外有金人宵小迎合以赞其奸，内有骄子豪奴怙纵以济其欲，其能卓自树立者，有几人哉？虽然，人即富贵，同此耳目口鼻之具而已，方丈之供，餍饫不过果腹，万间之厦，偃仰不过容膝，不能日食百牢、身衣千袭也，不能夏兼进炉、冬兼奏扇也。而顾昼夜孳孳乾没不已者，特夸多斗靡，务快一时心志。以为不若是，则权不足以胁人、富不足以甲众。"[71] 严言在对严嵩"不图安社稷，但计肥身家，遂至党同伐异，误国殃民"表示痛恨的同时，强调说："夫纵欲必求多藏，多藏必召厚亡，此从来相因至理。"[72] 沈志雍更加以引申，认为"儒者立身，莫先于义利之辨……君子之心，天理光明，人欲净尽，知有义而已，不知有利也。是以居家为寒士，出仕为廉官，往往身苦而家穷。小人之心，人欲锢蔽，天理昏昧，知有利而已，不知有义也。是以居家为豪绅，出仕为贪吏，往往身荣而家富。究之为寒士、为廉官者，清风峻业，泽被天下，名垂万古。向之所谓身荣家富者，曾几何时，而已身戮家籍矣"，并告诫"士君子慎勿纵欲而以利为利也"[73]。总之，周石林此举，以及汪辉祖诸人的言说，目的很明确，即借此以"垂千古贪墨之炯鉴"[74]！

《天水冰山录》卷末，还附录了籍没张居正和宦官朱宁、江彬之名目数额。平步青读了是录后，曾将嘉庆朝大贪官和珅与他们作一比较，认为和珅所贪虽不及严嵩，却多于张居正，但若与钱宁、江彬相比，则前三人仍属小巫见大巫。[75] 但平步青要说的，并不在此，其所要表达的，乃在于感慨"小人贪愚不足怪，而明政之不纲，即此可见矣"[76]。

此外，如《殛珅志略》对和珅劣迹、受惩处过程的记载，无名氏《贪官污吏传》对明珠、和珅、富勒浑、牛鉴、崇勋、奎俊、崇礼、瑞洵、刚毅、苏元春、庆宽、贻谷、焦滇等恶行劣迹的暴露，诸如此类，不胜枚举。所有这些，无不体现出有志之士对大大小小蠹国害民者的极度痛恨。

二、文学作品对腐败的揭露和挞伐

贪官污吏之为害，广大基层老百姓感受最深，亦对其恨之入骨。小说、传奇、戏曲、笔记、野史，以及民谣、歌谣等，对上自皇帝下至小吏之贪婪赃私、横暴枉法、生活淫靡、酷烈盘剥等的揭露、抨击、挞伐，即表现出世人对官场黑暗面的道德审判和情感诉求。有学者指出："明代，尤其中后期贪污腐化、贿赂成风的黑暗现实在许多文学作品中都有反映。许多具有社会责任感的文学家用小说、戏曲和诗歌作为锐利的武器，猛烈抨击腐朽的黑暗社会，对贪官污吏进行有力鞭挞，对反贪斗争进行歌颂，甚至连市民百姓、村老野夫也将贪官污吏的劣迹和反贪斗士的风采编成歌谣，加以讽刺或赞扬。在小说、戏曲作品中，有的以明代为背景描写故事，直接反映明代的贪污与反贪污；有的直接描写明代的大贪官，更为强烈地指斥明代的贪贿风气；也有的借言往代故事，以较为隐蔽的手法，对明代贪污受贿现象表示鞭挞。"[77]明代如此，清代尤其是晚清亦复如此。"清末社会动荡，反贪文化勃兴，揭露社会的阴暗面，特别是官场的腐败，官吏的贪赃枉法劣迹。通过笔记、杂记、野史、传奇、戏曲、章回小说的形式，记叙、描写、讽刺、鞭挞，抑恶扬善，振俗救世。笔记、野史、杂记中记录了不少官场的腐败，如《道咸宦海见闻录》《新世说》《清朝野史大观》《清朝奇案大观》《巢林笔谈》《郎潜纪闻》《耳食录》《春明梦录》等。晚清章回小说，在清代反贪文化中独树一帜，成为清代反贪文化特有的文化现象。贪官为清代讽刺小说《儒林外史》，特别是晚清谴责小说刻意讽刺的对象之一。"[78]

试看几例，以观明清时期文学作品中对贪官污吏丑态刻画、讽刺、批判之一斑。凌濛初《拍案惊奇》中揭露贪官污吏的"强盗"行径说："话说世人最怕的是个'强盗'二字，做个骂人恶语。不知这也只见得一边。若论起来，天下那一处没有强盗？假如有一等做官的，误国欺君，侵剥百姓，虽然官高禄厚，难道不是大盗？有一等做公子的，倚靠着父兄势力，张牙舞爪，诈害乡民，受投献，窝赃私，无所不为，百姓不敢申冤，官司不敢盘问，难道不是大盗？有一等做举人、秀才的，呼朋引类，把持官府，起灭词讼，每有将良善人家拆得烟飞星散的，难道不是大盗？……三百六十行中人，尽有狼心狗行、狠似强盗之人在内，自不必说。"[79]在《聊斋志异》中，蒲松龄塑造了一位白知县，其衙门里"蠹役满堂，纳贿关说者，中夜不绝"。而这位知县大人竟然恬不知耻地夸耀自己对"仕途之关窍"的"体会"说："黜陟之权，在上台不在百姓。上台喜，便是好官；爱百姓，何术能令上台喜也？"对此无耻之徒，蒲松龄发感慨道："窃叹天下之官虎而吏狼者，比比也。即官不为虎，而吏且将为狼，况有猛于虎者耶？"[80]"强梁世界，原无皂白，况今日官宰半强寇不操矛弧者耶？"[81]而这些

"大盗""虎狼"们,"贪爱的是钱财,奉承的是富贵,把那'正直公平'四字,撇却东洋大海"[82]。他们"到了仕宦,打骂得人,驱使得人,势做得开,露了一点贪心,便有一干来承迎勾诱,不可底止。借名巧剥,加耗增征,削高堆,重纸赎。明里鞭敲得来固恶,暗中高下染指最凶。节礼,生辰礼,犀杯金爵、彩轴锦屏、古画古瓶、名帖名玩,他岂甘心馈遗,毕竟明送暗取"[83]。《西湖二集》第三十四卷借海盗王直之口表达了对官场腐败的痛恨:"如今都是纱帽财主的世界,没有我们的世界!我们受了冤枉,那里去叫屈?况且糊涂贪赃的官府多,清廉爱百姓的官府少。他中了一个进士,受了朝廷多少恩惠,大俸大禄享用了,还只是一味贪赃,不肯做好人,一味害民,不肯行公道,所以梁山泊那一班好汉专一杀的是贪官污吏。"[84]吴敬梓《儒林外史》第八回,知府王惠与前任知府之子蘧景玉的一段对话,刻画出两类官员鲜明的为政差异。"(蘧公子说)还记得前任臬司向家君说道:'闻得贵府衙门里有三样声息。'王太守道:'是那三样?'蘧公子道:'是吟诗声,下棋声,唱曲声。'王太守大笑道:'这三样声息却也有趣得紧。'蘧公子道:'将来老先生一番振作,只怕要换三样声息。'王太守道:'是那三样?'蘧公子道:'是戥子声,算盘声,板子声。'"[85]无为而治与一味盘剥狠暴,其取向不啻天壤之别。兰陵笑笑生《金瓶梅》第三十回则借言宋代事而影射当世之弊政说:"天下失政,奸臣当道,谗佞盈朝。高、杨、童、蔡四个奸党,在朝中卖官鬻爵,贿赂公行,悬秤升官,指方补价。贪缘钻刺者,骤升美任,贤能廉直者,经岁不除。以致风俗颓败,赃官污吏,遍满天下。"[86]《醉醒石》中有位吕主事,当亲友们劝他请良师教其五个儿子时,他却说:"读甚么书,读甚么书!只要有银子,凭着我的银子,三百两就买个秀才,四百是个监生,三千是个举人,一万是个进士。如今那个考官,不卖秀才,不听分上?"[87]吴趼人《二十年目睹之怪现状》,更对卖官鬻爵的"手段"作了揭露。说有一天,江苏制台的幕友拿出一个折子给吴继之看,这个折子上列有江苏全省的县名,每个县名下都有数字。吴继之不解,这位幕友向其道破个中"玄机"说:"这是得缺的一条捷径。若是要想那一个缺,只要照开着的数目,送到里面去,包你不到十天,就可以挂牌。这是补实的价钱;若是署事,还可以便宜些。"[88]除了这种明目张胆的做法外，诸如以"礼物"的形式行贿受贿、走上司夫人路线以谋升迁等的"暗箱操作"，就更花样繁多了。此外，西周生《醒世姻缘传》、陆人龙《型世言》《魏忠贤小说斥奸书》、冯梦龙《喻世明言》、王世贞《鸣凤记》、李玉《一捧雪》、金木散人《鼓掌绝尘》等小说、戏曲中，对一些大贪大奸之辈，如王振、严嵩、魏忠贤等，皆作了不同程度的揭露和批判。以上种种，无不体现出明清官场中"何处非用钱之地？何官非爱钱之人？向以钱进，安得不以钱偿"[89]的贪婪"众生相"。

正是出于对那些贪官污吏的无比痛恨，所以有人主张制定律条，"'凡杀公役者，罪减平人三等。'盖此辈无有不可杀者。故能诛锄蠢役者，即为循良；即稍苛之，不可谓虐……若人心之所快，即冥王之所善也"[90]。也有人对为官者提出劝诫："官有三长，清居首美。恪守四知，方成君子。枉法受赃，寡廉鲜耻。罔顾人非，茫昧天理。"[91]

而这些文学作品对贪官污吏的揭露和批判，蕴含了作者深刻的用世之思和良苦用心。冯梦龙自道撰"三言"的用意说："六经国史而外，凡著述皆小说也。而尚理或病于艰深，修词或伤于藻绘，则不足以触里耳而振恒心。此《醒世恒言》四十种所以断《明言》《通言》而刻也。明者，取其可以导愚也；通者，取其可以适俗也；恒则习之而不厌，传之而可久。三刻殊名，其义一耳。"[92]凌濛初亦评价道："所纂《喻世》《警世》《醒世》三言，极摹人情世态之歧，备写悲欢离合之致，可谓钦异拔新，洞心诚目。而曲终奏雅，归于厚俗……其善者知劝，而不善者亦有所惭恧悚惕，以共成风化之美……若作吞刀吐火、冬雷夏冰例观，是引人云雾，全无是处。吾以望之善读小说者。"[93]且表明自己所撰"二拍"，"其间说鬼说梦，亦真亦诞。然意存劝诫，不为风雅罪人，后先一指也"[94]。在《集外集拾遗·〈何典〉题记》中，鲁迅先生评张南庄撰此书的价值说："谈鬼物正像人间，用新典一如古典……既然从世相的种子出，开的也一定是世相的花。于是作者便在死的鬼画符和鬼打墙中，展示了活的人间相，或者也可以说是将活的人间相，都看作了死的鬼画符和鬼打墙。便是信口开河的地方，也常能令人仿佛有会于心，禁不住不很为难的苦笑。够了。"蒲松龄虽自叹"集腋为裘，妄续幽冥之录；浮白载笔，仅成孤愤之书。寄托如此，亦足悲矣"⁹⁵，但其"论断大义，皆本于赏善罚淫与安义命之旨，足以开物而成务"⁹⁶。所以，鲁迅先生说："迨吴敬梓《儒林外史》出，乃秉持公心，指摘时弊，机锋所向，尤在士林；其文又戚而能谐，婉而多讽：于是说部中乃始有足称讽刺之书。"⁹⁷胡适先生更指出，《儒林外史》的意义乃在于"提倡一种新社会心理，叫人知道举业的丑态，知道官的丑态；叫人觉得'人'比'官'格外可贵，学问比八股文格外可贵，人格比富贵格外可贵"⁹⁸。又西周生于《醒世姻缘传·凡例》中，声明撰此书的目的："无非劝人为善，禁人为恶，闲言冗语，都是筋脉……能于一念之恶禁之于其初，便是圣贤作用，英雄手段，此正要人豁然醒悟。若以此供笑谈，资狂僻，罪过愈深，其恶直至于披毛戴角，不醒故也。余愿世人从此开悟，遂使恶念不生，众善奉行。故其为书有裨风化，将何穷乎？"

当然，文学作品并非"实录"，对腐败现象的刻画也就难免与实际情况有所出入，但作者对黑暗现实的不满、对清平政治的渴望、对民众境况的忧虑之情，则是真挚的，其作品的价值亦因之而显。冯梦龙曾说："野史尽真乎？曰：不必也。尽赝乎？曰：不必也。然则去其赝而存其真乎？曰：不必也……其真者可以补金匮石室之遗，而赝者亦必有一番激扬劝诱、悲歌感慨之意。事真而理不赝，即事赝而理亦真；不害于风化，不谬于圣贤，不戾于诗书经史。若此者，其可废乎？"⁹⁹凌濛初亦说："独龙子犹氏所辑《喻世》等诸言，颇存雅道，时著良规，一破今时陋习……其事之真与饰，名之实与赝，各参半。文不足征，意殊有属……闻之者足以为戒，则可谓云尔已矣。"¹⁰⁰

民间流行的一些歌谣、谚语中，亦有很多反映老百姓对腐败现象进行揭露和挞伐的舆情。海瑞在《治安疏》中指出："今赋役增常，万方则效，陛下破产礼佛日甚，室如悬罄，十余年来极矣。天下因即陛下改元之号，而臆之曰：'嘉靖者，言家家皆净而无财用也。'"¹⁰¹对严嵩之擅权贪蠹，京师人借蟹讥刺说："可恨严介溪，作事忒心欺，常将冷眼观螃蟹，看你横行得几时"（后二句或作："善恶到头终有报，只争来早与来迟"）¹⁰²；"可笑严介溪，金银如山积，刀锯信手施。尝将冷眼观螃蟹，看你横行得几时？"¹⁰³嘉靖三十年（1551年）、三十一年（1552年）间，御史刘锡到南直隶负责清军，"每清一军，有勾单册取者，不问果否逃回及有无家属，辄先穷治该图里排。里排畏刑，至愿代军补伍。复以为怀诈，加以酷暴，里排死仗下者无数"。当地人恨之入骨，称其为"刘剥皮"。[104] 魏忠贤专权时，其党徒周应秋任吏部尚书，公然卖官鬻爵，每天所得贿银万两，人称之为"周日万"。而御史李蕃、兵科给事中李鲁生、礼科给事中李恒茂，因"日走吏、兵二部，交通请托"，时人为之语曰："官要起，问三李。"[105] 崇祯时，京师有"白变黄，黄变白"之谣，意指官吏行贿，原来用的是银子，后来则改为黄金，再后来又改为珍珠。有人曾在长安门上贴了一首讽刺诗："督抚连车载，京堂上斗量。好官昏夜考，美缺袖中商。"[106] 可谓形象地暴露了官场中卖官鬻爵的丑态。"大僚降贼者，贿入，辄复其官。诸白丁、吏役输重贿，立跻大帅。都人为语曰：'职方贱如狗，都督满街走'"[107]，则反映出南明小朝廷封官之滥的昏庸。京官如此，地方官亦贪暴无已。如福建布政使薛大方被按察使陶垕仲弹劾，老百姓传唱"陶使再来天有眼，薛公不去地无皮"[108]，以表达对贪官的痛恨和对清廉官员的爱戴。明人戴冠在《濯缨亭笔记》中曾感慨地说："太平之世，人皆志于富贵，位卑者所求益劳，位高者所得愈广。然以利固位，终不能保其所有。故时人为之语曰：'知县是扫帚，太守是拼斗，布政是叉口，都将去京里抖。'语虽粗鄙，而切中时弊云。"[109] 如此情形，清代亦比比皆是。如康熙年间，京城流传这样一则民谣："要做官，问索三；要讲情，问老明；其任之暂与长，问张凤阳。"[110] "索三"指辅政四大臣之一的索尼第三子索额图，"老明"指明珠，"张凤阳"为康亲王杰书家的包衣。其枉法徇私，沆瀣一气，实在可憎可恶。如此种种，难以缕述。官场风气就是在这些权臣、小人的舞弊贪腐中，愈来愈黑暗、堕落。但事实表明，小民从来不可欺，人心自有一杆秤，为恶者虽可快意、遮蔽于一时，岂能尽掩世人耳目，永逃历史审判乎！

总之，明清时期无论是励精图治的皇帝、官员，还是身处底层的广大知识分子和民众，他们所寄望与希望的，是官僚队伍能为国为民、清廉为政、重操守德、清白做人，而对贪官污吏则从思想、制度、舆情等方面，予以防范、惩治、揭露和挞伐。这一诉求和努力，尽管难以从根本上遏制和消除腐败，但在很大程度上也有效地发挥了抵制、制衡腐败的作用。明清社会之所以能绵延近五个半世纪，反腐败思想的发展在其中应该说起到了不可忽视的积极效应。

明清五百四十余年的历史，几度兴衰，几度沉浮，不唯将中国传统政治发挥得淋漓尽致，亦把形形色色的腐败展露得穷形毕象。升平与动荡的交织，权力与利益的纷争，有序与失控的杂陈，正直与邪恶的对峙，理想与现实的错位，如此等等，竞相登台，共同演绎出一幕历史剧。其间的是非曲直，悲欢离合，虽然已成过往云烟，但其所昭示出的历史效应，则很值得后人反思和警醒。

/注释/

1. 《明太祖宝训》卷三《节俭》。
2. 《明太祖宝训》卷六《谕群臣》。
3. 《明太祖宝训》卷一《论治道》。
4. 《明太祖宝训》卷四《警戒》。
5. 《明太祖宝训》卷一《论治道》。
6. 《明太祖宝训》卷一《谨好尚》。
7. 《明太祖宝训》卷一《谨好尚》。
8. 《明太祖宝训》卷三《节俭》。
9. 《明太祖宝训》卷二《教太子诸王》。
10. 《明太祖宝训》卷四《警戒》。
11. 《明太祖宝训》卷四《戒奢侈》。
12. 《明太祖宝训》卷六《谕群臣》。
13. 《御制大诰序》，见《御制大诰》卷首。
14. 《明太祖宝训》卷六《谕群臣》。
15. 《明史》卷二百八十一《循吏传》序。
16. 《御制人臣儆心录序》，见《御定人臣儆心录》卷首，台北商务印书馆"景印文渊阁四库全书"本。

17. [清]章梫:《康熙政要》卷一《论君道》,台北华文书局"中华文史丛书"本。

18. 《康熙帝御制文集》(一)卷十七《宽严论》,台北商务印书馆"景印文渊阁四库全书"本。

19. 《康熙帝御制文集》(二)卷三十《王道近民论》。

20. 《康熙政要》卷十三《论俭约》。

21. 《康熙政要》卷十五《论奢纵》。

22. 《康熙政要》卷十五《论贪鄙》。

23. 《康熙帝御制文集》(一)卷十八《勤俭论》。

24. 《康熙帝御制文集》(二)卷三十《廉静论》。

25. 《康熙政要》卷十三《论俭约》。

26. 阵义钟编校:《海瑞集》,中华书局1962年版,第217—221页。

27. 《海瑞集》附录[清]王国宪《海忠介公年谱》嘉靖四十四年、公五十三岁。

28. 《海忠介公年谱》嘉靖四十五年、公五十四岁。

29. 《海忠介公年谱》万历十五年、公七十五岁。

30. [明]吕坤:《去伪斋集》卷一《忧危疏》,《吕坤全集》,中华书局2008年版。

31. 《实政录》卷一《明职》,《吕坤全集》。

32. 《实政录》卷二《民务》,《吕坤全集》。

33. 《去伪斋集》卷七《杂著》,《吕坤全集》。

34. 刘泽华主编:《中国古代政治思想史》,南开大学出版社1992年版,第689页。

35. 《康熙政要》卷十三《论尚廉》。

36. [清]张师栻、张师载编:《张清恪公年谱》上卷,康熙三十七年、四十八岁。清乾隆间刻本。

37. 《张清恪公年谱》上卷,康熙四十年、五十一岁。

38. 《张清恪公年谱》上卷,康熙四十九年、六十岁。

39. 《张清恪公年谱》上卷,康熙五十一年、六十二岁。

40. [清]蔡世远:《二希堂文集》卷一《历代循吏传序》,台北商务印书馆"景印文渊阁四库全书"本。

41. 郭成伟主编：《官箴书点评与官箴文化研究》，中国法制出版社2000年版，第140页。
42. 《世宗宪皇帝御制文集》卷八《钦定训饬州县规条序》，台北商务印书馆"景印文渊阁四库全书"本。
43. ［清］沈德潜：《归愚诗抄余集》卷八《吏胥》，上海古籍出版社"续修四库全书"本。
44. 王春瑜主编：《中国反贪史》，第986、992页。
45. 栗献忠、青觉：《太平天国干王的反腐治吏思想及其现代价值》，《兰州大学学报》2008年第4期。
46. ［明］许誉卿：《明经世文编·序》，《明经世文编》，中华书局1962年版。
47. ［明］陈子龙：《明经世文编·序》，《明经世文编》。
48. ［明］徐孚远：《明经世文编·序》，《明经世文编》。
49. ［明］宋征璧：《明经世文编·凡例》，《明经世文编》。
50. ［明］许誉卿：《明经世文编·序》，《明经世文编》。
51. 吴晗：《影印明经世文编序》，《明经世文编》。
52. ［清］黄宗羲：《明夷待访录·原君》，中华书局1981年版。
53. 《潜书》下篇下《室语》。
54. 《潜书》下篇下《止杀》。
55. 《潜书》上篇下《鲜君》。
56. 《潜书》下篇下《除党》。
57. 《日知录》卷十三《正始》。
58. 《日知录》卷十三《廉耻》。
59. ［清］顾炎武：《亭林文集》卷二《初刻日知录自序》，《顾亭林诗文集》，中华书局1983年版。
60. 《亭林文集》卷六《与杨雪臣》。
61. ［清］潘耒：《日知录·原序》，见《日知录》卷首。
62. ［清］戴震撰，汤志钧校点：《戴震集》上编《文集》卷十一《题惠定宇先生授经图》，上海古籍出版社1980年版。

63.《戴震集》下编《绪言》卷上。

64.《戴震集》上编《文集》卷九《与某书》。

65. 葛荃:《论清代汉学之崇圣与"归返原典"的政治思维》,《南开大学学报》1997年第2期。

66. [清]龚自珍:《龚定庵全集类编》卷六《明良论二》,中国书店1998年版。

67.《龚定庵全集类编》卷十六《己亥杂诗》。

68.《龚定庵全集类编》卷四《乙丙之际箸议第七》。

69. [清]严言:《〈天水冰山录〉序》,见《天水冰山录》,河北教育出版社1995年版。

70. [清]汪辉祖:《〈天水冰山录〉跋》,见《天水冰山录》。

71. [清]赵怀玉:《〈天水冰山录〉序》,见《天水冰山录》。

72. [清]严言:《〈天水冰山录〉序》,见《天水冰山录》。

73. [清]沈志雍:《〈天水冰山录〉跋》,见《天水冰山录》。

74. [清]鹊华游子:《〈天水冰山录〉跋》,见《天水冰山录》。

75. 竹坞文氏说:"严嵩之资可谓极矣,而比之宁、彬二竖子,黄金不当三之一,白金仅及其半者,何也?严嵩用事日,每一白简至,世蕃辄摹数十万以贿左右,一也。从奴数百,女侍称之,皆锦衣玉食;而世蕃与朱、陆诸贵酬酢,粪视金钱,二也。后先两逮,消息旷久,埋瘗寄藏,臧获剽窃,不可赀数,三也。所不如二竖子者,黄、白金耳,古玉瑰宝以至书画之类,出其一可以当百者,二竖子所不敢望也。"(《天水冰山录》附录)

76. [清]平步青:《霞外攟屑》卷五《天水冰山录》。

77. 王春瑜主编:《中国反贪史》,第993页。

78. 王春瑜主编:《中国反贪史》,第1253页。

79. [明]凌濛初著,冷时峻标校:《拍案惊奇》卷八,上海古籍出版社1992年版,第80页。

80. [清]蒲松龄著,张友鹤辑校:《聊斋志异》卷八《梦狼》,上海古籍出版社1978年版,第1053—1055页。

81.《聊斋志异》卷一《成仙》,第87—88页。

82.《拍案惊奇》卷十一,第109页。

83.［清］东鲁古狂生编,秋谷标校:《醉醒石》第十一回,上海古籍出版社1992年版,第92页。

84.［明］周清源著,刘耀林、徐元校注:《西湖二集》,浙江人民出版社1981年版,第640页。

85.［清］吴敬梓著,张慧剑校注:《儒林外史》,人民文学出版社1958年版,第89页。

86.［明］兰陵笑笑生著,梅节校订:《金瓶梅词话》,台北里仁书局2009年版,第427页。

87.《醉醒石》第七回,第56页。

88.［清］吴趼人著,张友鹤校注:《二十年目睹之怪现状》第五回,人民文学出版社1959年版,第38页。

89.《明季北略》卷四。

90.《聊斋志异》卷五《伍秋月》,第672页。

91.［明］西周生著,武彰点校:《醒世姻缘传》第十回,中华书局2002年版,第86页。

92.［明］冯梦龙著、高洪钧编著:《冯梦龙集笺注》卷三《〈醒世恒言〉序》,天津古籍出版社2006年版。

93.［明］《冯梦龙集笺注》卷三《〈今古奇观〉序》。

94.［明］凌濛初著,王根林标校:《二刻拍案惊奇小引》,见《二刻拍案惊奇》卷首,上海古籍出版社1992年版。

95.［清］蒲松龄:《聊斋自志·自叙》,见《聊斋志异》卷首。

96.［清］唐梦赉:《聊斋志异·序》,见《聊斋志异》卷首。

97.鲁迅:《中国小说史略》第二十三篇《清之讽刺小说》,广西师范大学出版社2010年版,第143页。

98.《胡适文存》卷四《吴敬梓传》,《胡适全集》第一卷,安徽教育出版社2003年版,第744页。

99.《冯梦龙集笺注》卷三《〈警世通言〉叙》。

100. [明]凌濛初:《拍案惊奇序》,见《拍案惊奇》卷首。

101.《海瑞集》,第218页。

102. [明]沈德符:《万历野获编》卷二十六《谐谑》,中华书局"历代史料笔记丛刊"本。

103. [明]朱国桢:《涌幢小品》卷九《夏贵溪》,中华书局1959年版。

104. [明]叶权:《贤博编》,中华书局1987年版。

105.《明史》卷三百六《李恒茂传》。

106. [清]谈迁:《枣林杂俎智集·揭长安门》,中华书局2006年版。

107.《明史》卷三百八《马士英》。

108. [明]郑瑄:《昨非庵日纂》卷二《永操》,上海古籍出版社2002年版。

109. [明]戴冠:《濯缨亭笔记》卷二,上海古籍出版社2002年版。

110.《啸亭杂录》卷九《张凤阳》。

主要参考书目

1. 中国社会科学院历史研究所编:《简明中国历史读本》,中国社会科学出版社2012年版。
2. 周自强:《先秦廉政建设和反贪防腐的历史经验》,安徽教育出版社2012年版。
3. 余华青、杨希义、刘文瑞:《中国古代廉政制度史》,西北大学出版社1991年版。
4. 王春瑜主编:《中国反贪史》,四川人民出版社2000年版。
5. 白钢主编:《中国政治制度通史》,人民出版社1996年版。
6. 李小树:《秦汉魏晋南北朝监察史纲》,社会科学文献出版社2000年版。
7. 肖杰:《中国传统廉政思想研究》,吉林大学出版社2010年版。
8. 安作璋等:《秦汉官吏法研究》,齐鲁书社1993年版。
9. 赵晓耕:《宋代法制研究》,中国政法大学出版社1994年版。
10. 赵晓耕:《宋代官商及其法律调整》,中国人民大学出版社2001年版。
11. 李锡厚、白滨:《辽金西夏史》,上海人民出版社2003年版。
12. 周良霄、顾菊英:《元代史》,上海人民出版社1993年版。
13. 韩儒林主编:《元朝史》(上、下),人民出版社2008年版。
14. 张德信、毛佩琦主编:《洪武御制全书》,黄山书社1995年版。
15. 郑天挺主编:《明清史资料》,天津人民出版社1981年版。
16. 韦庆远:《明清史辨析》,中国社会科学出版社1989年版。
17. 黄冕堂、刘锋:《朱元璋评传》,南京大学出版社1998年版。

18. 晁中辰:《明成祖传》，人民出版社1998年版。
19. 张显清、林金树:《明代政治史》，广西师范大学出版社2003年版。
20. 王春瑜、杜婉言:《明朝宦官》，紫禁城出版社1989年版。
21. 杜婉言、方志远:《中国政治制度通史》第九卷（明代），人民出版社1996年版。
22. 张德信:《明朝典章制度》，吉林文史出版社2002年版。
23. 郭松义等:《中国政治制度通史》第十卷（清代），人民出版社1996年版。
24. 郭松义、李新达、李尚英:《清朝典制》，吉林文史出版社1993年版。
25. 王天有:《明代国家机构研究》，北京大学出版社1992年版。
26. 柏桦:《明代州县政治体制研究》，中国社会科学出版社2003年版。
27. 冯尔康:《雍正传》，人民出版社1996年版。
28. 高翔:《康雍乾三帝统治思想研究》，中国人民大学出版社1995年版。
29. 王戎笙主编:《清代全史》，辽宁人民出版社1991—1993年版。
30. 朱诚如主编:《清朝通史》，紫禁城出版社2003年版。
31. 陈国平:《明代行政法研究》，法律出版社1998年版。
32. 黄惠贤、陈锋主编:《中国俸禄制度史》，武汉大学出版社1996年版。
33. 张晋藩:《中国古代法律制度》，中国广播电视出版社1992年版。
34. 杨鹤皋:《宋元明清法律思想研究》，北京大学出版社2001年版。
35. 苏亦工:《明清律典与条例》，中国政法大学出版社2000年版。
36. 杨一凡:《明大诰研究》，江苏人民出版社1988年版。
37. 杨一凡主编:《中国法制史考证》甲编第六卷（明代法制考），中国社会科学出版社2003年版。
38. 张晋藩主编:《清朝法制史》，中华书局1998年版。
39. 郑秦:《清代法律制度研究》，中国政法大学出版社2003年版。
40. 苏亦工主编:《中国法制史考证》甲编第七卷（清代法制考），中国社会科学出版社2003年版。
41. 邱永明:《中国监察制度史》，华东师范大学出版社1992年版。
42. 关文发、于波主编:《中国监察制度研究》，中国社会科学出版社1998年版。

43. 张薇:《明代的监控体制——监察与谏议制度研究》,武汉大学出版社1993年版。

44. 郭成伟主编:《官箴书点评与官箴文化研究》,中国法制出版社2000年版。

45. 陶亢德编辑:《贪官污吏传》,宇宙风社1936年版。

46. 俞炳坤、张书才主编:《乾隆朝惩办贪污档案选编》,中华书局1994年版。

47. 单远慕:《中国廉政史》,中州古籍出版社1991年版。

48. 单卫华、赖红卫、张相军:《中国廉政文化史》,山东画报出版社2010年版。

49. 李肇诚、于晓光编著:《中国古人廉政通览》,吉林文史出版社1991年版。

50. 皮剑龙、姬素兰:《中国古代的廉政与清官》,中共中央党校出版社1991年版。

51. 张仁善:《礼·法·社会——清代法律转型与社会变迁》,天津古籍出版社2001年版。

52. [英] S.斯普林克尔:《清代法制导论——从社会学角度加以分析》,张守东译,中国政法大学出版社2000年版。

53. [美] D.布迪、C.莫里斯:《中华帝国的法律》,朱勇译,江苏人民出版社1998年版。

54. 陈骏程:《宋代官员惩治研究》,暨南大学博士学位论文,2006年版。

后 记

　　反腐败是中国共产党自建立伊始就始终坚持不懈的方向，是我们党赢得民心、取得新民主主义革命和社会主义建设巨大成绩的最重要法宝之一。但腐败作为一种历史现象，在现阶段仍然难以杜绝。特别是改革开放以来，腐败又在新的形势下滋生蔓延，并在表现形式上更加复杂化。2000年，在中共中央政治局原委员、中国社会科学院前院长李铁映同志的指示下，中纪委驻中国社会科学院纪检组提出了启动组织研究我国历史上反腐败课题的设计方案，最初拟定的题目是"中国历史上的腐败问题研究"。2002年正式立项时，课题的题目确定为"中国历史上的腐败与反腐败问题研究"，历史研究所（现为古代史研究所）负责古代史部分，近代史研究所负责1840年之后的部分。课题主持人为李英唐，第二主持人为张联瑜。古代史部分交由历史研究所主持编写，整个课题于2011年结项。本课题进行中得到了中纪委驻院纪检组、院监察局林文肯、李秋芳、王延中、孙壮志、贾朝宁等领导与同志的大力支持，特别是李秋芳组长，多次对本课题的研究提出希望与要求，并具体指导课题的研究。在此，我们向李秋芳组长及院纪检组全体同志表示诚挚的感谢！历史研究所前党委书记刘荣军同志始终给予本课题高度重视，课题的每一个环节都离不开他的关心与支持。在此，我们对历史所党委暨刘荣军书记表示敬意！

参加本课题的有：卜宪群、李传印、李凭、楼劲、江小涛、梁建国、关树东、林存阳、靳宝。整个课题的业务工作由古代史研究所所长卜宪群组织，具体撰写分工如下：

总　论	卜宪群（北京市社科院靳宝同志协助核对、收集资料并撰写部分内容）
先秦秦汉部分	李传印
魏晋南北朝部分	李凭
隋唐部分	楼劲
两宋部分	江小涛、梁建国
辽金元部分	关树东
明清部分	林存阳

2013年，本课题以《中国历史上的腐败与反腐败》为书名，在鹭江出版社以上、下册的形式出版发行。这次精读本以2013年版的内容为基础，抓住"反腐败"这条主线，主要介绍中国历代在反腐败制度建设和文化建设上的发展和演变历史，同时也对原书中的一些错漏进行了修订。

腐败与反腐败是我国历史上的重大问题，从某种意义上说，一部中国古代政治史也是一部腐败与反腐败斗争的历史。历朝历代的覆亡与腐败不可分离，中华文明的源远流长也与历朝历代的反腐败不可分离。因此，全面总结我国历史上的反腐败经验教训是一件十分有意义的工作，对我们今天也不失借鉴价值。但中国古代的历史资料浩如烟海，内容复杂繁多，限于我们的学术水平，有许多资料还没有看到和引用，还有许多内容限于篇幅而没有涉及，许多观点及表述还存在不足，全书体例也有不够统一的地方，我们诚恳地希望读者予以批评指正，以利于我们进一步完善！本书在编写过程中参考了前贤今哲的许多论著，我们表示诚挚的谢意，未能一一列举者尚祈鉴谅！

著 者

2023年10月1日